미디어 저작권

Media and Copyright

조연하

박영사

    이 책의 초판이 발간되고 벌써 5년이라는 시간이 지났다. 개정이 다소 늦어진 데는 저자의 게으른 탓도 있겠으나, 굳이 변명하자면 책의 초판 마지막 장에서 문제 제기 정도에 그쳤던 인공지능과 저작권에 대해 조금 더 깊이 있게 알고 싶었던 저자의 학문적 호기심 때문이었다. 다행히도 인공지능과 저작권에 관한 연구 결과물로 몇 편의 논문과 저서를 발표할 수 있었고, 덕분에 주요 연구 결과를 이번 개정판에도 일부 포함할 수 있었다.

    초판이 발간된 2018년 이후, 미디어 콘텐츠 창작과 이용환경은 너무나도 많은 변화를 겪었다. 그중에서도 코로나19 팬데믹은 엄청난 변화를 가져다주었다. 사회적 거리두기의 필요성에 따라, 재택근무, 원격 학습, 온라인 공연 등 사회 전반적으로 구조적 변화가 불가피하게 되었고, 의사소통 방식은 물론이고 미디어 콘텐츠를 생산하고 소비하는 방식도 비대면 중심으로 변화하였다. 미디어 시장에서 넷플릭스와 같은 OTT가 활성화되면서 극장에 직접 가지 않고서도 집에서 영화를 관람하는 인구가 증가하였으며, 확장된 몰입형 가상세계인 메타버스가 활성화되고 있다. 게다가 기술이 발전하여 음악, 미술, 게임, 문학, 영상 등의 분야에서 인공지능이 콘텐츠 창작의 주체가 되었고, 대화형 생성 전문 인공지능 챗봇인 챗 GPT가 등장해서 정보에 대한 검색뿐 아니라 시, 소설과 같은 콘텐츠 제작까지 하게 되면서 인공지능과 저작권에 대한 관심도가 높아졌다. 이번 개정은 그동안의 저작권법 개정에 따른 변동사항을 정리하고, 그와 같은 사회변화 및 기술발전에 따른 최근의 저작권 동향 및 쟁점을 추가하는 데 목표를 두었다.

    저작권법은 국내에서 최초로 제정, 공포된 1957년 이후 1986년과 2006년 전면 개정되었고 수시로 일부 개정되는 등, 국내외 저작권 환경에 효율적으로 대처하기 위해 빈번하게 개정이 이루어졌다. 그동안의 저작권법 개정 내용의 흐름을 보면, 기술발전의 반영, 저작권 유형의 확대, 저작권 보호기간 연장, 저작권 보호 강화 등이 특징이다. 이번 책 개정에서는 저작권법을 다룬 제3장에 2019년 11월 일부 개정을 통해 바뀐 주요 내용과 2020년 개정안을 추가하였다.

최근 유럽 및 일부 국가에서 구글 등 디지털 플랫폼 사업자에 뉴스 사용료를 내도록 하는 법안이 제정되고 있다. 뉴스를 생산하는 언론출판사에 저작인접권을 부여하려는 움직임으로 해석할 수 있는데, 이것은 저작물을 창의적으로 해석해서 전달하는 자에게 부여되는 권리인 저작인접권에 실연자, 음반제작자, 방송사업자 외에 새로운 유형이 추가될 수도 있음을 시사한다는 점에서 의미가 크다. 이에 저작권의 기본 이론에 관한 제4장에 언론출판사에 대한 저작인접권 부여 움직임을 추가하였다.

특별히 이번 개정에서는 디지털 기술발전과 새로운 저작권 쟁점을 전망하는 제15장의 내용을 업데이트하는 데 주력하였다. 인터넷 속도가 더욱 빨라지고 이동성과 개인성을 특징으로 하는 모바일 미디어가 널리 보급되면서, PC, 태블릿 PC, 스마트폰 등으로 동영상 콘텐츠를 시청하는 사람들이 많아졌다. 콘텐츠 유통 방식에도 많은 변화가 생겨서, 인터넷 동영상 콘텐츠를 전문적으로 제공하는 OTT 서비스가 등장하였다. 이 책의 초판이 발간되었을 무렵에는 OTT 서비스 이용률의 증가와 함께 서비스가 확장 중인 상황이었고, 별다른 저작권 분쟁사례가 없었기에 서비스의 특징과 현황을 소개하는 데 그칠 수밖에 없었다. 그러나 2020년대로 넘어와서 OTT 서비스가 더욱 활성화되면서 영상 콘텐츠에 삽입된 음악저작물 사용료 징수와 관련된 저작권 분쟁사례가 발생하였다. 이에 OTT 서비스와 관련된 저작권 쟁점 사례로 상세히 다루었다.

현실 같이 구현한 가상세계를 뜻하는 메타버스가 제4차 산업혁명의 새로운 키워드로 등장하였다. 메타버스는 현실과 가상세계를 매개하는 인터페이스로, 인터넷의 미래로 거론되고 있다. 이 공간에서 참여자들은 공간을 구축하고 새로운 방식으로 콘텐츠를 창작해서 활용한다. 이에 기존의 저작권 쟁점이 그대로 수용되면서 동시에 확대되고 심화될 것으로 예상된다. 이번 개정에서는 SNS, MCN, OTT 서비스 외에 새로운 미디어 서비스로서 메타버스를 추가하여, 그 특징과 저작권 쟁점에 관한 내용을 다루었다. 또한 인공지능과 저작권 쟁점과 관련하여 최근의 논의를 추가하였는데, 인공지능의 개념과 특성, 인공지능의 콘텐츠 창작 현황, 입법 동향, 인공지능 창작물의 특징과 저작권 쟁점에 관한 내용을 보완하였다.

이 책은 디지털 미디어 환경에서 저작권의 본질과 쟁점을 검토하고 기술발전에 따른 저작권 패러다임의 변화를 전망해 보려는 취지로 저술되었다. 사실 이 책의 초판이 출간되기 전까지만 해도 커뮤니케이션·미디어 영역에서 법학을 전공하지 않은 학자나 학생들을 위한 저작권 관련 학술서나 강의교재가 거의 없어, 미디어와 저작권 교육과 연구를 위한 학술서이자 실무적으로도 활용 가능한 저작권 지침서가 되기를 희망하면서 이 책을 집필하였다. 초판에서 저작권 이론을 토대로 하여 인쇄매체, 방송, 영화, 광고, 인터넷, 인공지능 등 미디어 유형별 저작권 쟁점을 한 권에서 모두 다룸으로써 너무나도 많은 저작권 주제들을 펼쳐 놓았기에, 앞으로 각 분야에 관한 내용을 지속적으로 보완하는 작업이 만만치 않으리라고 예상된다.

초판의 머리말에 언론학자로서 어렵게 저작권 연구를 시작한 지도 10년이 넘었다고 썼고, 이제 20년을 앞두고 있으나 저자에게 저작권은 아주 흥미롭고도 끝이 보이지 않는 어려운 연구영역이다. 여전히 부족하지만, 이번 개정을 통해 책의 내용이 조금 더 풍성해지기를 기원하면서, 앞으로도 계속 보완해 나갈 것을 약속한다.

그동안 초판을 강의교재로 사용해 주신 교수님들을 포함한 여러 독자와 저자의 저서 출판을 계속 지원해 준 박영사에 진심으로 감사드린다. 항상 곁에서 힘이 되어 주는 후배들과 부모님, 가족에게도 사랑한다는 말을 전한다.

2023년 9월
이촌동 하련재(河蓮齋)에서
저자 조연하

머리말

인터넷이 등장하고 디지털로 대표되는 새로운 기술이 도입되면서, 미처 예견하지 못했던 법적 쟁점이 발생하고 있다. 인간이 만든 지적 창작물에 부여되는 권리인 저작권도 그와 같은 법적 쟁점 중 하나이다. 사실 신문이나 방송과 같은 미디어만 존재했던 시기에는 미디어가 생산하고 제공하는 콘텐츠인 신문기사나 TV프로그램의 저작권에 관한 사회적 인식이 매우 부족하였다. 게다가 책을 읽거나 TV 드라마를 시청하기 위해 별도의 복제행위가 불필요하므로, 미디어 콘텐츠의 이용 단계에서도 저작권 때문에 발생하는 법적 갈등을 거의 찾아볼 수 없었다. 하지만 최근의 미디어 환경에서는 인터넷을 이용하여 음악이나 영화를 감상하거나 전자책을 읽기 위해 기본적으로 콘텐츠에 대한 복제가 수반되므로 자연히 저작권 문제가 발생할 수 있다.

새로운 미디어 기기와 서비스 기술이 등장할 때마다, 항상 콘텐츠 창작자와 이용자 사이에 첨예한 갈등이 생기고 저작권 쟁점이 더욱 복잡해지고 있다. 종이와 연필은 처음 발명되었을 당시 시인이나 화가에게는 혁신적인 창작 도구였으나, 다른 사람이 그들의 시와 그림을 베끼는 수단으로도 사용되었다. 마찬가지로 새로운 정보기술과 서비스, 기기들은 저작물의 창작과 이용에 크게 이바지하지만, 다른 한편으로는 저작권 침해의 가능성을 높여주면서 저작권자에게는 큰 위협이 되기도 한다. 이것은 1990년대 중반 음악산업에서 시작하여 방송, 영화, 광고 등의 미디어 콘텐츠 영역에서 발생했던 일련의 법적 분쟁에서 엿볼 수 있다. 특히 디지털 미디어는 복제와 배포의 용이성과 신속성, 복제의 질적 향상, 조작과 편집의 용이성과 같은 특성 때문에 아날로그 미디어에서 미처 생각하지 못했던 새로운 이슈를 불러일으키고 있다.

저작권은 19세기 후반에 와서야 학문적 관심의 대상이 된 비교적 새로운 연구 영역이고, 다른 법학 분야와 비교할 때 이론적인 자료가 비교적 축적되지 않은 편이다. 하지만 미디어 환경이 변화하고 저작권이 사회 전체에 실질적으로 영향을 미치게 되면서, 법학 분야는 물론이고 언론학 등 거의 모든 분야에서 저작권은 아주 중요한 연구영역이 되었다. 게다가 누구든지 콘텐츠를 생산하고 공유할 수 있는 디지털 환경으로 전환된 이후 미디어 기기나 기술과 관련된 다양한 저작권 쟁점이 끊임없이 부상하면서, 아날로그 시대와 다른 각도의 논의가 필요하다. 이에 따라 다양한 미디어 영역에서 제기되는 저작권 쟁점을 조명하고 논의하기 위해, 언론학 분야에서 저작권에 관한 지속적인 연구가 요구된다. 그리고 교육 현장은 물론이고 실무적 차원에서도 저작권에 관한 관심과 이해가 절대적으로 필요해졌다. 이 책은 미디어 저작권 교육을 위한 학습서이자 연구를 위한 학술서로, 동시에 실무적으로 활용 가능한 저작권 지침서로 활용될 것을 목표로 집필되었다.

디지털 환경에서 미디어 저작권의 본질과 쟁점을 다룬 이 책은 3부 15장으로 구성된다. 1부는 저작권의 배경에 관한 이해를 돕기 위한 내용으로, 표현의 자유와 저작권, 저작권 제도 성립과 기술발전, 저작권법 구성, 저작권 기본 이론, 저작권 제한 및 공정이용, 저작물 이용자 이익 등 모두 6개의 장으로 구성된다. 먼저 1장에서는 저작권의 본질을 이해하기 위해 미디어 이용과 콘텐츠 창작에서 절대적으로 중요한 개념인 표현의 자유와 저작권의 관계를 검토한다. 표현의 자유와 저작권 제도는 다양한 표현물의 창작과 전달이라는 동일 목표를 추구하는 한편, 표현의 자유는 자신의 의사를 표현하고 전달할 수 있는 자유이고 저작권은 자신의 표현에 대한 독점권이라는 점에서 서로 충돌될 가능성이 있다. 이와 같은 이익 간의 충돌과 균형의 문제를 논의하기 위해 표현의 자유와 저작권 사이의 조화를 위한 저작권 제도의 내부 메커니즘인 아이디어와 표현의 이분법과 공정이용(fair use) 제도를 검토하고, 헌법의 저작재산권 제한조항에 근거하여 표현의 자유 보호 목적의 저작권 제한조항과 취지를 설명한다.

저작권법이 과연 무엇을 보호하기 위한 것인지, 근본적으로 보호의 대상은 무엇인지, 보호받을 수 있는 범위는 어디까지인지와 같이 본질적인 측면을 이해하기 위해서는 저작권 제도의 발전과정에 대한 이해가 선행되어야 한다. 또 저작권 제도는 정보기술의 발전과 더불어 탄생하고 변화하였기 때문에, 저작권 논의에서 빼놓을 수 없는 요소가 바로 기술이다. 2장에서는 미디어의 발달뿐 아니라 저작권의 탄생과 발전에도 크게 영향을 미쳤던 기술에 초점을 맞추고, 저작권 제도의 성립과 기술발전의 관계를 다룬다. 저작권 제도의 탄생과 발전과정은 저작권 개념이 없었던 비보호시대, 출판특허시대, 입법시대로 구분하여 설명한다. 이어서 저작권 역사가 미디어 기술의 역사와 함께했다는 점에서 미디어 기술발전과 저작권의 관계를 살펴본다. 인쇄술, 사진기술, 녹음기술, 인터넷 기술 등의 기술발전에 따른 저작권 범위의 확대를 다루고, 디지털 기술발전으로 인해 생긴 콘텐츠 개념의 등장, 미디어 기술혁신과 콘텐츠 수용방식의 변화에 대해 알아본다.

저작권을 규율하는 저작권법은 기술발전, 시대적 상황이나 사회변화를 반영하면서 끊임없이 개정을 거듭해 왔다. 저작권자와 저작인접권자의 권리 보호와 공정한 이용을 도모함으로써 사회 전체의 문화를 창달하는 것이 저작권법의 입법목적이다. 3장에서는 저작권의 법적 근거인 저작권법에 대한 이해와 활용을 돕기 위해, 저작권법의 입법취지에 대해 고찰하고 법의 연혁과 내용구성을 중심으로 정리한다.

디지털 환경에서 미디어 저작권을 이해하기 위해서는 저작권의 본질적인 측면을 파악하고 저작권법이 보호하는 대상과 저작물에 대한 권리를 향유 할 수 있는 자의 범위 등에 관한 저작권 이론이 바탕이 되어야 한다. 4장과 5장은 저작권의 본질을 파악하고 쟁점을 해결하는데 필요한 기초 지식을 제공하는 이론적 배경에 해당한다. 4장에서는 저작권의 본질을 이해하기 위해 저작권의 개념, 객체와 주체, 권리 발생, 일반적 특성, 다른 기본권과의 관계를 검토한다. 이어서 저작권의 객체에 해당하는 저작물의 성립과 유형을 다룬다. 먼저 저작물의 개념, 법적 보호를 받을 수 있는 저작물 성립요건, 저작권법에서 명시하고 있는 비보호저작물에 관해 설명한다. 그리고 그동안 저작권 보호 대상 여부와 관련하여 논란이 되었거나 기술발전 및 사회변화와 함께 등장한 새로운 형태의 저작물을 중심으로 저작물성을 검토한다. 저작물은 표현형식, 저작자 수, 저작물 성립순서 등을 기준으로 유형을 분류할 수 있다. 각 기준에 따른 저작물 유형별 특성과 분류의 실익을 살펴보고, 2차적저작물과 편집저작물의 개념 및 특성을 다룬다. 저작물 성립요건 중 하나인 창작성을 판단하는 기준은 저작권법의 보호를 받는 표현과 보호받기 어려운 표현의 경계를 획정하는 중요한 역할을 한다는 점에서 의미가 큰데, 창작성 판단기준을 저작물 유형별로 설명한다. 저작권을 행사하는 주체에 해당하는 저작자에 관해서는 저작자의 개념, 저작자 추정의 함의와 방식에 대해 알아본다.

그리고 저작물을 창작한 자를 저작자로 보는 창작자 원칙의 예외에 해당하는 업무상저작물과 다수가 제작에 참여하는 영상저작물을 중심으로 저작자 문제를 논의한다.

저작자에 이어서 저작권 이론의 핵심인 저작자의 권리에 관한 내용을 다룬다. 먼저 저작권의 범위를 살펴보고, 저작권을 구성하는 기본적인 권리인 저작인격권과 저작재산권을 유형별로 개념과 특성을 설명한다. 그리고 저작권의 보호기간, 권리의 양도 및 행사 등 절차적인 측면을 검토한다. 이어서 저작자의 권리와 함께 저작권법에서 저작권에 준하는 권리로 보호하는 저작인접권의 개념과 의미, 유형별 특징을 알아본다. 또 저작권법에서 규정하는 기타 권리로 출판권, 배타적 발행권에 대해 검토하고, 저작권법에서 보호하는 개념은 아니지만 저작권과 유사한 권리인 퍼블리시티권(right of publicity)의 개념과 판결 동향을 살펴본다. 4장의 마지막 부분에서는 저작권 침해와 피해구제에 대해 다룬다. 저작권 침해 책임이론을 이해하기 위해 저작권 침해의 개념 및 판단기준, 표절의 의미, 간접침해 책임이론, 미국의 간접침해 책임 판결성향을 검토하고, 저작권법상의 피해구제방법을 설명한다.

5장에서는 일정한 경우 저작물을 이용하기 위해 저작권을 제한하는 문제에 주목한다. 먼저 저작권 제도에서 저작물 자유이용의 개념과 정보공유에 관해 설명한다. 저작재산권 제한에 대해서는 저작재산권 제한의 법적 근거와 의의, 저작권법상의 저작재산권 제한규정의 내용을 중심으로 알아본다. 이어서 최근 저작권법에 도입한 공정이용에 대해 고찰한다. 영미법 국가의 판례법에 근거한 공정이용의 국내 도입배경과 의미에 대해 살펴보고, 공정이용의 개념과 의의, 판단요인 등을 설명한다. 그리고 미국의 공정이용 판결에서 중요하게 고려되고 있는 변형적 이용 개념에 대해 고찰한다.

저작자 보호와 공정한 이용이라는 저작권법의 목표에도 불구하고 기존 논의는 저작물의 생산 및 유통 과정에서 저작권자의 권리 보호에 초점을 맞추었던 경향을 보인다. 6장에서는 그와 같은 기존 논의의 한계에서 탈피하고 저작권 연구의 영역을 넓히기 위해, 저작권 논의에서 거의 주목하지 않았던 저작물 이용자 이익에 대해 다룬다. 특별히 이 부분은 저자의 학술논문에 기초하고 있는데, 우선 저작물 이용자의 개념과 유형을 살펴보고 저작물 이용자 권리에 관한 논의의 부재를 설명한다. 그리고 저작권자의 권리와 상충할 수 있는 저작물 이용자 이익의 성격에 대해 저작물 이용의 자율성, 편의성, 접근성 이익을 중심으로 논의한다.

2부는 미디어 유형별로 저작권의 특성과 주요 쟁점을 다룬 내용으로, 모두 6개의 장으로 구성된다. 15세기 인쇄술을 기반으로 한 출판특허제도는 개별 저작물에 특허를 부여함으로써 저작권 개념을 확립하고 저작권 제도를 탄생시키는 단초가 되었다. 그리고 책, 신문 등의 인쇄매체는 이후의 미디어 저작권의 내용이나 형식에 많은 영향을 미쳤다. 7장에서는 가장 역사가 오래된 인쇄매체와 저작권을 다룬다. 먼저 종이책의 출판과 저작권에 대해 알아보고, 디지털 등의 기술발달로 새롭게 등장한 전자책을 중심으로 저작권 문제를 검토한다. 이어서 인쇄매체의 핵심 콘텐츠인 신문기사를 기반으로 하는 뉴스와 저작권에 주목하고, 저작물로서의 뉴스콘텐츠의 특성, 저작권 보호범위 및 판단기준, 그리고 뉴스콘텐츠의 생산, 유통 및 이용 단계에서의 저작권 쟁점을 다룬다.

8장에서는 여전히 대표적인 미디어라고 할 수 있는 방송과 저작권을 다룬다. 방송콘텐츠 저작권은 넓게는 방송콘텐츠의 저작권뿐 아니라 방송콘텐츠의 제작과 전달에 참여한 방송사업자, 실연자, 음반제작자의 저작인접권이 관련된 개념이다. 저작물로서 방송콘텐츠는 영상저작물, 공동저작물, 2차적저작물, 업무상저작물의 성격을 띠고 있으므로, 저작권 문제가 매우 복잡하다. 먼저 미디어로서의 방송의 특성을 살펴보기 위해, 미디어 환경변화에 따른 방송의 개념 정의에서 출발하여 저작물로서의 방송콘텐츠의 특성, 방송콘텐츠 산업의 특성과 저작권의 관계를 설명한다. 그리고 방송콘텐츠의 생산, 유통, 이용의 단계에서 발생하는 저작권 쟁점을 논의한다. 생산 차원에서는 외주제작 방송프로그램과 저작권, TV프로그램 포맷과 저작권, 유통 차원에서는 지상파방송의 재송신과 저작인접권, 그리고 이용 차원에서는 TV프로그램의 시·공간이동 시청의 법적 성격을 공정이용의 관점에서 다룬다.

음악은 영상콘텐츠와 더불어 거의 모든 미디어 콘텐츠의 생산에서 필요로 하는 콘텐츠이다. 하지만 그 어떤 미디어 콘텐츠보다도 구매와 이용이 쉽고 복제가 수월하므로 저작권 관련 법적 분쟁이 가장 잦았던 분야이기도 하다. 디지털 환경이 되면서 음악콘텐츠는 저작권 분쟁의 효시가 되었고, 다른 분야의 미디어 콘텐츠 저작권의 법리에도 많은 영향을 미쳤다. 음악과 저작권에 주목한 9장에서는 음악콘텐츠와 기술발전에서 시작하여 저작물로서의 음악콘텐츠의 특성, 음악콘텐츠 저작권의 특성, 음악콘텐츠의 전달과 저작인접권을 중심으로 음악콘텐츠의 저작권에 대해 살펴본다. 그리고 음악콘텐츠 저작권과 관련하여 쟁점이 되었던 음악콘텐츠의 미리 듣기 서비스와 동일성유지권 침해 여부를 중심으로 살펴보고, 매장 내 음악콘텐츠 재생과 영화에서 음악사용을 중심으로 음악콘텐츠의 공연권에 관해 설명한다. 이어서 음악콘텐츠 서비스제공자의 법적 책임이 문제가 되었던 판결을 토대로 온라인상의 음악콘텐츠 유통과 저작권 침해책임을 검토하고, 음악콘텐츠의 공간이동(space-shifting) 이용의 법적 성격을 공정이용의 관점에서 논의한다.

10장은 대표적인 영상저작물이자 가장 대중적인 영상콘텐츠인 영화와 저작권에 관한 내용이다. 영화는 일반적으로 다수가 참여하는 공동저작물, 원저작물을 토대로 만들어지는 2차적저작물의 성격을 가진다. 또 제작과정에서 많은 저작물과 기술적인 요소들이 이용되고 다수가 참여하기 때문에 저작권 관계가 매우 복잡하며, 이용방법이 다양해지면서 유통 및 이용 단계에서도 저작권 침해가 많이 발생한다. 먼저 저작물로서의 영화의 특성에 대해 알아보고 저작물 특성상 쟁점이 되었던 영화의 저작자와 저작권자, 저작권 특성에 관해 설명한다. 그리고 영화 저작권의 침해 문제를 제작과 유통단계로 나누어, 영화제작에서 저작물 이용과 디지털 환경에서 영화의 유통 및 이용을 중심으로 저작권 쟁점을 논의한다.

11장은 광고와 저작권에 관한 내용이다. 상업성이라는 속성 때문에 저작물성이 논란이 되기도 하지만, 창작성 요건을 갖추면 광고도 역시 저작권법의 보호를 받는다. 먼저 저작물로서의 광고의 특성, 저작물성 논란, 저작권 귀속에 대해 다룬다. 광고는 영화와 마찬가지로 기본적으로 음악, 미술, 사진, 영상 등을 구성요소로 하므로 광고 그 자체뿐만 아니라 이용되는 저작물 개개의 저작권도 문제가 될 수 있다. 또 광고효과를 높이거나 흥미를 유발하기 위해 소비자에게 잘 알려진 장면을 이용하는 패러디 광고도 자주 제작된다. 이에 광고 제작단계에서 저작물 이용으로 발생 가능한 저작권 침해의 문제와 특별히 패러디 광고의 저작권 쟁점에 대해 검토한다.

2부의 마지막 장인 12장에서는 인터넷에서 콘텐츠 유통 과정에서 발생하는 저작권 쟁점에 초점을 맞춘다. 인터넷에서 매개자 역할을 하는 온라인서비스제공자의 저작권 침해 책임, 정보를 선별하고 획득하는 도구인 인터넷 검색엔진 서비스의 공공성과 저작권, 그리고 웹 위치 정보를 제공하고 연결해주는 기능을 하는 인터넷 링크와 저작권 등을 중심으로 살펴본다.

3부에서는 디지털 기술이 도입됨에 따라 저작권 패러다임이 어떻게 변화하고 있는지를 검토하고 앞으로의 변화를 전망하기 위한 목적에서, 디지털 환경에서 새롭게 등장하거나 추가적인 논의가 필요한 미디어 저작권 쟁점을 다룬다. 모두 3개의 장으로 구성되는데, 13장에서는 디지털 콘텐츠의 복제와 관련된 법적 쟁점에 주목한다. 저작권법에 새로운 저작재산권 제한조항으로 포함된 디지털 네트워크에서 일시적 복제의 법적 성격을 살펴보고, 특별히 디지털 환경에서 콘텐츠 사적복제의 개념을 좀 더 명료하게 이해하고자 사적복제의 개념과 쟁점, 입법동향, 사적복제의 전제 조건인 사적 이용의 개념과 정당성, 사법부의 판단기준과 그 함의를 논의한다. 그리고 디지털 VTR(Video Tape Recorder)을 이용한 TV프로그램의 사적녹화의 법적 성격을 아날로그 VTR의 경우와 비교하면서 공정이용의 관점에서 설명한다.

미국의 「디지털 밀레니엄 저작권법(Digital Millennium Copyright Act, 1998)」에 디지털 환경의 저작권 침해방지를 위한 기술보호조치 조항이 포함되면서, 저작권자에게 자신의 저작물 이용에 대한 접근과 이용을 통제하는 권리의 필요성이 제기되기 시작하였다. 저작권 침해 방지기술과 접근통제권에 관한 14장에서는 저작권 보호를 위한 기술적 보호조치를 설명하고, 저작권자의 접근통제권과 관련된 쟁점을 다룬다. 접근통제권을 이해하기 위해 저작물 이용과 통제 차원에서 접근권의 의미를 살펴보고, 저작물에 대한 접근통제권의 인정 근거 및 쟁점, 기술적 보호조치와 접근통제권에 관한 입법 현황을 검토한다.

마지막으로 15장에서는 디지털 기술발전과 함께 추가적인 논의가 필요한 새로운 저작권 쟁점을 전망해 본다. 먼저 SNS(Social Network Service), 인터넷 개인방송과 MCN(Multi Channel Network), OTT(Over−the−Top) 서비스 등과 같이 인터넷 기반의 새로운 콘텐츠 서비스의 특성을 살펴보고 각각의 저작권 쟁점을 설명한다. 그리고 제4차 산업혁명의 중심에 있는 인공지능(Artificial Intelligence: AI)으로 인해 새롭게 제기되는 저작권 쟁점을 다룬다. 먼저 인공지능의 개념과 특성, 인공지능이 창작한 콘텐츠, 컴퓨터 창작물의 저작권 입법 동향을 살펴본다. 그리고 인공지능이 만든 창작물이 저작권법의 보호를 받을 수 있는지, 저작자는 누구이고 저작권은 누구에게 귀속되는지 등과 같이 새로운 논의가 필요한 저작권 쟁점을 전망한다. 아직 관련 입법이나 충분한 논의가 이루어지지 않은 단계이지만, 기술발전으로 인한 저작권 제도의 변화를 예측해본다는 점에서 의미가 클 것이다.

이 책은 디지털 환경에서 저작권의 본질과 쟁점을 검토하고 기술발전에 따른 저작권 패러다임의 변화를 전망해 보려는 취지로 저술되었다. 종래 언론학 분야의 저서가 저작권을 개별 미디어나 콘텐츠별로 다루었다면, 저작권 이론을 토대로 하여 미디어 유형별 저작권 쟁점을 한 권에서 모두 다룬 점이 본 저서의 특징이다. 또 저작권에 관한 저술이 많지 않은 언론학의 현실을 고려하여 미디어 저작권에 주목하고, 언론학을 전공하는 학생과 연구자는 물론 미디어 관련 실무자도 쉽게 이해할 수 있도록 서술하였다. 언론법의 연구영역을 저작권으로 확대하였으며 무엇보다도 저자가 그동안 발표했던 학술논문을 기반으로 하고 있다는 점에서도 이 책의 의미를 찾을 수 있다.

저작권에 관한 연구를 시작한 지도 벌써 10년이 넘었다. 2006년 4월의 어느 날 한국언론학회가 주최한 세미나에서 "디지털 미디어 시대 방송저작물의 공정이용에 관한 연구"를 발표한 것이 계기가 되어, 저작권을 본격적으로 연구하기 시작하였다. 법학 전공자가 아니었기에 혼자 하는 저작권 연구가 무척 어려웠고 연구결과가 매번 만족스럽지는 못했지만, 언론학자의 시각에서 저작권을 연구한다는 것이 변명이자 위안이 되어 지금까지 연구할 수 있었다고 생각한다. 그리고 그런 연구결과물이 쌓이게 되면서 감히 단독저서를 저술하겠다는 용기를 낼 수 있었다. 책 저술을 핑계로 소홀히 했던 사랑하는 가족과 부모님께 진심으로 감사드리며, 늘 힘이 되어 주었던 배진아 교수에게도 고마운 마음을 전하고 싶다. 책을 마무리하면서 문득 박사학위 논문의 머리말에 썼던 글귀가 떠오른다. 시작했기에 끝이 있었지만, 사실은 끝이 아닌 또 다른 시작이라고. 부족한 점이 많지만, 이 책이 끝이 아닌 또 다른 시작을 할 수 있는 조그만 힘이 되어 주었으면 하는 바람이다.

책 출간에 도움을 주신 분들에게 감사드리며
2018년 6월, 이화여자대학교 포스코관에서
저자 조연하

차 례

제 1 부 **저작권의 이해**

제 2 부   미디어 유형별 저작권의 특성

제3부 디지털 환경에서 미디어 저작권 패러다임의 변화

1부

저작권의 이해

1^장 표현의 자유와 저작권

① 표현의 자유와 저작권의 관계

1) 표현의 자유와 저작권 제도의 목표

인류문화는 표현의 자유가 어느 정도 보장되는지와 표현할 수 있는 수단이 얼마큼 발달한 지에 따라 발전되어 왔다. 표현의 자유는 자신의 사상과 의사를 자유롭게 표현하고 전달할 수 있는 자유이다. 이것의 법적 성격은 사회 내에서 개인의 의사소통 또는 의견교환을 위한 기본권으로, 다른 기본권에 비해 우월적 지위에 있는 정신적 기본권이다. 표현의 자유는 개인의 인격 발현의 기본 요소이며, 민주주의의 확립과 발전을 위해 필수불가결한 요소이다. 표현의 자유가 보장되어야 여론이 형성되고 여론형성을 통해 민주주의가 실천될 수 있기 때문이다.¹ 그런 점에서 표현의 자유는 여론형성에 참여할 수 있는 자유를 의미하며, 민주주의의 기본 전제가 된다. 그러므로 표현의 자유가 어느 정도로 보장되고 있는지는 그 나라가 민주주의 국가인지를 판단하는 중요한 잣대가 될 수 있다. 이와 같은 중요성 때문에 표현의 자유는 모든 인간에게 주어지는 헌법상의 기본권으로 보호된다.

표현의 자유를 실천하고 문화를 발전시키기 위해서는 표현을 전달하는 수단

---

1 헌법재판소는 "표현의 자유는 전통적으로 사상 또는 의견의 자유로운 표명과 그것을 전파할 자유를 의미하는 것으로서, 개인이 인간으로서의 존엄과 가치를 유지하고 행복을 추구하며 국민주권을 실현하는데 필수불가결한 것으로 오늘날 민주국가에서 국민이 갖는 가장 중요한 기본권의 하나로 인식되고 있는 것이다"라고 설명함으로써, 표현의 자유의 의의를 강조하였다(헌법재판소 1992. 2. 25. 선고 89헌가104 결정).

인 신문, 방송, 인터넷과 같은 미디어의 역할이 중요하다. 미디어를 매개체로 하여 자신의 사상을 좀 더 효과적으로 표현하고 좀 더 많은 사람에게 전달할 수 있을 뿐 아니라, 더 많은 표현물을 생산하고 공유함으로써 사회 전체의 문화를 발전시킬 수 있다. 특히 인터넷은 상호 간의 소통을 기반으로 하여 표현의 자유를 실현할 수 있는 사회구조로 변화하는데 크게 영향을 미쳤다. 전통적인 미디어 환경에서 독자와 시청자는 신문기사와 방송프로그램을 일방향적으로 수신하는 수용자 역할에 머물렀다. 그러나 인터넷이 등장하면서 일반인도 자신을 표현하고 그것을 널리 전달할 수 있는 강력한 수단을 가지게 되었고, 미디어 이용자의 위치로 변모하게 되었다.

표현의 자유는 다양한 문학과 예술작품, 기타 표현물을 더 많이 창작하고 전달하는 것을 추구한다는 점에서 저작권 제도와 동일 목표를 공유한다. 즉 사회의 지적, 문화적 복지를 향상하기 위하여 정보, 아이디어, 표현의 창작과 전달을 극대화하려는 공통적인 목표를 추구한다. 이렇게 표현의 자유와 저작권 제도가 추구하는 목표는 같지만, 그와 같은 목표를 성취하기 위해 사용하는 수단은 각기 다르다(Bauer, 2010).

먼저 표현의 자유는 헌법에 근거조항을 두는 방식으로 목표를 추구한다. 미국의 경우, 수정 헌법 제1조에서 의회는 표현의 자유와 언론 보도의 자유를 침해하는 어떤 법도 제정할 수 없다고 규정하고 있다. 우리나라에서도 표현의 자유를 보호하는 법적 근거는 헌법 제21조 제1항에서 찾아볼 수 있다. 이에 기초하면 모든 국민은 언론·출판의 자유[2]를 가지며 집회·결사의 자유를 가진다. 반면 우리 헌법에서는 표현의 자유를 제한하는 조항을 함께 두고 있다. 헌법 제21조 제4항에서 언론출판은 타인의 명예나 권리를 침해해서는 안 되며 피해자에 대한 배상 청구를 허용한다고 규정하고 있으며, 헌법 제37조 제2항에서 국민의 모든 자유와 권리는 공공복리를 위하여 필요한 경우 법률로써 제한할 수 있다고 규정하고 있다. 이 조항들은 저작권을 보호하기 위해 표현의 자유를 제한할 수 있는 헌법적 근거로 작용한다.

---

2 우리 헌법에서는 전통적으로 사상이나 의견의 자유로운 표명과 그것을 전달할 자유를 의미하는 표현의 자유를 언론·출판의 자유로 부르고 있다.

이에 비해 저작권 제도에서는 창작자에게 표현한 것에 대한 독점을 허용하는 방식으로 목표를 달성하려고 한다. 미국 연방대법원[3]도 저작권의 목적은 자유로운 표현의 창작과 공표를 촉진하는 것이라는 점에서 표현의 자유의 기본 원칙과 일치된다고 설명하면서, 이러한 목표를 위해 저작권법에서 창작자에게 일정 기간 저작물에 대한 독점권을 부여한다는 점을 강조하였다. 즉 저작권 제도는 저작자에게 자신들의 저작물을 복제하고 배포하거나 다른 사람이 자신의 저작물을 부당하게 이용하는 것을 금지할 수 있는 독점권을 부여함으로써, 또 다른 새로운 표현물의 창작을 유도하려고 한다. 표현물에 대한 독점권 부여가 새로운 저작물의 창작을 극대화하기 위한 수단이다.[4]

한편 헌법 제22조에서는 모든 국민은 학문과 예술의 자유를 가지며 저작자·발명가·과학기술자와 예술가의 권리는 법률로써 보호할 것을 명시하고 있다. 헌법이 표방하는 중요한 가치 중 하나인 문화국가 이념을 구현하기 위해, 헌법에서 학문과 예술의 자유, 그리고 저작자, 예술가, 발명가, 과학기술자의 자유와 권리를 함께 보호하는 것이다. 이렇게 볼 때 헌법 제22조는 저작권 보호의 헌법적 근거조항에 해당한다. 같은 맥락에서 미국의 연방 헌법에서도 저작권 보호의 근거조항을 두고 있다. 동법 제1조 제8항에서 의회는 한정된 기간 저작자의 저작물에 대한 배타적 권리를 보호함으로써 학문과 기술의 발전을 촉진할 권한을 가진다고 규정함으로써, 학문과 유용한 기술발전의 촉진이 저작권 보호의 목적이라는 원칙을 설립하였을 뿐 아니라 저작자에게 독점권을 부여할 수 있는 권한을 의회에 부여하고 있다(Zelezny, 2011). 이처럼 저작권 법률 제정의 권한을 의회에 부여하고 있는 것은 언론의 자유를 중시하는 미국도 저작권법으로 언론의 자유를 제한하는 것을 용인하는 것으로 해석할 수 있다(문재완, 2008).

그런가 하면 우리 헌법 제23조 제1항에서는 모든 국민의 재산권을 보장하면서 그 내용과 한계를 법률로써 정하도록 하고 있고, 제2항에서는 재산권은 공공복리에 적합하도록 행사할 것을 규율하고 있다. 이에 근거하면 재산권의 성격을

---

3 Eldred v. Ashcroft, 537 U.S. 186(2003), p. 219.
4 저작자의 권리 보호가 새로운 창작을 유인한다는 주장이 저작권의 권리확장을 위한 논거로 사용되고 있다(김윤명, 2014)는 비판적 견해도 있다.

가진 저작재산권도 헌법에서 보장하지만, 법률로써 제한할 수 있을 뿐 아니라 공공복리를 위해 행사해야 한다. 저작권법에서 공공성을 이유로 저작물을 자유롭게 이용할 수 있도록 저작재산권의 제한규정을 두고 있는 것도 바로 그와 같은 헌법적 근거에 따른 것이라고 볼 수 있다. 이렇게 우리 헌법에서는 표현의 자유와 저작권을 보호하는 조항과 그것을 제한하는 조항을 동시에 두고 있다. 하지만 헌법은 두 가지 기본권 사이의 충돌 발생에 대한 답은 제시하지 않고 있는데, 결국 사법부의 해석에 의존할 수밖에 없을 것이다.

2) 표현의 자유와 저작권 제도의 갈등관계

표현의 자유와 저작권은 주로 표현과 관련되어 있다는 공통점을 가지는데, 무엇보다도 표현물을 더 많이 창작하고 자유롭게 전달하려는 동일 목표를 추구한다. 따라서 표현의 자유가 충분히 보장되면 저작권도 활기를 띠게 되고, 저작권을 보호해서 창작 활동이 활발하게 되면 언론의 자유나 알 권리와 같은 표현의 자유도 그 혜택을 누릴 수 있다는 점에서 표현의 자유와 저작권의 관계는 상호보완적이다. 왕과 성직자가 권력유지를 위해 실시했던 출판허가제도가 폐지됨으로써 저작권 보호의 획기적인 전기가 마련되었고 저작권이 출판검열에 맞서 표현의 자유를 확보하는 역할을 했다(박성호, 2009; 임영덕, 2011)는 역사적 사실이 이를 뒷받침한다.

일부 학자들은 표현의 자유와 저작권 제도의 목표가 일치하기 때문에, 실질적으로 두 가지 법익 간의 충돌이 미미하거나 존재하지 않는다고 주장한다. 또 표현의 자유가 실질적으로 보호하는 것이 표현된 사상인 반면, 저작권은 표현의 자유가 보호하는 아이디어나 사상을 보호 대상으로 하지 않고 공정이용 원칙을 통해 표현의 자유 보호를 수용하고 있으므로, 저작권과 표현의 자유는 충돌되지 않는다는 것이 그동안의 통설이었다(Bauer, 2010). 그러나 표현의 자유와 저작권은 상호보완적이면서도 대립적인 관계가 될 수 있는데, 몇 가지 점에서 그 이유를 찾을 수 있다.

첫째, 인간의 사상이나 감정을 표현하기 위해 사용하는 언어, 소리, 색채와 같은 시청각적인 요소들은 자신의 의사를 표현하고 전달하는 표현행위에서도 사용된다는 점이다. 표현하는 행위는 문자, 소리, 색채 등 인간이 시각이나 청각에 의해 인식할 수 있는 요소들에 의해 이루어진다. 이런 요소들을 사용해서 자신의 사상이나 의견을 표현하고 전달하는 행위는 인간의 자아실현이라는 점에서 자유롭게 허용되어야 한다. 그러므로 이러한 표현행위는 헌법에서 표현의 자유의 형태로 보호하고 있다(육소영, 2011). 그런데 저작물은 인간의 사상이나 감정을 언어, 소리, 색채 등으로 표현한 것으로, 시·청각적인 요소를 구성요소로 한다. 저작권법 제4조에서도 저작물의 유형을 저작물이 표현되는 매체, 즉 표현형식을 기준으로 어문저작물, 음악저작물, 영상저작물 등으로 분류하고 있다. 이때 저작물을 표현하는 언어, 소리, 색채 등은 저작물의 창작 외에 일반인의 표현행위를 위해서도 사용되는 표현매체이기도 하다. 그러므로 이들 표현매체를 통해 이루어지는 일반적인 표현행위와 창작성이 있는 표현행위인 저작물은 중복이나 충돌 가능성이 존재한다.

둘째, 저작권 보호 대상인 표현과 엄격하게 분리된 사상만을 표현의 자유가 보호할 수 없다는 점이다. 표현의 자유를 제한하는 어떤 법도 제정할 수 없다는 미국의 수정 헌법 제1조는 적어도 명목상으로는 표현의 자유를 누리면서 창작한 표현물을 복제하거나 전달하는 것을 제한해서는 안 된다는 것을 의미한다. 그런데 만약 공익적인 목적으로 허가나 검열이란 수단을 통해 표현을 제한한다면, 그 표현에 담긴 사상이나 감정만 규제하는 것이 아니라 그것을 구체적으로 표현하고 있는 저작물도 제한받을 수 있다. 예를 들어 사회적으로 중요한 이슈에 관한 의견 뉴스의 보도를 국가안보나 사회질서 유지를 이유로 금지한다면, 표현의 자유를 제한하는 것뿐 아니라 뉴스저작물의 저작권 행사를 제한하는 것으로도 작용한다. 따라서 표현의 자유가 실질적으로 보호하는 것이 사상이고 표현 자체는 아니라고 해도, 표현과 엄격하게 분리된 사상만을 표현의 자유가 보호할 수 없다는 한계가 있다는 점에서(육소영, 2011), 표현의 자유와 저작권 제도는 갈등 관계에 놓일 수 있다.

셋째, 표현의 자유는 미디어를 이용하여 자신의 의사를 표현하고 전달할 수 있는 자유이고, 저작권은 자신의 표현에 대한 독점권이라는 점에서 두 가지 이익은 서로 충돌할 가능성이 존재한다. 자신의 사상을 효과적으로 표현하기 위해 다른 사람의 저작물을 이용하고자 할 때, 저작권자의 허락 없이 저작물을 사용하거

나 유통하는 것을 금지하는 저작권 제도가 표현의 자유를 제한할 수 있다. 하고
싶은 말을 하는 것이 언론의 자유이지만, 저작권이 있는 표현은 마음대로 사용할
수 없기 때문이다(문재완, 2008). 그러므로 저작재산권이라는 다른 기본권 주체의
저작물을 사용하여 표현의 자유를 행사하려고 한다면, 헌법에서 똑같이 보호하고
있는 두 가지 기본권이 서로 상충하게 된다. 예를 들어 TV뉴스보도에서 현장사진
을 직접 미처 확보하지 못한 기자가 시민이 촬영해서 SNS(Social Network Service)에
올린 사진을 허락 없이 자료화면으로 사용했다면, 사진 저작권자의 권리를 침해
한 셈이 된다. 즉 언론 보도의 자유를 행사하는 과정에서 저작권과의 충돌이 발생
하는 것이다. 그런 점에서 저작권은 일정한 경우 표현의 자유를 보호하면서, 동시
에 표현의 자유를 상당히 위축할 수도 있는 법제이다(김윤명, 2009).

정리하면, 표현을 하는 행위와 표현물의 창작에서 사용되는 표현매체가 중복
된다는 점, 저작권 보호 대상인 표현과 엄격하게 분리된 사상만을 표현의 자유가
보호할 수 없다는 점, 저작권이 표현의 자유를 행사하는데 사용되는 표현에 대한
독점권이라는 점, 그리고 표현의 자유와 저작권의 공통된 목표를 추구하는 수단
이 서로 다르다는 점 등으로 인해 표현의 자유와 저작권은 서로 상충되거나 갈등
관계에 놓일 수 있다. 이렇게 헌법 제21조에서 보호하는 표현의 자유와 헌법 제
22조에서 보호하는 저작권이라는 기본권이 서로 충돌하는 문제를 해소하기 위해
서는 두 기본권을 이익형량하고 조화적인 해석의 원칙을 적용하는 것이 필요하다
(이동훈, 2008).

표현의 자유와 저작권이라는 두 가지 이익 간 균형점을 찾으려고 했던 사례
로 미국의 Harper & Row 판결(1985)[5]을 지적할 수 있다. 이 판결에서는 잡지사
네이션(Nation)이 출판사인 하퍼엔로우(Harper & Row)가 저작권을 보유하고 있는
포드 대통령의 회고록 원고 중 아직 공표되지 않은 내용을 뉴스기사에 사용한 행
위가 공정이용인지를 다루었다. 포드 대통령은 하퍼엔로우와 회고록에 대한 독점
권 행사에 관한 출판계약을 했고, 하퍼엔로우는 회고록 출판 전에 일부를 발췌하
여 타임(Time)지에 게재할 수 있도록 권리를 넘겼다. 그런데 타임지가 보도하기
전에 네이션이 회고록을 입수해서 그 중 중요한 부분을 발췌, 보도하자, 하퍼엔로

---

5 Harper & Row Publishers, Inc. v. Nation Enterprises, 471 U.S. 539(1985).

우가 네이션을 상대로 저작권 침해 소송을 제기하였다.

연방대법원은 네이션이 출판되지 않은 저작물을 이용한 행위는 공정이용이 아니며 그와 같은 불법적인 행위는 표현의 자유의 보호를 받을 수 없다고 판시하였다. 표현의 자유를 근거로 사실의 자유로운 전달이 허용되어야 하지만, 동시에 저작물을 언제 공표할 것인가를 결정할 수 있는 저작자의 권리도 보호할 가치가 있다는 것이었다. 결론적으로 이 판결에서는 공정이용을 바탕으로 창작자의 저작권 보호와 저작물 이용자의 표현의 자유라는 이익을 놓고 비교형량했던 것인데, 뉴스 보도에 저작물을 이용하였다는 사실은 공정이용 판단요소 중 하나에 불과하다고 보고 저작권 보호를 위해 표현의 자유를 제한하였다. 이와 같은 판결 논리는 개인이 소셜 미디어에 게시한 중요한 사건·사고에 관한 사진이나 동영상을 언론 매체가 동의를 구하지 않고 인용하여 보도하는 경우처럼, 표현의 자유와 저작권이 충돌한 경우에 그대로 적용될 수 있을 것이다.

한편 표현의 자유를 제한하는 저작권 제도로 저작권법상의 권리침해 사전금지청구가 있다. 이것은 저작권 침해가 발생하고 있거나 발생할 우려가 있는 경우, 권리침해의 사전적 구제방법이다. 저작권 침해에 대한 사후적 구제방법인 손해배상과 다르게, 행위자의 '행동의 자유' 또는 '표현의 자유'를 현저히 제약할 수 있다(전성태, 2008)는 점에서 주목할 필요가 있다. 즉 사전금지청구는 저작권자의 권리가 침해될 위험성만 가지고 장래에 발생할 저작물 이용자의 표현행위를 금지하는 것이므로, 표현의 자유 침해 소지가 있다는 점에서 정당화될 수 없다. 예를 들어 현재 연재 중인 웹툰에 대해 원작인 소설 작가의 저작권을 침해했다는 이유로 연재 금지를 청구하는 소송을 한다면, 웹툰 작가의 표현의 자유를 침해할 수 있다. 이런 논리로 저작권 침해에 대한 손해배상은 인정하더라도, 금지청구는 부정해야 한다는 주장도 있다. 장래의 표현활동의 자유를 제약할 수 있는 금지청구에 대해서는 그 표현활동이 위축되는 것을 막기 위해 명확한 근거 없이 금지청구를 인정해서는 안 된다는 것이다. 그러므로 저작권 제도에서도 표현의 자유 제한을 정당화할 수 있는 법리적 근거가 있어야 하며, 침해자의 표현의 자유를 제약하더라도 최소한에 그칠 필요가 있다.

② 표현의 자유와 저작권의 조화

과거에 매스미디어를 소유하기 위해서는 비용이 많이 필요했고, 여러 사람이 매스미디어에 접근해서 이용하는 것조차도 쉬운 일이 아니었다. 그러나 이제는 인터넷과 같은 새로운 미디어의 등장으로 일반인도 미디어를 이용할 수 있을 뿐 아니라 정보를 통제하는 게이트키퍼인 매스미디어를 거치지 않고서도 자신의 사상을 널리 표현할 수 있는 환경이 조성되었다. 그리고 이처럼 자신의 표현을 널리 표현할 수 있게 됨에 따라 그들의 표현의 가치도 점점 더 높아졌다(임영덕, 2011). 이에 그 어느 때보다도 표현의 자유를 보호함으로써 얻을 수 있는 이익과 저작권 보호로 얻을 수 있는 이익 간에 균형과 조화를 이루는 문제가 더욱 중요해졌다.

1) 표현의 자유와의 조화를 위한 저작권 내부체계

미국에서 연방대법원 판결을 포함한 대부분 판결에서는 저작권 제도의 일부 내부적인 메커니즘에 의해 표현의 자유와 저작권의 문제가 상당 부분 해결될 수 있다고 보았다. 그리고 문제를 해결하는 메커니즘으로 사상과 아이디어에 대해 저작권 보호를 인정하지 않는 원칙과 공정이용 원칙을 지적하고 있다. 연방항소 법원6도 아이디어와 표현의 이분법과 공정이용을 미국 수정 헌법 제1조와의 조화에 이바지하는 저작권 제도로 지적하였다. 즉 저작권법은 일정한 경우 표현의 자유와의 조화를 보장하는 역할을 해왔다고 볼 수 있는데, 저작권 제도에서 표현의 자유의 이익과 저작권 이익 간의 이익형량을 위해 사용될 수 있는 원칙이 아이디어와 표현의 이분법, 공정이용 법리, 저작권 보호기간, 합체의 원칙 등이다(김윤명, 2009; 박성호, 2009). 이 중에서도 아이디어와 표현의 이분법과 공정이용 원칙들은 표현의 자유와 저작권 제도의 조화를 이루도록 해주는 중요한 제도(Bauer, 2010)라는 점에서 좀 더 자세히 검토할 필요가 있다.

---

6 Ty, Inc. v. Publications intern. Ltd., 292 F.3d 517(7th Cir. 2002).

(1) 아이디어와 표현의 이분법

창작 행위의 소재가 되는 인간의 사상이나 감정에 독점권을 부여하면, 이를 소재로 자유롭게 창작할 수 있는 자유를 제한할 수 있다. 생각이나 사상의 자유로운 흐름을 보장하기 위해 저작권 보호 대상을 외부로 표현된 것으로 한정한다는 원칙이 아이디어와 표현의 이분법(idea/expression dichotomy)이다. 이 원칙은 미국의 판례에서 인정되어 오다가 1976년 개정 저작권법에 성문화되었는데, 저작권 보호가 미치는 영역은 표현이고 표현의 소재가 되는 아이디어는 보호되지 않는다는 개념이다. 같은 아이디어를 가지고도 다양한 창작물이 나올 수 있고 이를 통해 문화를 발전시키는 것이 저작권법의 취지이기 때문에, 창작자가 표현한 것만을 보호하고 사상이나 근본적인 사실, 감정 자체는 저작권 보호 대상이 될 수 없다는 것이다. 이 원칙을 바탕으로 저작물의 기초가 되는 사상, 사실, 이론 등은 모든 사람이 공유해야 할 영역으로 저작권법에서 보호하지 않는다(오승종, 2016; 육소영, 2011; Zelezny, 2011). 우리 대법원[7]도 저작권법의 보호 대상은 구체적으로 외부에 표현된 창작적인 표현형식일 뿐 표현의 내용이 된 사상이나 사실 자체가 아니라는 점을 분명히 하였다. 따라서 영화 시나리오에 대한 아이디어나 플롯은 저작권 보호 대상이 아니며, 아인슈타인의 상대성 이론의 $E=mc2$ 공식도 저작권 보호를 받을 수 없다. 저작권법에서 사실 전달에 불과한 시사보도를 저작권 보호 대상에서 제외하고 있는 것도 이 원칙을 간접적으로 적용한 것이라고 볼 수 있다.

아이디어와 표현의 이분법은 일반 대중이 문화 산물인 저작물을 향유하고 저작권을 보호하는 것을 저해하지 않으면서, 저작물의 독점되는 부분과 공유되는 부분의 경계선을 적정하게 설정하는 역할을 한다. 이 원칙에 기초하면, 타인의 저작물에 나타난 특정한 표현을 복제하는 것이 아니라면, 그 저작물에 내재한 사상이나 아이디어 또는 저작물의 소재를 이용하여 표현활동을 하는 것은 저작권법상 문제가 되지 않는다(권영준, 2007). 이처럼 저작권법에서 아이디어를 보호하지 않는 것은 '사상의 자유시장'을 창출하려는 수정 헌법 제1조의 가치에도 부응한다

7 대법원 1993. 6. 8. 선고 93다3073, 3080 판결; 대법원 1996. 6. 14. 선고 96다6264 판결; 대법원 2006. 9. 14. 선고 2004도5350 판결.

(Garfield, 2001). 그러므로 아이디어와 표현의 이분법은 사상의 자유로운 유통과 자유로운 표현활동을 보장함으로써, 표현의 자유와 저작권 보호 사이의 균형을 어느 정도 유지시켜 주는 역할을 한다고 볼 수 있다. 그러나 현실적으로 저작물의 어느 부분이 창작적 표현으로 보호될 수 있고 어느 부분이 그 아이디어로서 보호 대상에서 제외되는 것인지를 구별하는 문제가 쉽지 않으며, 이를 구별한 구체적인 방법론에 관한 논의도 부족하다(이헌, 2010; 황세동, 2009). 따라서 아이디어 자체와 아이디어에 대한 표현을 구분할 수 없는 경우, 표현의 자유와 저작권 사이의 균형점을 제시하지 못 하는 것이 아이디어와 표현의 이분법의 한계이기도 하다.

(2) 공정이용(fair use)

표현에 대한 저작권 인정은 다른 사람이 그 표현을 이용하여 또 다른 표현행위를 할 수 있는 표현의 자유를 제한할 수 있다. 표현의 자유는 말할 수 있는 자유이지만, 말하기 위해 머릿속에서 사고하는 자유와 말하는데 필요한 정보에 접근하는 자유도 포함하는데, 저작물의 이용은 후자에 해당할 수 있기 때문이다(문재완, 2008). 저작물 창작자에게는 저작권법을 통해 저작물을 독점적으로 이용할 수 있는 권리가 부여된다. 그런데 저작물을 이용하여 표현행위를 하기 위해 저작권자인 창작자의 동의를 받지 못할 때 저작권 침해가 발생한다. 이것은 저작권이 저작물을 이용하여 새로운 저작물을 창작할 수 있는 이용자가 누리는 표현의 자유를 제한하는 셈이 된다. 이런 점에서 저작권법은 표현을 촉진하는 동시에 표현의 자유를 침해하기도 한다(Garfield, 2001). 같은 맥락에서 왕(Wang, 2011)은 수정 헌법 제1조는 표현을 보호하는 반면, 저작권법은 표현을 규제한다고 설명하였다. 즉 수정 헌법 제1조는 정부가 표현의 자유를 제한하는 것을 금지하고 있지만, 저작권은 한 개인이 자신의 표현에서 사용한 일정한 말이나 이미지를 다른 사람이 사용하는 것을 금지함으로써 표현을 제한하는 정부의 창작품이라는 것이다.

인터넷상의 저작물도 저작권 보호를 받으므로, 인터넷에서 저작권 보호의 정도는 표현의 자유에 커다란 영향을 미치게 된다. 인터넷에서는 수많은 네티즌이 기존의 저작물을 이용해서 새로운 자신의 표현물을 만드는 경우가 많다. 이런 상황에서 저작권법이 저작권자의 권리만 강하게 보호하고 저작물의 공정이용을 너무 협소하게 인정한다면, 기존의 저작물을 이용해서 자신의 표현물을 만드는 것이 어려워진다. 이는 저작물을 이용하여 새로운 표현물을 만들려고 하는 자의 표현의 자유를 제약할 가능성이 크다. 이러한 저작권법상의 불균형이 인터넷상에서 기존의 저작물을 이용하여 새로운 창작활동을 하려는 이용자가 누리는 창작의 자유, 다시 말해서 표현의 자유를 제약할 수 있다(임영덕, 2011). 이처럼 서로 대립되는 저작물 이용자의 표현의 자유와 창작자의 저작권을 보호하는 문제는 결국 두 가지 이익 간에 균형을 맞추는 것으로 해결될 수밖에 없는데, 그 수단으로 사용되는 것이 공정이용이다.

공정이용 제도는 저작물의 공정한 이용행위를 보상해서 기존 저작물에 대한 자유로운 비평과 비판을 가능하게 한다는 점과 이용자의 표현의 자유를 보호한다는 점에서 의의가 있다. 영미법 국가에서 판례법을 중심으로 탄생한 공정이용 제도는 저작권의 엄격한 보호로 인해 '공중의 계몽을 위한 창작의 장려'라는 연방 저작권법의 입법목적을 달성할 수 없는 불공정한 결과가 발생하는 것을 방지하는 기능을 수행한다. 즉 어떤 저작물의 이용행위가 저작권법상 '공정이용 행위'에 해당할 때 저작자가 권리를 행사하는 것을 제한함으로써, 저작물의 공정한 이용을 도모하고 표현의 자유가 실현될 수 있도록 한다(임덕기, 2012). 그런 점에서 공정이용은 저작권이라는 배타적 권리와 표현의 자유라는 기본권 간의 충돌을 해결하는 일종의 절충장치에 해당한다. 미국의 International News Service(INS) 판결(1918)[8]에서 연방대법원은 뉴스에서의 사실, 사건 그 자체는 저작권 보호를 받을 수 없음을 분명히 하였다. 즉 정보나 소식 그 자체는 국민의 알 권리 대상이므로 저작권 보호 대상이 아니라는 점을 분명히 함으로써, 표현의 자유와 저작권 간의 충돌을 해결하려고 했다.

이처럼 공정이용 제도는 아이디어와 표현의 이분법과 함께 저작권 보호가 표현의 자유를 저해하는 것을 방지하는 역할을 한다. 그러나 바우어(Bauer, 2010)는 수많은 미국의 저작권 침해소송에서 이와 같은 아이디어와 표현의 이분법과 공정이용 원칙이란 항변이 부인되었으며 그 결과 중요한 저작물에 자유롭게 접근할 수 없다는 점을 고려할 때, 수정 헌법 제1조의 보호를 좀 더 광범위하게 적용할 필요가 있다고 주장하였다. 그는 표현의 자유와 저작권 간의 충돌을 해결하기 위

---

8 International News Service v. Associated Press, 248 U.S. 215(1918).

한 이익형량에서 보호받는 저작물에 자유롭게 접근할 수 있는 판단기준을 제안하였다. 즉 중요한 공익이 존재할 경우, 화자가 표현 자체를 이용해야 할 강력한 필요성이 인정되는 경우, 그리고 그런 표현의 이용에 대한 동의를 구할 수 있는 정당한 대안이 존재하지 않을 경우, 수정 헌법 제1조가 저작권보다 우선 보호되어야 한다는 것이다.

2) 표현의 자유 보호를 위한 저작권 제한

표현의 자유와 저작권이 조화를 이루고 중요한 표현물에 대한 자유로운 접근을 위해 수정 헌법 제1조의 보호범위를 더 넓힐 필요가 있다는 바우어(2010)의 주장은 일정한 경우 표현의 자유 보호를 위해 저작권을 제한할 필요가 있음을 시사한다. 디지털 기술의 발달로 저작권자의 권리가 더 강화되는 반면 이용자가 공정이용을 주장할 수 있는 부분은 점점 줄어들고 있는 상황에서, 표현의 자유를 근거로 저작권을 제한하는 원칙을 확립할 필요가 있다는 학계 주장(육소영, 2011, 236쪽에서 재인용)도 같은 맥락에서 이해할 수 있다.

헌법 제23조에서는 국민의 재산권 보호의 내용과 한계는 법률로 정해야 하고 재산권을 공공복리에 적합하도록 재산권을 행사할 것을 규정하고 있다. 이것은 재산권을 제한하는 근거이자 저작재산권을 제한하는 헌법적 근거이기도 하다. 이에 기초하여 저작재산권의 한계를 법률로 정하기 위해 저작권법에서는 저작재산권 제한 규정을 두고 있다. 이 중에서 표현의 자유와 관련된 조항[9]을 살펴보면, 방송이나 신문 등이 시사보도를 하는 과정에서 보이거나 들리는 저작물은 보도를 위한 정당한 범위에서 복제, 배포, 공연, 공중송신의 방법으로 이용할 수 있다. 그리고 신문 및 인터넷신문, 뉴스통신에 게재된 시사적인 기사나 논설은 다른 언론기관이 복제, 배포, 방송의 방법으로 이용할 수 있다. 또 보도 목적이라면 공표된 저작물을 정당한 범위 안에서 공정한 관행에 합치되게 인용할 수 있으며, 반대급

---

9 시사보도를 위한 이용(제26조), 시사적인 기사 및 논설의 복제 등(제27조), 공표된 저작물의 인용(제28조), 영리를 목적으로 하지 아니하는 공연·방송(제29조), 방송사업자의 일시적 녹음·녹화(제34조)에 관한 조항.

부를 받지 않고 비영리적인 목적으로 공표된 저작물을 방송할 수 있다. 그런가 하면 방송사업자는 자신의 방송을 위해 자체 수단으로 저작물을 일시적으로 녹음하거나 녹화할 수 있다.

한편 저작재산권 제한조항으로 2011년 저작권법에 저작물의 공정한 이용에 관한 제35조의3[10]이 신설됨에 따라, 시사보도나 비평 목적의 저작물 이용은 물론이고, 사실적인 저작물에 해당하는 시사보도 프로그램이나 신문기사의 이용을 공정이용이라고 판단할 수 있는 법적 근거가 생겼다. 이로써 표현의 자유를 근거로 저작재산권을 제한하는 범위가 더 넓어졌다고 볼 수 있다.

이상의 저작재산권 제한조항들은 표현의 자유를 행사하기 위해 저작재산권을 제한하는 경우이다. 이처럼 저작권법에서 보도 목적으로 저작물을 이용하거나 시사보도 저작물을 자유롭게 이용할 수 있도록 저작재산권을 제한하는 취지는 저작권 침해로부터 개인이나 언론의 책임을 면책시켜 줌으로써 국민의 알 권리를 충족시키고, 더 나아가 표현의 자유를 보호하기 위한 것이라고 볼 수 있다. 저작권법이 일정한 경우 표현의 자유를 보장하는 법률의 역할을 하는 것이다.

---

10 2019년 11월 저작권법 일부 개정에서 부수적 복제와 문화시설에 의한 복제 조항이 신설됨에 따라, 제35조의5로 이동하였다.

2^장 저작권 제도의 성립과 기술발전

저작권법이 과연 무엇을 보호하기 위해 생겼는지, 근본적으로 보호의 대상은 무엇인지, 보호받을 수 있는 범위는 어디까지인지와 같이 아주 본질적인 측면을 이해하기 위해서는 저작권 제도가 어떤 과정을 거쳐 발전되어 왔는지에 대한 이해가 우선되어야 한다. 또 저작권 제도는 정보기술의 발전과 더불어 탄생하고 변화하였다는 점에서 기술은 저작권에 관한 이해와 논의에서 필수불가결한 요소이다. 이에 다음에서는 저작권 제도의 탄생 배경과 그것의 기술발전과의 관계를 중심으로 살펴본다.

① 저작권 제도의 탄생과 발전과정

인류 역사에서 창작활동은 아주 오래전부터 계속되었지만, 창작자에게 권리를 인정하고 창작활동을 장려하려는 시도는 그리 오래되지 않았다. 저작권법이 다른 법에 비해 역사가 짧다는 것을 의미한다. 저작권 제도의 탄생은 처음부터 순탄하지만 않았다. 18세기 초 영국에서 처음으로 저작권법이 만들어졌기는 해도, 실질적인 저작권 개념에 관한 논의가 시작된 것은 그 이후이다. 서구의 저작권법의 짧은 역사를 이해완(2015)은 저작권 개념이 없었던 비보호시대에서부터 시작하여, 출판특허시대, 입법시대로 구분하여 설명하고 있다. 다음에서는 이를 기준으로 저작권 제도의 성립과 발전과정을 살펴본다.

1) 저작권 비보호시대

고대 그리스, 로마 시대에서 중세까지의 시기에는 저작물을 복제할 수 있는 기계적 장치나 기술이 존재하지 않았다. 그러므로 여러 사람이 저작물을 이용하기 위해서는 손으로 베껴서 만든 필사본에 의존해야 했다. 자연 저작물의 보급 범위가 넓지 않았고, 다른 사람의 저작물을 베끼는 행위에 대해서도 지금처럼 민감하지 않았다. 저작권 개념 자체도 부재했고, 따라서 저작권 보호를 위한 법제도적 장치의 필요성도 제기되지 않았다.

그리스 철학에 의하면, 이 시기의 학자들은 지식을 소유나 거래의 대상으로 보지 않고 신의 계시나 선물로 이해하였다. 그리고 지식은 인간의 것이 아니고 인간은 단지 지식 전달자에 지나지 않는다고 보았다(남형두, 2008). 심지어 로마 시대에는 화가에게 그림을 그릴 수 있도록 재료를 제공한 자가 그림에 대한 특권을 누리기까지 했다. 실제로 로마법에서도 그림을 그리거나 글을 쓴 경우 그것들이 기록된 유체물의 소유권에 관한 논의만 있었고, 지적인 창작물에 대해 별도의 소유권이 인정되지 않았다. 작가나 학자들은 단지 자유시민으로서 예술 활동을 영위할 따름이었다. 이따금 명예로 군주가 주는 상을 받기도 했지만, 그것은 창작에 대한 대가의 성격은 아니었다(이일호·김기홍, 2009). 로마의 시인 호라스(Horace)는 자신이 쓴 시로 자신은 단지 명성을 얻었지만, 시를 출판한 소시우스(Sosius) 형제들은 황금을 얻었다고 불평했던 기록이 있을 정도이다(민경재, 2013).

중세에도 주로 교회나 수도원을 중심으로 지식과 학문이 전파되었고, 이후 수도사들이 복제한 다량의 필사본이 성직자뿐 아니라 세속의 출판과 서적교역의 중요한 토대가 되었을 뿐이었다. 교회 밖에서의 저술활동도 대부분 후원자의 지원을 받았다. 모든 재산이 왕이나 영주의 것이었던 봉건시대의 계층적 사회구조에서는 저술가들의 지식과 그 산물은 지배계층에 속하는 것이었고, 저술가가 개인적으로 소유할 수 없었던 것이다(남형두, 2008; 민경재, 2013). 중세 후반에 와서야 사본의 작성과 원고거래업이 생기기는 했지만, 여전히 저작권에 대한 의식이나 법사상이 형성되지 않았다.

2) 출판특허시대

15세기 중반 금속활자와 인쇄술이 발명되면서, 손으로 필사하는 것보다 짧은 시간에 저작물을 대량으로 복제할 수 있게 되었다. 저작물이 신속하게 대량생산되고 광범위한 대량보급이 가능해진 것이다. 활자를 이용하기 전에는 극히 일부분의 한정된 계층에게 정보를 제공했지만, 유럽 각지에 활판인쇄술이 급속히 보급되면서 활판인쇄물이 정보와 지식 전달에 새로운 변화를 일으켰다. 동시에 무단으로 저작물을 복제하는 현상도 늘어나기 시작하였다. 그럼에도 불구하고 저작권 개념이 없었던 이 시기에는 저작자가 인쇄업자에게 자신의 원고를 넘기면서도, 책은 개인적으로 소유하는 대상이 아니며 문화유산처럼 후대에 전달되는 것으로만 인식되었다.

15세기 후반에서 16세기 초반 유럽의 각국에서 인쇄기를 발명하거나 도입한 이후, 저작권 제도의 효시라고 할 수 있는 출판특허제도가 등장하였다. 출판특허제도란 국가가 인쇄업자와 출판업자에게 저작물을 인쇄해서 출판할 수 있는 특권을 부여하는 제도이다. 이 제도는 15세기 중반 이후 이탈리아의 베니스에서 시작되어 독일, 프랑스, 영국에서도 잇달아 등장했는데, 1469년 베니스 공국의 특권 부여가 최초의 출판특허제도로 알려진다(남형두, 2008; 배대헌, 2013). 이 제도를 통해 통치자는 출판물을 사전 검열할 수 있었고, 특허를 받은 출판업자들은 영업상의 독점을 누리면서 저작물에 관한 배타적 지배권을 가지게 되었다. 따라서 특허를 받지 못한 다른 출판업자는 물론이고 심지어는 저작자 자신조차도 저작물에 관한 일체의 권리를 가질 수 없었다.

저작권 제도의 형성에서 출판특허제도가 주는 의미는 크다. 출판특허제도가 생기게 된 배경을 보면, 유럽 주요 국가의 왕실이나 성직자는 인쇄술을 이용한 서적의 출판이 지식을 확산시키고 자신들의 정치적, 종교적 권력에 도전하는 사상을 널리 퍼트릴 것이라는 위기의식을 가지면서, 이것을 통제할 필요성을 느꼈다. 또 인쇄업자와 출판업자는 경쟁자와 무단복제로부터 자신의 이익을 지키고 자유로운 경쟁이 아닌 독점을 통해 경제적 이익을 얻을 수 있는 제도가 필요해졌다. 게다가 출판 서적의 사본작성업과 원고거래업이 등장하면서 저작물의 무단복제가 증가하기 시작하자, 저작자 보호보다는 오히려 부정경쟁으로부터 출판업자를 보호할 필요성이 제기되었다. 이렇게 권력의 유지, 경제적 독점, 새로운 산업발전의 필요성 확보 등 왕실과 인쇄출판업자들의 이해관계가 복합적으로 결합하여 탄생한 것이 바로 출판특허제도였다(민경재, 2013; 임영덕, 2011). 이 제도는 특허를 받는 출판업자에게는 출판에 대한 독점권을 획득함으로써 경제적 이익을 누릴 수 있는 수단이었다는 점에서 의미가 있었다. 그리고 특허를 부여하는 자에게도 언론출판을 통제하는 수단으로 출판물에 대한 사전검열이라는 행정적 목적과 특허료 징수라는 재정적 목적을 달성할 수 있다는 점에서 특허제도는 의미 있는 것이었다. 한편으로는 개별 저작물마다 특허를 부여한 점을 고려할 때, 출판특허제도는 저작권 제도의 기초가 되었다고도 볼 수 있다.

출판특허제도가 있었던 시기에도 여전히 저작자들은 저작물에 대한 직접적인 권리를 부여받지 못했다. 독점적, 특권적 권리를 행사하는 출판업자로부터 오로지 간접적인 수익만을 챙길 수 있을 뿐이었다. 저작자의 권리는 거의 무시되었고, 사실 저작자의 권리에 대한 개념조차도 존재하지 않았다. 이렇게 저작자 보호의 개념이 부재했던 이유는 특허제도뿐 아니라 시대적, 환경적인 요소에서도 찾아볼 수 있다. 먼저 당시 인쇄출판의 대상이 대부분 고전 작품이었기 때문에, 새로운 창작물은 상대적으로 인정을 받지 못했다. 또 저작자들은 경제적 후원자들의 요청을 받아 창작하는 경우가 대부분이었고, 작품을 판매하기보다는 귀족이나 부유층의 후원이 주요 수입이었다. 이처럼 저작자의 역할과 지위가 미미했던 현상은 15세기 후반 인쇄술의 발명으로부터 18세기 전반까지 지속되었다. 그럼에도 불구하고 인쇄기라는 대량 복사매체가 출현하면서 생긴 서적출판업과 그들 이익집단의 권리를 보호하는 측면에서 저작권 제도가 탄생했다는 점을 부인할 수는 없다.

3) 저작권법 입법시대

저작자에게 법적 권리를 부여하는 움직임이 시작한 것은 17세기이다. 이것은 인쇄술이란 새로운 기술이 출현한 이후 서유럽에서 서적무역이 활발해진 것과 때를 같이 한다(Bettig, 1992; Patterson & Lindberg, 1991). 특허시대 저작자 보호의 부재는 이후 근대로 넘어오면서 출판물에 대한 규제 완화, 자유주의와 개인주의 사상의 보급, 계약의 자유와 사적 소유권의 등장과 같은 급속한 사회적, 경제적 변화와 함께 18세기에 와서야 극복되기 시작하였다. 그러면서 독립적인 권리로서의 저작권 개념이 확립되었다. 특히 개인주의 사상이 법 분야에서 혁명적인 변화를 가져오면서, 종래의 신분제 지배를 기조로 한 봉건질서는 계약의 자유, 사적 소유권의 절대, 과실책임의 원칙을 지도 원리로 하는 근대법 질서로 대체된다. 이것은 저작권법의 영역에도 영향을 미쳐 정신적 소유권론이 생겨났다. 정신적 소유권론은 육체적 노동으로 유형물을 획득한 자가 그 물건에 대해 소유권을 보장받을 수 있다면, 마찬가지로 정신적 노동으로 저작물을 작성한 저작자가 그 저작물에 관하여 일종의 소유권과 같은 권리를 부여받는 것을 국가가 당연히 보장해야 한다는 이론이다. 이것은 현재의 저작권 제도의 기초가 되었고, 대부분 유럽 국가에서 정도의 차이가 있지만 '저작자의 권리' 개념이 생겨나기 시작하였다.

저작행위를 한 사람에게 특별한 권리를 주는 법체계의 성립은 영국의 「앤 여왕법(Statute of Anne)」의 제정에서 비롯되었다. 이 법은 영국에서 인쇄물의 유통이 늘어남에 따라 저작자, 출판사, 국가 등의 이해관계가 맞물리면서 저작권을 처음으로 성문화시킨 법이다(Bettig, 1992; Ploman and Hamilton, 1980). 1662년 제정된 출판인가법(Licensing Act)에서는 국왕이 출판에 대한 검열을 목적으로 특정 출판업자들에게 독점적 출판권을 부여하였으며 출판업자들은 그로부터 경제적 이득을 취하였다. 그러나 1679년 찰스(Charles) 2세의 집권과 함께 출판허가제도의 효력이 점점 상실되었고, 1695년 마침내 출판인가법이 폐지되었다. 그러자 출판업자들은 영국 의회에 대한 로비를 바탕으로 자신들의 독점권을 유지하려고 했고, 그 결과 1709년 「앤 여왕법」이라는 최초의 저작권법이 탄생하였다. 「앤 여왕법」이 제정되면서 저작자에게 부여하는 저작권 개념이 논의되기 시작하였다. 이 법의 목적은 저작자의 권리를 주장할 수 있는 근거로 지식인이 유용한 저작물을 저술하도록 권장하기 위한 것이었다(손승우, 2006; 임영덕, 2011). 이 법의 의의는 의회에서 입법한 법률로서, 보호의 중점이 출판자의 권리로부터 저작자의 권리로 이동된 최초의 법률이며, 저작자에게 부여하는 저작권 개념이 논의되기 시작했다는 점에 있다. 그러나 보호 대상을 책으로만 한정하고 예술작품 등의 기타 저작물이 보호 범주에 포함되지 않는 등 매우 제한된 권리라는 점이 한계이다.[1] 이후 「앤 여

---

1 「앤 여왕법」은 저작권 대상을 출판물로 한정시켰고 저작권 존속기간을 14년으로 제한하

왕법」이 대상으로 했던 출판물 이외에 다른 형태의 저작물을 보호하기 위한 법령
들이 잇달아 제정되었다.

프랑스에서는 1789년 프랑스 혁명으로 국왕의 특권이 폐지되고 시민의 권리
가 선언되었고, 1791년 공연법, 1793년 「문학 및 예술의 소유권에 관한 법률(복제
에 관한 법률)」이 제정되었다. 이 법에 기초하여 저작물의 작가, 작곡가, 화가, 판
화가와 같은 저작자가 그 작품의 판매, 배포에 대한 배타적 권리를 가지게 되면서
저작권법의 적용 범위가 점차 확대하기 시작하였다. 독일에서는 18세기에서 19세
기에 걸쳐 인쇄출판에 관한 법률들이 잇달아 제정되었다. 1837년 프로이센 왕국
이 「학술적, 미술적 저작물 소유에 관한 법률」을 제정하였으며, 1871년에는 비스
마르크의 프러시아를 중심으로 독일이 통일되면서 제국 저작권법이 제정되었고,
1876년에는 「미술 및 사진저작물의 보호에 관한 법률」이 제정되었다(김봉철·조영
기, 2011; 민경재, 2013; 배대헌, 2013).

미국은 16~17세기 영국의 법률을 계승하여 1790년 책, 지도, 해도만을 저작
물로 보호하는 연방 저작권법을 제정하였는데, 그 이전에 연방 헌법에서 저작자와
발명자의 권리 보호를 선언하고 있었다(손승우, 2006; 임영덕, 2011). 이후 1909년
미국의 연방 저작권법은 대대적인 개편 작업에 들어갔다. 이때 의회는 헌법 제1조
제8항의 의미를 해석하면서 저작권법은 권리자의 이익보다는 공중의 이익을 우선
하고 있다는 중요한 가치를 정립하였다. 나아가 저작권은 국내 산업발전 및 국제
무역거래와 통상교섭에서 중요한 의제로 자리 잡게 된다(방석호, 2007).

한편 여러 유럽 국가들의 잦은 교역과 문화적 공유는 창작물의 교류를 수반했
다. 이로 인해 외국에서의 무단 출판의 문제가 대두되었고, 자국의 창작물 보호와
관련하여 국제적 충돌이 잦아지면서 저작권법이 국제적으로 쟁점이 되었다. 이에
따라 저작권에 관한 국제적 규범의 필요성이 공유되어 오다가, 1886년 10개 유럽
국가들이 스위스 베른(Bern)에서 최초의 국제 저작권협약인 베른협약을 체결하게
된다. 이 협약에서는 외국에서 저작물이 보호받아야 할 최소 조건을 규정하고 있
다. 그렇지만 미국 법이 작가의 자연권을 인정하지 않는다는 이유로, 미국은 베른

였으며, 타인의 출판물 재출판만 금지하고 저작물의 일반적인 사용은 규제하지 않았다
(배대헌, 2013).

협약 인준을 거부하였다. 20세기에 들어서면서 지적재산의 순수출국이 된 미국은 제2차 세계대전 직후인 1947년 세계저작권조약을 제안하였고, 이 조약은 1952년 제네바에서 채택되었다. 이 협약에 따라, 가입국의 저작권 보호를 위해 저작권 표시기호를 저작물에 표기하면, 저작권 발생요건으로 저작권 등록을 요구하는 방식주의를 택한 국가에서도 무방식주의 국가의 저작물이 등록절차를 밟지 않고 저작권 보호를 받을 수 있다. 이것은 저작권을 자연권으로 이해하는 유럽의 자연권적 보호 전통과 저작권을 공익을 위해 국가가 법률로 인정하는 권리로 보는 미국의 공리주의 전통을 조화시킨 것이었다. 세계저작권조약은 방식주의와 무방식주의 채택국가의 마찰을 해결하는 것이 목적이었는데, 이로 인해 1988년 그동안 방식주의를 채택했던 미국도 베른협약에 가입하게 된다(남형두, 2008).

　이상에서 살펴보았듯이, 저작권의 역사는 인쇄술이 발명되고 보급됨에 따라 인쇄출판물을 이용하는 것에서부터 시작되었다. 금속활자와 인쇄술은 서적을 출판하고 복제하는데 필요한 시간과 비용을 감소시키면서 정보전달의 새로운 수단을 마련해주었다. 그리고 이것은 다시 새로운 문화의 형성에 영향을 미쳐 유럽 근대사회를 형성한 르네상스와 종교개혁의 계기를 가져왔다. 저작권 제도는 이러한 변화를 수용하는 법적 틀로서 탄생한 것이라고 볼 수 있다. 그리고 최초의 저작권법인 「앤 여왕법」이 제정된 이래로 19세기 중반 이후 과학과 기술의 발전에 힘입어 저작권 보호는 더욱 확대되거나 강화되었을 뿐 아니라 저작물의 전달방법도 다양해졌다. 즉 인쇄·사진·축음·방송·녹화·디지털전송 등 시대를 거듭할수록 복잡하고 다양한 신기술을 이용하여 만들어진 저작물을 보호해 왔다. 저작권은 인쇄술을 포함한 기술변화의 영향을 받아서 그 보호범위를 확대하거나 종전의 보호대상을 강화하는 것으로 발전시켜 왔다는 점에서 기술 의존적이었다(배대헌, 2011). 그리고 앞으로도 기술의 발전은 저작권 관련 법체계의 형성과 발전에 지속해서 영향을 미칠 것이라고 예상할 수 있다.

저작권과 미디어 기술발전과의 관계

기술발전은 인간의 생활과 사회적 관계에 크고 작은 영향을 미쳤다. 특히 기술발전이 저작권에 미친 영향은 매우 컸는데, 저작권은 미디어 기술의 발달과 역사를 함께 했다고 해도 과언이 아니다. 당시에는 획기적인 신기술이라고 할 수 있었던 활판 인쇄술의 발명으로 태동된 저작권법은 이후 녹음·녹화 기술, 방송기술 등 다양한 신기술이 출현할 때마다 그에 맞추어 적절히 변신하였다.

1) 기술발전과 저작권 범위의 확대

기술은 법을 만들고 다시 법에 근거하여 제도가 만들어진다. 인쇄술은 저작권법을 만들어냈고, 이에 근거하여 저작권 제도가 만들어졌다. 이렇게 저작권 제도는 인쇄술에서부터 출발하여 사진기술, 축음, 음반제작, 영화, 방송, 녹화기술, 인터넷 기술에 이르기까지 정보기술의 발전과 더불어 탄생하고, 저작권의 보호 대상과 권리의 종류가 확대되면서 지속해서 변화하고 있다.

새로운 기술이 개발되면 우선 해당 기술을 보호하는 문제로 관심이 집중된다. 이런 기술 보호를 기반으로 하여 새로운 대상을 통해 경제적 효과를 얻는 문제에 관심을 가지면서 그 보호범위가 확대된다. 예를 들면, 인쇄술이 발명되자 처음에는 인쇄술이란 기술을 보호하고자 했지만, 출판의 대상인 창작물을 인쇄하고 판매하는 것에 관심을 가지면서 기술 보호에서 출판권 보호로 보호의 범위가 확대되었다. 그리고 최종적으로는 저작물 보호의 필요성에 관한 논의로 확대되면서 저작물에 대한 저작자의 권리를 보호하는 방향으로 나아갔다. 인쇄기술의 개발자에서 출발하여 인쇄물을 출판해서 보급하는 출판업자로, 다시 저작자로 보호범위가 확대된 것이다. 또 저작권 발전과정 초기의 보호 대상은 인쇄출판업자의 출판물이었으나, 현대 저작권법으로 와서는 저작자의 저작물이 보호 대상이 되었다. 이렇게 볼 때 출판권은 현대적 의미의 저작권 논의의 초석이었다고 할 수 있다.

그뿐만 아니라 기계기술이 발달하고 사회가 복잡해지면서 저작물의 범위도 확대되었다. 최초의 저작권법인 「앤 여왕법」에서 보호했던 대상은 인쇄술을 이용하여 출판할 수 있는 서적 등 어문저작물이 대부분이었다. 이렇게 출발한 저작물의 영역에 20세기 초 사진기의 발명으로 인해 사진저작물이 포함되었고, 활동사진 기술의 개발로 영상저작물도 저작물의 영역에 들어오게 된다. 다시 녹음·녹화기술 등의 기계기술이 발달하고 사회가 복잡해지면서, 서적, 회화, 조각 등의 정적인 저작물에 국한되었던 저작물 범위에 음반, 영화, 방송과 같은 동적인 저작물도 포함되었다.

또 기술의 변화는 저작물을 복제해서 배포할 수 있는 출판권에서 시작된 저작권에 전송 등의 공중송신권을 포함하는 등, 저작권 범위확대에 크게 이바지하였다. 인쇄술이라는 기술혁신은 서적 등의 출판물에 대한 복제권 중심의 저작권을 탄생시켰는데, 18세기 어문저작물을 중심으로 보호하던 초기의 저작권은 복제권, 배포권으로 한정되었다. 이후 1877년 에디슨(Edison)이 소리를 저장하는 축음기를 발명하였고, 1898년에는 처음으로 음반이 제작되었는데 이것은 실연에만 의존하여 감상했던 음악저작물을 매체를 통해서도 감상하도록 해주었다. 이를 기반으로 하여 음악, 연극 등이 공연권, 전시권이라는 권리로 보호를 받게 된다. 이후음반 외에도 촬영기, 영사기가 보급되면서 음향과 영상을 동시에 송출하는 방송이 등장하게 되고 이것은 방송권, 저작인접권과 같은 새로운 개념의 권리들을 등장시켰다(배대헌, 2013).

1980년대 초 일본에서는 소니(Sony)가 휴대용 카세트테이프 플레이어인 워크맨을 판매하기 시작했고, 음반 대여점이 성황을 이루었다. 사람들은 상업적인 목적으로 제작된 음반을 대여해서 카세트테이프에 복제한 후 이를 워크맨으로 들을 수 있게 되었다. 이런 현상은 음반매출의 감소를 초래했는데, 이처럼 음반대여로 인해 빚어지는 문제를 해결하고 저작물 복제를 통제하려는 목적에서 저작권자에게 상업용 음반에 대한 대여권을 인정하게 된다(배대헌, 2013). 워크맨이라는 기기의 개발이 저작권의 범위에 대여권이란 개념을 추가하도록 영향을 미친 것이다.

복제기술과 함께 방송, 인터넷과 디지털 기술이 발달하고 저작물 이용방법이 다양화되면서 저작권의 범위에 공연권, 방송권, 전송권, 디지털음성송신권 등이 포함되었고, 저작권의 내용도 더욱 복잡해졌다. 기술발전에 대한 저작권법의 대응이 저작권법의 역사라고 할 수 있을 정도로(최진원·남형두, 2006), 기술은 저작권의 범위확대에 지대한 영향을 미쳤다.

2) 디지털 기술발전과 콘텐츠 개념의 등장

디지털 기술의 발전으로 콘텐츠라는 새로운 용어가 저작권법의 저작물이란 용어를 대체하는 개념으로 사용되고 있다. 콘텐츠라는 용어는 사이버공간에서 디지털 관련 기술이 발전하면서 대중화되기 시작하였다. 기존의 아날로그 콘텐츠를 표현(존재)하는 형식은 별도로 고민할 필요 없이 콘텐츠의 성질에 따라 극히 제한적으로 결정되었다. 예를 들면 어문저작물은 출판으로, 음악저작물은 음반으로, 영상저작물의 경우에는 영화나 방송으로 이미 표현형식이 결정되어 있다. 그러나 사이버공간에서는 영상물 표현형식인 avi, mpg, dvd 등과 같이 특정 내용물이 다양한 형식으로 존재할 수 있다. 이에 다양한 형태로 콘텐츠가 존재해도 그 내용이 같다는 점에서 표현형식으로부터 독립된 개념이 필요했다. 그 존재 형식과 관계 없이 변하지 않는 내용물 그 자체를 미디어로부터 분리해서 이야기하기 위해 콘텐츠라 지칭하게 된 것이다. 다시 말해서 아날로그 공간에서는 어떠한 정보가 존재하는 형식, 즉 미디어가 정보내용에 따라 결정되었기 때문에 미디어와 내용물의 구분이 의미가 없었으나, 디지털 콘텐츠는 다양한 형식의 디지털 미디어로 콘텐츠가 존재(표현)할 수 있으므로, 미디어로부터 독립된 개념으로 콘텐츠라는 용어가 발생한 것으로 이해할 수 있다. 저작물이 책이나 음반이 아닌 그 미디어에 내재 된 소설이나 음악인 것처럼, 저작권은 콘텐츠와 미디어를 특별히 구별하고 있지 않은 "정보"라는 개념보다는 미디어로부터 분리된 "콘텐츠"라는 개념으로 명확히 설명할 수 있다(신재호, 2009). 이렇게 볼 때 내용과 표현형식을 분리해서 접근할 필요가 있는 디지털 미디어 환경에서 콘텐츠는 저작물을 대체하는 개념으로 활용할 수 있는 개념이자 용어이다.

일반적으로 콘텐츠는 정보 저장장치에 기록되고 재생되거나 방송통신과 같은 미디어에 의해 전송되는, 이용자가 즉각적으로 해독 가능한 자기완성적인 기호체계로 정의된다. 즉 부호, 문자, 음성, 음향 및 영상 등으로 표현되는 모든 종류의 자료 또는 지식 및 이들의 집합물로서, 담는 그릇인 미디어를 전제로 한 내용물을 뜻한다. 「문화산업진흥 기본법」과 「콘텐츠산업 진흥법」에서는 콘텐츠를 "부호·문자·도형·색채·음성·음향·이미지 및 영상 등(이들의 복합체를 포함한다)의 자료 또는 정보"로 정의하고 있다. 이 정의에 따르면 콘텐츠는 창작성을 요구하는 '저작물'과 달리 창작성이 없는 자료나 정보까지 포함하므로 일단 '저작물'보다 더 넓은 개념이다. 하지만 저작물에 해당하지 않는 콘텐츠의 경우 저작권 보호 대상에서 제외된 결과 치열한 분쟁이나 관심의 대상이 될 여지가 그다지 크지 않을 것(박준석, 2012)이라고 보고, 본 저서에서는 콘텐츠를 저작물과 동일 개념으로 사용해도 무방하다고 보았다.

정보가 유형과 무형의 의미체계를 포괄하는 포괄적인 개념이라면, 미디어 콘텐츠는 신문의 기사, 방송의 프로그램과 같이 미디어 수용자가 즉각적으로 해독할 수 있는 정보 저장장치에 담긴 내용물을 의미하는 개념이다. 미디어 콘텐츠 중에서도 디지털 콘텐츠에 대해 「문화산업진흥 기본법」 제2조 제5호에서는 "부호·문자·도형·색채·음성·음향·이미지 및 영상 등(이들의 복합체를 포함한다)의 자료 또는 정보로서, 그 보존 및 이용의 효율성을 높일 수 있도록 디지털 형태로 제작하거나 처리한 것"으로 정의함으로써, 디지털 기술의 특성에 기반한 콘텐츠로 정의하고 있다.

전통적인 아날로그 콘텐츠가 극장, 비디오테이프, CD-ROM 등의 물리적인 매체를 통해 배급되거나 방송네트워크를 통해 방송되는 문자, 음성, 영상, 음악콘텐츠라면, 디지털 콘텐츠는 콘텐츠가 디지털 형태로 이루어진 것으로, 디지털화라는 정보기술 요소가 개입된 개념이다. 그러므로 디지털 콘텐츠는 아날로그 콘텐츠에서 불가능했던 것을 구현하거나 작업의 효율성을 증가시킬 수 있는 것이 특징이다. 디지털 콘텐츠의 기술적 특성으로는 디지털 방식의 정보 기록과 재생, 왜곡이 없는 정보의 기록과 재생의 정확성, 콘텐츠의 영구성, 무한복제 가능성, 신호 접근과 조작의 용이성, 콘텐츠 간 호환성과 융합 가능성, 편집의 용이성과 압축 가능성 등을 들 수 있다.

3) 미디어 기술혁신과 콘텐츠 수용방식의 변화

인류는 그동안 수많은 저작물을 창작했으며, 이를 편리하게 전달하기 위한 수단도 끊임없이 개발되었다. 특히 새로운 미디어의 등장과 기술혁신은 저작물에 대한 접근 가능성을 높여주고 이용을 편리하게 함으로써 사회적 효용을 증가시켰다. 그뿐만 아니라 대중이 풍부한 지적 창작물에 접근하는 기회를 충분히 보장하려는 저작권법의 목적달성에도 크게 이바지했다(최진원·남형두, 2006). 그런 점에서 미디어 기술혁신이 콘텐츠의 수용방식에 어떻게 영향을 미치고 어떤 변화를 초래했는지 주목할 필요가 있다.

초기 인쇄술은 한 장의 종이를 눌러서 인쇄하는 방식이었기 때문에 많은 노동력이 필요했다. 복사기의 개발과 함께 새로운 인쇄방법인 기계에 의한 사진복사(photocopy) 방법이 고안되면서 타인의 저작물을 복사해서 이용하는 것이 간단하고도 편리해졌다. 이러한 기술혁신은 저작물의 무단복제를 가능하게 하여 복제권 침해라는 쟁점을 불러왔지만, 인쇄된 저작물의 수용방식에 변화를 가져다주었다.

미디어 기술혁신은 방송콘텐츠 수용방식에도 영향을 미쳤다. 1950년대 원격조정기(remote control)의 보급으로 TV채널 변경이 쉬워졌다. 그리고 1970년대 가정에서 방송프로그램을 직접 녹화할 수 있는 기기인 VCR(Video Cassette Recorder)[2]이 대량 판매되면서, 방송콘텐츠를 녹화했다가 편리한 시간대에 시청하는 소위 시간이동(time-shifting) 시청이 가능해졌다. 디지털 기술이 도입되면서 VCR의 카세트테이프를 컴퓨터 하드드라이브로 대체한 DVR(Digital Video Recorder)과 DVD(Digital Versatile Disc) 재생장치를 이용하여 시간이동 시청기능이 더욱 향상되었다. 그뿐만 아니라 2000년대 초 인터넷을 이용하여 지상파방송을 원격으로 실시간 시청할 수 있는 슬링박스(Slingbox)와 같은 디지털 기기가 등장하면서, TV프로그램을 가정이 아닌 다른 곳에서도 시청할 수 있는 장소이동(place-shifting) 시청이 가능해졌다. 이것은 전 세계 어느 곳에서도 초고속 인터넷망이 연결된 컴퓨터나 노트북을 이용해서 TV프로그램을 시청할 수 있게 해주는 새로운 미디어 유통기술이다. 이렇게 시간이동과 장소이동 시청을 가능하게 해 준 미디어 기술은 방송콘텐츠 수용의 접근성과 편의성 향상에 크게 이바지하였다.

디지털 미디어 환경으로 전환하면서, 시간에 구애받지 않고 어떤 유형의 기기를 통해서도 TV드라마를 시청하는 것은 물론이고 음악이나 영화를 감상할 수 있게 되었다. 인쇄술이 등장하면서 책을 전국적으로 대량보급해서 많은 사람이 이용하는 것이 가능해진 것처럼, 이제는 디지털 기술과 인터넷이 문학작품에서부터 음악, 영화, 방송, 공연작품에 이르기까지 콘텐츠를 전 세계적으로 배포하는

---

2 VTR과 혼용되고 있다.

것을 수월하게 해주었다. 하지만 1990년대 말 등장한 압축기술과 파일공유 네트워크는 인터넷에서 디지털 콘텐츠 파일의 불법 배포를 가능하게 했을 뿐 아니라 콘텐츠 산업의 비즈니스 모델에 상당한 위협을 주었다(Furtado, 2005). 인터넷상에서 이용자 개인과 개인을 연결해주는 기술인 P2P(Peer to Peer)는 이용자가 음악과 영상저작물을 이용하는 방식에 큰 변화를 가져다주었다. P2P방식은 인터넷을 통해 이용자가 다른 이용자의 컴퓨터에 저장된 파일을 검색하고 이를 다운로드 해서 저장하여 이용할 수 있도록 해주는 기술이다. 이 기술을 이용하여 이용자는 개인용 컴퓨터로 저장된 파일을 이용하거나 휴대용 MP3 플레이어를 통해 재생해서 이용할 수도 있다. 이처럼 이용자가 콘텐츠를 편리하게 이용할 수 있는 방식은 콘텐츠 판매시장에 위협이 되면서 저작권자에게도 경제적인 영향을 미칠 수 있다. 이렇게 미디어 기술혁신은 저작물에 대한 접근성과 이용의 편의성을 높여주면서 저작물 이용방식을 변화시킨 반면, 저작권자의 권리를 침해할 가능성이 커진다는 점에서 여러 가지 저작권 쟁점을 야기한다.

저작권은 탄생부터 새로운 기술의 산물이었기 때문에 저작권법은 기술발전에 가장 민감하게 반응하는 법이다. 미국의 연방대법원3도 저작권과 기술의 관계를 강조하였는데, "처음부터 저작권법은 기술의 중요한 변화에 반응하면서 발전되어 왔다. 사실상 새로운 형태의 복사기인 인쇄기의 발명도 저작권 보호의 필요성을 제기하였다"고 설명하였다. 이와 같은 기술발전에 대해 저작권법이 어느 정도 일관성을 유지할 필요가 있지만, 기술은 악용될 수 있을 뿐 기술 자체는 가치 중립적이라는 점에서 법 제도가 기술발전을 가로막거나 기술발전의 혜택을 거부해서도 안 된다(신재호, 2009). 즉 기술발전에 대해 저작권법이란 법 제도도 순응하여 변화할 필요가 있으며, 그것이 던져주는 법적 쟁점을 예측하고 꾸준히 대응할 수밖에 없을 것이다.

---

3 Sony Corp. of America v. Universal City Studio, 464 U.S.417(1984).

3^장 저작권법의 구성

① 저작권법의 목적과 기능

저작권의 본질은 저작물의 창작자에게 독점권을 부여함으로써 더 많은 창작을 기대하고, 그런 창작물을 공유함으로써 궁극적으로 인간의 정신생활을 풍요롭게 하고 인류문화발달에 이바지하는 것이다. 저작권에 관한 법률 제정권을 의회에 부여하고 있는 미국 헌법 제1조 제8항의 원래 의도는 저작물의 원저작자에게 각각의 저작과 창작물에 대한 배타적 권리를 한시적으로 보장함으로써, 과학과 유용한 기술의 발전을 장려하고, 창작자들이 일정 기간 배타적 권리를 향유한 후에 그 권리를 모두에게 허용함으로써 공공 영역을 비옥하게 한다는 것이다. 이와 같은 저작권의 본질은 우리나라 헌법에서도 찾아볼 수 있다. 제22조 제2항에서 "저작자·발명가·과학기술자와 예술가의 권리는 법률로써 보호한다"라고 명시하고 있고, 제23조 제1항에서 모든 국민의 재산권은 보호되며 그 내용과 한계는 법률로 정한다고 규정하고 있다. 따라서 저작권을 포함한 재산권을 보호하는 것이 헌법의 정신이라 할 수 있고, 이러한 헌법의 정신을 법률로 구체적으로 정해 놓은 것이 바로 저작권법이다(계승균, 2005). 즉 저작권법은 헌법의 이념을 구체화한 법률이다.

저작권법은 저작권에 관한 사항을 규율하기 위해 만들어진 입법 장치이다. 제1조에서 입법취지에 해당하는 목적과 그 목적을 실현하는 수단을 규정하고 있는데, 문화 및 관련 산업의 향상발전에 이바지하는 것이 법이 지향하는 입법목적이라고 명시하고 있다. 이러한 입법목적은 저작권 제도의 본질을 밝히는 동시에 저작권법을 해석하고 운용하기 위한 기본 방침을 설정해 준다(오승종, 2016). 그리고 그와 같은 입법목적을 실현하는 수단으로 저작권법에서는 저작자의 권리 및 이에 인접하는 권리 보호와 저작물의 공정한 이용 도모와 같이 두 가지 수단을 규정하고 있다. 이렇게 볼 때 저작자 등의 경제적, 인격적 이익의 보호와 저작물의 공정한 이용 도모 또는 이용과 보급의 활성화를 통해 궁극적으로 문화와 문화 관련 산업의 발전을 추구하는 것이 저작권법의 입법취지이자 목적이다.

저작권법 입법목적의 의미를 좀 더 구체적으로 살펴보면, 저작권과 저작인접권의 보호는 저작자나 실연자 등과 같이 콘텐츠 산업에 종사하는 자들이 콘텐츠를 창작하고 공중 전달을 하도록 유인하기 위한 경제적 인센티브를 부여하는 수단이다. 그런 점에서 저작권법은 지식재산권법[1]의 성격이 강한데, 시장에서의 자유로운 경쟁을 전제로 해서 창작의 인센티브를 제공함으로써 문화 및 관련 산업의 발전을 촉진하기 위한 법률이다. 또 저작물의 공정한 이용 도모는 일반 대중이 저작자나 실연자 등이 생산하고 전달한 콘텐츠를 향유하고 그것을 토대로 또 다른 문화적 산물을 창작해서, 장기적으로는 사회 전체의 문화가 발전할 수 있도록 해주는 수단이다. 따라서 저작권법은 문화기본법의 성격을 가지는 법률이기도 하다.

저작권법은 1차적으로 저작자의 권리를 보호하는 법이다. 그러나 저작권자의 권리가 과도하게 보호되면 저작물의 이용이 원활하지 않게 되며, 결국 이것은 저작권자의 권리와 저작물 이용이라는 두 가지 가치 간의 충돌을 초래한다. 이러한 이익 간의 충돌을 해결하기 위해서 저작권은 일정한 정도 제한될 필요가 있다. 즉 창작의 인센티브로 충분하면서도 저작물의 이용을 합리적으로 가능하게 해주는 적정한 정도와 범위의 저작권 보호 수준을 알아내서 입법화하거나 해석론에 반영해야 하는 것이 저작권법의 과제이다. 동법 제1조는 그런 과제를 표현한 것이라고 볼 수 있다. 그리고 실제로 이러한 저작권의 보호와 이용자의 공정한 이용 보장이라는 상충되는 이익이나 가치를 조화시키기 위한 여러 가지 조항을 두고 있다(정상조 편, 2007). 예를 들면 저작재산권의 보호 기간이나 저작재산권의 제한에 관한 조항이 여기에 해당한다.

저작권법은 사회적인 변화와 기술발달을 반영해서 그 목적과 기능이 역사적

---

1 지적재산권이라는 일본식 표기방식을 사용해 오다가, 1998년 4월부터 특허청이 지식재산권이라는 용어를 사용하고 2011년 5월 지식재산기본법이 제정되면서, 지적소유권, 지적재산권이란 용어 대신에 지식소유권, 지식재산권이라는 용어로 통일해서 사용하고 있다.

으로 변화해왔으며, 그 내용도 지속해서 개정되고 있다. 동법의 연혁을 보면, 우리나라 최초로 제정된 1957년 저작권법에서의 입법목적은 "학문적 또는 예술적 저작물의 저작자를 보호하여 민족문화의 향상발전을 도모하는 것"이었다. 여기서 주목할 만한 점은 현행 저작권법과 달리 저작자의 권리가 아니라 저작자를 보호하는 것을 목적으로 했다는 것이다. 동법이 저작자의 권리가 아니라 저작물을 창작한 저작자 그 자체를 보호하기 위한 취지에서 출발하였다는 것을 알 수 있다. 그러나 1986년 12월 개정에서는 입법취지 조항이 변경되었다. '저작자를 보호하고'가 '저작자의 권리와 이에 인접하는 권리를 보호하고'로 바뀌고 '저작물의 공정한 이용을 도모' 한다는 표현이 새롭게 추가되었다. 법의 목적이 저작자와 저작인접권자의 권리를 보호하는 개념으로 바뀐 것이다. 또 저작권의 보호와 저작물 이용의 도모를 동시에 규정함으로써, 문화발전이란 입법목적을 수행하는 수단으로 저작권의 보호뿐 아니라 저작물 이용의 활성화가 추가되었다.

최근에 와서는 디지털 기술이 등장하고 인터넷 등 새로운 미디어가 발달하면서 컴퓨터프로그램, 데이터베이스와 같이 과거의 전통적인 저작권법 보호 대상과 다소 이질적인 위치에 있는 보호 대상이 저작권법 영역에 포함되었다. 게다가 문화와 산업의 경계가 허물어지면서 문화산업도 산업의 중요한 한 분야로 분류됨에 따라, 문화발전을 궁극적인 목적으로 하는 저작권법과 산업발전을 목적으로 하는 산업재산권법의 구분이 애매하게 되었다. 이러한 요인들이 작용해서 결국 저작권법은 문화 보호뿐 아니라 기술이나 산업 보호와도 깊은 관련성을 가지게 되었다(신재호, 2009; 이해완, 2015). 이와 같은 변화를 반영해서 2009년 4월, 저작권법 제1조의 법의 궁극적인 목적을 "문화의 향상발전"에서 "문화 및 관련 산업의 향상발전"으로 변경하였다. 이로 인해 산업재산권법의 성격을 가진 다른 지식재산권법과 구별되는 문화기본법으로 불리었던 저작권법이 개정 이후에는 문화는 물론이고 관련 산업의 발전을 동시에 추구하는 것으로 입법목적이 바뀌면서 문화산업법의 성격을 띠게 되었다.

하지만 입법목적의 변경으로 인해 저작자나 저작권자를 보호하기보다는 저작물을 이용자에게 전달하는 유통산업의 보호에 치중하는 현상이 나타나면서, 자칫 저작권법의 근본 취지가 변질되는 것은 아닌지 우려하는 목소리도 나오고 있다. 배대헌(2013)은 기술개발로 인해 저작물 이용의 문화가 산업과 연계하여 문화산업

으로 새로운 위치를 확보하면서 문화산업이 강조되고 있으며, 기술로 인해 저작
권법이 발전하고 기술이 저작권의 발전을 견인하는 등, 동법의 본래 목적인 저작
자 보호에서 멀어지고 있는 현상을 비판하였다. 자연 저작권 정책도 문화의 향상
발전보다는 문화산업의 발전에 주력하면서, 저작권 보호와 문화산업을 하나로 묶
어서 정책을 전개하는 경향을 보인다. 실제로 2015년 당시 문화관광체육부가 정
한 "음원 사용료 징수규정"에 따른 음원 사용료 수익현황을 보면, 음원 제작사 및
유통사(44%), 음원 서비스 제공사업자(40%) 등 음원 제작과 서비스사업자에게 수
익의 80% 이상 분배되는 반면, 저작권자인 작곡가·작사자는 10%, 실연자인 가수
·연주자는 6%만 수익을 분배받는데 그치는 것으로 나타났다.[2] 게다가 가수의 음
반판매, 음원판매, 벨 소리 등의 수익 지분을 보면, 음원 제작사와 이동통신사가
절반 가까이 독식하고 있다. 이와 같은 현상은 저작권 정책이 저작자 보호를 통한
문화의 향상발전이라는 저작권법의 본질적 가치를 변질시키는 문제점을 가지고
있음을 시사한다. 저작권 정책이 저작물을 창작한 저작자의 권리보다는 저작권자,
더 나아가서는 관련 산업을 지나치게 보호하고 있으며, 저작권 보호를 내세워 저
작물 이용을 가로막는 것이다. 한마디로 저작권법의 그늘을 보여주는 현상이다.
저작자의 권리를 충분히 보호하면서 저작물을 이용할 수 있는 이용자 권익이 동
반될 수 있도록 저작권법의 내용이나 그것의 운용을 중심으로 한 논의가 활발해
질 필요가 있으며, 이를 토대로 입법을 개선하는 방안도 모색할 필요가 있다.

　　저작권법은 인적·물적 자원이 창작에 투입될 수 있는 효율적인 환경을 제공
해서 문화발전에 이바지하는 것을 추구한다. 소유의 정당성 여부에 초점이 맞추
어진 물질적 재산권과는 다르게 저작물 사용의 문제에 초점을 맞춤으로써 저작물
을 가지고 무엇을 해도 좋은가가 동법의 핵심인 것이다(장춘익, 2001). 경제학적
측면에서 보면, 저작권법은 창작을 촉진하는 경제적 인센티브를 제공하여 인적·
물적 자원의 효율적 배분을 가능하게 해주고 창작을 위한 투자를 촉진하는 기능
을 한다. 종업원에게 창작을 위한 환경을 제공하고 비용을 투자하는 기업이나 고
용주에게 모든 권리를 부여하는 업무상저작물을 예로 들 수 있다. 그뿐만 아니라

---

2 디지털 음원 수익, 분배는 어떻게? 문제 없나? KBS 뉴스 2015. 5. 8. <http://new-
　s.kbs.co.kr/news/view.do?ref=A&ncd=3071783>.

저작권법은 저작물 창작에 대한 과잉투자나 지나친 권리 보호가 저작물 이용의 활성화에 방해가 되는 것을 막기 위해, 경제적 인센티브를 시간으로 또는 내용으로 제한하는 기능을 하기도 한다. 저작권의 존속기간을 한정하거나, 저작권자의 허락을 받지 않고서도 교육이나 연구 등을 위해 저작물을 이용할 수 있도록 허용하는 것이 그와 같은 예이다. 이렇게 볼 때 저작권법의 목적을 달성하고 기능을 수행하는 것은 저작권자의 재산권적 권리와 공공의 이익이라는 두 가지 가치 사이에서 균형점을 찾는 일로 귀결된다.

② 저작권법의 연혁과 구성

1) 저작권법의 연혁

저작권법은 시대적 상황이나 기술발전과 사회 환경 변화를 반영하기 위해 끊임없이 개정을 거듭하였다. 정보기술의 발전과 더불어 저작권법에서는 권리 대상인 저작물의 범주에 컴퓨터프로그램, 데이터베이스를 포함함으로써, 보호 대상의 범위를 확대하였다. 또 복제권에서 배포권, 2차적저작물작성권, 전송권에 이르기까지 다양한 권리를 인정하면서 저작권 권리 자체의 내용을 확장하는 등, 저작권법은 많은 변천 과정을 겪었다.

우리나라에서 저작권법이 제정되기 이전에는 일본 저작권법을 적용했다. 그러다가 1957년 최초로 저작권법이 제정, 공포되었다. 동법의 목적을 학문적 또는 예술적 저작물의 저작자 보호를 통한 민족문화의 향상발전 도모로 선언하고, 이 법의 적용을 받는 저작물, 저작자 및 저작권의 범위를 정하였다. 이후 저작권법은 한·미통상협정의 결과로 1986년 처음으로 전면 개정을 하게 된다. 개정의 주요 내용은 업무상저작물 조항과 저작인접권 조항의 신설, 저작재산권의 세분화, 사후 30년에서 50년으로 저작재산권 존속기간의 연장 등이었다. 개정의 취지는 저작권자와 저작물 이용자의 이익 보호에 미흡하다는 문제점을 보완하고, 국제적 보호 수준에 맞추기 위한 것이었지만, 사실상 미국의 통상 압력에 대한 정부 차원의 대응이었다고 볼 수 있다. 저작권법 전면 개정과 동시에 우리나라는 세계저작권협회에 가입하였다. 이후에도 한·미 지적소유권협상, 우루과이라운드협상, WTO체제 출범 등과 같이 국내외 여건 변화와 급변하는 국내외 저작권 환경에 효율적으로 대처하기 위해 저작권법을 여러 차례 개정하게 된다.

2000년에는 멀티미디어 디지털 기술이 발달하고 새로운 복사기 보급이 확대되면서 저작권 침해사례가 증가하자, 저작권 보호를 강화하고 저작물 이용관계를 개선하기 위한 방향으로 저작권법 개정이 이루어졌다. 이 개정에서는 특별히 통신기술의 발전을 반영하기 위해 전송권을 추가해서 저작재산권의 범위를 확대하였다. 그리고 저작재산권을 제한하는 사적복제 조항의 예외로, 공용 복사기로 복제하는 것에 대해 저작권자의 이용허락을 요구하는 조항 등을 추가하였다. 다시 2003년 개정에서는 지식정보사회의 진전이 가속화되면서 데이터베이스 보호, 온라인서비스제공자의 책임제한, 기술적 보호조치에 대한 보호와 같은 새로운 이슈들이 반영되었다. 2006년 전면개정에서도 기존의 저작권법으로 포섭할 수 없는 새로운 서비스가 등장함에 따라 디지털음성송신권을 도입했고, 실연자의 인격권, 특수한 유형의 온라인서비스제공자의 의무조항 등을 신설하였다. 그리고 영리 목적의 상습적인 저작재산권 침해행위 등을 친고죄에서 제외함으로써 권리자의 고소가 없어도 형사처벌이 가능하도록 하였다. 또 2009년에는 저작권 보호정책의 일관성 유지와 효율적 입행을 도모하기 위해 기존의 컴퓨터프로그램보호법을 저작권법에 통합하였고, 온라인상의 불법복제를 근절하기 위해 온라인서비스제공자 및 불법복제 및 전송에 대한 규제를 강화하는 방향으로 저작권법이 개정되었다.

2010년대로 넘어오면서 한·미 FTA협상이 저작권법 개정에 많은 영향을 미치게 된다. 2011년 6월 개정에서는 저작재산권의 보호 기간이 저작자 사후 50년에서 70년으로 연장되었다. 또 서비스 유형별로 온라인서비스제공자의 면책조건을 명확히 하였고 기술적 보호조치에 대한 보호를 더욱 강화하였다. 같은 해 12월 개정에서는 컴퓨터상의 저작물 이용에서 원활하고 효율적인 정보처리를 위해 필요한 경우 일시적 저장을 허용하는 예외규정을 두었으며, 저작권 보호가 강화되면서 저작자 권리보호와 공정이용 이익 간의 균형을 보장하기 위해 공정이용에 관한 일반조항을 도입하였다. 2016년 3월 개정에서는 음악 시장에서 디지털 음원의 개념과 판매용 음반의 범위에 대한 혼란을 해소하기 위해, 음반의 개념에 디지털 음원을 포함하였다. 그리고 새로 도입한 공정이용 조항의 목적과 고려사항이 제한적이라는 문제점을 개선하기 위해, 공정이용 조항에서 '보도·비평·교육·연구 등'의 목적과 '영리 또는 비영리성' 조항을 삭제하였다. 그 밖에 저작권보호센터와 한국저작권위원회로 이원화되었던 저작권 보호 업무를 통합하고 한국저작권보호원을 설립하기 위한 근거조항을 추가하였다.

2019년 11월 저작권법 일부 개정에서는 새롭게 등장한 가상·증강현실 기술을 이용한 산업발전을 뒷받침하기 위한 저작권 침해 면책조항으로 제35조의 3에 부수적 복제 등에 관한 조항이 신설되었다. 이 조항에 따라 사진 촬영, 녹음 또는 녹화(이하 "촬영등")를 하는 과정에서 보이거나 들리는 저작물이 촬영 등의 주된 대상에 부수적으로 포함되는 경우에는 복제·배포·공연·전시 또는 공중송신할 수 있다. 그리고 이용된 저작물의 종류 및 용도, 이용의 목적 및 성격 등에 비추어 저작재산권자의 이익을 부당하게 해치는 경우에는 부수적 복제 등을 할 수 없도록 하는 예외 조항을 두었다. 역시 새롭게 등장한 기술산업의 발전을 고려한 개정으로 평가된다.

또한 제35조의 4에 공공문화시설이 저작자 불명의 저작물을 활용하여 문화향상 발전에 이바지할 수 있도록 그 저작물을 이용할 수 있는 근거를 마련하기 위해, 문화시설에 의한 복제 등에 관한 조항을 신설했다. 이 조항에서는 공공문화시설이 문화향상발전에 이바지할 수 있도록 상당한 조사를 하였어도 저작재산권자나 그의 거소를 알 수 없는 경우, 그 문화시설에 보관된 자료를 수집·정리·분석·보존하여 공중에게 제공하기 위한 목적으로 그 자료를 사용하여 저작물을 복제·배포·공연·전시 또는 공중송신할 수 있도록 규정하고 있다.

한편 2020년 7월 발표된 저작권법 전부개정안은 창작자 권리보호를 강화하고 저작물 이용을 손쉽게 하는 것을 목표로 했는데, 추가보상청구권과 확대집중관리제도의 도입, 업무상저작물 조항 개선, 인공지능 개발·활용 촉진 등이 핵심 내용이었다. 우리 저작권법은 1957년 최초로 제정, 공포된 이후 1986년과 2006년 전면 개정되고 수시로 일부 개정되는 등, 국내외 저작권 환경에 효율적으로 대처하기 위해 빈번하게 개정이 이루어졌다. 그동안의 저작권법 개정 내용의 흐름을 보면, 기술발전의 반영, 저작권 유형의 확대, 저작권 보호기간 연장, 저작권 보호 강화 등이 특징이다(조연하, 2023a).

2) 저작권법의 내용구성

저작권법은 제1조에서 규정한 입법목적에 기초하여 내용을 구성하고 있다. 그 내용을 보면, 총칙, 저작권 및 저작인접권, 데이터베이스제작자, 영상저작물, 프로그램, 온라인서비스제공자, 기술적 보호조치, 위탁관리, 한국저작권위원회, 한국저작권보호원, 그리고 권리침해구제에 관한 내용으로 구성된다. 크게 저작권, 일부 저작물에 대한 특례조항, 저작권 관리 및 피해구제와 같이 세 가지로 구분할 수 있다.

저작권법은 총 11장으로 구성된다. 제1장인 총칙에 입법목적과 정의조항 등을 두고 있고, 제2장과 제3장에서 각각 저작권, 저작인접권을 다루고 있다. 동법의 핵심인 저작권에 관한 장은 다시 저작권 객체인 저작물, 저작권 주체인 저작자, 저작자의 권리 유형인 저작인격권과 저작재산권, 저작물 이용허락과 등록 등의 절차에 관한 내용으로 구성된다. 그리고 특별히 출판, 영상저작물과 프로그램에 대한 특례조항을 두고 권리관계를 좀 더 명확히 규율하는 법적 근거로 활용할 수 있도록 하고 있고, 온라인상에서의 저작권 침해에 대한 서비스제공자들의 책임과 면책을 다루기 위한 조항을 포함하고 있다.

저작권법 구성의 특징은 입법목적이 저작권자의 권리 보호와 저작물의 공정한 이용 도모를 통해 문화 및 관련 산업을 발전시키는 것임에도 불구하고, 저작권자의 권리 보호에 치중한 경향을 보인다는 점이다. 즉 저작권자의 권리 보호를 위한 근거 조항과 보호를 위한 제도적 장치에 관한 조항 등이 전체 법 구성에서 차지하는 비중이 높다. 물론 법의 부분마다 저작권을 제한하는 조항을 두고 있지만, 저작물의 공정한 이용 도모를 위한 저작물 이용자의 이익에 관한 조항이 상대적으로 미흡하다는 점이 저작권법의 한계이다. 이처럼 사용자 입장을 충분히 고려하지 못한 법 구조와 관련하여 우지숙(1998)은 선진국의 논리에 따라 저작자의 권리를 보호하기 위해 기존의 보호범위를 시급히 확대하고 실행하는 데에만 중점을 두기 이전에, 저작자, 저작권자, 사용자 등의 이해관계자들로 이루어진 저작권법 구조를 생각할 것을 주장하였다. 법 개정 때마다 저작권자의 권리 보호가 더욱 강화되는 추세를 보인다는 점을 감안할 때, 저작물 이용자의 이익 보호 조항의 부족이라는 취약점을 보완하는 입법 개선이 요구된다.

표 3-1 ㅣ 저작권법의 구성

1장 총칙				1~3조
2장 저작권	1절 저작물			4~7조
	2절 저작자			8~10조
	3절 저작인격권			11~15조
	4절 저작재산권	1관 저작재산권의 종류		16~22조
		2관 저작재산권의 제한		23~38조
		3관 저작재산권의 보호기간		39~44조
		4관 저작재산권의 양도·행사·소멸		45~49조
	5절 저작물 이용의 법정허락			50–52조
	6절 등록 및 인증			53~56조
	7절 배타적발행권			57–62조
	7절의2 출판에 관한 특례			63–63조의 2
3장 저작인접권	1절 통칙			64–65조
	2절 실연자의 권리			66–77조
	3절 음반제작자의 권리			78조–83조의2
	4절 방송사업자의 권리			84–85조의 2
	5절 저작인접권의 보호기간			86조
	6절 저작인접권의 제한·양도·행사 등			87–90조
4장 데이터베이스제작자의 보호				91–98조
5장 영상저작물에 관한 특례				99–101조
5장의2 프로그램에 관한 특례				101조의 2–7
6장 온라인서비스제공자의 책임 제한				102–104조
6장의2 기술적 보호조치의 무력화 금지 등				104조의 2–8
7장 저작권위탁관리업				105–111조
8장 한국저작권위원회				112–122조
8장의2 한국저작권보호원				122조의 2–7
9장 권리의 침해에 대한 구제				123–129조의 5
10장 보칙				130–135조
11장 벌칙				136–142조

* 2023년 8월 8일 일부 개정된 저작권법 기준

4^장 저작권의 기본 이론

① 저작권의 본질

1) 저작권의 개념 이해

아무리 훌륭한 아이디어라 해도 표현되지 않으면 그것이 지닌 가치를 다른 사람들이 향유할 수 없다. 저작권은 표현된 결과를 보호하는 개념이다. 다시 말해서 저작권은 인간의 사상이나 감정을 표현한 창작물에 대해 창작자가 취득하는 권리이다. 저작권의 법적 성격은 표현된 결과인 저작물의 사용과 복제를 결정할 수 있도록 저작자에게 부여되는 배타적인 권리이다. 이렇게 저작물의 창작자에게만 독점권을 부여하는 이유는 창작자가 더 많은 저작물을 창작할 것을 기대하고, 저작물의 공정한 이용을 통해 인간의 정신생활을 풍요롭게 하면서 사회 전체의 문화를 발달시킬 수 있기 때문이다. 즉 저작권 보호의 목적은 저작자들을 부유하게 만드는 것이 아니라, 저작자에게 자신이 저작물이 어떻게 언제 상업적으로 이용될 수 있는지에 대한 통제권을 부여하는 방식으로 경제적 인센티브를 부여함으로써 더 많은 창작을 유도하고, 궁극적으로는 사회 전체가 이익을 얻도록 하는 것이다(Zelezny, 2011). 이것이 곧 저작권법이 추구하는 본질이다.

저작권은 인간의 지적 활동의 성과로 얻어진 창작물에 부여되는 배타적 독점권인 지식재산권(intellectual property)[1]의 한 분야이다. 지식재산권은 인간이 만든

---

1 「지식재산 기본법」에 의하면, 지식재산이란 인간의 창조적 활동 또는 경험 등에 의하여 창출되거나 발견된 지식·정보·기술, 사상이나 감정의 표현, 영업이나 물건의 표시, 생물의 품종이나 유전자원, 그 밖에 무형적인 것으로서 재산적 가치가 실현될 수 있는

지적 창작물 중에서 법으로 보호할 가치가 있는 것에 부여되는 권리로, 인간의 지적 능력이 발휘되는 모든 분야를 보호 대상으로 한다. 지식재산권 중에서 저작권의 개념을 이해하는데 유용한 개념이 특허권이다. 특허권은 사상의 창작물인 발명에 부여되는 법적 권리로서 주로 기술적 창작물을 보호한다. 이것은 기술적 아이디어(technical idea) 자체를 보호하는 개념이기 때문에, 굳이 표현되지 않아도 법적 보호를 받을 수 있다.

반면 저작권은 특정한 사상이나 감정을 표현한 것을 보호한다는 점에서 아이디어를 보호하는 특허권과 구별된다. 그 밖에도 저작권은 권리의 발생이나 유지, 존속기간, 속지성, 성격 등에서 특허권과 다르다. 저작권은 창작하는 순간 권리가 발생하고 권리유지를 위해 법적으로 특별한 의무를 부담할 필요가 없다. 이에 비해 특허권은 권리가 발생하기 위해 일정한 등록절차가 필요하며, 권리유지를 위해 존속기간에 일정한 요금을 내야 한다. 또 저작권은 사후 일정 기간 보호되는 반면, 특허권의 존속기간은 등록 후 20년으로 저작권에 비해 짧다. 특허권의 성립과 소멸은 특허를 부여한 국가의 법률에 근거하는 반면, 저작권은 각국의 법에 따라 권리의 형식이나 내용이 결정된다. 그리고 우연히 다른 사람의 저작물과 같다 해도 독자적으로 작성한 것이라면 저작권 침해가 아니지만, 특허권은 독자적인 발명이라 해도 기존 발명과 같으면 특허권 침해라는 점에서 저작권과 차이를 보인다.

저작권 개념을 이해하기 위해 패터슨과 토마스(Patterson & Thomas, 2003)는 저작권을 구성하는 요소를 가지고 설명하였다. 이에 따르면 저작권의 구성요소는 저작권, 저작물, 그리고 저작물의 복제물이다. 저작권은 법이 부여한 독점권이고, 저작물은 저작권법이 보호하지 않는 아이디어와 저작권법이 보호하는 표현으로 구성된다. 그리고 저작물의 복제물은 그것을 구매한 자가 소유한 물질이다. 이에 기초하면 저작권법상의 소유권은 저작물에 주어지는 권리와 저작권자가 판매한 저작물의 복제물에 대한 권리로 분리된다. 전자는 저작권 이용 차원에서 행사하는 권리로, 저작권자에게 부여된 권리이다. 예를 들면 시장판매를 위해 저작물을

것이며, 지식재산권이란 법령 또는 조약 등에 따라 인정되거나 보호되는 지식재산에 관한 권리를 의미한다. 지식재산권으로는 특허권, 실용신안권, 디자인권, 상표권, 저작권 등이 있다.

복제물로 만들 수 있는 권리이다. 이에 비해 후자는 저작물 이용 차원에서 행사하는 권리로, 저작권자에게로 한정되지 않는 권리이다. 물리적으로 소유하고 있는 저작물이나 복제물을 개인적으로 전시하거나 공연할 수 있는 권리이다. 이렇게 저작권은 저작물에 대한 권리를 행사하는 차원에서 머물지 않고 저작물의 복제물을 이용하는 차원에서 발생하는 여러 가지 문제와 연관될 수 있다는 점에서 매우 복잡하고 어려운 개념이다.

2) 저작권의 객체 및 주체

대부분 국가의 저작권법에서는 인간의 창작물을 저작물로 보호할 수 있으며, 인간이나 법인을 저작자로 규정하고 있다. 이렇게 저작권은 저작물을 창작한 저작자의 권리를 보호하기 위해 만들어진 법적 장치인데, 이것이 실질적으로 보호하는 대상은 저작물이다. 창작행위를 한 저작자가 저작물에 대한 권리를 행사하는 주체이고 창작행위의 결과물인 저작물이 저작권의 객체인 것이다. 좀 더 구체적으로는 저작물이 담고 있는 무형의 콘텐츠가 저작권이 보호하는 대상이다. 예를 들면 종이로 만든 책이나 음악파일은 저작물을 담고 있는 용기일 뿐, 종이책이나 음악파일에 담긴 내용이 저작권으로 보호할 가치가 있다.

저작권법은 인간의 사상과 감정을 표현한 것을 보호하므로 살아있는 자연인만이 저작권의 주체가 될 수 있다. 그러므로 저작자에게 저작권의 주체와 분리할 수 없는 인격적 권리인 저작인격권이 부여된다. 인간과 가장 닮은 동물인 원숭이가 멋진 추상화를 그렸다 해도 그림에 대한 저작권을 주장할 수 없다. 실제로 있었던 사건으로, 2011년 데이비드 슬레이터(David Slater)라는 영국의 사진작가가 인도네시아에서 사진 촬영 중이었는데, 갑자기 한 원숭이가 카메라를 낚아채서 스스로 자신의 모습을 촬영하였다. 이후 원숭이 사진이 여러 잡지와 웹사이트, 위키피디아에 게재되자, 사진작가는 사진에 대한 저작권을 주장하면서 위키피디아에 사진 삭제를 요청하였다. 그러나 위키피디아 측은 인간인 저작자가 존재하지 않으며 사진에 대한 저작권이 존재하지 않는다는 이유로 삭제 요청을 거절하였다. 이에 동물보호단체인 PETA가 사진작가를 상대로 소송을 제기하였는데, 2016년 1월 미국 법원[2]은 "의회와 대통령이 동물에 대한 법적 보호를 인간 수준으로 확대할 수 있지만, 저작권법 제도 내에서는 이를 인정할 수 있는 징후를 찾아볼 수 없다"면서 원숭이에게는 해당 사진의 저작권이 없다는 임시판결을 내렸다. 논란이 되었던 이 사건의 핵심은 인간이 아닌 동물도 저작자가 될 수 있는가인데, 법원이 동물은 저작권의 주체가 될 수 없음을 분명히 해 준 것이다.

3) 저작권의 발생

저작권 보호제도에는 방식주의와 무방식주의가 있다. 방식주의란 저작권의 발생 또는 취득을 주장하기 위해 일정한 방식이나 절차를 요구하는 제도이다. 즉 등록이나 납본을 요구하거나 저작물에 ⓒ표기를 요건으로 하는 등, 등록절차나 형식요건을 갖추도록 하는 제도이다. 이에 비해 무방식주의는 기본적으로 저작물을 만드는 순간부터 법적 효력이 발생하며, 저작권을 취득하기 위해 어떤 방식이나 절차를 요구하지 않는다.

대부분 국가가 무방식주의를 채택하고 있다. 미국은 1976년 저작권법에서 모든 저작물에 ⓒ표기와 저작자의 성명, 최초 발행연도를 의무적으로 표시하고 저작권청(Copyright Office)에 등록하도록 하는 방식주의를 취했다. 그러나 베른협약 가입 이후 1988년 개정된 저작권법에서 무방식주의로 전환하였다. 우리 저작권법 제10조에서도 "저작권은 저작물을 창작한 때로부터 발생하며, 어떠한 절차나 형식의 이행을 필요로 하지 아니한다"고 규정하면서 무방식주의를 따르고 있다. 다만 동법에 저작권 등록에 관한 조항이 있기는 한데, 저작자나 공표시기에 관한 법적 추정력이 부여되고 저작권 분쟁에서 사후 입증의 편의를 위한 추적의 효력을 가지게 할 뿐 아니라 한편으로는 일정한 사항에 대해 거래의 안정을 위해 제3자에게 대항하는 힘을 가지게 한다는 점에서 의미가 있다(이해완, 2015). 이처럼 저작권은 저작권 등록이 저작권 발생요건이 아니며, 방식이나 절차가 없이도 권리가 발생한다는 점에서 특허권과 같이 등록절차를 요구하는 다른 유형의 지식재산권과 구별된다.

---

2 Naruto v. Slator, Case No. 15-cv-04324-WHO, 2016 WL 362231(N.D. Cal. Jan. 28, 2016).

4) 저작권의 일반적 특성

저작권은 배타적인 지배권성, 공공성, 유한성, 가분성과 같은 특성을 가진다. 이와 같은 일반적인 특성을 통해 저작권의 개념을 좀 더 잘 이해할 수 있다. 첫째, 배타적 지배권성이란 저작자가 자신의 저작물을 이용하거나 다른 사람에게 이용을 허락함으로써 경제적 이익을 얻는 배타적 권리를 가진다는 것이다. 물건에 대해 가지는 권리와 유사해서, 저작자가 자신의 저작물을 허락 없이 사용하는 것을 금지할 수 있는 권리다. 예를 들어 책의 저자는 다른 사람이 무단으로 책의 복사본을 만들어 판매하는 것을 금지할 권리를 가진다.

둘째, 공공성이란 저작물의 공정한 이용을 위해 일정한 경우 저작권이 제한받을 수 있다는 속성이다. 저작권법의 목적은 저작권 보호뿐 아니라 모든 인류를 위한 문화적 소산으로서 공공재 성격을 가지는 저작물을 많은 사람이 이용해서 사회 전체의 문화를 발전시키는 것이다. 따라서 문화발전이라는 공공적인 성격에 근거하여 특정한 상황에서는 저작권을 제한할 수도 있다. 이것이 저작권이 가지는 공공성이다. 예를 들면 학교 수업을 목적으로 시나 소설 등의 문학작품을 정당한 방법으로 이용한다면, 교육이란 공공성을 이유로 저작권자의 허락 없이도 이용할 수 있다. 저작권이라는 배타적 권리행사에 아무런 제한을 가하지 않으면, 공공성이라는 저작권법의 목적에 반하는 것이기 때문이다.

셋째, 유한성이란 저작권의 존속기간이 한정되어 있음을 의미한다. 물건에 대한 재산권은 절대적이고 무한성을 가지지만, 저작권은 무한정 보호받을 수 없다. 보호기간이 만료된 이후에는 저작권이 소멸되고 만인이 저작물을 공유할 수 있게 된다. 이러한 특성은 공공성을 이유로 한 저작권 제한의 한 형태로도 해석할 수 있다.

마지막으로 가분성이란 저작권은 여러 권리로 분류되며, 각각의 권리를 분리해서 이용을 허락하거나 양도할 수 있다는 것을 의미한다. 저작권은 저작인격권과 저작재산권으로 분류되며 각각 여러 권리로 분리해서 행사할 수 있다. 특히 저작재산권은 개별 지분권별로 양도할 수 있는데, 다시 해외 방송권과 같이 지리적 범위 등을 한정해서 각 지분권의 일부를 양도할 수 있다. 저작권의 가분성에 대한 인식 부족으로 발생했던 분쟁사례를 보면, 1986년 인기 가수 조용필이 〈창밖의 여자〉, 〈단발머리〉, 〈촛불〉 등 31곡에 관한 계약을 체결하면서 복제권과 배포권을 음반제작사에게 양도했다. 그런 이유로 그는 음반을 재발매할 때마다 자신이 만든 노래임에도 불구하고 저작권료를 내야 했고, 제작사는 음반과 출판 사용료 등의 수익을 벌었다. 이에 조용필은 계약 무효를 주장했으나 법원[3]은 저작권 양도 사실을 인정하고 이를 받아들이지 않았다. 이후 저작권 반환 인터넷 서명운동이 일어났고, 당사자 간의 협의가 이루어져 조용필은 27년 만에 양도했던 저작권을 되찾게 되었다. 저작권이 여러 권리로 나뉘어 행사될 수 있음을 보여주는 좋은 예이다.

5) 저작권과 다른 권리와의 관계

저작권의 본질을 좀 더 이해하기 위해 다른 권리와의 관계를 파악해보자. 저작재산권은 저작물 이용을 통해 경제적 가치를 얻고 양도할 수 있다는 점에서 물건에 대한 소유권과 유사하지만, 저작자의 정신적 창작물에 대해 성립하는 권리라는 점에서 소유권과 구분할 필요가 있다. 휴대전화를 구매한 자는 그것을 소유할 수 있는 권리가 있다. 반면 화가가 자신의 정신적 창작물인 그림을 다른 사람에게 판다고 해도, 저작권을 양도하지 않는 한 여전히 저작권은 화가에게 있으며 그림의 소유권자와 저작권자가 분리된다. 그러나 그림을 구매한 소유권자가 그림을 전시하거나 처분하기를 원하면 굳이 저작권자로부터 허락을 받지 않아도 된다. 저작권법은 이처럼 일정한 경우 그림 소유권자에게 저작물 이용행위에 관한 일정한 권한을 부여함으로써, 소유권자와 저작권자의 이해관계를 적절히 조정하고자 한다(오승종, 2016; 이해완, 2015).

또 물건은 여러 장소에서 동시에 사용하는 것이 불가능하다는 점에서 물건의 소유권은 이용방법이 제한되어 있다. 반면 저작권은 저작물을 여러 사람이 다른 장소에서 동시적으로 또는 비동시적으로 이용할 수 있으며, 저작물 이용방법이 다양하고 여러 권리로 나누어 행사할 수 있다는 점에서 물건에 대한 소유권과 다르다. 예를 들어 소설은 내용을 감상하는데 그치지 않고 저작자의 동의를 받아 2차적저작물인 영화나 TV드라마로 제작되어 극장에서 상영되거나 방송되는 등

3 대법원 2004. 4. 21. 선고 99다72989 판결.

다양한 방법으로 사용될 수 있다. 또 물건에 대한 소유권은 영구히 행사할 수 있지만, 저작권은 보호기간이 한정되어 있고 보호기간이 만료되면 누구나 저작물을 이용할 수 있다.

한편 저작권법은 저작권 및 저작인접권을 보호해서 문화 및 관련 산업의 발전에 이바지하기 위해 제정된 법률이라는 것이 헌법에 반영되어 있다. 헌법 제22조에서는 모든 국민은 학문과 예술의 자유를 가지며, 저작자, 발명가, 과학기술자, 예술가의 권리는 법률로써 보호한다고 명시하고 있다. 이에 근거하면 저작자는 학문과 예술의 자유라는 기본권을 가지는 동시에 저작권법의 보호를 받는다. 또 저작물이 인간의 사상이나 감정을 표현한 것이라는 점에서, 저작권은 헌법 제21조에서 보호하는 언론·출판의 자유와 밀접한 관련이 있다. 이에 따라 헌법이 보호하는 학문과 예술의 자유와 표현의 자유라는 기본권은 저작권과 관련하여 중요한 의미를 지닌다. 반면 표현의 자유라는 헌법상의 기본권은 저작권법의 상위에 있는 권리로서, 저작권에 우선하여 보장되어야 하는 권리이다. 그러므로 표현의 자유를 보장하기 위해 저작권법에서는 상세한 규정을 두고 있다(오승종, 2016). 단순한 사실 보도를 비보호저작물로 규정하고 있으며, 시사보도를 위한 저작물의 이용, 보도와 비평 목적의 공표된 저작물 인용 등의 저작재산권 제한규정을 두고 있다. 이런 점에서 표현의 자유는 저작권 침해에 대한 항변의 역할을 하면서 동시에 저작권을 제한하는 요소로 작용한다.

② 저작물의 성립과 유형

저작물은 저작자가 저작물을 창작한 행위의 결과물이다. 2006년 12월 저작권법 개정 이전까지는 저작물의 개념을 "문학, 학술 또는 예술의 범위에 속하는 창작물"로 규정하고, 지적이고 예술적인 창작물에 한해 저작물로 보호했다. 하지만 디지털시대를 반영하기 위해 저작권법의 내용을 대폭 개정한 이후, 저작물을 "인간의 사상 또는 감정을 표현한 창작물"[4]로 정의하였다. 기술발전으로 등장한 컴퓨터프로그램, 데이터베이스 등도 저작물로 인정되는 등 저작물의 범주가 확대되고 있는 현실을 반영하기 위한 취지로 해석할 수 있다.

1) 저작물의 성립과 보호범위

(1) 저작물의 성립요건

저작물의 성립요건은 저작물에 해당하는지를 결정하는 기준이자, 저작권법의 보호범위가 어디까지인지를 결정하는 기준이다. 즉 저작물이 법적 보호를 받기 위한 필요조건이면서, 저작권법 보호 대상 여부를 판가름하는 기준으로 활용될 수 있다. 저작물의 성립요건은 "인간의 사상이나 감정을 표현한 창작물"이라는 저작물의 법적 개념에서 도출할 수 있는데, 바로 표현과 창작성이다.

첫째, 저작물로 성립되기 위해서는 인간의 사상이나 감정이 외부적으로 표현되어야 한다. 즉 표현수단에 상관없이, 사상이나 감정이 외부적, 객관적으로 표현된 것만이 저작물로 보호될 수 있다. 이를 설명할 수 있는 저작권법의 기본 원칙이 아이디어와 표현의 이분법이다. 이 원칙은 모든 창작물에는 아이디어와 표현이 필요한데, 아이디어의 자유로운 흐름을 보장하기 위해 아이디어는 보호하지 않고 저작권 보호 대상을 표현으로 한정한다는 것이다. 창작 행위의 소재가 되는 인간의 사상이나 감정은 아이디어의 영역에 속하는데, 여기에 독점권을 부여한다면 자유롭게 창작할 수 있는 자유, 다시 말해서 학문과 예술의 자유를 침해할 수 있기 때문이다(이해완, 2015; 정상조 편, 2007). 즉 아이디어와 표현의 이분법을 근거로 표현은 저작권법에서 보호하는 반면, 아이디어는 특허권과 같은 다른 지식재산권법에서 보호하는 것이다. 표현요건과 관련하여 대법원은 저작물에서 표현된 내용은 만인이 공유해야 할 아이디어로 구성된 것이므로 저작물 보호 대상이 되지 않고 표현형식만이 저작물의 보호 대상임을 명확히 하고 있다.[5]

---

4 저작권법 제2조 제1호.
5 표현되어 있는 내용, 즉 아이디어나 이론 등의 사상 및 감정 그 자체는 설사 그것이 독창성, 신규성이 있다 하더라도 소설의 스토리 등의 경우를 제외하고 원칙적으로 저작물이 될 수 없고, 학술의 범위에 속하는 저작물의 경우 학술적인 내용은 만인에게 공통되는 것이고 누구에 대하여도 자유로운 이용이 허용되어야 하는 것이므로 그 저작권의 보호는 창작적인 표현형식에 있지 학술적인 내용에 있는 것은 아니다

　　저작물 성립의 표현요건과 관련하여 설명할 수 있는 이론으로 합체의 원칙 (merge doctrine)이 있다. 이것은 아이디어를 표현하는 방법이 한 가지만 있거나 그 표현방법 이외에 다르게 효율적으로 표현할 방법이 없는 경우, 그 표현에 대해 저 작권 보호를 해서는 안 된다는 이론이다. 즉 아이디어와 표현이 합체된 것으로 보 고, 저작권 보호를 부정하는 이론이다. 여기에는 아이디어와 표현이 합체된 경우 를 저작권으로 보호해서, 합체되어 있는 아이디어까지 보호해주는 결과를 초래하 지 않으려는 취지가 담겨 있다. 합체의 원칙과 비슷한 원칙으로 필수적 장면의 원 칙과 사실상의 표준의 합체(De Facto Standards)의 원칙이 있다. 합체의 원칙이 컴퓨 터프로그램과 같이 주로 기능적인 저작물에 적용된다면, 필수적 장면의 원칙은 주 로 소설이나 희곡 등에 적용되는 원칙으로, 그 작품에 담겨 있는 아이디어가 전형 적으로 예정하고 있는 사건이나 등장인물의 성격 타입 등과 같이 필연적으로 따르 는 요소는 설사 표현에 해당하더라도 저작권 보호 대상이 아니라는 원칙이다. 예 를 들어 영화나 드라마에서 탈북자를 소재로 사용할 경우 북한군으로부터 추격당 하는 장면이나 북한 사투리를 사용하는 장면과 같이 경험적으로 발생할 수밖에 없 는 이야기 전개나 장면은 창작성을 인정하지 않는 것이다. 또 사실상의 표준의 합 체의 원칙은 창작할 당시에는 그 저작물에 담겨 있는 아이디어를 표현할 방식이 많았지만, 시간이 지난 후 그 표현방식이 업계의 사실상의 표준이 되는 등 여러 가지 현실적인 여건상 한 가지 방법만 남게 되는 경우 저작물로 인정할 수 없다는 이론으로, 주로 기능적 저작물에서 발생한다(김용섭, 2012a; 오승종, 2016; 이규호, 2010; 이해완, 2015). 이상의 원칙들은 일종의 아이디어와 표현의 이분법을 보충하는 원리이면서, 저작물 성립의 표현요건을 판단하는 기준으로 사용될 수 있다.

　　둘째, 저작물로 성립되기 위해서는 표현에 창작성이 있어야 한다.[6] 창작성 요 건의 근거는 어떤 저작물에 대해 저작권을 보호해주는 대신, 그 보호를 받는 저작 물은 남의 것을 베낀 것 이상의 그 무엇일 것을 요구하기 위함이다(오승종, 2016). 다시 말해서 어떤 창작적 표현이 저작권의 보호를 받는 대가로 저작물 내에서 반

　　(대법원 1993. 6. 8. 선고 93다3073, 3080 판결).

6 창작성 요건에 관한 개념적 논의는 조연하·유수정의 연구(2011) "저작물 성립 요건으로 서의 창작성의 개념과 판단기준: 국내 법원의 판결 논리를 중심으로"에서 발췌하여 재정 리하였음.

드시 구현해야 하는 것이 창작성인 것이다. 창작성 요건의 법적 근거는 헌법과 저작권법에서 찾아볼 수 있다. 헌법 제22조 제2항에서는 "저작자·발명가·과학기술자와 예술가의 권리는 법률로써 보호한다"고 명시하고 있는데, 이것은 창작자로서의 저작자 권리 보호의 헌법적 근거에 해당한다. 또 창작성 요건의 저작권법상의 근거는 "인간의 사상 또는 감정을 표현한 창작물"이라는 저작물 정의조항과 "저작물을 창작한 자"라는 저작자 정의조항에서 찾아볼 수 있다. 이에 기초하면, 창작자로서의 저작자에게 헌법적인 권리를 부여하기 위해서는 창작성을 전제 조건으로 해야 한다. 즉 공공재인 정보에 대한 사적인 권리를 부여하는 정당성의 근거로 창작성을 요구하는 것이다.

대부분 국가의 저작권법에서도 저작물의 창작성을 요구하고 있다. 미국의 저작권법에서는 독창성(originality)을 저작권 보호요건으로 정하고 있다. 이 경우 독창성이란 저작자가 다른 사람의 저작물을 복제하지 않고 저작물을 독자적으로 만들었음을 의미하며, 최소한의 지적인 노력만 있어도 된다(Phalen, 1989; Stim, 2001). 지난 100년 동안 연방대법원은 독창성 기준을 채택했다. 판결성향을 토대로 하면 창작성 개념의 구성요소는 저작자 개인의 독자성, 기존 저작물과의 차별성, 저작자의 개성, 최소한의 지적 노력 등이다(Madison, 2010; Parchomovsky & Stein, 2009). 이에 비해 대륙법 국가에서는 창작성을 문화발전을 유인할 수 있을 정도의 최소한의 가치를 지닌 것으로 보면서 일정 수준의 창작성을 요구하는 경향을 보인다(오승종·이해완, 2006; 정상조 편, 2007). 저작물 창작성 요건에 대해 국가 간 견해 차이를 엿볼 수 있다. 이와 관련하여 니머(Nimmer)는 독창성(originality)을 저작물 생산과정에서 저작자 기여의 성격을 나타내는 것으로, 창작성(creativity)을 저작물 생산 이후의 저작물 자체의 성격을 의미하는 것으로 구분할 필요가 있다고 주장하였다.

국내 저작권법에서는 권리발생 요건인 창작성의 개념을 정의하지 않고 있으며, 창작성의 수준이나 판단기준도 제시하지 않고 있다. 따라서 창작성의 개념이나 수준에 대해서는 사법부의 해석에 의존할 수밖에 없다. 대법원[7]은 창작성 개념을 "완전한 의미의 독창성을 말하는 것은 아니며 단지 어떠한 작품이 남의 것

---

7 대법원 1995. 11. 14. 선고 94도2238 판결.

을 단순히 모방한 것이 아니고 작자 자신의 독자적인 사상 또는 감정의 표현을 담고 있음을 의미"하는 것으로 설명하였다. 이렇게 볼 때 저작권법에서의 창작성은 특허법에서 요구하는 기존의 것과 다른 새로운 것이 아니며, 기존의 저작물에 비해 문학적·학문적, 예술적으로 진보될 것을 요구하는 개념은 아니다. 즉 특허법에서 요구하는 신규성과 진보성이 절대적인 개념이라면, 저작권법에서의 창작성은 상대적인 개념이라고 볼 수 있다(오승종, 2016).

　디지털 기술과 같은 최신 기술이 등장하기 이전에는 창작성 요건은 단순히 저작자가 다른 사람의 저작물을 베끼지 않고 자신의 노력으로 창작할 것으로 요구하는 정도의 의미였다. 그러나 디지털 기술에 힘입어 다양한 유형의 저작물이 등장하고 인공지능 기술의 개발로 인간이 저작물 창작에 반드시 참여할 필요성이 줄어들면서, 저작물 생산에 과연 인간의 노력이 어느 정도로 투여되어야 법적으로 유효한지의 문제 등이 대두되었고 저작권에서의 창작성 개념의 유용성이 도전을 받고 있다(Clifford, 2004; Madison, 2010). 특히 웹 환경에서 기존의 콘텐츠를 조합, 변경시켜서 창작한 표현에 대한 입법의 부재가 지적되고 있는데, 한편으로 이런 입법은 가상공간에서만 가능한 역동적인 창작성을 제한하고 위축시킬 수도 있다는 점에서 논의가 필요하다.

　저작물의 성립요건인 표현과 창작성은 특정 미디어 콘텐츠가 저작권법의 보호 대상인지 판가름하는 잣대로 사용될 뿐 아니라, 저작권 침해를 판단하는 중요한 기준으로도 작용할 수 있다. 〈그림 4-1〉에서처럼 저작물의 구성에는 창작성이 있는 표현과 창작성이 없는 표현, 창작성이 있는 아이디어와 창작성이 없는 아이디어에 해당하는 부분이 포함될 수 있다. 이 중에서 창작성이 있는 표현만이 저

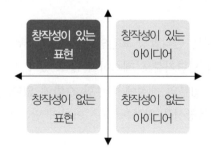

그림 4-1 ┃ 저작물 성립의 판단요건

작물로서 보호받을 수 있으며, 창작성이 있는 아이디어, 창작성이 없는 표현이나 아이디어는 저작물의 보호범위에 포함되지 않는다. 따라서 저작물 이용이 저작권 침해인지를 판단할 때, 이용된 부분이 그림에서 어느 부분에 해당하는지를 고려 하면 된다. 예를 들어 기자가 다른 신문사 기사의 일부를 인용해서 기사를 작성하 였을 경우, 인용한 부분이 타 신문사 기자의 견해가 창작적으로 표현된 것이라면 저작권 침해이지만, 단순한 사실이나 사건을 인용한 것이라면 창작성 여부에 상 관없이 아이디어에 가까우므로 저작권 침해로 볼 수 없다.

(2) 비보호저작물

모든 저작물이 저작권법의 보호를 받는 것은 아니다. 비록 표현과 창작성이 라는 성립요건을 충족시켰다 해도 보호받지 못하는 저작물이 있다. 저작권법 제7 조에서는 헌법이나 법률, 법원의 판결, 그리고 '사실의 전달에 불과한 시사보도' 와 같이 공익적인 목적으로 공적으로 작성된 저작물 또는 일반 공중에게 널리 알 려야 할 저작물을 비보호저작물로 규정하고 있다. 헌법이나 형법, 민법과 같은 각 종 법률과 법원의 판결 등은 모든 국민이 실생활에서 언제든지 자유롭게 이용할 수 있어야 한다. 그런데 특정 법령을 이용하거나 판결문을 열람하기 위해 작성자 의 허락을 일일이 받아야 하고 저작권료를 내야 한다면 일반적인 상식에서 벗어 난다. 또 신문이나 방송 등에서 보도한 특정 사고나 사건 뉴스에 창작성이 있다고 보기는 어려우며, 이를 저작권법으로 보호한다면 세상에서 일어나는 사실을 국민 이 알 수 있는 권리를 침해하는 것이 된다. 즉 사실 전달에 불과한 시사보도를 비 보호저작물로 규정한 근거는 창작성의 결여와 국민의 알 권리 보호이다. 이렇게 저작권법의 비보호저작물은 저작물 자체의 특수성을 고려한 것으로, 그 근거는 공익성과 국민의 알 권리 보장에서 찾을 수 있다.

(3) 저작물성이 문제 되는 저작물

법에서 저작물로서 보호받을 수 없는 저작물을 정하고 있지만, 과연 저작물 로 인정해야 하는지에 대해 논란이 되는 영역이 있다. 저작물의 성립요건을 적용 하여 명확하게 판단하기에 애매모호한 표현이거나 기술이 발전하고 사회가 변화 하면서 등장한 새로운 형태의 창작물이 여기에 해당한다.

가. 저작물의 제호 및 짧은 표어, 슬로건 등

저작물 제호에 대해서는 저작물성을 인정할 수 없다는 것이 통설이고 지금까지 법원의 입장이다. 만화의 제목을 빵의 상품명으로 사용한 〈또복이〉 사건에서, 법원[8]은 제호가 사상이나 감정의 표현이 아니라고 보았다. 또 서적의 제목을 영어 학습서 시리즈물의 제목으로 사용한 사건에서도 대법원[9]은 제호란 저작물의 창작물로서의 명칭이나 그 내용을 직접 또는 함축적으로 나타내는 것이라고 설명하였다. 그리고 저작물 또는 그 저작물을 담고 있는 서적이라는 상품 그 자체를 가리키는 것일 뿐, 표현이 아닌 아이디어의 영역에 해당한다고 해석하였다. 저작물의 제목과 함께 짧은 문구로 구성된 표어나 슬로건, 또는 일상생활에서 흔히 사용하는 표현에 대해서도 저작물성을 인정하지 않는 것이 통설이다. 만약 이런 표현들까지 저작물로 보호한다면, 일상적인 언어생활을 지나치게 제약하기 때문이다. 영화 〈왕의 남자〉 상영금지가처분신청 사건에서 법원[10]은 "나 여기 있고 너 거기 있어"라는 대사는 일상생활에서 흔히 쓰이는 표현이며, '소통의 부재'라는 주제를 나타내는 표현이 아니므로 저작권법의 보호를 받을 수 없다고 판시하였다.

나. 캐릭터

캐릭터는 TV, 영화, 만화 등 미디어를 통해 등장하는 인물, 동물, 사물에 특수한 성격을 부여해서 묘사한 개념이다. 이것은 고객흡입력과 광고효과라는 경제적 가치를 가진다. 일반적으로 캐릭터는 영화나 TV프로그램의 출연자와 같이 실제로 존재하는 캐릭터와 둘리, 미키마우스와 같은 창작 캐릭터로 분류된다. 캐릭터의 저작물성에 대해서는 견해가 엇갈리고 있다. 먼저 캐릭터의 저작물성을 인정할 수 없다는 견해에서는 인물의 인격이나 동물, 사물의 성격을 의미하는 추상적인 개념으로 비보호영역에 속한 아이디어에 불과하다고 본다. 반면 저작물성을 인정하는 견해에서는 저작물 성립요건인 표현은 반드시 구체적인 표현을 요구하

---

8 서울지방법원 영등포지원 1976. 6. 9. 선고 76가합25 판결.
9 대법원 2004. 7. 9. 선고 2002다56024 판결.
10 서울고등법원 2006. 11. 14. 선고 2006라503 판결.

는 것이 아니라 소설, 만화, 영화와 같은 매체를 통해 전체적으로 감지할 수 있으면 충분하다고 주장한다(오승종, 2016).

판례마다 차이를 보이지만, 일반적으로 캐릭터의 저작물성을 인정하는 추세이다. 게임물 캐릭터 사건에서 대법원[11]은 창작 캐릭터의 저작물성을 인정하였다. 대법원은 캐릭터를 "만화, 텔레비전, 영화, 신문, 잡지 등 대중이 접하는 매체를 통하여 등장하는 인물, 동물 등의 형상과 명칭을 뜻하는 것"이라고 정의하고, 그 인물, 동물 등의 생김새, 동작 등의 시각적 표현에 작성자의 창조적 개성이 드러나 있으면 원저작물과 별개의 저작물로, 저작권법으로 보호될 수 있다고 해석하였다. 또 2012년 '미피' 캐릭터의 저작권을 보유한 네덜란드의 메르시스 베붸 사가 '부끄러운 토끼(부토)'를 개발한 국내의 로커스 사를 상대로 제기한 소송에서도 법원[12]이 창작 캐릭터의 저작물성을 인정하였다. '미피'와 '부토'를 전혀 별개의 창작성 있는 저작물로 보아야 한다는 판단의 근거는 토끼라는 동물의 특성상 유사하게 표현될 수밖에 없다는 점, 단순화의 정도가 큰 캐릭터는 다양하게 표현하는 방법이 제한되어 있다는 점, 그리고 개별적으로 미세한 차이에 불과해도 그 조합에 있어 두 캐릭터의 전체적인 미감에 상당한 차이가 있다는 점이었다.

한편 실재 캐릭터는 일반적으로 저작권보다는 퍼블리시티(publicity)권의 관점에서 논의되는 경향을 보인다. 사람의 초상을 이용한다는 점이 초상권과 같은데, 초상권은 인격권이지만 퍼블리시티권은 재산권 성격이 강하다는 점에서 차이를 보인다. 퍼블리시티권에 대해서는 아직 입법상의 근거나 대법원의 해석이 없는데, 이에 대해서는 기타 권리 부분에서 상세히 다루기로 한다.

다. TV프로그램 포맷

TV프로그램 포맷의 저작물성 여부도 방송산업에서 관심이 집중되었던 이슈이다. TV프로그램 포맷은 프로그램의 내용이나 형식상의 독창적인 요소들을 가지고 독특하게 구성하는 방식을 말한다. 포맷이 과연 저작물로서 저작권법의 보호를 받을 수 있는지는 TV프로그램 시장의 주목을 받으면서 논란이 많았다. 그러나 포맷은 게임쇼나 드라마와 같이 완성된 표현물이 아니라 그것을 창작하는데 필요

---

11 대법원 2010. 2. 11. 선고 2007다63409 판결.
12 서울중앙지방법원 2012. 8. 28.자 2012카합330 결정.

한 구성방식이라는 점에서 아이디어에 더 가깝다고 보는 것이 통설이다. 포맷의 창의성이나 그것의 산업적 가치 때문에 일부에서는 저작권법의 보호 대상이 되어야 한다는 주장도 있지만, 저작물의 성립요건인 창작성과 표현의 요건을 엄격히 적용할 경우 저작권 보호 대상이 될 가능성은 희박하다. 이에 대해서는 뒤에 다루게 될 TV프로그램 포맷과 저작권 부분에서 상세히 다루기로 한다.

라. 서체

특정한 한 벌의 글자를 형상하는 서체의 저작물성도 논란이 되고 있다. 아직 글꼴 그 자체는 저작권이 인정되지 않는데, 만약 저작권을 부여하면 글꼴을 사용할 때마다 저작권 사용료를 내야 하는 상황이 된다. 하지만 글꼴을 컴퓨터상에서 구현하기 위한 폰트 프로그램은 컴퓨터프로그램으로 간주되어 자동으로 저작물성이 인정된다. 따라서 정당한 대가를 치르지 않고 특정 서체파일을 다운로드 받아 사용한다면 저작권법 위반이다. 컴퓨터프로그램인 서체파일에 관한 일련의 판례[13]에서는 서체파일 제작과정에서 글자의 윤곽선 수정 및 제작을 위한 제어점들의 좌표 값과 그것의 지시, 명령어를 선택하는 과정에서 서체 제작자의 개성적 표현방식과 창의적 선택이 드러남으로써 창의적 개성이 표현되었다고 보고 저작물성을 인정하였다.

인터넷에서 다양한 글꼴을 다운로드 받아 사용할 수 있는 환경이 되면서 글꼴의 무단도용에 관한 법적 분쟁이 급증하는 추세이다. 일부 법무법인이 돈벌이 수단으로 저작권 침해로 의심되는 글꼴 사용에 대해 소송을 부추기고 있고, 폰트 업체들이 소송 취하의 대가로 패키지 파일 구매를 강요해서 피해를 보는 사례도 발생하였다. 서체와 서체파일 저작권에 대한 올바른 이해와 개선책이 요구된다.

마. 음란물

음란물은 사회적으로 허용하기 어려운 음란성을 띠고 있는 성표현물이다. 따라서 표현물의 성격상, 내용이 부도덕하고 위법한 부분이 포함되어 있다는 점에서, 과연 저작권 보호를 받는 대상인지 논란의 여지가 있다. 일본 잡지에서 우리

---

13 대법원 2001. 5. 15. 선고 98도732 판결; 대법원 2001. 6. 26. 선고 99다50552 판결; 대법원 2001. 6. 29. 선고 99다23246.

나라 사진작가가 촬영한 누드 사진을 저작권자의 동의 없이 사용한 사건에서 대법원[14]은 윤리성, 도덕성, 위법성 여부는 저작물성을 인정받기 위한 요건이 되지 않으며, 창작적인 표현형식만 담고 있다면 음란물도 저작권 보호 대상임을 분명히 하였다. 표현된 내용 자체의 윤리성은 문제가 되지 않고 설령 그 내용 중에 부도덕하거나 위법한 부분이 포함되어 있다 하더라도 저작물로 보호해야 한다는 것이다. 만약 시대와 사회문화에 따라 계속 변화하는 상대적이고도 유동적인 개념인 윤리성을 저작물의 성립요건으로 한다면, 기준 자체에 대한 논란이 끊이지 않을 것을 고려한 것이라고 볼 수 있다.

실제로 음란물의 저작권자가 저작권 침해 사실을 신고하는 경우가 거의 없었기 때문에 검찰은 음란물 대량 유포자를 「정보통신망 이용촉진 및 정보보호 등에 관한 법률(이하 정보통신망법)」에 따라 음란물 유포죄로 기소해왔다. 그런데 인터넷에 음란물을 업로드 한 행위에 대해 정보통신망법과 저작권법을 적용해서 점차 처벌의 강도를 높이려는 추세를 보이면서, 음란물에 대한 저작권 보호가 논란이 되었다. 특히 정보통신망법 등이 규제하는 음란물도 저작권법으로 보호할 수 있는지 관한 논의는 2000년대 말 미국과 일본의 음란물 제작업자들이 한국의 인터넷 공간에서 빈번하였던 음란물 유포행위에 대항하여 저작권 침해의 형사고소를 제기한 때로부터 본격적으로 촉발되었다(박준석, 2016). 이에 관한 일련의 하급심[15]에서는 음란물도 저작권법의 보호 대상인 저작물에 해당한다고 판시하였다.

한편 음란물에 대한 저작권을 인정하는 법원의 태도와는 별개로, 형법, 정보통신망법 등에 따라 음란물 유통을 금지하고 처벌하고 있으므로 음란물에 대한 저작권 보호와 음란물 규제법이 충돌되는 문제가 발생한다. 이에 따라 음란물에 대해 저작권을 인정하더라도, 음란물 저작자에게 저작권법이 인정하는 권리를 제한 없이 인정할 수 있는지에 대해 추가적인 논의가 필요하다(최단비, 2015). 2015년 대법원[16]은 웹사이트에 음란한 내용이 담긴 영상저작물을 업로드 해서 불특정

---

14 대법원 1990. 10. 23. 선고 90다카8845 판결.
15 서울중앙지방법원 2011. 11. 23. 선고 2011노2664 판결; 서울중앙지방법원 2012. 11. 30. 선고 2011노4697 판결; 서울남부지방법원 2013. 1. 17. 선고 2012노1577 판결; 서울고등법원 2016. 11. 29. 선고 2015라1490 판결.
16 대법원 2015. 6. 11. 선고 2011도10872 판결.

다수의 회원이 다운로드 받도록 한 행위에 대해 저작권자의 복제권과 공중송신권을 침해했다고 판시하였다. 음란물 동영상을 저작물로 인정한 첫 번째 대법원 판결이란 점에서 의미가 큰데, 부도덕하거나 위법한 부분이 포함되어 있다 하더라도, 음란물은 저작권법의 보호를 받는 저작물이라는 점을 한 번 더 명확히 한 셈이다. 결국 '음란성'을 저작물성의 판단기준으로 사용할 수 없음을 분명히 하면서 저작물은 내용 중립적으로 판단해야 한다는 시각이다. 하지만 일단 음란물의 저작물성을 인정했으나 음란물 유통까지 보호하기 어렵다고 보았는데, 음란물 규제는 저작권법 보호 대상에서 제외하기보다는 다른 처벌규정에 따라 음란물 제작 및 유통을 억제하는 것이 타당하다고 판단하였다.

이상에서 살펴본 저작물성이 논란이 되는 창작물은 비록 저작권법의 보호를 받지 못한다 해도 다른 법의 보호를 받을 가능성을 배제해서는 안 된다. 예를 들면 저작물 제호는 상표법이나 「부정경쟁방지 및 영업비밀보호에 관한 법률(이하 부정경쟁방지법)」과 같은 다른 법으로 보호받을 수 있고, 실재하는 캐릭터는 퍼블리시티권의 보호를 받을 가능성이 있다. 또 프로그램 포맷도 방송프로그램 시장에서 하나의 거래대상으로서 산업적 가치를 지닌다는 점에서 부정경쟁방지법이나 정책을 통해 보호하는 방안을 모색할 수 있다.

2) 저작물의 유형과 특성

(1) 저작물의 유형 분류

저작물은 다양한 기준에 따라 유형 분류가 가능하다. 저작권법 제4조에서는 표현형식에 따라 어문저작물, 음악저작물, 연극저작물, 미술저작물, 건축저작물, 사진저작물, 영상저작물, 도형저작물, 컴퓨터프로그램저작물[17]등, 9개의 유형을 예시적으로 열거하고 있다. 시집에 수록된 시는 언어와 문체로 표현되는 어문저작물에 해당하지만, 악곡의 가사로 사용하면 음으로 표현되는 음악저작물이 된다. 유형 매체에 고정된 창작물에 한해 저작권법이 보호하고 있는 미국과 달리, 우리 법

---

17 2009년 4월 컴퓨터프로그램보호법이 폐지되면서 컴퓨터프로그램은 저작권법에 새로운 저작물 유형으로 포함되었다.

에서는 저작물 성립요건으로 고정화를 요구하지 않으므로 음반이나 악보의 형태가 아니더라도 즉흥적인 가창이나 연주도 음악저작물로 인정받는다. 저작물 유형 중에서도 사상이나 감정을 일정한 영상으로 표현한 사진저작물도 저작물성을 인정받는데, 기계적 조작과정이 필요하다는 점에서 다른 저작물과 차이를 보인다. 드라마 제작발표회장이나 제품의 공개 및 홍보현장에서 촬영된 연예인 사진이 저작물성이 있는지를 다룬 사건에서, 법원[18]은 사진의 성격이 피사체에 충실한 재현을 위한 기술적인 측면에서만 이루어졌고 누가 촬영해도 비슷한 결과가 나올 수 있다는 점에 근거하여 촬영자의 창작성이 없다고 보았으며, 촬영 목적이 연예인들의 활동 모습을 있는 그대로 전하려는 사실의 전달에 불과한 보도사진의 성격을 띠고 있다는 점을 근거로 저작물성을 인정하지 않았다.

저작물은 표현형식 외에도 저작자 명, 저작자의 수, 저작물의 성립순서, 저작물의 공표 등을 기준으로 유형을 분류할 수 있다. 먼저 저작자 명에 따라 실명 또는 이명 저작물과 무명 저작물로 분류되는데, 저작자 추정이나 보호기간 산정에서 분류의 실익을 찾아볼 수 있다. 또 저작자 수를 기준으로 할 때, 단독저작물과 공동저작물로 분류할 수 있다. 공동저작물은 2인 이상이 창작에 참여해야 하고 창작에 있어 공동관계가 존재해야 하며, 저작자 전원의 합의로 저작권을 행사할 수 있다. 그뿐만 아니라 단일 저작물로서 저작자 각자가 기여한 부분을 개별적으로 분리해서 이용하는 것이 불가능하다. 예로 2인 이상이 공저한 책, 영화, 연극을 지적할 수 있으며, 집단지성이 반영된 사례인 위키피디아의 문서도 창작활동의 성과를 분리해서 이용할 수 없으므로 공동저작물에 해당한다고 볼 수 있다. 또 저작물의 성립순서에 따라 원저작물과 원저작물을 기초로 작성한 2차적저작물로 분류된다. 공표 여부를 기준으로 하여 공표 저작물과 미공표 저작물로 분류할 수 있는데, 저작권 보호기간 산정뿐 아니라 미공표 저작물에 한해서만 저작인격권인 공표권이 발생한다는 점에서 구별의 실익이 있다.

그 밖에도 저작물의 분리이용 가능성을 기준으로 분류한 결합저작물이 있다. 결합저작물은 여러 개의 단독저작물을 묶어 놓은 저작물로, 각 구성 부분을 분리하여 이용할 수 있다. 외관상 하나의 저작물이라는 점에서는 공동저작물과 유사

---

18 서울중앙지방법원 2013. 12. 6. 선고 2013나36605 판결.

하지만, 그 작품 전체의 창작에 관여한 저작자 사이에 공동관계가 인정되지 않고 저작자들이 각자의 저작권을 행사할 수 있는 경우이다. 결합저작물의 예로는 가사가 있는 음악저작물이 있는데, 악곡과 가사를 별개로 이용할 수 있기 때문이다.[19] 음악과 춤이 극의 구성전개에 긴밀하게 짜 맞추어진 연극저작물의 일종인 뮤지컬에 대해서도 대법원[20]은 결합저작물로 해석하고 있다. 뮤지컬은 그 성격이 각본, 악곡, 가사, 안무, 무대미술 등이 결합된 종합예술의 분야에 속하고 외관상 하나의 저작물이 작성된 경우이지만, 창작에 관여한 복수 저작자들 각자의 이바지한 부분이 분리되어 이용될 수 있다는 점에서 단독저작물의 결합에 불과한 저작물이라고 본 것이다.[21]

저작물의 목적에 따라 문예적 저작물과 기능적 저작물로 분류할 수 있다. 문예적 저작물은 문학, 예술을 표현한 저작물로, 독자나 보는 사람의 감성에 주로 호소하는 것을 목적으로 한다. 반면 기능적 저작물은 지도, 각종 서식, 규칙집과 같이 특정한 기술이나 지식, 개념을 전달하거나 방법이나 해법, 작업 과정 등을 설명하는 저작물로, 아이디어와 표현의 경계가 명확하지 않고 밀접하게 연관된 것이 특징이다.

---

19 음악 산업 현장에서는 가사와 악곡을 공동저작물처럼 취급하는 경향이 있다. 예를 들어 한국음악저작권협회 사용료 징수규정을 보면, 가사와 악곡을 일괄하여 음악저작물로 정의하고 있으며 작사와 작곡을 분리하여 징수하는 규정은 없다. 음악저작물이 악곡에 가사를 붙이거나 가사에 악곡을 붙이는 상호의존적인 방식으로 창작되는 현상 등을 고려한 것이라고 볼 수 있다(오승종, 2016).

20 대법원 2005. 10. 4. 선고 2004마639 결정.

21 또 대법원은 뮤지컬 자체는 영상저작물과 근본적으로 성격이 달라서 저작권법상의 영상물저작물 특례규정이 뮤지컬 제작자에게는 적용될 여지가 없으므로, 뮤지컬 제작 전체를 기획하고 책임을 지는 뮤지컬 제작자라도 그가 뮤지컬의 완성에 창작적으로 기여한 바가 없다면 독자적인 저작권자로 볼 수 없다고 해석하였다. 그러나 뮤지컬 기획사의 전체적인 조율과 지휘 감독 하에 작곡가, 작사가, 안무가 등이 각각의 영역에서 업무로서 뮤지컬의 악곡과 가사 등을 작성해서 기획사의 명의로 공표되므로, 뮤지컬과 관련된 모든 저작권은 업무상저작물로 뮤지컬 기획사에 원시적으로 귀속된다고 해석하였다.

(2) 2차적저작물의 개념과 특성

2차적저작물은 원저작물을 번역·편곡·변형·각색·영상제작 그 밖의 방법으로 작성한 창작물로서, 독자적인 저작물로 보호된다.[22] 즉 기존의 저작물을 토대로 창작성을 가해 새롭게 저작한 저작물이다. 책의 번역서, 소설이나 만화를 각색한 영화나 TV드라마, 기존 음악저작물의 편곡저작물, TV프로그램을 편집하여 만든 CF 등이 2차적저작물의 예이다. 소설이 시나리오로 각색되면 시나리오는 소설에 대한 2차적저작물이고, 시나리오를 바탕으로 영화가 제작되면 영화는 시나리오에 대한 2차적저작물인 동시에 소설에 대한 또 다른 파생된 저작물로서 2차적저작물이다. 이런 점에서 2차적저작물을 파생적 저작물(derivative work)이라고도 한다. 저작권법에서는 번역·편곡·변형·각색·영상제작 등을 예시로 들고 있지만, 사회가 변화하고 기술이 발달할수록 2차적저작물이 성립하는 경우가 다양하게 나타날 수 있고, 음악, 소설 등이 주류를 이루었던 과거와 달리 2차적저작물 제작에 투입되는 인적, 물리적 자원은 양과 질에서 매우 고도한 구성을 보일 것이라고 예상된다(최상필, 2014).

2차적저작물의 성립요건은 첫째, 원저작물과 실질적 유사성[23]이 존재해야 한다. 예를 들면 소설을 토대로 한 영화에서 사건의 구성이나 전개과정과 등장인물의 교차 등에 있어 소설과 공통점이 있어야 한다. 둘째, 원저작물을 기초로 하여 실질적 개변이 있어야 한다. 이것은 원저작물의 아이디어가 아닌 표현 부분을 기초로 해야 하고, 창작성을 요건으로 한다는 것을 의미한다. 그러므로 2차적저작물로 저작권 보호를 받을 수 있는 범위는 2차적저작물 저작자가 원저작물을 창의적으로 수정하거나 증감시킨 부분, 즉 창작성이 가미된 부분으로 한정된다. 예를 들

---

22 저작권법 제5조 제1항.

23 어문저작물인 원저작물을 기초로 하여 이를 요약한 요약물이 원저작물과 사이에 실질적인 유사성이 있는지 여부는, 요약물이 원저작물의 기본으로 되는 개요, 구조, 주된 구성 등을 그대로 유지하고 있는지 여부, 요약물이 원저작물을 이루는 문장들 중 일부만을 선택하여 발췌한 것이거나 발췌한 문장들의 표현을 단순히 단축한 정도에 불과한지 여부, 원저작물과 비교한 요약물의 상대적인 분량, 요약물의 원저작물에 대한 대체가능성 여부 등을 종합적으로 고려하여 판단해야 한다(대법원 2013. 8. 22. 선고 2011도3599 판결).

어 소설을 원저작물로 하여 제작된 영화라면 연기자의 등장, 영상화면, 배경음악 등이 소설에 새롭게 창의성이 부가된 부분이며, 영문소설을 한국말로 번역한 소설의 경우는 어휘의 선택, 문맥의 흐름 해석에 있어 창의성이 있어야 2차적저작물로서 인정받을 수 있다.

한편 원저작물 저작자는 자신의 저작물을 토대로 하여 2차적저작물을 작성할 수 있는 저작재산권을 가진다. 그런 점에서 2차적저작물은 원저작물 저작자의 2차적저작물작성권을 보호하기 위해 저작권 개념을 확대하면서 나온 개념이라고 볼 수 있다(방석호, 2003). 그러므로 소설을 각색하여 TV드라마와 같은 2차적저작물을 창작하기 위해서는 원저작물 저작자인 소설 작가의 이용허락을 받아야 한다. 즉 2차적저작물은 성립요건이 충족되면 원저작물과 별개의 독자적인 저작물로 보호되지만, 원저작물 저작자의 허락을 받지 않고 2차적저작물을 작성할 경우 저작권 침해에 대한 책임을 져야 한다.

2차적저작물을 토대로 번역, 각색, 편곡 등을 하여 새롭게 창작된 저작물은 3차적저작물이 아니라 또 다른 2차적저작물이 된다. 이 경우 2차적저작물의 원저작물 저작자와 2차적저작물 저작자의 허락을 받아야 한다.24 예를 들어 소설을 토대로 만들어진 영화가 제작되었는데, 소설의 줄거리와 영화에서 창의적으로 추가된 부분을 이용하여 TV드라마를 제작하려고 한다면, 소설 작가와 영화제작자의 동의를 받아야 한다. 하지만 TV드라마 제작을 위해 영화에서 창의적으로 추가된 부분만을 이용할 경우, 영화제작자의 동의만 받으면 된다.

패러디는 2차적저작물인지 여부를 놓고 논쟁이 되는 저작물이다. 패러디는 대중에게 널리 알려진 원저작물의 어구, 영상, 음악 등 표현을 흉내 내거나 고의로 과장, 왜곡한 표현물이다. 2차적저작물과 패러디는 둘 다 원저작물을 기초로 한다는 공통점을 가진다. 그러나 몇 가지 점에서 차이를 보인다. 먼저 대부분 패러디는 원저작물의 핵심내용을 차용해서 원저작물이 연상되도록 하는 것이 목적이기 때문에, 대개는 원저작물 저작자가 패러디 제작에 동의하지 않으려는 경향이 있다. 따라서 원저작자의 동의를 반드시 받아야 한다면, 창작과 비평의 자유,

24 서울고등법원 1987. 8. 21. 선고 86나1846 판결; 서울민사지방법원 남부지원 1989. 12. 8. 선고 88가합2442 판결.

더 나아가서 표현의 자유와 연관성을 가지면서 사회적 가치를 지니는 패러디가 이 세상에 존재할 가능성이 희박해질 수 있다. 또 2차적저작물은 원저작물과 시장적 경쟁관계에 있는 반면에, 패러디는 시장 대체효과가 없다는 점이 특징이다. 예를 들어 소설을 영화화할 경우, 영화를 먼저 본 사람이 소설을 읽지 않을 수도 있으므로 영화는 소설의 시장 대체효과가 있다. 반면 영화의 한 장면을 패러디한 시사비판 동영상은 소설과 시장적 경쟁관계에 있지 않으므로, 2차적저작물이 아닌 독립적인 저작물로 보는 것이 타당하다. 이와 같은 패러디의 특징을 고려할 때, 저작물 성립요건이나 저작권 침해의 성립여부 등의 차원에서 패러디와 2차적저작물을 구분하여 논의해야 할 타당성이 커진다.

(3) 편집저작물의 개념과 특성

편집저작물은 편집물[25]로서 그 소재의 선택·배열 또는 구성에 창작성이 있는 것[26]을 말하고, 독자적인 저작물로서 보호된다.[27] 편집저작물의 대표적인 예로는 문학전집 또는 백과사전, 연감 등이 있다. 인터넷 홈페이지에 대해 법원[28]은 그 구성형식, 소재의 선택이나 배열에 있어 창작성이 있는 경우 하나의 편집저작물로서, 독자적인 저작물로 보호받을 수 있다고 해석하였다. 따라서 편집저작물의 보호범위는 소재의 선택·배열에 있어 창작성이 있는 부분, 즉 편집저작자의 독자적인 개성이 나타난 부분이다.

편집저작물의 보호는 편집저작물을 구성하는 소재의 저작권에 영향을 미치지 않는다. 따라서 편집저작물을 만들려면 2차적저작물과 마찬가지로 소재 저작자들로부터 이용허락을 받아야 한다. 그리고 편집저작물을 다시 제3자가 이용하려면 편집저작물의 저작자는 물론이고 소재 저작자의 허락도 받아야 한다. 만약 여러

---

25 저작물이나 부호·문자·음·영상 그 밖의 형태의 자료(소재)의 집합물을 말하며 데이터베이스를 포함한다(저작권법 제2조 제17호). 데이터베이스는 소재를 체계적으로 배열 또는 구성한 편집물로서 개별적으로 그 소재에 접근하거나 그 소재를 검색할 수 있도록 한 것이다(저작권법 제2조 제19호).

26 저작권법 제2조 제18호.

27 저작권법 제6조 제1항.

28 서울지방법원 2003. 8. 19.자 2003카합1713 결정.

방송사의 인기 TV프로그램을 소재로 해서 영상 편집저작물을 제작하려고 한다면 각 TV프로그램 저작권자로부터 동의를 받아야 한다. 그리고 영상 편집저작물에 수록된 내용을 활용하기 위해서는 편집자뿐 아니라 각 TV프로그램 저작권자의 허락도 필요하다.

이렇게 볼 때 2차적저작물과 편집저작물은 몇 가지 점에서 공통점이 있다. 첫째, 원저작물이나 소재저작물을 토대로 만들어지는 하나의 독자적인 저작물이라는 점이다. 하지만 편집저작물은 그것의 소재가 되는 저작물을 개변하지 않고 그대로 수록한다는 점에서 2차적저작물과 구별된다. 둘째, 각각 원저작물 저작자와 소재저작물 저작자의 허락이 필요하다. 셋째, 2차적저작물은 2차적저작자가 원저작물에서 추가, 변경한 부분만, 편집저작물은 소재의 선택과 배열에서 편집저작자의 창작성이 드러난 부분만이 보호 대상이라는 점에서도 같다.

3) 저작물 유형별 창작성 판단기준의 차별적 적용[29]

저작물의 창작성 판단기준은 저작권법의 보호를 받는 표현과 보호를 받기에는 부족한 표현의 경계를 정해주는 역할을 한다. 특히 최근의 복잡한 미디어 환경에서 생산되는 다양한 콘텐츠가 저작권법의 보호를 받을 수 있는지에 대한 법적 근거와 지침이 된다는 점에서도 창작성 판단기준은 중요하다. 그런데 저작물을 어느 정도로 보호하는 것이 합당한지에 관한 기준은 저작물 유형과 그 특성에 맞추어 정립해야 한다(권영준, 2006). 따라서 저작물 유형이나 속성을 고려하여 창작성 판단기준을 차별적으로 적용할 필요성이 제기된다.

다양한 저작물 유형 중에서도 정보와 사실 자체를 소재로 하는 사실적 저작물(factual works)은 상세함의 수준이 최소한도이며 다른 사람들이 쉽게 재사용할 것을 목적으로 한다(Temin, 2006). 그리고 다른 유형의 저작물에 비해 저작권 보호 범위가 작아야 한다는 것이 일반적인 의견이다. 노동이론(sweat of the brow theory)에서는 저작물에 대한 저작권 부여의 근거를 저작자의 '정신적 노동에 대한 대가'

---

29 일부 내용은 조연하·유수정의 연구(2011) "저작물 성립 요건으로서의 창작성의 개념과 판단기준: 국내 법원의 판결 논리를 중심으로"에서 발췌하여 재정리하였음.

라고 보고 저작자의 노동이 투여된 이상 창작성 수준이 낮아도 저작물이 성립된다고 본다(오승종, 2016; 정상조, 1992). 하지만 이 이론에 근거한다면, 사실적 저작물의 저작물성 판단에서 자칫 정보와 사실까지도 저작권법으로 보호할 우려가 있다. 따라서 사실적 저작물이 저작물로서 보호받기 위해서는 작가의 개성이 어느 정도 드러나는 시와 소설 등의 문학작품과 달리 일정한 수준의 창작성을 요구하는 방식으로 판단기준을 엄격하게 적용할 필요가 있다. 미국의 Feist 판결(1991)[30]에서는 "구성 사실 및 정보의 선택, 정리, 배열"에 창작성이 있는지를 사실적 저작물의 저작물성 판단기준으로 채택하였다.

기능적 저작물은 특정한 기술 또는 지식·개념을 전달하거나 방법이나 해법, 작업과정 등을 설명하는 기능을 목적으로 하는 저작물이다. 이것은 예술적 표현보다는 저작물의 기능이나 실용적인 사상의 표현에 초점을 맞춘다(오승종·이해완, 2006; 이규호, 2010). 또 표준 용어와 개념을 사용해서 다른 사람들이 쉽고 정확하게 이해할 수 있는 해설방식을 사용해야 하므로 표현방식이 상당히 제한적이다(손흥수, 2005). 그러므로 아이디어와 표현의 이분법, 합체의 원칙 등을 적용해 창작성 기준을 일정한 수준 이상으로 엄격하게 적용하는 경향을 보인다. 대법원[31]은 자연적, 인문적 현상을 종래와 다른 새로운 방식으로 표현하였는지, 그 표현된 내용의 취사선택에 창작성이 있는지를 지도의 창작성 판단기준으로 제시하였다. 또 통신설비도안 사건[32]과 기계장치설계도 사건[33]에서, 대법원은 동일 기능을 다르게 표현했다는 이유로 창작성을 인정할 수 없으며 작성자의 창조적 개성이 드러나는지를 별도로 판단해야 함을 강조하였다. 저작자의 개성이 드러나기 어렵다는 기능적 저작물의 특성을 인정하면서도, 저작물성 판단에서는 독자성만으로는 미흡하고 최소한의 창작성을 일정 수준 이상으로 책정하여 엄격하게 판단하고 있음을 엿볼 수 있다.

이렇게 사실이나 정보를 소재로 하는 사실적 저작물이나 기능적 저작물이 저작물로 보호받기 위해서는 아이디어와 표현의 이분법과 합체의 원칙에 따라, 문

---

30 Feist Publications, Inc. v. Rural Telephone Service Co., 499 U.S. 340(1991).
31 대법원 2003. 10. 9. 선고 2001다50586 판결.
32 대법원 2005. 1. 27. 선고 2002도965 판결.
33 대법원 2007. 8. 24. 선고 2007도4848 판결.

예적 저작물보다 창작성 판단기준이 좀 더 엄격하면서 동시에 저작권 보호범위가 축소되는 것이 특징이다. 그런데 창작성을 판단할 때 창작성 수준을 너무 낮추면 저작권으로 보호받는 영역이 넓어지므로, 사회 전체가 공유할 사실과 정보, 기술, 지식이론에 일반 공중이 접근하는 것이 어려워져서 학문, 예술, 과학발전을 저해할 우려가 있다. 반대로 창작성 수준을 높게 책정하면 저작권 보호 영역이 축소되어, 과학과 기술적 성격의 저작물이 공중에게 널리 이용되어, 교육, 연구 및 개발이 왕성해질 수 있다(이상정, 1994; 정상조, 1992). 이런 점에서 창작성 수준은 사실적, 기능적 저작물의 공정한 이용을 도모하는 기준으로 작용할 수 있다는 점에서 중요하다.

한편 소설이나 음악과 같이 문학·예술적 표현을 목적으로 하는 문예적 저작물은 표현의 창조적 개성을 공통적인 판단기준으로 하고 있다. 게임물 캐릭터 사건에서 대법원[34]은 인물, 동물 등의 생김새와 동작에 대한 시각적 표현에 창조적 개성이 드러나면 원저작물과 별개로 저작권 보호를 받을 수 있다고 판시하였다. 하지만 사진저작물은 기술을 이용한 피사체의 재현이라는 저작물의 특성상, 다른 유형의 문예적 저작물보다 창작성 판단기준을 좀 더 엄격하게 적용하는 편이다. 즉 판단기준의 핵심은 표현방법이나 제작과정에서 나타나는 촬영자의 개성과 창조성이지만, 기계적·화학적 방법을 사용한 피사체 재현으로 기기나 기술의 의존도가 높다는 특수성을 반영해서 다른 시각적 저작물보다 창작성 판단기준을 다소 엄격하게 적용한다. 대법원[35]은 제품 광고 사진이 광고라는 실용적인 목적을 위해 고도의 사진기술을 이용한 것에 불과하다는 이유로 창작적 노력이나 개성이 없다고 판단하였다. 반면 광고용 책자에 게재된 찜질방 내부 전경사진 사건[36]에서는 광고대상의 이미지 사진이 광고효과를 극대화하기 위해 촬영자의 개성과 창조성이 돋보였다는 점에서 저작물성을 인정했다. 광고사진의 유형별 기능을 중요한 기준으로 적용하는 차이를 보였다.

---

34 대법원 2010. 2. 11. 선고 2007다63409 판결.
35 대법원 2001. 5. 8. 선고 98다43366 판결.
36 대법원 2006. 12. 8. 선고 2005도3130 판결.

2차적저작물은 보통의 저작물에서 요구하는 창작성보다 '단순히 사소한 정도를 넘어서는 더 실질적인 창작성'을 요구하는 것이 일반적인 해석이다(오승종, 2016). 즉 원저작물을 기초로 한다는 점에서 독자적인 표현의 부가와 고도의 창작적 노력을 요구함으로써, 창작성 기준을 상대적으로 높게 책정한다. 아날로그 방식으로 녹음된 음반을 디지털 샘플링기법을 사용하여 디지털화한 사건에서 대법원[37]은 디지털 샘플링이 하나의 독자적인 음악저작물로 인정받기 위해서는 연주의 속도, 리듬, 가락 등에 최소한의 변화가 나타나야 함을 강조하였다. 사회 통념상 2차적저작물이 되기 위한 수정·증감의 조건이 무엇을 의미하는지를 제시한 것이다. 쇼팽 등 타인의 악곡을 수정한 사건에서, 대법원[38]은 원곡에서 어렵거나 부적절한 부분을 수정함으로써 새로운 변화를 가하고, 원곡에 개작자가 창의적인 부가가치를 제공했는지를 창작성 판단요소로 사용하였는데, 원곡 이용의 용이성과 같이 기능적인 측면도 함께 고려하였다는 점에서 주목할 만하다. 또 대중가요를 컴퓨터용 음악으로 편곡한 사건[39]에서도 편곡에는 컴퓨터 음악과 프로그램에 대한 높은 이해력과 상당한 시간적 노력이 요구된다는 점과 편곡저작물에 편곡자의 독특한 방법과 취향이 반영되었다는 점을 근거로, 기술적 변환의 정도를 넘어 고도의 창작적 노력이 개입되어 저작권법으로 보호할 가치가 있다고 판시하였다. 2차적저작물의 창작성 판단에 노동이론을 적용하면서 동시에 창작자의 독특한 방법과 취향이 반영된 높은 수준의 창작성 기준을 사용한 것이다.

편집저작물은 일정한 기준이나 방침에 따라 소재의 선택과 배열에 창작성이 있는지를 판단한다는 점에서 아이디어를 보호하는 측면이 있다. 논문집에 관한 판결[40]에서 대법원은 일정한 방침 혹은 목적을 가지고 소재를 수집, 분류, 선택하고 배열하여 편집물을 작성하는 행위에 창작성이 있어야 편집저작물로서 보호를 받을 수 있다고 판시하였다. 미술사 연표 사건[41]에서는 역사적으로 중요한 과거의 사실 또는 사건 등을 연대순으로 배열하는 연표 속의 개개의 항목은 단순한

---

37 대법원 2006. 2. 10. 선고 2003다41555 판결.
38 대법원 1997. 5. 28. 선고 96다2460 판결.
39 대법원 2002. 1. 25. 선고 99도863 판결.
40 대법원 1992. 9. 25. 선고 92도569 판결.
41 대법원 1993. 1. 21.자 92마1081 결정.

사실을 소재로 삼아 이를 객관적으로 압축하여 표현하는 것이므로, 누가 작성하더라도 유사하게 표현될 수밖에 없으므로 합체의 원칙을 적용하여 창작성을 인정하지 않았다. 하지만 기존의 연표 항목의 선택과 배열을 참고했어도 소재를 추가하고 배열을 다르게 한다면 창작성을 가미한 것으로 해석하였다. 편집저작물의 창작성 판단에서 저작물의 기능을 고려하는 문제에 대해서는 판례마다 다소 차이를 보였다. '입찰경매정보'지 사건42에서는 기존의 정보에서 구독자가 알기 쉽게 필요한 부분만 발췌·요약해 수록했다는 점에서 소재의 선택 및 배열의 창작성을 인정함으로써, 창작성 판단의 근거로 정보이용의 용이성과 같은 기능적인 요소를 중요하게 보았다. 반면 일지형태의 법조수첩 사건43에서는 수첩은 누구나 손쉽게 구할 수 있는 자료일 뿐 아니라 누가 편집해도 유사할 것이라고 예상된다면 선택 또는 배열의 창작성을 인정할 수 없다고 보았다.

한편 개방, 공유, 참여를 특징으로 하는 웹2.0 환경에서는 모든 사람이 사용할 수 있는 플랫폼을 제공하므로, 이용자가 창작자가 되어 다른 사람의 저작물을 이용하여 스스로 콘텐츠를 생산하고 정보를 변경, 수정하는 것이 훨씬 더 수월하다. 그러므로 하나의 저작물이 동시에 다수에 의하여 계속 발전되면서, 다수에 의한 창작, 다수에 의한 이용, 다수에 의한 침해 등 다양하고 복잡한 형태로 법적 문제가 발생할 수 있다(최경진, 2008). 이런 점에서 다른 사람의 저작물을 이용하는 편집저작물과 2차적저작물의 창작성 판단기준은 특히 웹에서 제작되는 콘텐츠의 저작권과 관련하여 의미가 크다. 웹 콘텐츠에도 기존의 저작물에 요구하였던 창작성 기준을 똑같이 적용해야 하는지, 또는 차별적인 적용이 요구되는지가 문제 된다. 그러나 웹 콘텐츠가 편집저작물이나 2차적저작물로 인정받기 위해서는 일정한 방침이나 기준에 따라 소재의 선택과 배열에 창작성이 반영되거나 새로운 저작물이 될 수 있을 정도로 기존 저작물에 대한 수정과 증감, 변형이 수반되어야 한다는 기준이 똑같이 적용되어야 한다. 그런 점에서 웹2.0이 기존의 인터넷 환경에서 제기되었던 문제들을 가속화 한 점은 있지만, 완전히 새로운 저작권법상의 쟁점이나 법리를 적용할 필요는 없다고 본다. 즉 웹 환경에서도 창작

---

42 대법원 1996. 12. 6. 선고 96도2440 판결.
43 대법원 2003. 11. 28. 선고 2001다9359 판결.

성 판단기준 적용의 엄격성에 따라 이용자의 자유로운 창작의욕이 위축될 수도 있고 저작권의 침해영역이 커질 수도 있다. 저작물의 이용과 생산에서의 권리 간에 균형을 이루는 문제는 웹 환경에서도 여전히 피할 수 없는 저작권의 영원한 딜레마이다.

③ 저작자

1) 저작자의 개념

저작물이 저작권의 객체라면, 저작자는 저작물에 대한 저작권을 향유하고 행사하는 주체이다. 저작자는 사상이나 감정을 가지고 창작성이 있는 표현을 구체화한 자로, 표현행위에 실질적으로 이바지한 자를 의미한다. 창작물을 만들기 위해 아이디어를 제공하거나 창작성이 없는 표현에 이바지한 자는 저작자가 아니다. TV드라마의 소재를 제공하거나 책의 자료를 수집, 제공한 자는 저작자가 될 수 없다. 저작자는 저작권법 제2조 제2호에서 "저작물을 창작한 자"로 정의되며, 저작권법상 저작자가 가지는 권리는 저작인격권과 저작재산권이다.

저작권은 저작물을 창작한 순간 발생하기 때문에, 저작자가 저작권자가 되는 것이 원칙이다. 하지만 저작자의 개념은 저작권자의 개념과 구분할 필요가 있다. 저작재산권은 저작권법 제45조에 따라 권리의 전부 또는 일부를 다른 사람에게 양도할 수 있으므로 양도받은 자가 저작권자가 되어 저작자와 저작권자가 일치되지 않는다. 반면 저작재산권을 양도하더라도, 저작인격권은 일신전속적인 권리로서 양도할 수 없으므로 여전히 저작자에게 남아 있게 된다. 또 저작재산권을 권리의 유형별로 분산해서 양도할 경우, 저작권자가 다수가 되어 버린다. 이렇게 볼 때 저작권자는 저작권을 취득한 자로, 창작물을 창작한 자와 저작재산권을 양도받은 자를 포함하는 개념이다.

2) 저작자 추정의 의미와 방식

저작자가 분명한 경우 문제가 되지 않지만, 그렇지 않다면 효율적인 저작권 집행을 위해서라도 저작자를 추정하는 것은 매우 중요하다. 저작자가 누구인지에 따라 저작권 보호기간이 결정되며, 저작물의 이용허락을 받기 위해서는 먼저 저작자가 누구인지를 알아야 하기 때문이다. 저작물의 창작에 다수가 관여해서 누가 저작자인지 불분명하거나 저작자가 누구인지를 놓고 분쟁이 발생할 때 저작자 추정이 더욱 중요하다.

저작권법 제8조에서는 저작자 추정요건을 규정하고 있다. 이에 따르면 저작물의 원본이나 그 복제물에 저작자의 실명 또는 이명[44]이 일반적인 방법으로 표시된 자가 저작자로서, 저작물에 대한 저작권을 가지는 것으로 추정한다. 또 저작물을 공연 또는 공중송신하는 경우 저작자의 실명 또는 이명이 표시된 자가 저작자가 된다. 저작자 표시가 없는 저작물은 발행자·공연자 또는 공표자로 표시된 자를 저작권자로 추정한다. 저작자 추정요건 중에서 일반적인 방법에 의한 표시란 사회적인 관행에 따라 책의 표지나 속표지에 저작자 명을 표시하거나 그림에 낙관을 표시하는 방식이다.

3) 저작자 결정

(1) 창작자 원칙에 따른 저작자 결정

저작자를 결정하는 일반론은 창작자 원칙에 따라 창작적인 표현형식 그 자체에 기여한 자가 그 저작물의 저작자가 되는 것이다. 창작자 원칙 또는 창작자주의는 자연인만이 창작행위를 할 수 있고, 저작물을 실제로 창작한 자연인만이 저작권을 취득할 수 있다는 저작권법상의 일반 원리이다. 그런데 누군가의 의뢰나 주문을 받고 저작물을 창작할 수도 있고, 다른 사람이 주제에 관한 아이디어를 제공하거나 도움을 주어서 저작물을 창작할 수 있다. 예를 들면 누군가가 유명 화가에게 자신의 초상화를 그려줄 것을 의뢰할 수도 있다. 또 시나리오 작가가 주변 친

---

44 예명·아호·약칭 등을 말한다.

구가 제공한 영화 소재로 적합한 아이디어나 주제를 토대로 시나리오를 저작하거나, TV드라마 작가가 보조 작가나 자료 조사자들이 드라마 관련 자료를 수집하거나 정리해 준 것을 토대로 극본을 쓸 수도 있다. 그러나 이처럼 창작의 동기를 제공하거나 저작자의 창작을 도와주거나 창작을 의뢰하는 자들은 창의적인 표현활동에 실제로 참여하지 않는 한 저작자로 볼 수 없다. 교수가 소재나 아이디어를 제공해서 대학 강사가 강의교재를 저술한 사건에서, 대법원[45]은 책을 직접 집필하지 않고 아이디어나 소재, 자료를 제공한 것만으로는 공동저작자가 될 수 없다고 판시하였다. 2인 이상이 저작물 작성에 관여한 경우에는 외부로 표현되는 창작적인 표현형식 자체에 이바지한 자만이 저작자가 될 수 있음을 분명히 한 것이다.

공동저작자는 2인 이상이 창작에 이바지하는 공동저작물의 저작자를 의미한다. 전 세계적으로 유명해진 가수 싸이의 "강남스타일"은 싸이와 작곡가 유건형이 함께 작곡했다. 따라서 싸이와 유건형은 "강남스타일"의 공동저작자가 된다. 공동저작자들은 아무래도 저작권 행사에 제약이 따를 수밖에 없다. 기본적으로 공동저작자는 특별한 약속이 없는 한 저작물의 창작에 각자 이바지한 정도에 따라 지분을 가질 수 있지만, 저작인격권과 저작재산권의 행사나 저작재산권 지분의 양도는 공동저작자 전원의 합의로 행사할 수 있다. 공동저작물은 공동저작자 각자 이바지한 부분을 분리해서 이용하는 것이 불가능하며, 각각의 저작인격권도 분리해서 행사하는 것 자체가 불가능하기 때문이다. 한편 공동저작물은 저작자가 여러 명이므로 누구를 기준으로 저작권 존속기간을 정할 것인지가 문제인데, 가장 나중에 사망한 저작자를 기준으로 사후 70년까지 저작권이 보호된다.

(2) 업무상저작물의 저작자

업무상저작물은 저작권법 제2조 제31호에서 "법인·단체 그 밖의 사용자(이하 "법인 등"이라 한다)의 기획 하에 법인 등의 업무에 종사하는 자가 업무상 작성하는 저작물"로 정의하고 있다. 업무에 종사하는 자가 업무 범위 내에서 작성하는 저작물로, 저작물의 작성 자체가 업무이어야 한다. 신문 또는 방송기자가 작성한 기사나 광고회사의 카피라이터가 작성한 광고 카피가 업무상저작물에 해당한다.

---

45 대법원 2009. 12. 10. 선고 2007도7181 판결.

저작권법 제9조에서는 "법인 등의 명의로 공표되는 업무상저작물의 저작자는 계약 또는 근무규칙 등에 다른 정함이 없는 때에는 그 법인 등이 된다"고 규정하고 있다. 이에 근거하면, 법인 등의 사용자가 업무상저작물의 저작자가 될 수 있는 조건은 법인 등의 명의로 공표되어야 할 것과 별도의 다른 약정이 없는 경우이다. 이렇게 업무상저작물의 저작자를 법인 등으로 규정하는 이유는 첫째, 업무상 필요해서 작성하는 저작물은 대부분 협동 작업으로 창작되고 여러 사람이 기여하는 정도가 다양하므로, 자연인 중에서 구체적으로 창작자를 찾기 쉽지 않기 때문이다. 둘째, 과거에는 음악, 미술, 문예 등 창작자의 개성이 중시되는 저작물 창작이 주를 이루었다. 반면 오늘날에는 방송, 영화, 컴퓨터프로그램과 같은 종합적, 기술적, 사실적 저작물의 창작이 급증하고 있다. 그런데 방송이나 컴퓨터프로그램을 창작하기 위해서는 다양한 인력이 필요하고, 이를 기획하고 지휘, 감독하며 자본을 투하하는 법인 등 사용자가 존재하며, 저작물의 특성상 법인 등이 필요해서 기획되는 경우가 많다. 그러므로 창작에 가담한 모든 개인에게 저작물에 관한 모든 권리를 부여하는 것이 불합리하다. 이런 문제점을 해결하기 위해 사용자에게 저작물에 대한 일정한 권리를 인정한 것이다.

이와 같은 입법구조는 창작자 원칙을 근간으로 하는 저작권법의 체계와 맞지 않으며 법인 등과 같은 사용자에게 저작인격권까지 부여하는 것은 이치에 맞지 않다는 점에서, 법인 등의 사용자에게 저작자의 지위를 인정하지 않고 저작물에 대한 저작재산권의 양도나 이용자의 지위를 확보하는 것으로 개정하고, 창작자인 피용자에게 저작인격권을 유보하는 것이 타당하다는 견해도 있다(박현경, 2010). 하지만 실제 저작자가 아닌 법인 등의 사용자를 저작자로 간주하는 규정이 존재하는 의의는 법인 등의 사용자 명의로 공표될 경우 저작물에 대한 사회적 책임이나 대외적 신뢰도가 높아질 수 있고, 법인 등에 저작권을 원시적으로 귀속시킴으로써 해당 저작물에 대한 권리관계를 명확히 할 수 있다는 점이다. 또 법인 등의 사용자가 투자 자본을 회수하도록 저작물에 대한 이용 권리를 보장해주고, 피용자가 고용계약의 범위 내에서 저작물을 창작하면 이에 상응하는 보수를 받도록 해서, 양자 간의 이해관계를 조정하고 저작물의 창작 및 이용을 활성화하기 위한 제도로 이해할 수 있다. 창작자 원칙의 예외인 것이다.

(3) 영상저작물의 저작자

영상저작물은 음의 수반 여부를 가리지 않고 연속적인 영상이 수록된 창작물로서, 기계 또는 전자장치에 의하여 재생하여 볼 수 있거나 보고 들을 수 있는 저작물[46]이다. 이것은 대부분 시나리오 작가, 감독, 작곡가, 미술가, 배우 등 많은 사람의 공동 작업으로 만들어지는 종합예술저작물이자 공동저작물이다. 영화, 드라마나 다큐멘터리와 같은 TV드라마, 영상과 음이 함께 고정된 뮤직비디오, 인터넷상의 UCC도 영상저작물에 속한다. 저작권법에서는 영상저작물의 저작자가 누구인지 명시하고 있지 않다. 영상저작물 제작에는 감독, 연출과 같이 영상저작물의 실질적인 창작활동을 하는 저작자와 소설가, 방송작가, 시나리오 작가와 같이 소재가 되는 저작물을 제공하는 저작자가 참여한다. 그런데 방송작가나 소설가는 자신의 저작물을 소재로 제공하고 영상저작물의 제작에 직접 참여하지는 않는다. 이에 실제 영상저작물 창작활동의 주역인 감독이나 연출 등을 저작자로 보아야 한다는 것이 통설이다.

영상저작물은 제작단계에서 대부분 여러 사람이 참여해서 만들어지므로 그 권리관계가 복잡할 수밖에 없다. 유통단계에서도 실제 제작에 참여한 각각의 저작자에게 허락을 받아야 하는 등 영상저작물 이용이 쉽지 않다. 이에 저작권법에서는 영상저작물 저작자가 누구인지 밝히지 않고 있는 입법의 한계를 극복하고 영상저작물에 대한 권리관계를 명료하게 규율하기 위해 영상저작물 특례조항을 두고 있다. 저작권법 제99조에서는 저작재산권자가 저작물을 시각적인 영상으로 만드는 영상화를 다른 사람에게 허락한 경우, 특별한 약속이 없는 한, 영상저작물 제작을 위한 저작물의 각색, 공개상영 목적의 영상저작물의 공개상영, 방송 목적의 영상저작물의 방송, 전송 목적의 영상저작물의 전송, 영상저작물 본래 목적의 복제·배포, 그 영상저작물과 같은 방법으로 영상저작물의 번역물을 이용할 수 있는 권리까지 허락한 것으로 추정한다고 명시하고 있다. 즉 영상화 허락을 원저작물의 2차적저작물작성권은 물론이고 영상저작물의 공연권, 방송권, 전송권, 복제권, 배포권, 2차적저작물 작성권의 행사까지 허락한 것으로 본다는 것이다. 웹툰 작가가

---

46 저작권법 제2조 제13호.

자신의 웹툰을 토대로 TV드라마나 인터넷 동영상콘텐츠를 제작하도록 허락했다면, 각색은 물론이고 드라마 방송이나 콘텐츠 전송을 허락했다고 볼 수 있다.

창작자 원칙에 따르면, 영상저작물의 저작자는 총감독, 촬영감독, 미술감독 등이 공동저작자가 된다. 그러므로 영상저작물을 이용하기 위해서는 저작자 전원의 동의가 필요하므로, 영상저작물을 기획하고 자본을 투자한 영상제작자는 유통 및 2차적 이용에 어려움을 겪게 된다(하동철, 2015). 이에 저작권법 제100조에서는 감독이나 연출과 같이 영상저작물 제작에 협력할 것을 약정한 자가 영상저작물 저작권을 취득한 경우 특약이 없는 한 영상저작물의 이용권을 영상저작물 제작의 전체를 기획하고 책임을 지는 자인 영상제작자가 양도받은 것으로 추정하는 특례 조항을 두고 있다. 한편 영상저작물의 제작에는 배우나 가수와 같은 실연자가 참여하는데, 이들은 저작자가 아닌 저작인접권자의 성격을 가진다.

동법 제101조에서는 영상제작자가 양도받은 영상저작물의 이용권을 영상저작물을 복제·배포·공개·상영·방송·전송 등의 방법으로 이용할 권리로 정하고 있으며, 이를 영상제작자가 양도할 수 있도록 규정하고 있다. 그뿐만 아니라 영화 저작물 제작에 참여한 실연자도 영상저작물의 이용을 위해 자신의 실연에 대한 복제권, 배포권, 방송권, 전송권을 영상제작자에게 양도한 것으로 추정하며, 영상 제작자는 이러한 권리를 양도할 수 있다. 예를 들어 영화감독이 자신이 제작에 참여한 영화의 저작권을 취득한 경우, 영화의 복제나 배포, 상영 등을 위한 권리를 영상제작자에게 양도한 것으로 보아야 하며, 영화제작자가 다른 영화제작자에게 그런 권리를 양도할 수도 있다. 이렇게 창작자 원칙에 따라 영상저작물을 창작하는 자를 저작자로 정하고, 그것의 이용에 필요한 저작재산권을 영상제작자에게 양도하는 것으로 간주하거나 추정하는 방식을 '이용허락 모델'이라고 한다.

그러나 저작권법에서는 '특약이 없는 한'이란 단서를 두고 있으므로, 영상저작물의 제작에 참여한 공동저작자들은 그 권리를 양도하지 않을 수도 있다. 이것은 영화를 리메이크하거나 상품화와 같이 2차적으로 이용하는 것을 제약한다는 문제점을 야기한다. 오히려 영상산업 발전을 저해하고, 저작자에게도 불리한 결과를 초래하기도 한다. 하동철(2015)은 이런 입법상의 문제점을 해결하는 방안으로 일본 저작권법과 같이 영상제작자를 영상저작물의 저작권자로 인정하거나, 미국 저작권법의 직무저작물 제도를 반영하여 영상제작자를 실질적인 저작권자로 인정할 것을 주장하였다. 이처럼 영상저작물을 업무상저작물로 인정해서 저작권을 영상제작자에게 귀속시키는 것을 '소유모델'이라고 부른다. 영화나 드라마 등에 대규모 자본이 투여되며, 디지털 기술로 인해 콘텐츠 유통이 폭발적으로 늘어나고 있는 환경에서 영상콘텐츠 유통산업의 발전을 고려할 때, 이 모델은 어느 정도 타당성이 있다. 그러나 한편으로는 이 모델은 창작자 원칙에서 벗어나는 것이며, 기본적으로 저작자의 권리 보호를 통해 문화산업을 발전시키려는 저작권법의 근본 취지보다는 산업 논리에만 의존한 것으로 볼 수 있으므로 신중한 검토가 요구된다.

한마디로 영상저작물 특례조항은 영상저작물의 저작자가 누구인가를 규율하는 것이 아니라, 영상저작물을 이용할 수 있는 권리를 영상제작자가 행사할 수 있도록 허용함으로써 거래비용을 줄이고 원활한 이용을 도모하기 위한 것이다. 즉 권리 관계를 명료화함으로써 영상저작물의 유통을 원활하게 하려는 취지를 가진다고 볼 수 있다.

④ 저작자 권리의 유형과 특성

1) 저작자 권리의 범위

인쇄술이 저작권 제도의 태동에 이바지한 것과 마찬가지로, 최근의 디지털과 인터넷 기술의 급속한 발전은 전통적인 저작권법의 영역을 급속도로 확장하고 있다. 새로운 창작물과 유통매체가 수시로 출현하고 있으며, 이로 인해 저작물에 대한 권리보유자의 유형이 다양해지고 확대되고 있다(민경재, 2013). 하지만 저작권 제도의 탄생 초기부터 저작권이 현재와 같은 다양한 권리로 구성되었던 것은 아니다. 컴퓨터 기술이 발달하면서 컴퓨터프로그램이 저작권법의 보호범위에 포함되었고, 인터넷이 등장하면서 오프라인에서의 송신이나 배포의 개념을 대신하기 위해 전송권이란 새로운 권리가 생겼다. 그리고 온라인상에서 음악 서비스 제공사업자가 등장하면서 저작권법이 보호하는 범위에 디지털음성송신권이란 새로운 권리가 포함되었다. 이로써 저작자가 자신이 창작한 저작물에 대해 원시적으로 취득하는 권리인 저작권은 여러 가지 권리의 다발로 묶이게 되었다.

가장 좁은 의미의 저작권은 저작재산권만을 의미하지만, 저작자가 가지는 권리에 관한 저작권법 제10조 제1항[47]에 근거할 때 저작권은 저작인격권과 저작재산권으로 구성된다. 또 저작권법의 입법취지를 감안하면, 저작권은 동법이 보호하는 권리인 저작권과 저작권에 준하는 권리인 저작인접권을 포함한다. 그리고 범위를 최대한 넓혀서 본다면, 저작권은 저작인격권, 저작재산권, 저작인접권, 배타적발행권·출판권·데이터베이스제작자의 권리 등 저작권법에 규정된 모든 권리를 포괄한다. 이에 대해서는 저작인접권과 출판권 등은 저작물 창작에서 비롯된 저작자의 권리가 아니므로, 단지 '저작권법상의 권리'에 해당할 뿐이라는 해석(이해완, 2015)도 있다. 이런 논리에 따르면 저작권의 범위는 저작인격권과 저작재산권을 포괄하는 개념으로 이해하는 것이 타당하다.

각국의 경제적·사회적인 여건과 문화정책의 차이로 인해 저작권의 구체적인 내용은 각국의 실정법에 따라 나라마다 다소 차이가 있다(오승종, 2016; 이해완, 2015). 저작인격권으로 철회권이나 접근권[48] 등과 같이 우리나라에서 인정하지 않는 권리를 인정하는 나라들이 있고, 나라마다 저작재산권의 개념을 달리 사용하거나 종류를 다르게 정하기도 한다. 그러나 전체적으로 국제협약 등을 통해 대체로 유사한 권리들을 인정하는 방향으로 보편화 되는 추세이다.

2) 저작인격권의 이해

저작인격권(moral right)은 저작자가 자신의 저작물에 대해 가지는 인격적·정신적 이익을 보호하는 권리이다. 저작권의 직접적인 보호 대상은 저작물이고, 이를 보호함으로써 간접적으로 저작물을 창작한 저작자의 이익을 보호하는 것이다.

---

47 저작자는 제11조 내지 제13조의 규정에 따른 권리(이하 "저작인격권"이라 한다)와 제16조 내지 제22조의 규정에 따른 권리(이하 "저작재산권"이라 한다)를 가진다.

48 철회권(right of recall)은 저작자가 출판 등을 통해 자신의 저작물을 이용하도록 허락한 후에 일정한 사유가 발생해서 그 이용권을 철회할 수 있는 권리이다. 접근권(right of access)이란 저작자가 원작품 또는 복제물의 점유자에 대하여 점유자의 정당한 이익에 반하지 않는 한, 원저작물 또는 그 복제물에의 접근을 요구할 수 있는 권리이다(이해완, 2015).

그러므로 저작인격권은 개인의 인격 그 자체를 직접 보호하는 것이 아니라, 개인의 인격이 투영된 저작물을 보호함으로써 간접적으로 저작자 개인의 인격적 이익을 보호하는 것이다(이규호, 2010).

저작인격권의 성격에 대해서는 성명권, 명예권, 초상권과 같은 일반적인 인격권에 포함된다고 보는 일체설과 일반적인 인격권과 본질상 다르다고 보는 분리설로 견해가 나뉜다(오승종, 2016; 이해완, 2015; 정상조 편, 2007). 먼저 일체설은 저작인격권이 저작행위를 하면 부여되는 권리이고 인간이면 누구나 저작행위를 할 수 있으므로 모든 인간에게 주어지는 일반적인 인격권과 다르지 않다는 시각이다. 이에 비해 분리설은 저작인격권이 저작자에게만 부여되는 권리이고 보호 대상이 저작자 인격으로부터 독립한 저작물이라는 점에서 일반적 인격권과 다르다는 시각이다. 분리설은 저작인격권의 권리 주체와 객체의 특수성을 중요하게 고려한 관점인데, 좀 더 구체적으로 저작인격권인 성명표시권은 명예권과 달리 저작물 창작자의 지위를 보호하며, 공표권이나 동일성유지권도 창작자의 인격이 아닌 저작물 자체를 보호 대상으로 한다는 것이다. 하지만 그와 같은 특수성의 차이는 본질적인 차이로 볼 수 없으므로, 일체설이 타당하다는 것이 다수설이다. 따라서 분리설은 저작인격권의 본질을 이해하기 위한 것으로 수용하는 것이 바람직하다.

국가마다 권리 내용에 있어 다소 차이가 있지만, 우리나라 저작권법에서는 저작인격권을 공표권, 성명표시권, 동일성유지권과 같은 세 가지 권리로 한정하고 있다. 한편 강명수(2013)는 이러한 세 가지 권리들이 저작자 이외의 제3자가 행사할 수 없는 일신전속권이라고 보는데 의문을 제기하면서, 특히 오늘날 프로그램이나 온라인 콘텐츠시장의 확대 현상을 고려해 볼 때 저작인격권의 강한 보호가 오히려 저작자가 정당한 대가를 받지 못하는 불이익이 생길 가능성이 크고 저작물의 원활한 유통에도 부정적 영향을 미친다고 주장하였다.

(1) 공표권

저작권법에서 정의하는 공표권은 저작자가 자신의 저작물을 공표하거나 공표하지 않을 것을 결정할 권리이다. 공표란 저작물을 공연, 방송, 전시, 기타 방법으로 일반 공중에게 공개하거나 저작물을 발행[49]하는 것을 의미한다. 공표권은 저작물의 공표 여부, 공표 시기, 공표 방법을 선택하는 개념이므로, 미공표된 저작물에 한해서만 행사할 수 있다. 예를 들어 작곡가가 여름에 눈에 관한 노래를 작곡해서 크리스마스 즈음에 음반으로 발매할 계획이었으나, 음반제작사가 동의를 구하지 않고 가을에 음원을 공개해버렸다면, 음반제작사는 작곡가의 공표권을 침해한 것이다.

저작권법에서는 저작자가 저작물에 대한 저작재산권을 양도한 경우, 미공표된 저작물 이용을 허락한 경우, 미공표된 저작물에 출판권이나 배타적발행권을 설정한 경우에는 상대방에게 저작물 공표를 동의한 것으로 추정한다. 이와 관련하여 대법원50은 저작자가 일단 저작물의 공표에 동의하였거나 저작재산권을 양도하거나 미공표된 저작물 이용을 허락할 경우 공표에 동의한 것으로 추정되는 이상, 그 저작물이 완전히 공표되지 않았다 해도 저작자가 그 동의를 철회할 수 없다고 판시하였다. 반면 만약 저작자가 저작재산권을 양도하면서 공표 여부, 시기, 방법에 관한 명시적인 조항을 약정했다면, 공표에 동의했다고 추정할 수 없다. 그리고 원저작자의 동의를 얻어 작성된 2차적저작물이나 편집저작물이 공표된 경우, 원저작물도 공표된 것으로 추정한다. 하지만 역시 추정조항이므로, 원저작자가 자신의 저작물을 토대로 한 2차적저작물 작성에 동의했다 해도 원저작물 공표 자체를 원하지 않는다는 별도의 의사표시가 있었다면, 원저작물이 공표된 것으로 추정할 수는 없다.

(2) 성명표시권

성명표시권은 저작자가 저작물의 원본이나 그 복제물에, 또는 저작물의 공표 매체에 그의 실명이나 이명을 표시할 권리이다. 이 권리를 근거로 작가는 자신이 쓴 소설의 책 표지에 자신의 이름을 표시할 수 있고, 작곡가는 자신의 곡이 수록된 음반에 이름을 표기할 것을 요구할 수 있다. 저작권법에서는 저작자의 특별한 의사표시가 없는 한, 저작물 이용자는 저작자가 그의 실명이나 이명을 표시한 것에 따라 표시해야 하는 의무조항을 두고 있다. 음원 미리 듣기 서비스 웹사이트에서 음원 목록을 게시할 때, 웹페이지의 화면상에 또는 간단한 클릭 과정을 통해

---

49 저작물을 복제해서 배포하는 것으로, 녹음물, 녹화물과 같은 재생 가능한 복제물의 배포도 포함하는 개념이다.

50 대법원 2000. 6. 13.자 99마7466 결정.

생성되는 창 등에 적정한 방법으로 작곡·작사가의 성명을 표시하지 않은 행위에 대해 법원[51]은 성명표시권을 침해했다고 판시한 바 있다. 또 다른 사람이 인터넷에 작성한 글의 일부나 전부를 자신의 블로그에 옮기면서 글을 작성한 자의 성명을 표시하지 않는다면 성명표시권을 침해했다고 볼 수 있다. 이처럼 다수인이 동시에 접속하는 웹서비스 이용환경에서는 저작자의 성명을 표시하는 의무가 쉽게 이행되지 않는 경향이 있는데, 그런 점에서 배대헌(2006)은 디지털 환경에서는 성명표시권의 실효성이 더 강조될 필요가 있다고 주장한다.

저작자의 성명표시 의무조항은 2차적저작물에도 적용되는데, 2차적저작물 저작자의 성명과 함께 원저작자의 성명도 표시해야 한다. 웹툰을 원저작물로 하여 영화를 제작한 경우, 영화의 시작 부분이나 엔딩 크레딧에 웹툰 작가의 성명을 표시하지 않았다면 성명표시권을 침해한 것이다. 그러나 성명표시권의 제한조항에 따라, 저작물의 성질이나 그 이용목적 및 형태 등에 비추어 부득이하다고 인정되면 저작자 성명을 표시하지 않아도 된다. 예를 들어 라디오나 TV 음악프로그램에서 매끄러운 진행과 정해진 방송시간과 같은 부득이한 이유로, 진행자가 가수만 소개하고 작곡가나 작사자 성명을 일일이 밝히지 않았다 해도 성명표시권 침해가 아니다. 마찬가지로 카페에서 매장 분위기를 살리기 위해 상업용 음반을 구매해서 틀어줄 때도 저작자 성명을 밝히지 않아도 된다. 하지만 영화나 TV드라마와 같은 영상저작물에서 삽입했던 음악의 저작자 성명을 엔딩 크레딧에서 표시하는 방법이 있음에도 불구하고 그렇게 하지 않았다면, 저작자 성명을 생략할 수 있는 부득이한 경우로 인정될 수 없으며, 따라서 성명표시권을 침해한 것이 된다.

한편 성명표시권 침해판단에서 법원은 매체특성론적인 접근을 하고 있음을 엿볼 수 있다. 음악저작물을 방송광고의 배경음악으로 사용했던 사건에서, 법원[52]은 광고매체가 라디오라면 청각매체라는 특성상 사용된 음악의 저작자 명을 표시하는 적정한 방법이 없다는 점을 부득이한 경우로 인정하였다. 반면 시청각매체인 TV는 저작자 명을 자막으로 처리할 수 있으므로 그렇게 하지 않은 것은 성명표시권 침해라고 판시하였다.

---

51 서울고등법원 2008. 9. 23. 선고 2007나70720 판결.
52 서울고등법원 2008. 9. 23. 선고 2007나127657 판결.

(3) 동일성유지권

동일성유지권은 저작자가 자신의 저작물의 내용, 형식, 제호의 동일성을 유지할 수 있는 권리이다. 내용은 저작물에 담긴 인간의 사상이나 감정의 표현 또는 이 중 형식을 제외한 내용적인 부분을 의미한다. 형식은 저작물의 구성, 문장 형식, 표현 방법 등이고, 제호는 저작물의 제목이다. 따라서 저작자의 동의 없이 저작물의 내용이나 형식이 변경되어 동일성에 손상이 가해졌으면 동일성유지권을 침해했다고 볼 수 있다. 즉 저작물의 변경 및 동일성 손상, 그리고 동의 여부가 동일성유지권의 침해요건이다. 하지만 오·탈자를 수정하는 정도는 표현형식의 변경이라 해도 내용의 동일성에 손상이 없으므로 침해가 아니라고 보아야 할 것이다.

이렇게 저작인격권에 동일성유지권을 두는 취지는 저작물은 저작자의 인격을 표현한 것이어서, 그 변경을 자유롭게 허용하면 저작자의 감정을 해칠 뿐 아니라 창작의욕에도 부정적인 영향을 미쳐서 결국 사회 전체의 문화를 쇠퇴시킬 수 있으므로, 저작자의 의사에 반하는 변경행위를 금지하는 것이다(이규호, 2010). 동일성유지권은 원저작물에 변형을 가한다는 점에서 2차적저작물작성권 침해와도 연관이 되며,[53] 디지털 환경에서 저작물 변경의 용이성으로 인해 저작인격권 중에서도 침해의 소지가 가장 많은 권리이다. 또 저작자의 의사에 반하여 제3자가 저작물을 무단으로 변경해서 동일성이 손상되어 인격적 이익이 침해받지 않도록 보호하는 권리라는 점에서 표현의 자유의 연장선에 있는 권리이기도 하다(김형렬, 2009).

대학교수가 출연계약을 맺고 방송에서 한 강연을 부분적으로 삭제해서 편집, 방송한 사건에서, 법원[54]은 어문저작물인 강연의 내용에 대한 동일성유지권을 침해했다고 판시하였다. 스포츠 경기장에서 응원가로 사용하기 위해 잘 알려진 노래를 원저작자의 동의를 받지 않고 편곡하거나 개사하는 것도 동일성유지권을 침해한 것이다. 또 수입 영화를 배급하면서 영화 제목을 원작과 다르게 임의로 변경해서 배급하거나 극장용 영화를 TV로 방영하면서 제목을 변경했다면, 저작물 자

---

53 창의성이 있는 변경이라면 원저작물과 별개의 독립된 저작물인 2차적저작물이 되므로, 동일성유지권 침해가 문제 되지 않는다.

54 서울고등법원 1994. 9. 27. 선고 92나35846 판결.

체의 변경은 아니더라도 별개의 저작물로 오인할 수 있으므로 제목에 대한 동일
성유지권 침해에 해당한다. 비록 판례나 통설에 따라 제호 그 자체에 대한 저작물
성이 인정되지 않지만, 저작물의 내용을 집약해서 표현한 중요한 부분에 해당하
므로 제호의 무단변경은 저작인격권으로 보호받을 수 있다. 그런가 하면 음악저
작물의 음원 중 약 30초 또는 1분 정도의 분량을 스트리밍 방식으로 전송한 미리
듣기 서비스가 문제가 된 사건에서, 대법원[55]은 서비스에 이용된 부분 자체는 아
무런 변경이 없고 음악저작물 전체인 것으로 오인되거나 음악저작물의 내용 또는
형식이 오인될 우려가 없다는 점 등을 근거로 동일성유지권 침해가 아니라고 판
시하였다. 마찬가지로 온라인상에서 어문저작물 일부를 그대로 이용하여 읽을 수
있도록 하는 것도 동일성유지권 침해에 해당한다고 볼 수 없다.

동일성유지권도 일정한 경우에 제한할 수 있다. 학교 교육 목적의 표현 변경,
건축물의 중축이나 개축, 다른 컴퓨터에서 이용하기 위한 프로그램 변경, 그리고
저작물의 성질이나 이용의 목적 및 형태에 따라 부득이하다고 인정되는 범위 안
에서 변경하는 경우에는 동일성유지권 침해가 아니다. 예를 들어 교사가 교과서
에서 학생들이 이해하기 어려운 한자를 한글로 변경한다든지, 영어로 된 영상 교
육 자료에 한글자막을 삽입한다든지, 컴퓨터 시스템의 업그레이드를 위해 운영체
제를 변경시키는 것이 가능하다. 또 이용하기 불편한 곳이 있어 건축물의 개축이
나 중축을 허용하는 것은 건축물의 경제적, 실용적 기능을 고려한 것이다. 또 극
장용 영화를 TV로 방영할 때 화면비율의 차이로 모서리가 절단되거나, 그림을 컬
러로 인쇄할 경우 기술상의 문제로 원작의 색채가 충분히 구현되지 않은 것은 부
득이하다고 인정할 수 있으므로, 내용의 동일성유지권 침해로 볼 수 없다.

3) 저작재산권의 이해

저작재산권은 저작물의 이용으로부터 생기는 경제적 이익을 보호하기 위한
권리이다. 저작자가 자신의 저작물을 이용하도록 허락하고 그로부터 대가를 취득
하는 방법으로 얻게 되는 경제적 이익에 대한 권리가 저작재산권이다. 한마디로

---

55 대법원 2015. 4. 9. 선고 2011다101148 판결.

저작물 이용에 관한 권리이다. 물건에 대한 소유권이 영원히 존재하는데 비해, 저작재산권은 보호기간이 경과하면 소멸되고 공유의 영역으로 들어간다.

저작재산권은 여러 가지 권리로 구성된다. 저작권법에서 저작재산권으로 보호하는 권리는 복제권, 공연권, 공중송신권, 전시권, 배포권, 대여권, 2차적저작물작성권이다.[56] 저작재산권을 구성하는 권리들은 다시 복제권, 배포권, 대여권, 전시권과 같이 유형의 저작물을 이용하는 '유형적 권리(copy related rights)', 공연권, 공중송신권과 같이 무형의 저작물을 이용하는 '무형적 권리(non−copy related rights)', 그리고 2차적저작물작성권과 같이 저작물을 번역이나 개작하는 것으로 이용하는 '변형권(transformation rights)'으로 분류하기도 한다(오승종, 2016). 또 저작물의 복제와 전달의 차원으로 구분하면, 먼저 복제 차원에서는 유형적 복제에 해당하는 복제권, 2차적저작물작성권과 무형적 복제에 해당하는 공연권으로 나눌 수 있다. 그리고 전달 차원에서는 유형적 전달에 해당하는 배포권, 대여권, 전시권, 무형적 전달에 해당하는 공중송신권으로 분류할 수 있다(류종현, 2015).

표 4-1 ㅣ 저작재산권의 분류

분류		저작재산권 유형
유형의 저작물 이용	유형적 권리	복제권, 배포권, 대여권, 전시권
무형의 저작물 이용	무형적 권리	공연권, 공중송신권
변형적 저작물 이용	변형권	2차적저작물작성권
저작물의 복제 차원	유형적 복제	복제권, 2차적저작물작성권
	무형적 복제	공연권
저작물의 전달 차원	유형적 전달	배포권, 대여권, 전시권
	무형적 전달	공중송신권

출처: 류종현, 2015; 오승종, 2016

---

56 저작권법에서 저작권의 지분적인 권리들을 제한적으로 열거하는 방식은 저작권의 내용이 한정적으로 열거되어 있어 그 내용이 명확해지는 장점이 있는가 하면, 급속히 발전하는 저작물 이용기술과 환경의 변화에 대응하기 어려운 단점이 있다(오승종, 2016).

(1) 복제권

복제권은 저작자가 자신의 저작물을 복제할 수 있는 권리로서, 자신의 저작물을 스스로 복제하거나 다른 사람이 복제하도록 허락하거나 금지할 수 있는 배타적인 권리이다. 저작물은 대부분 복제를 기초로 한다. 원저작물의 전시나 생방송을 제외하고는 배포, 방송, 전송 등은 저작물의 복제가 선행되어야 한다. 그런 점에서 복제권은 거의 모든 종류의 저작물에 적용되는 권리이며, 저작재산권 중 가장 기본적인 권리에 해당한다.

복제는 "인쇄·사진촬영·복사·녹음·녹화 그 밖의 방법으로 일시적 또는 영구적으로 유형물에 고정하거나 다시 제작하는 것"을 의미한다. 인쇄나 사진촬영을 가시적인 복제라고 본다면, 녹음이나 녹화는 재생 가능한 복제의 성격을 띠고 있다. 디지털 환경을 반영하기 위해 2000년 1월 개정 저작권법의 복제요건에 '유형물로의 고정' 개념이 추가되었다. 이에 따라 디지털녹화기는 물론이고 컴퓨터 하드디스크나 CD-ROM 등과 같은 전자적 기록매체에 저장하는 것도 복제에 해당한다. 다시 2011년 12월 개정법에서는 복제의 개념에 '일시적 또는 영구적으로'가 추가되었다. 그 취지는 디지털 환경에서 저작권자의 권리를 균형 있게 보호하기 위해 일시적 저장이 복제의 범위에 포함된다고 보지만, 원활하고 효율적인 정보처리를 위해 필요하다고 인정되는 범위에서 일시적 복제를 허용하기 위한 것이었다. 이렇게 디지털 복제를 복제의 개념에 포함함으로써, 디지털 환경에서의 복제의 개념이 좀 더 분명해졌다.

복제권이 성립하기 위해서는 복제의 방법이나 수단에 제한이 없다. 자신의 저작물을 손으로 베끼는 것에서부터 기계적, 전자적, 화학적인 방법을 사용해서 복제할 수 있으며, 다른 사람이 그러한 방법을 사용해서 복제하는 것을 허용하거나 금지할 수 있다. 소설 작품을 인쇄해서 책으로 만들거나 그림이나 조각 작품을 사진촬영하거나 악곡을 음반으로 녹음하는 것도 복제이다. 또 저작물을 전부 또는 일부를 복제해도 복제로 인정되므로, 저작권자의 동의를 구하지 않고 시의 한 구절을 베껴 쓰기만 해도 복제권을 침해한 것이다.

지상파방송사업자들이 방송프로그램의 주문형 비디오(Video on Demand: 이하 VOD)서비스를 위한 셋탑박스인 'tvpad' 판매업체를 상대로 저작권 침해 소송을 제기한 사건에서, 서울중앙지방법원[57]은 셋탑박스 기기 제작자와 구매자들의 저작권 침해행위[58]에 대한 판매업체의 방조책임을 인정하였다. 이에 대해 서울고등법원[59]도 기기 제작자 및 구매자의 복제권은 물론이고, 전송권, 방송권 침해를 인정하였다.[60] 그리고 침해사실을 미필적으로 인식하고 있으면서 기기를 판매하여 저작권 침해를 도와준 판매업체가 저작권 침해행위에 대한 방조자로서 책임을 부담해야 한다고 판시하였다. 주목할 만한 점은 2심에서는 기기 판매업체의 방조책임만을 다루었으나, 원심에서는 저작권 직접침해 여부도 다루면서 복제권 침해를 인정하였다는 점이다.[61] 직접침해 판단에서 법원은 스트리밍 방식[62]으로 방송프로그램을 제공하는 과정에서 기기에 일시적으로 저장되는 현상을 복제라고 판단한 것이다. 기술발전으로 저작물 이용방식이 다양화되면서 새로운 형태의 복제가 등장할 때마다 복제의 재개념화가 필요해졌다.

한편 복제권과 관련하여 저작물의 무형 복제와 비교 설명할 필요가 있다. 우리나라 저작권법에서는 미국과 달리 저작물이 유형물로 고정될 것을 저작권 보호 요건으로 하지 않는다. 예를 들어 대학교수의 강의는 노트나 녹음물과 같이 유형물 형태로 고정되지 않지만, 강의가 구두로 완성되는 순간 저작물로 보호된다. 또 악곡을 악보로 기록하지 않고 즉흥적으로 연주하거나 노래하는 것, 또는 방송하는 것도 무형의 저작물로 보호된다. 이처럼 저작물의 연주, 가창, 방송 등은 저작

---

57 서울중앙지방법원 2015. 9. 4. 선고 2014가합534942 판결.

58 법원은 기기 제작자가 지상파방송사의 이용허락을 받지 않고 방송프로그램을 자신이 관리하는 서버에 저장하고, 기기 구매자들이 기기의 VOD서비스를 이용하여 시공간의 제약 없이 자유롭게 선택하여 시청할 수 있도록 하며 스트리밍 방식으로 방송시간대와 거의 비슷하게 실시간으로 시청할 수 있도록 한 행위가 복제권, 전송권, 방송권 및 동시중계방송권 침해에 해당한다고 보았다. 또 기기 구매자들도 P2P기술을 활용하여 파일을 공유함으로써, 기기를 통해 방송프로그램을 수신하는 동시에 다른 기기 구매자들에게 이를 재전송하는 방식으로 전송권을 침해하였다고 판단하였다.

59 서울고등법원 2016. 7. 7. 선고 2015나2052525 판결.

60 원심에서 인정한 기기 제작자의 동시중계방송권 침해에 대해서는 언급하지 않았다.

61 셋탑박스가 직접 방송프로그램을 실시간으로 방송하거나 시공간에 구애받지 않고 VOD 파일을 전송하고 있다는 증거가 없다는 이유로, 판매업체가 공중송신권과 동시중계방송권을 직접 침해한다고 인정하기는 부족하다고 판단하였다.

62 웹에서 저작물의 실시간으로 듣거나 보는 것을 구현해주는 인터넷 기술로, 저작물 파일을 여러 조각으로 나눠 전송한 뒤, 셋탑박스에서 압축을 풀어 재생하는 방식이다.

물을 무형으로 복제한 것이므로, 유형물로의 고정을 요건으로 하는 복제 개념으로 보기 어렵다. 따라서 저작권법에서는 무형의 복제를 복제권이 아닌 공연권, 공중송신권 등의 다른 권리로 규정해서 보호한다. 무대 위에서의 악곡의 연주 또는 방송은 저작자인 작곡가의 공연권과 방송권으로 각각 보호받을 수 있다.

(2) 공연권

저작권법에서의 공연은 통상적으로 사용되는 용어인 공연의 개념과 다르다. 저작물의 공연은 처음에는 사람의 실연에 의존했지만, 미디어를 이용해서 복제물을 재생하거나 저작물을 공중에게 공개하는 것을 포함하는 개념으로 확대되었다. 이에 따라 저작권법에서는 공연을 "저작물 또는 실연·음반·방송을 상연·연주·가창·구연·낭독·상영·재생, 그 밖의 방법으로 공중[63]에게 공개하는 것을 말하며, 동일인의 점유에 속하는 연결된 장소 안에서 이루어지는 송신(전송은 제외한다)을 포함"하는 개념으로 정의함으로써, 일정한 범위에서의 송신도 포함한다. 무대나 거리에서 연극이나 음악을 실연하는 것 뿐 아니라 노래방이나 카페에서 음반과 같은 복제물을 재생하는 것은 물론이고 방송되는 프로그램을 TV 수상기로 공중에게 틀어주는 것도 공연에 속한다. 그러나 호텔에서 각 객실에 제공되는 VOD서비스는 송신이 비동시적으로 이루어진다는 점에서 공연이 아닌 전송에 해당한다.

공연권은 저작물을 공연하거나 타인에게 공연을 허락하거나 금지할 수 있는 권리이다. 복제권과 더불어 다른 저작권 유형보다 상대적으로 오랜 역사를 가지면서 가장 이용 빈도가 높은 권리 유형이다. 그뿐만 아니라 비영리 목적의 공표된 저작물을 공연할 수 있으며, 상업용 음반이나 상업용 영상저작물을 공중에게 공연할 수 있는 등 가장 제한을 많이 받는 권리이기도 하다. 공연권은 저작물의 무형적 복제권으로 인식되고는 있지만, 복제권과는 엄격히 구분되는 저작재산권의 유형이다. 노래 반주용 기계에 음악을 수록하는 것은 복제에 해당하므로 기계 제작을 위해 저작권자에게 복제권료를 내야 하지만, 노래방에서 반주용 기계를 구매하여 저작권자의 허락을 받지 않고 음악을 재생하면서 공중을 상대로 영업하는

---

63 특정 다수인을 포함하는 불특정 다수인을 의미한다(저작권법 제2조 제32호).

행위는 공연권 침해이다.

(3) 공중송신권

공중송신권이란 저작물에 대한 공중의 수신이나 접근을 목적으로 무·유선통신의 방법에 의해 송신하거나 이용에 제공할 수 있는 권리이다. 이 권리는 디지털 기술발달, 방송통신융합 등에 따라 등장한 새로운 저작물 이용형태를 포괄하기 위해 2006년 개정 저작권법에 신설되었다. 공중송신권에는 이전에 별도의 권리로 인정되었던 방송권과 전송권, 디지털음성송신권이 포함된다. 방송은 공중이 동시에 수신하게 할 목적으로 음·영상 또는 음과 영상 등을 송신하는 개념인데, 수신의 동시성이란 특징이 저작물 이용에서 발생하는 장소적 한계를 극복했다는 점에서 중요한 의미를 지닌다. 이에 비해 기존의 공연, 배포, 방송과 다른 개념인 전송은 수신의 이시성(異時性)을 특징으로 하는데, 공중의 구성원이 개별적으로 선택한 시간과 장소에 접근해서 이용하도록 저작물 등을 제공하는 개념이다. 또 디지털음성송신은 공중이 동시에 수신할 수 있도록 공중 구성원의 요청에 따라 시작되는 디지털 방식의 음의 송신을 의미하며, 전송은 제외된다. 라디오와 같이 같은 시간에 같은 내용을 동시에 청취할 수 있다는 점에서 수신의 동시성과 공중 구성원의 요청에 따른 송신이란 점에서 쌍방향성이란 특성을 가진다.

방송권은 다양한 저작물이 방송에 사용되면서 저작권자의 저작물 통제의 필요성에 따라 저작권으로 인정하게 되었다. 디지털 기술의 도입과 함께 등장한 전송권은 저작권자가 인터넷 등의 정보통신망을 통한 저작물 이용을 통제하기 위한 목적에서 생긴 권리이다. 저작물의 이용환경이 인터넷이라는 가상의 공간으로까지 확대되었음을 반영한 결과이다(김기태, 2001). 또 디지털음성송신권은 인터넷에서 공중 구성원 요청에 따라 스트리밍 방식으로 송신되는 실시간 음악 서비스가 등장하자 이를 반영하기 위해 저작권법에 추가된 권리로, '매체의 쌍방향성'과 '수신의 동시성'을 갖춘 디지털 송신 중 '음의 송신'에 한하는 개념이다. 디지털 기술을 사용한 새로운 미디어 콘텐츠 전달 또는 이용방식이 저작권의 범위를 확장한 예이다.

우리나라의 방송콘텐츠가 중국 시장으로 수출되기 시작했던 초기에는 현지 방송사에 '방송권'을 수출하는 방식이었다. 그러나 중국 시청자들이 점차 PC와 같은 인터넷 기반의 뉴미디어 플랫폼을 통해 콘텐츠를 시청하는 추세로 바뀌면서, '전송권' 수출의 양상을 띠게 되었다. 방송권 수출이 주춤해진 것은 콘텐츠 이용방식이 다양해졌기 때문이기도 하지만, 한류 콘텐츠 유입의 증가에 대해 중국이 자국 시장 보호차원에서 쿼터제를 실시하고 심의제도를 강화한 것을 요인으로 손꼽을 수 있다.

(4) 전시권

전시권은 미술저작물 등[64]의 원본이나 그 복제물을 전시할 권리이다. 전시는 일반인에 대한 공개를 전제로 하는 개념으로, 원작품이나 그 복제물 등의 유형물을 일반인이 자유롭게 관람할 수 있도록 진열하거나 게시하는 것을 의미한다. 빔 프로젝터를 이용하여 이미지를 보여주는 것은 유형물 자체의 진열에 해당하지 않으므로, 전시 개념에 포함되지 않고 공연의 개념에 속한다. 전시 장소는 화랑이나 상점 진열장, 공원, 호텔 로비 등 전시 가능한 장소를 모두 포함하며, 전시의 방법이나 관람료의 징수 여부는 묻지 않는다. 전시권은 저작물의 공표권 문제가 해결되어야 행사할 수 있으므로, 공표권과 서로 밀접하게 관련된 저작권 유형이기도 하다.

전시권 침해 사례로는 달력을 구입한 자가 달력 사진을 오려 액자에 넣어 병원 복도에 게시하자 사진의 저작권자가 전시권 위반을 이유로 손해배상을 청구한 사건이 있다. 서울지방법원[65]은 저작권 침해를 인정하지 않았으나, 항소심에서 서울중앙지방법원[66]은 전시권 침해를 인정하였다. 판결의 근거는 사진이 달력으로부터 분리될 경우 월별 계절적 특성에 관한 시각적 표현효과를 기대할 수 없으며, 독자적인 새로운 시각예술작품으로 인식될 수 있다는 것이다. 그리고 달력의 전시를 허락한 직접적인 대상은 어디까지나 달력 전체이며, 인쇄술의 발달로 달력에 게재된 사진과 인화한 사진의 구별이 용이하지 않으며, 사진작가의 사진 대여에서 달력 게시와 액자에 의한 독립된 게시를 구별할 필요가 있다는 것이다. 다시

---

64 미술저작물·건축저작물 또는 사진저작물을 의미한다(저작권법 제11조 제3항).
65 서울지방법원 2003. 9. 18. 선고 2003가단215194 판결.
66 서울중앙지방법원 2004. 11. 11. 선고 2003나51230 판결.

말해서 사진작가가 사진을 달력에 게재하여 전시하는 용도로만 사용을 허락하였다고 보는 것이 타당하며, 달력에 게재된 각 사진을 액자에 넣어 일반 공중이 볼 수 있는 장소에 전시하는 행위는 허락된 범위를 넘어 섰다는 것이다. 사진저작물 전시에 대한 이용허락의 범위를 명확히 해준 판례이다.

전시의 주 대상인 미술저작물은 원작품의 소유자와 저작권자가 일치하지 않는 경우가 많아서, 소유권과 저작권이 충돌될 수 있다는 점이 특징이다. 이런 문제를 해결하기 위해 저작권법 제35조에서는 미술저작물의 전시와 관련하여 저작재산권 제한규정을 두고 있다. 이에 따르면 미술저작물 등의 원본 소유자는 그 저작물을 전시할 수 있으며, 화랑과 같은 곳에서 미술저작물 원본을 전시하고자 한다면 원본 소유자의 동의를 구해 전시할 수 있다. 즉 미술저작물 저작권자의 허락을 받지 않고서도 전시할 수 있는데, 전시권 제한으로 이해할 수 있다. 단, 공원이나 호텔로비와 같이 공중에게 개방된 장소에서 항시 전시하기 위해서는 저작권자의 동의가 필요하다. 또 위탁을 받고 제작된 초상화나 사진저작물은 위탁자의 동의가 없는 한 저작자라 할지라도 함부로 전시할 수 없다. 이는 위탁자의 초상권을 보호하기 위한 것으로, 초상권이라는 다른 인격권과의 충돌에서 전시권을 제한하는 경우이다.

(5) 배포권

배포권은 저작자가 저작물의 원본이나 그 복제물을 배포할 수 있는 권리이다. 배포란 저작물의 원본이나 그 복제물을 공중에게 대가를 받거나 받지 않고 양도 또는 대여하는 것을 의미한다. 서점, 음반매장, 도서나 DVD대여점 등에서 일반 공중을 대상으로 유형물 형태의 책, CD, DVD 등을 판매하거나 대여하는 것이 배포에 해당한다. 즉 배포는 저작물을 유형적으로 전달하거나 거래하는 개념이다. 웹사이트에서 음악이나 동영상 파일을 다운로드 방식으로 제공하는 것은 저작물을 무형적으로 전달하는 개념이므로, 배포가 아니라 전송에 해당한다.

저작권법 초기에는 배포는 발행과 출판의 개념에 포함되었고 하나의 독립된 권리로 인정받지 않았다. 그러나 과학기술의 발달과 함께 저작물 이용수단이 다양해지고 저작물의 복제와 배포가 별개의 사업으로 성장하게 되면서, 배포권을 별도의 권리로 보호할 필요성이 제기되었다. 이에 따라 1986년 12월 개정 저작권법에서 하나의 독립된 권리로 인정하였고, 저작물 유통이 범세계적으로 활발한 상황에서 저작권을 효율적으로 관리할 수 있게 되었다.

배포권은 최초 판매의 원칙(first sale doctrine) 또는 권리소진의 원칙(doctrine of exhaustion)에 의해 제한된다. 최초 판매의 원칙은 저작물의 원본이나 그 복제물이 해당 저작재산권자의 허락을 받아 판매 등의 방법으로 거래에 제공된 경우에는 저작자가 배포권을 행사할 수 없다[67]는 것을 의미한다. 이 원칙은 저작권자의 배포권을 제한하고 저작물 소유권자의 권리를 보장하는 성격을 가진다. 저작권자의 허락을 받아 양도 등의 적법한 방법으로 저작물이 공중에게 배포되었는데, 배포된 저작물을 다시 배포할 때 또 배포권이 작용한다면 저작권자의 허락을 다시 받아야 한다. 이것은 저작물의 원활하고 자유로운 거래를 방해한다. 이런 문제점을 해결하기 위해 배포권에 한해 채택하고 있는 것이 최초 판매의 원칙이다. 즉 저작물의 안전한 거래 보장과 저작물의 자유로운 유통 및 공익 보장이 이 원칙을 채택하는 이유이다. 예를 들어 갤러리에서 구매한 미술 작품을 다시 판매하거나 책을 사서 다 읽은 후에 다른 사람에게 빌려주려는 경우, 배포권이 소진되므로 저작권자의 동의가 필요 없다. 이 원칙은 저작권법에 따라 도서와 같이 유형의 저작물의 배포인 경우에만 적용되며, 저작물이 공연, 방송, 전송과 같이 무형적으로 거래된 경우에는 적용되지 않는다.

최근 디지털 저작물이 확산하면서, 유형의 매체를 수반하지 않고 온라인에서 다운로드를 통해 저작물을 전송하는 경우처럼, 무형의 디지털 저작물에 대해서도 최초 판매의 원칙을 적용할 수 있는지가 쟁점이 되고 있다. 이에 대해서는 여러 가지 의견이 제기되고 있는데, 미국의 판례는 대체로 디지털 저작물 판매에 대해 최초 판매의 원칙이 적용될 수 있지만, 이용계약에 의한 양도에는 적용될 수 없다고 보는 견해이다(노현숙, 2012). 미래에는 전송방식이 저작물 거래의 핵심이 될 것으로 보이는데, 그런 점에서 디지털 저작물에 대한 최초 판매의 원칙 적용에 대해 충분한 논의를 거쳐서 뚜렷한 기준을 확립할 필요가 있다.

---

67 저작권법 제20조.

(6) 대여권

대여권은 상업적 목적으로 공표된 음반이나 프로그램을 영리를 목적으로 대여할 수 있는 권리이다. 이 권리는 음반이나 컴퓨터프로그램 등 저작물 복제물의 대여 산업이 발전하면서 저작권 산업에 크게 위협이 될 것을 우려하여 저작자 이익을 보호하려는 취지에서 등장한 개념이다. 배포권을 제한하는 원칙이 최초 판매의 원칙인데, 이런 원칙을 부분적으로 다시 제한하는 원칙이 바로 대여권이다. 즉 최초 판매의 원칙의 예외로 배포의 개념에 포함된 대여의 권리가 소진되지 않고 남아 있도록 한 권리이다. 저작물이 최초 판매되면 저작권자의 배포권이 소진되므로, 저작물을 넘겨받은 자는 이를 재판매하거나 상업적으로 대여할 수 있는데, 이것은 저작권자의 저작물 판매수익을 감소시킨다. 따라서 이런 문제를 해결하기 위해 음반, 컴퓨터프로그램과 같은 저작물 복제물 대여 산업에 한해 저작권자에게 새롭게 인정하게 된 것이 바로 대여권이다.[68] 대여권의 적용대상은 영리 목적의 상업용 음반이나 프로그램으로 한정되며, 도서나 영상저작물에는 적용되지 않는다. 만화, 잡지, 소설 등의 도서나 비디오테이프, DVD와 같은 영상저작물의 대여업은 이미 저작자의 허락을 받지 않은 상태에서 성행하고 있는 것이 사회적 현실이며, 대여업자 대부분이 영세업자들인 점을 고려한 것으로 풀이된다(오승종, 2016; 이해완, 2015).

한편 2016년 3월 저작권법 개정 이전에는 대여권이 판매용 음반이나 프로그램을 대상으로 하였다. 그러나 디지털 기술의 발달로 디지털 음원이라는 새로운 현상이 생겨났고 음반의 개념과 판매용 음반의 범위에 대해 시장에서 혼란이 생기게 되었다. 이에 따라 음반의 개념과 판매용 음반의 범위를 명확히 하기 위해 개정법에서 음반의 정의에 디지털 음원을 포함하여 그 범위를 확대하였고, 판매용 음반을 상업용 음반으로 변경하였다. 따라서 대여권은 상업적인 목적이 아닌 음반이나 프로그램에 대해서는 인정되지 않는 권리이다.

---

68 배포의 개념에는 저작물의 양도와 대여가 포함되며, 대여권은 원래 배포권 내용에 포함된 일부 권리가 저작물이 최초 판매된 이후에도 그대로 남아 있는 것을 뜻할 뿐이므로 배포권과 독립된 별개의 지분권이 인정되는 것이라고 보기 어렵다는 견해도 있다.

(7) 2차적저작물작성권

2차적저작물작성권은 저작자가 자신의 저작물을 원저작물로 하는 2차적저작물을 작성하여 이용할 수 있는 권리이다. 즉 원저작물을 번역·편곡·변형·각색·영상제작, 그 밖의 방법으로 작성한 창작물인 2차적저작물을 작성하여 이용할 수 있는 권리이다. 이 권리는 원저작물을 기초로 하되 그와 실질적으로 유사하면서도 새로운 창작성을 가미한 저작물을 작성하는 행위를 통제할 수 있는 근거가 된다. 새로운 작성행위를 수반한다는 점에서 이미 작성된 저작물이나 그 복제물을 단순히 이용하는 형태인 출판권, 배포권, 전시권, 공중송신권, 공연권 등의 권리와 그 성격이 다르며, 복제권과 함께 저작권 침해사건에서 핵심을 이루는 중요한 권리이다(김병일, 2012).

2차적저작물작성권은 저작자가 가지는 권리이므로, 저작자가 아닌 다른 사람이 원저작물을 토대로 하여 2차적저작물을 작성하려면 원저작자의 허락을 받아야 한다. 그리고 2차적저작물을 이용하기 위해서는 기본적으로 원저작물과 2차적저작물 저작자의 허락을 동시에 받는 것이 원칙이다. 예를 들어 소설을 토대로 TV드라마를 제작하려면 소설 작가의 동의가 필요하다. 그리고 다시 TV드라마를 이용하여 드라마 관련 다큐멘터리와 같은 다른 콘텐츠를 만들려면, 소설 작가와 TV드라마 제작자의 동의가 동시에 필요하다.

2차적저작물작성권과 관련하여 불공정한 계약이 문제가 되었던 사례로 유아용 그림책인 〈구름빵〉 사건을 이야기할 수 있다. 2007년 출간된 <구름빵>은 폭발적인 인기를 얻었는데, 이후 그림책을 토대로 애니메이션, 뮤지컬 등의 2차적저작물이 제작되면서 엄청난 부가가치를 창출하였다. 그러나 출판사가 저작자에게 일정 금액만 지급하고 향후 2차적저작물 작성 등 저작물 이용을 통해 얻는 수익을 모두 독점하는 소위 매절계약을 체결하였기 때문에, 원저작자인 작가에게 돌아간 대가는 아주 적었다. 매절계약이란 저작물 이용에 대한 대가를 일정액으로 미리 지급하는 형태이다. 이와 같은 불공정 출판계약 관행을 개선하고 저작권자에게 정당한 보상을 하기 위해, 2014년 공정거래위원회는 출판계약 내용에 저작권자의 명시적인 의사가 반영되도록 하는 등 출판사가 사용하는 약관을 시정하도록 했다.[69] 기업이 도서, 캐릭터, 음원 등 대중에게 인기를 끈 콘텐츠를 바탕으로

2차적저작물을 만들었을 때, 원저작자가 2차적저작물에 대한 저작권료를 제대로 받을 수 있는 방안을 마련한 것이다.

표 4-2 ┃ 저작권의 유형 및 개념

유형		개념
저작인격권	공표권	저작물의 공표여부, 공표방법, 공표시기를 선택할 수 있는 권리
	성명표시권	저작물의 원본, 복제물이나 공표매체에 성명을 표시할 수 있는 권리
	동일성유지권	저작물의 내용, 형식, 제호의 동일성을 유지할 수 있는 권리
저작재산권	복제권	저작물을 인쇄·사진촬영·복사·녹음·녹화 등의 방법으로 일시적 또는 영구적으로 유형물에 고정하거나 다시 제작할 수 있는 권리
	공연권	저작물 또는 실연·음반·방송을 상연·연주·가창·구연·낭독·상영·재생, 그 밖의 방법으로 공중에게 공개할 수 있는 권리
	공중송신권	저작물에 대한 공중의 수신이나 접근을 목적으로 무·유선통신의 방법에 의해 송신하거나 이용에 제공할 수 있는 권리
	전시권	미술저작물 등의 원본이나 그 복제물을 전시할 권리
	배포권	저작물의 원본이나 그 복제물을 양도하거나 대여할 권리
	대여권	상업적 목적으로 공표된 음반이나 상업적 목적으로 공표된 프로그램을 영리를 목적으로 대여할 권리
	2차적저작물작성권	저작물을 원저작물로 하여 2차적저작물을 작성하여 이용할 수 있는 권리

4) 저작권 보호 기간

물건에 대한 소유권은 영구적으로 존속되지만, 저작재산권은 일정한 기간을 한정해서 보호한다. 만약 저작재산권을 영구적으로 보호한다면, 저작권자의 허락 없이는 저작물을 이용할 수 없는 문제가 발생한다. 새로운 저작물을 창작하기 위

---

69 http://news.naver.com/main/read.nhn?mode=LPOD&mid=tvh&oid=052&aid=00005
65443.

해 선인이 만든 저작물을 이용할 수 없다는 것인데, 이것은 문화발전에 지장을 초래할 수 있다. 반면 저작재산권 보호 기간이 너무 짧으면 저작자가 누리는 이익이 너무 적어진다. 이에 저작권법에서는 저작물을 자유롭게 이용할 수 있는 공중의 이익과 창작활동에 대한 충분한 보상을 기대하는 저작자의 이익 간의 조화를 찾기 위해 일정 기간에 한해서만 저작권을 보호한다. 그리고 보호 기간이 지나면, 권리가 소멸해서 저작물이 공중의 영역에 들어가게 된다.

저작재산권 보호 기간은 저작자의 사망시기 또는 저작물의 공표시기를 기준으로 하여 결정한다. 보호 기간을 정하는 일반 원칙은 저작자의 사망시기를 기준으로 하는데, 보호 기간은 저작자 사망 후 70년까지이고 공동저작물은 마지막으로 사망한 저작자가 사망한 후 70년간이다. 공표시기 기준은 무명 저작물, 업무상 저작물, 영상저작물 등에 적용되며, 공표시기로부터 70년간이 보호 기간이다. 무명이나 이명 저작물은 공표 후 70년 이내 저작자가 확인될 경우, 사망 후 70년간 저작권이 보호된다. 창작한 지 50년 이내 공표되지 않은 업무상저작물과 영상저작물은 창작 시기를 기준으로 70년간 보호된다.

자연인은 사망하면 권리나 의무의 주체가 될 수 없고 인격권은 일신전속적인 권리이므로, 저작인격권은 저작자 생존 기간만 인정되고 사망하면 사실상 소멸한다고 보는 것이 타당하다. 그러나 저작자가 사망한 후에 미공표된 저작물을 공표하거나 저작자를 다른 이름으로 표시한다면, 사자의 명예를 훼손할 뿐 아니라 문화유산을 보전하는데 혼란을 초래할 수 있다. 이런 문제를 해결하기 위해 저작권법에서는 특별 규정[70]을 두고, 저작자 사망 후 저작물을 이용하는 자가 저작자가 생존하였더라면 저작인격권의 침해가 될 행위를 하는 것을 금지하고 있다. 이를 근거로 저작자 사망 후에도 유족은 저작인격권 침해 정지나 명예회복 등의 청구를 할 수 있다.[71] 예를 들어 작곡가가 저작물을 공표하지 않은 채로 사망했을 경우, 그의 생전에 허락을 받지 않았음에도 불구하고 해당 음악을 공표했다면 침해 정지나 명예회복 등의 청구를 할 수 있다.

───────

70 저작권법 제14조 제2항.
71 저작권법 제128조.

5) 저작권의 행사: 양도와 이용허락

(1) 저작권의 양도

저작인격권은 저작자의 일신전속적인 권리로 다른 사람에게 양도할 수 없다. 또 권리 행사를 대리하거나 위임할 수 있지만 어디까지나 저작인격권의 본질을 해하지 않는 한도에서만 가능하며, 저작인격권 그 자체는 저작자에게 여전히 귀속되어 있다는 것이 대법원[72]의 해석이다. 공동저작물의 저작인격권도 공동저작자 개개인에게 전속되는 권리이므로 양도할 수 없으며, 저작자 전원의 합의로 행사할 수 있다. 업무상저작물의 저작인격권은 법인 등 단체가 가진다. 반면 저작재산권은 재산권의 성격을 가지므로 양도할 수 있으며, 저작자 또는 저작재산권을 양도받은 다른 사람이 가지는 권리이다. 저작재산권은 권리 전부 또는 일부를 양도할 수 있다는 점에서 권리를 일부 분리해서 양도할 수 없는 소유권과 다르다. 저작재산권은 당사자 간 계약이 성립하면 바로 양도 효력이 발생한다. 공동저작물의 저작재산권 행사도 역시 저작재산권자 전원의 합의로 행사할 수 있다.

한편 저작재산권 전부를 양도한다 해도 특별한 약속이 없는 한 2차적저작물작성권은 포함되지 않은 것으로 추정한다.[73] 2차적저작물작성권의 유보 추정의 입법취지는 2차적저작물은 원저작물의 원형을 훼손시킬 우려가 있으므로, 원저작자의 저작인격권인 동일성유지권과 창작의 자유를 존중하기 위한 것으로 볼 수 있다. 그러므로 특약이 없이 저작재산권을 양도했다면, 저작인격권과 2차적저작물작성권은 그대로 저작자에게 남아 있게 된다. 예를 들어 작가가 특별한 약속을 하지 않고 자신의 소설에 대한 저작재산권 전부를 A에게 양도한 경우라도, B가 소설을 원작으로 애니메이션 영화를 제작하려면, 소설의 작가에게 허락을 받아야 한다. 다만 단서조항에 따라, 프로그램은 저작재산권 전부를 양도할 때 특약이 없는 한 2차적저작물작성권도 함께 양도된 것으로 추정한다. 지속적인 업그레이드가 필요하고 산업적인 활용도를 고려해야 하는 기능적인 저작물인 프로그램의 특성을 반영한 것이다.[74]

---

72 대법원 1995. 10. 1.자 94마2217 결정.
73 저작권법 제45조 제2항.

(2) 저작물의 이용허락과 CCL(Creative Commons License)

저작물을 이용하려면 저작재산권자에게 이용료를 지급하고 이용허락(license)을 받아야 한다. 저작재산권자는 저작물 이용자와 이용의 범위, 방법, 조건 등에 관한 계약을 체결하는 방식으로 저작물 이용을 허락할 수 있다. 저작물 이용허락은 저작재산권자가 다른 사람이 저작물을 이용하는 것을 허용한다는 의사표시일 뿐, 저작재산권은 저작재산권자가 그대로 보유한다는 점에서 양도와 다르다. 이용허락은 단순허락과 독점적 허락으로 나눌 수 있다. 단순허락은 저작재산권자가 복수의 사람에게 저작물 이용을 중첩적으로 허락하는 반면, 독점적 허락은 이용자가 저작재산권자와의 사이에 일정한 범위에서 독점적인 이용을 인정하거나 이용자 이외의 다른 사람에게는 이용허락을 하지 않기로 하는 특약을 체결하는 경우이다.

저작물 이용허락과 관련하여 이야기할 수 있는 것이 CCL(Creative Commons License)이다. CCL은 리처드 스톨먼(Richard Stallman)이 제기했던 자유 소프트웨어 운동에서 비롯된 개념으로, 법학자 레식(Lessig)이 창안한 제도이다. 이것은 일종의 저작물 이용허락제도로서, 저작권자에게 별도의 허락을 구하지 않고서도 저작권자가 미리 제시한 이용방법을 지키는 조건으로 저작물을 이용할 수 있는 일종의 오픈 라이선스의 개념이다. 온라인 백과사전인 위키피디아가 대표적인 사례이다. 일반적으로 많이 사용되는 저작물 이용조건은 저작자 표시(Attribution), 비영리(Noncommercial), 2차 변경금지(No Derivative), 동일조건 변경허락(Share Alike)이다. 저작자 표시는 저작자의 이름과 출처 등 저작자에 관한 사항을 반드시 표시해야 하는 조건이다. 비영리는 저작물을 영리 목적으로 이용할 수 없음을 표시하는 것으로, 영리 목적으로 이용하려면 별도의 계약이 필요함을 의미한다. 또 2차 변경금지는 저작물을 변경하거나 저작물을 이용해서 2차적저작물을 제작하는 것을 금지하는 표시이다. 동일조건 변경허락은 저작물을 이용해 새로운 저작물을 창작할

---

74 소프트웨어와 같은 프로그램 저작물을 개발한 저작자가 프로그램을 개발 위탁자에게 전부 양도할 경우 2차적저작물작성권도 함께 양도되어, 추후 제3자가 주문할 경우 저작자는 자신이 작성한 소프트웨어 모듈을 재사용할 수 없게 된다. 그런 점에서 단서조항이 프로그램 저작권자의 이익을 부당하게 침해한다는 비판이 제기되고 있다(김병일, 2012).

경우 동일 라이선스를 붙여야 한다는 것으로, 동일 라이선스 표시 조건 아래에서 저작물을 활용한 다른 저작물 제작을 허용한다는 표시이다. 이처럼 CCL은 저작자가 일정한 조건 아래 자신의 저작물을 다른 사람들이 자유롭게 이용할 수 있도록 허락하는 제도이다. 저작물 창작자가 자신의 권리를 지키면서 동시에 자신의 창작물에 대한 자유로운 공유를 도모할 수 있다는 점에서 매우 유용한 제도라고 할 수 있다.

⑤ 저작인접권의 유형과 특성

1) 저작인접권의 개념과 등장 배경

저작권법은 저작물의 창작과 공정한 이용을 통해 인류문화를 발전시키는 것을 목적으로 한다. 저작물의 공정한 이용은 저작물 이용과정에서 기본적으로 정당성, 공정성 등을 요구하지만, 그보다 먼저 저작물 이용이 활성화되어야 한다. 저작물이란 창작과 동시에 가치에 대한 권리가 발생하지만, 널리 전달되어 많은 사람이 이용할수록 그 가치가 커지기 때문이다. 이를 위해서 저작물을 창의적으로 해석해서 일반 공중에게 전달해주는 역할이 필요한데, 그런 필요성에서 생긴 것이 바로 저작인접권이다.

저작인접권은 일반 공중이 저작물을 향유하도록 그것을 창의적으로 해석하고 전달하는데 기여한 자에게 부여되는 권리이다. 이것은 저작물의 창작자는 아니지만, 저작물을 해석해서 실연이나 전달수단의 제작을 통해 저작물의 가치를 높여주는 제3자 활동의 정신적인 창작성을 인정하는 개념이다. 다시 말해서 저작인접권은 저작물을 창의적으로 해석해서 일반 공중에게 매개함으로써 저작물의 가치를 증진한다는 점을 근거로 저작권법이 보호하는 권리이다. 저작물이 일반 공중에게 전달되지 않으면 그 가치가 발현되지 않고 사회 전체의 문화발전을 실현할 수 없다는 점에서, 저작자의 권리와 더불어 저작인접권을 법적인 권리로 보호하는 것이다. 그러므로 저작인접권은 기본적으로 저작물의 해석과 전달에 창의성이 존재해야 성립되는 개념이다. 저작권법에서 저작인접권으로 보호하는 대상은 실연, 음반, 방송이다. 따라서 저작인접권은 실연자, 음반제작자, 방송사업자에게 부여되며, 이들이 곧 저작인접권자가 된다.

저작인접권의 형성은 과학기술의 발전과 밀접한 관련이 있다. 녹음과 녹화기술이 등장하기 이전, 음악이나 연극을 감상하는 방법은 무대에서 가수나 연주자 또는 배우의 직접적인 실연을 보는 것으로 한정되었다. 가수나 배우는 관객 앞에서 실연하고 그에 대한 대가를 받으면 되므로, 실연을 법적으로 보호받을 필요성이 없었다. 그러나 녹음, 녹화, 방송기술이 개발되고 음반제작자와 방송사업자들이 등장함에 따라, 음반을 이용하여 음악을 재생, 감상할 수 있게 되었고 방송을 통해 연기자와 가수의 실연을 즐길 수 있게 되었다. 이에 따라 실연자의 경제적 이익을 보호하는 입법이 필요해졌고, 음반제작자와 방송사업자에 대한 법적 보호의 필요성도 제기되었다. 특히 1950년대 이후 시작된 텔레비전 방송이 저작물의 최대 이용자이자 전달자가 되면서, 방송사업자의 권리를 저작권법으로 보호할 필요가 생겼다. 음반제작자와 방송사업자는 고도의 기계적 기술과 정신적 노력을 통해 저작물을 매개하는 기능을 한다는 점에서 예능적 재능을 가진 실연자와 구별된다.

이렇게 저작인접권은 기술발전과 긴밀한 관련을 맺으면서 등장한 개념이므로, 저작권법의 탄생 초기부터 존재했던 개념은 아니다. 독일에서 1920년대 후반부터 보호에 관한 논의가 시작되어 1930년대 이후 유럽의 각국에서 저작권법에 저작인접권이 도입되었다(박성호, 2011). 우리나라에서는 1957년 저작권법에서 가창, 연주, 음반 등을 저작물로 인정했으나, 저작인접권 개념은 따로 존재하지 않았다. 1986년 개정법에서 저작권법의 목적이 '저작자 보호'에서 '저작자의 권리와 이에 인접하는 권리 보호'로 바뀜에 따라 저작인접권이 보호 대상에 포함되었다. 저작인접권도 기술발전이나 시대적 배경에 따라 권리의 유형이 점차 다양해지면서 범위가 확대되었다. 실연자의 권리는 실연에 대한 복제권에서 출발하여 배포권, 대여권, 공연권, 방송권, 전송권을 포함하게 되었다. 음반제작자의 권리도 복제권, 배포권에서 전송권, 대여권을 포함하는 것으로, 방송사업자의 권리는 복제권, 동시중계방송권에서 공연권을 포함하는 것으로 확대되었다.

저작인접권은 실연을 하거나 음이 음반에 처음 고정되거나 방송을 하는 시점에 발생하며, 저작권과 마찬가지로 어떤 절차나 형식의 이행이 필요하지 않다. 실연과 음반의 저작인접권은 실연을 하고 음반을 발행한 다음 해부터 70년간 보호된다. 다만 방송사업자의 저작인접권은 방송을 한 다음 해부터 50년간 존속한다.75

저작권과 마찬가지로 저작인접권도 양도할 수 있으며 실연이나 음반, 방송에 대한 이용을 허락할 수 있다. 저작권법에서는 저작인접권이 저작권에 영향을 미치지 않는 것으로 규정하고 있다. 실연, 음반, 방송은 필연적으로 저작물을 이용해야 하므로 저작권자의 허락이 필요한데, 이것은 저작인접물을 이용할 경우 저작인접권자 뿐 아니라 저작권자의 허락도 동시에 받아야 함을 의미한다. 예를 들어 음반제작자가 특정 음악을 음반으로 제작하고자 한다면 해당 음악 저작권자의 허락을 받아야 한다. 또 가수가 콘서트에서 노래를 부른 장면을 녹화해서 방송프로그램에 사용하고자 한다면 실연자인 가수는 물론이고 가수가 부른 노래 저작권자의 허락을 받아야 한다.

2) 저작인접권의 유형 및 특성

(1) 실연자의 권리

실연이란 저작물을 공중에게 전달하는 매체 행위이다. 저작물을 연기하거나 가창, 연주, 무용, 구연, 낭독하는 행위와 마술, 곡예 등과 같이 저작물이 아닌 것을 표현하는 행위도 실연에 포함된다. 이것은 공연 개념과 구별할 필요가 있는데, 공연처럼 공개를 요건으로 하지 않고 녹음이나 녹화에 의한 재생을 포함하지 않는다. 실연이 저작인접권으로 보호받기 위해서는 저작권의 창작성에 준하는 창의가 인정되어야 하며, 저작물의 해석과 전달 능력에 있어 어느 정도 전문성을 인정받아야 한다. 일반적으로 운동경기는 실연이라고 볼 수 없지만, 리듬체조나

---

75 원래 음반, 실연, 방송의 보호 기간은 50년이었으나, 2011년 12월 저작권법 개정 이후 음반과 실연의 보호 기간만 70년으로 연장되었다. 보호 기간 연장에서 방송이 제외된 이유는 미국이 저작권법에서 방송사업자를 별도로 보호하지 않고 있으며, 한·미 FTA에서 방송이 제외되었기 때문이다(이해완, 2015).

피겨스케이팅처럼 예술성이 포함된 경기는 실연의 범주에 포함할 수 있으리라고 본다.

실연자는 저작물을 창의적으로 해석해서 실연을 통해 일반 공중에게 전달하는 자이다. 저작권법에서 실연자는 "저작물을 연기·무용·연주·가창·구연·낭독 그 밖의 예능적 방법으로 표현하거나 저작물이 아닌 것을 이와 유사한 방법으로 표현하는 실연을 하는 자를 말하며, 실연을 지휘, 연출, 감독하는 자를 포함"하는 개념으로 정의된다. 배우, 가수, 무용가, 연주자 등이 실연자에 해당하며, 악단지휘자, 무대연출자와 같이 실연을 지휘, 연출, 감독하는 자도 실연을 하는 것으로 평가할 수 있다는 점에서 넓은 범위의 실연자에 포함된다는 것이 일반적인 해석이다.

실연자의 권리에는 인격권과 재산권이 있다. 저작물의 실연에는 실연자의 개성에 의한 창작행위가 개입될 수 있고 사회적으로나 산업적으로 실연이 많이 이용된다는 점을 근거로 실연자에게도 인격권이 부여된다. 자신의 실연이나 실연 복제물에 성명을 표시할 수 있는 성명표시권과 실연의 내용과 형식을 그대로 유지할 권리인 동일성유지권이 실연자의 인격권이다. 그러므로 가수의 노래를 녹음하거나 녹화한 CD나 방송프로그램에 실연자의 성명이 표시되어야 하며, 가수가 실연한 내용이나 형식을 변경할 경우 가수의 동의가 필요하다. 실연자의 인격권도 실연의 성질이나 이용의 목적과 형태에 따라 제한을 받을 수 있다. 예를 들어 백화점에서 배경음악으로 음악을 재생해서 들려줄 경우, 가수나 연주자의 성명을 일일이 알려주지 않아도 된다. 또 기기나 기술적인 결함 때문에 가수가 노래한 원래 음이 잘 전달되지 않았다고 해서 가수의 동일성유지권이 침해되었다고 볼 수 없다. 한편 방송 드라마에서의 연기나 무대에서의 가창은 그 자체가 공표에 해당하므로, 실연자의 인격권에 실연에 대한 공표권은 포함되지 않는다.

실연자의 재산권에는 실연에 대한 복제권, 배포권, 대여권, 공연권, 방송권, 전송권이 있다. 그러므로 가수가 노래를 녹음한 CD를 불법 유통했다면 가수의 배포권을 침해한 것이며, 콘서트에서 가수가 부른 노래를 누군가가 스마트폰을 가지고 무단으로 녹음하거나 녹화해서 인터넷에 올린다면 가수의 복제권, 전송권을 침해한 것이 된다. 또 가수는 TV 가요 프로그램에서 자신의 실연을 방송할 수 있는 권리를 가지지만, 실연장면을 녹화해서 방송에 이용할 것을 전제로 했다면 방송권을 침해한 것이 아니다.

실연자의 권리는 어디까지나 실연자 자신의 실연에 한해 행사할 수 있다. 유명가수가 발표했던 곡을 다른 사람이 불러서 제품광고의 배경음악으로 사용했던 사건에서, 법원76은 광고에서 가수의 실연이 아닌 제3자의 실연을 사용한 것이므로 해당 가수의 저작인접권을 침해한 것은 아니라고 판시하였다. 실연자 본인의 실연에 대해서만 복제권을 행사할 수 있으며, 다른 사람이 모방한 실연에는 실연자의 복제권이 미치지 않는다는 점을 분명히 한 셈이다.

(2) 음반제작자의 권리

음반은 음성과 음향을 의미하는 음이 유형물에 고정된 것으로, 음을 디지털화한 것을 포함하는 개념이다. 그러므로 디지털 음원도 음반에 해당한다. 음반제작자는 음반을 최초로 제작하는데 있어 전체적으로 기획하고 책임을 지는 자이다.77 음반제작자에게는 음반에 대한 복제권, 배포권, 대여권, 전송권과 같은 재산적인 권리만 부여된다. 따라서 영화제작에서 무단으로 음반을 수록할 경우 음반제작자의 복제권을 침해한 것이며, 인터넷에서 음원을 불법유통시킬 경우 음반제작자의 전송권을 침해한 셈이 된다.

음반제작자에게는 방송권, 디지털음성송신권, 공연권을 배타적 권리로 부여하지 않는다. 대신 방송사업자가 실연이 녹음된 상업용 음반을 사용하거나 디지털음성송신사업자가 실연이 녹음된 음반을 사용하거나 상업용 음반을 사용하여 공연할 경우, 음반제작자와 실연자에게 보상금을 지급해야 한다. 방송, 디지털음성송신, 그리고 공연에서는 음반을 대량으로 사용해야 하므로, 과도한 권리처리 비용의 부담과 일일이 계약하는 번거로움을 해결하기 위한 취지로 볼 수 있다. 그러므로 음반제작사가 가수와 계약을 체결하고 상업용 음반을 제작했는데 TV프로그램에서 이 음반에 수록된 곡을 사용했다면, 방송사는 수록된 곡의 저작권자는 물론이고 음반제작사와 가수에게 보상금을 지급해야 한다.

한편 저작권법의 음반에 관한 정의조항에 따라 음이 영상과 함께 고정된 것

---

76 서울지방법원 1997. 2. 20. 선고 96가단188973 판결.
77 저작권법 제2조 제5호와 제6호.

은 음반의 개념에서 제외되므로, 뮤직비디오나 영화에 수록된 사운드트랙은 음반에 해당하지 않는다. 신곡 음반을 홍보하기 위한 수단으로 제작되는 뮤직비디오는 음악과 이에 어울리는 영상이 함께 고정되어 재생할 수 있도록 제작된 영상저작물로서, 뮤직비디오 제작자는 음반제작자가 아니고 영상저작물 저작자로서 보호를 받는다. 따라서 뮤직비디오를 제작하기 위해서는 음반에 수록된 곡의 저작권자 동의는 물론이고 저작인접권자인 가수와 음반제작사의 동의도 동시에 받아야 한다.

(3) 방송사업자의 권리

방송사업자는 공중송신 중 공중이 동시에 수신하게 할 목적으로 음·영상 또는 음과 영상 등을 송신하는 방송을 업으로 하는 자이다. 그러므로 지상파방송사업자, 케이블방송사업자, 위성방송사업자와 같은 방송사업자는 방송에 대한 저작인접권을 주장할 수 있다. 저작인접권으로 보호받는 방송의 객체는 저작물일 수도 있지만 뉴스나 스포츠 중계와 같은 사실적인 정보도 포함된다. 방송사업자가 다른 방송사업자의 방송을 이용할 때도 이용허락을 받아야 한다. 따라서 케이블방송사업자나 위성방송사업자가 지상파방송 프로그램을 동의를 구하지 않고 재송신하는 것은 지상파방송사업자의 저작인접권을 침해하는 것이다.

저작인접권자로서 방송사업자는 그의 방송을 복제하고, 동시중계방송하고 공연할 권리를 가진다. 방송사업자의 복제권은 방송을 복제할 권리로서, 방송의 고정 및 그 고정물의 복제에 관한 권리이다. 따라서 방송되고 있는 음이나 영상을 유형물에 고정하고자 할 때는 방송사업자의 허락을 받아야 한다. 예를 들어 허락을 받지 않고 방송프로그램의 일부를 이용하여 UCC(User Created Contents)를 만들었다면 방송사업자의 복제권을 침해한 것이다.

방송사업자의 동시중계방송권이란 그의 방송을 동시에 재방송(simultaneous broadcasting)할 수 있는 권리이다. 방송사업자의 복제권이 방송의 유형적 이용에 관한 권리라면, 동시중계방송권은 방송의 무형적 이용에 관한 권리이다(김병일, 2009). 그러므로 누군가가 TV드라마를 무단으로 녹화해서 재방송하거나 CD로 제작해서 판매했다면 방송사업자의 복제권을 침해한 것이며, 허락을 받지 않고 방송이 수신됨과 동시에 그 방송의 공급 영역 외의 수신인에게 재송신했다면 방송사업자의 동시중계방송권을 침해한 것이다.

복제권과 동시중계방송권 외에도 2011년 6월 개정된 저작권법에 방송사업자의 권리로 공연권이 추가되었다. 이것은 공중의 접근이 가능한 장소에서 방송시청에 대한 입장료를 받는 경우 그 방송을 공중에게 공개할 수 있는 권리이다. 그러므로 방송사업자의 공연권이 일반적인 공연권과 다른 점은 공중이 접근 가능한 장소와 방송시청에 관한 입장료라는 요건으로 한정된다는 점이다. 만약 누군가가 강당에 방송을 시청할 수 있는 시설을 갖추어놓고 사람들에게 입장료를 받고 인기 TV드라마를 시청하도록 했다면, 드라마를 방영한 방송사의 공연권을 침해한 것이다. 하지만 음식점에서 손님들에게 TV드라마를 시청하도록 한 행위는 설사 방송이 음식점의 영업에 간접적으로 도움이 된다 하더라도, 방송시청에 대한 대가를 받지 않는다면 공연권 침해라고 볼 수 없다. 방송사업자의 동시중계방송권 침해와 관련된 사례로 케이블방송의 지상파 재송신 판결을 이야기할 수 있는데, 이에 대해서는 뒤에서 다루게 될 방송콘텐츠와 저작권 부분에서 상세히 소개하기로 한다.

방송사업자는 저작인접권자이면서 동시에 영상저작물의 제작자로서 영상저작물을 복제, 배포, 방송할 수 있는 저작권자이기도 하다. 그러므로 방송사업자가 방송하는 개별 프로그램을 허락받지 않고 녹화해서 나중에 방송했다면, 저작인접권자로서의 복제권 외에도 해당 프로그램에 대해 방송사업자가 가지는 저작권을 침해했다고 주장할 수 있다.

표 4–3 ㅣ 저작인접권자의 권리 유형

저작인접권자	권리 유형	
	저작인격권	저작재산권
실연자	성명표시권, 동일성유지권	복제권, 배포권, 대여권, 공연권, 방송권, 전송권
음반제작자	–	복제권, 배포권, 대여권, 전송권
방송사업자	–	복제권, 동시중계방송권, 공연권

3) 언론출판사에 대한 저작인접권 부여 움직임

최근 기술과 인터넷의 발전이 가져다준 뉴스 소비의 변화로 인해 언론출판사 또는 언론간행물 발행자(publisher of press publications; 이하 언론출판사)에 저작인접 권을 부여하려는 논의가 진행되어왔고, 유럽연합의 각 국가에서 이를 새로운 입법의 형태로 구체화하려는 움직임이 있다. 종이신문 이용보다 포털, 검색엔진이나 SNS 등을 통해 뉴스기사를 이용하는 방식을 선호하는 현상이 나타나면서, 이런 현상이 뉴스기사를 제작, 유통하는 언론출판사의 수익 구조에 영향을 미치고 포털이나 SNS에서 뉴스를 이용하는 경우 해당 트래픽 등을 통한 뉴스신문사의 수익 창출에 방해요인으로 작용한다는 주장이 있었다. 이에 언론출판사의 저작인접권을 인정함으로써, 뉴스기사의 온라인 이용을 통하여 창출되는 포털의 수익을 언론출판사와 나눠야 하는 필요성이 제기되었다(최종모·박서윤, 2020).

2005년 가장 먼저 프랑스의 뉴스매체인 AFP가 구글(Google)을 상대로 저작권 침해 소송을 시작하였고, 이를 시발점으로 하여 프랑스 언론협회(IPG) 차원의 집단 대응과 개별 신문사들의 소송이 이어졌다. 그 결과 언론과 신문사의 콘텐츠에 대하여 이용료와 사이트 접속료 지불계약에 대한 해결책 논의를 통해 언론출판사를 보호하고 디지털 매체로의 전환을 지원하는 형식으로 공식 합의를 도출한 바 있다(나강, 2016, 124~125쪽). 반면 독일과 스페인은 언론출판사에 부수적 저작권(ancillary copyright)을 인정하였다. 이 권리는 인용구나 기사 제목 등 뉴스 기사의 작은 일부분을 일반 공중에게 제공하는 검색엔진이나 온라인 업체 등에 이용료를 받을 수 있는 권리로, 저작인접권이나 '유사 저작권(paracopyright)'으로 혼동되어 사용되거나 구글세와 연관되어 논의되기도 한다. 독일은 2013년 언론출판사에 상업적인 목적으로 언론간행물이나 그 일부분을 공중에 이용 제공할 배타적 권리인 부수적 권리를 인정하였다. 이것은 전통적 뉴스발행자가 디지털 환경에서 상실하였던 일정한 수익을 되찾기 위함으로, 그 근저에는 구글과 같은 검색엔진이 언론간행물 웹사이트에 대한 접속을 실제로 신장시킨 것이 아니라 대체하였다는 생각이 깔려 있다. 스페인도 2014년 11월 지적재산권법을 개정하여 부수적 권리를 인정하는 법이 의회를 통과하였고 2015년 1월부터 발효되었다. 소위 구글세를 도입한 것인데, 입법이 발효되기 전부터 구글은 스페인에서 뉴스 서비스를 중단하였다. 스페인 입법의 특징은 언론출판사들이 부수적 권리를 포기할 수 없도록 하였다는 점이다(박민주·최신영·이대희, 2019).

이런 추세 속에서 유럽연합도 디지털 환경에 저작권을 적용하여 유럽 차원에서 조정하는 것을 목적으로 2019년 3월 26일 '디지털 단일시장 저작권지침(Directive on Copyright in the Digital Single Market)'을 승인하였다. 저작권지침에서는 제15조에 온라인 이용에 관한 언론출판물에 대한 보호 규정을 두고, 언론출판사에 복제권 및 공중이용제공권으로 구성되는 저작인접권을 부여하였다. 이 조항은 뉴스콘텐츠 생산 주체인 '뉴스발행자'와 뉴스발행자가 생산한 뉴스 일부분을 제공하는 뉴스 통합서비스제공자(news aggregator) 및 검색엔진의 관계를 규정하고 있는데, 온라인 콘텐츠, 특히 언론간행물을 위한 공정한 시장을 형성하고 정보를 확산하기 위해 언론출판물 발행자에 대한 저작인접권을 인정한 것으로 해석할 수 있다. 도입 배경을 보면, 중간매개자인 새로운 온라인 서비스 제공자의 관여가 기하급수적으로 증가하는 디지털 환경에서는 뉴스 통합서비스제공자가 뉴스 기사의 일부분을 제공함으로써 이용자가 언론출판사 사이트로 접속하는 행위를 자극해서 트래픽과 수익을 증가시킬 수 있으나, 한편으로는 공중의 토론과 민주사회의 적절한 기능을 하는 언론출판물이 중간매개자의 영업모델과 수익의 원천이 되고 있기도 하다. 이에 따라 언론출판사를 권리자로 인정하여 공정한 보상을 받을 수 있도록 함으로써 콘텐츠의 지속적인 제작을 장려하고 중간매개자에게 적용될 규칙을 명확히 할 필요성에 따라 지침이 도입되었다(박민주·최신영·이대희, 2019; 박희영, 2019).

지침에서는 언론출판물을 주로 언론의 성격을 가진 어문저작물로 구성된 편집물로 정의하고 있지만, 기타 저작물이나 보호 대상도 포함될 수 있다. 단 학술 저널과 같은 학술 목적으로 발행되는 정기간행물은 제외된다. 그리고 언론출판사에 부여되는 저작인접권은 언론출판물이 제작된 지 2년이 경과하면 소멸하며, 개인이 언론출판물을 사적으로 이용하거나 비상업적으로 이용하는 것에는 적용되지 않는다. 한편 EU의 '디지털 단일시장 저작권지침'은 강제조항이기는 하지만, 회원국들은 자유롭게 적용 가능한 모든 자발적 예외의 이행 여부 및 방법을 결정한다(김용주, 2020, 298쪽). 지침에 따른 구체적인 이행 방법은 유연하게 적용될 수 있는 것이다.

⑥ 기타 권리

저작인접권을 비롯하여 출판권, 배타적발행권 등은 저작권법에서 인정하는 권리이지만, 저작물의 창작을 통해 독점적으로 부여되는 배타적 권리인 저작자의 권리에는 해당하지 않는다. 그런 점에서 저작권법상의 권리라고 설명할 수 있다.

1) 출판권

인쇄술의 발명으로 가능해진 출판은 저작물을 많은 사람이 이용할 수 있도록 하는 기능을 한다. 즉 저작물에 대한 공중의 수요를 충족시키는 역할을 한다. 그런데 일반적으로 저작물의 창작자는 기술적으로나, 재정적으로나 출판할 수 있는 여건이 안 된다. 그러므로 자신의 저작물을 책으로 출판해서 많은 사람이 이용할 수 있도록, 전문적으로 출판할 수 있는 제3자에게 출판권을 맡기게 된다. 이런 과정을 저작권법에서는 출판권을 설정한다고 한다.

출판권의 법적 개념은 "저작물을 복제·배포할 권리를 가진 자가 그 저작물을 인쇄나 그 밖의 이와 유사한 방법으로 문서 또는 도화로 발행할 수 있는 권리"이다.[78] 한마디로 저작물을 문서나 그림 등으로 발행할 수 있는 권리이다. 발행이란 저작물 또는 음반을 공중의 수요를 충족시키기 위해 복제·배포하는 것을 의미한다. 그러므로 저작권법에서는 저작물을 복제·배포할 권리를 가진 자(이하 복제권자)가 저작물을 발행하고자 하는 자에게 출판권을 설정할 수 있도록 규정하고 있다. 이때 복제권자와의 계약을 통해 출판권을 설정받은 자가 출판권자가 되며, 출판권자는 저작물을 원작 그대로 출판할 권리를 가지게 된다. 출판권의 존속기간은 맨 처음 발행한 날로부터 3년간이다.

출판권자는 복제권자로부터 저작물 복제에 필요한 원고 등을 받은 날로부터 9개월 이내에 원작을 그대로 출판해야 하며, 반드시 복제권자를 출판물에 표시해

---

[78] 저작물의 발행은 종이책으로 복제해서 유형물의 양도 등의 방법으로 배포하는 것을 전제로 하므로, 전자책과 같은 전자출판은 포함되지 않는다.

야 한다. 출판권자가 저작물을 재출판할 경우, 저작자는 정당한 범위에서 저작물의 내용을 수정, 증감할 수 있다. 따라서 저작물에 대한 수정·증감권을 행사하는 주체는 저작재산권자가 아닌 저작자이다. 저작물에 대한 수정·증감권은 내용을 적극적으로 변경하는 권리이므로, 저작자의 저작인격권인 동일성유지권 침해 문제를 일으킬 수 있기 때문이다.

저작권법에서는 이와 같은 출판권 설정을 규율하기 위해 출판에 관한 특례조항을 두고 있다.[79] 출판은 발행의 개념에 포함되므로 저작권법에 새로 도입된 배타적발행권의 내용에 포함되지만, 출판은 가장 전통적이고 오래된 보편적 저작물 이용행위의 하나로서 출판권 설정 제도를 통해 독립된 관행을 형성해왔다. 그러므로 기존의 출판권을 설정받은 경우와 관행에 따라 출판권을 설정받은 경우, 기존의 출판권 규정을 적용하기 위해 배타적발행권에 대한 특례규정으로 출판권 설정규정을 두고, 배타적발행권 개념에서 출판권을 제외[80]하는 것으로 규정하고 있다(이해완, 2015).

2) 배타적발행권

기술발달로 저작물의 이용형태가 다양해지면서 서적 등을 디지털 형태로 출간한 전자책을 활성화하고, 오디오북, 비디오북과 같은 비종이책을 발행하거나 녹음, 녹화에 의한 복제를 규율하기 위해 저작권법에 신설된 권리가 배타적발행권이다. 배타적발행권은 한·미 FTA 이행을 위한 2011년 12월 개정 저작권법에서 새로 도입하였다. 도입 취지는 출판권과 프로그램 배타적발행권의 경우에만 인정되고 있는 배타적 권리를 모든 저작물의 발행 및 복제·전송에 설정할 수 있도록 하기 위함이다. 그러므로 출판권이 전통적인 형태의 도서나 도화 등을 다루고 있는데 비해, 배타적발행권은 모든 저작물을 대상으로 한다. 배타적발행권에서 출판권을 제외하여 배타적발행권과 출판권의 관계를 명확히 하려는 것도 배타적발행권을 도입한 이유이기도 하다.

---

79 저작권법 제63조(출판권의 설정), 제63조의2(준용).
80 저작권법 제57조 제1항.

배타적발행권은 저작물을 발행하거나 복제·전송(이하 발행 등)할 권리를 가진 자로부터 설정을 받은 제3자가 그 저작물에 대해 설정행위에서 정하는 바에 따라 그 저작물을 발행 등의 방법으로 이용할 권리를 의미한다. 따라서 배타적발행권의 설정범위는 발행 및 복제·전송으로 한정되는데, 배타적발행권에서 발행 등은 저작권법에서 복제·배포로 정의되는 발행의 범위에 전송이 포함되는 개념으로 확대된 것으로 볼 수 있다. 출판권과 마찬가지로 배타적발행권은 존속 기간이 발행일로부터 3년간이며, 양도가 가능하다. 다만 저작물의 영상화를 위한 배타적발행권 설정의 경우에는 존속기간이 5년이다.

배타적발행권을 설정 받은 제3자는 배타적발행권자가 된다. 출판권 설정의 경우와 마찬가지로, 배타적발행권자가 저작물을 재발행할 경우 저작자는 정당한 범위 안에서 저작물 내용의 수정·증감권을 가진다. 저작권법에 따라 저작재산권자는 자신의 저작물에 대해 발행 등의 방법 및 조건이 중첩되지 않는 범위 내에서 새로운 배타적발행권을 설정할 수 있다. 이렇게 볼 때 출판권은 저작물을 복제·배포하는 권리이며 복제·전송의 권리가 포함되지 않으므로, 전자책을 발행하기 위해서는 출판권과 별도의 계약을 다시 체결해야 한다. 따라서 출판사가 종이책만을 출판할 경우 저작자와 출판권 설정계약을, 전자출판만 할 경우 배타적발행권 설정계약을, 그리고 두 가지를 다 출판할 경우 출판권과 배타적발행권 설정계약을 동시에 하는 것이 바람직하다.

3) 퍼블리시티권(right of publicity)

저작권법에서는 저작자의 권리와 저작인접권 외에 배타적발행권과 출판권에 관한 조항을 두고 있다. 그 밖의 권리로 저작권법의 저작재산권에 속한 개념은 아니지만, 저작권 영역에서 그와 유사한 권리로 다루어지는 것이 퍼블리시티권이다. 퍼블리시티권은 사람의 초상, 성명, 목소리 등 그 사람 자체를 가리키는 것을 광고, 상품 등에 상업적으로 이용하여 경제적 이익을 얻을 수 있는 권리를 의미한다. 이 권리가 보호하는 대상은 개인의 용모, 이름, 음성, 성품, 동작, 사진, 실연 스타일 등 총체적인 인성(personality)이며, 권리를 누릴 수 있는 주체는 자연인이다. 주로 배우, 가수, 프로 스포츠선수, 정치인과 같은 유명인이 일반인보다 퍼블리시티권으로 누릴 수 있는 경제적 가치가 더 크다. 따라서 저작권법의 권리는 아니지만, 실재하는 캐릭터에 대한 권리라고 할 수 있다. 미국에서는 퍼블리시티권을 순수한 재산권으로 보는 견해가 우세하다.

퍼블리시티권은 우리나라 법률에서 명문으로 규정된 권리는 아니지만, 캐릭터에 대한 저작권법 보호와 관련이 있어서 실제로 분쟁이 되고 있다. 퍼블리시티권 침해는 주로 광고나 상품에서 나타나고 있는 것이 특징이다. 가장 전형적인 퍼블리시티권 침해유형은 광고에서 유명인의 성명이나 초상 등을 허락 없이 사용하는 형태이다. 또 티셔츠, 모자, 달력, 포스터 등의 상품에 유명인이 이름이나 모습을 새겨놓는 형태도 있다. 하지만 일반적으로 보도나 창작품에서 개인의 초상이나 성명이 이용될 경우, 표현의 자유를 인정해서 퍼블리시티권 침해로 보지 않는 경향이 있다. 핵물리학자 이휘소의 성명과 초상을 소설에 사용한 사건에서 법원[81]은 퍼블리시티권의 개념을 최초로 언급하였는데, 퍼블리시티권을 '재산권 가치가 있는 유명인의 성명, 초상 등 프라이버시에 속하는 사항을 상업적으로 이용할 권리'로 정의하였다. 그리고 문학작품인 소설에서 이휘소의 성명, 사진을 사용한 것은 상업적 사용이 아니라는 점을 근거로 퍼블리시티권 침해를 인정하지 않았다.

우리나라에서는 퍼블리시티권이 주된 쟁점이었던 하급심 판례가 상당한 정도로 축적되었으나, 아직 권리 자체의 인정 여부, 양도성·상속성의 인정 여부, 보호기간 등에 관한 다양한 판단이 나오고 있을 뿐 통일된 견해가 정립되지 않은 상태이다(전휴재, 2010). 먼저 퍼블리시티권 자체를 부인하는 견해가 있는데, 판례로는 '제임스 딘 사건',[82] '은지원 사건'[83] 등이 있다. 퍼블리시티권 부인의 이유는 성문법주의를 취하는 우리나라에서 법률, 조약 등 실정법이나 확립된 관습법 등의 근거 없이 필요성만으로 인정할 수 없다는 것이다. 다만 초상권 침해로 인한 위자료 청구만을 인정했다.

둘째, 퍼블리시티권을 제한적으로 긍정하는 견해가 있다. 초상, 성명의 상업적 이용에 관한 재산적 권리로 보고 초상, 성명 등의 무단사용에 의한 재산적 손

---

81 서울지방법원 1995. 6. 23. 선고 94카합9230 판결.
82 서울고등법원 2002. 4. 16. 선고 2000나42061 판결.
83 수원지방법원 2005. 1. 13. 선고 2004가단20834 판결.

해 발생을 인정하면서도, 양도, 상속에 관해서는 부인하는 판결들이 있다.

마지막으로 재산권으로 보고 양도, 상속을 인정하는 견해가 있는데, 퍼블리시티권의 근거를 관습법에서 구하려고 한다. '비달사순 사건'[84] '프로골퍼 장정 사건'[85] 등이 그러한 예이다. 이들 판결에서는 퍼블리시티권이 인격권보다 재산권에 가까운 점, 성질상 저작권법이나 상표법의 규정을 유추 적용할 수 있으나 이런 권리들이 상속이 가능한 점 등을 판결의 근거로 제시하고 있다. 이효석의 초상과 그의 작품명인 "메밀꽃 필 무렵"이란 문구를 사용하여 상품권을 발행해서 문제가 되었던 '소설가 이효석 사건'[86]에서, 법원은 고인의 퍼블리시티권을 인정했고 저작권과 유사한 권리로 상속 가능하다고 판단했다. 그러나 사후 50년이 지났기 때문에 유가족의 독점권 보호 기간이 경과했다는 이유로 사건을 기각하였다. 그 밖에 연예인의 캐릭터를 허락 없이 이동통신사가 운영하는 인터넷 서비스에 콘텐츠로 제공한 '정준하 사건'에서도 법원[87]은 퍼블리시티권을 초상 등의 경제적 측면에 관한 권리라고 보고, 코미디언으로 대중적 지명도가 있는 초상을 상업적으로 이용하는 것은 퍼블리시티권 침해라고 판결하였다.

⑦ 저작권 침해와 피해구제

1) 저작권 침해의 이론적 이해

(1) 저작권 침해의 개념 및 판단기준

저작권 침해란 저작자나 저작권자의 허락을 받지 않고 저작물을 무단 이용하는 행위를 말한다. 넓은 범위에서의 저작권은 저작재산권, 저작인격권, 그리고 저작인접권과 배타적발행권, 출판권 등을 포함한다. 그러므로 저작권법에서의 저작

---

84 서울고등법원 2000. 2. 2. 선고 99나26339 판결.
85 수원지방법원 성남지원 2002. 8. 30. 선고 2001가합5032 판결.
86 서울동부지방법원 2006. 12. 21. 선고 2006가합6780 판결.
87 서울중앙지방법원 2005. 9. 27. 선고 2004가단235324 판결.

권 침해는 '저작재산권 침해', '저작인격권 침해', '저작인접권 침해', '배타적발행권·출판권·데이터베이스제작자의 권리 침해' 등의 4가지 형태로 분류된다.

다른 사람이 쓴 책을 복사기로 무단 복사하거나 음악 파일을 온라인에 무단 업로드 하는 행위와 같이, 저작권자의 허락 없이 저작물을 베끼거나 전송할 때 저작재산권 침해가 발생한다. 저작재산권 제한규정에 따른 저작물의 자유이용이거나 저작물 이용의 법정허락 규정에 따라 저작권자에게 보상금을 지급 또는 공탁하지 않는 한, 저작권자의 허락 없이 무단으로 저작물을 이용했다면 저작재산권을 침해한 것이다. 그리고 저작자의 허락 없이 미공표된 저작물을 이용하거나, 저작자 성명표시를 변경·삭제하거나, 저작물 내용이나 제호를 변경할 때 저작인격권 침해가 발생한다. 또 저작권법에서 보호하는 저작인접권, 출판권, 배타적발행권, 데이터베이스제작자의 권리도 동의를 구하지 않고 무단으로 이용할 경우 해당 권리를 침해했다고 본다. 그리고 이용허락을 받았다 해도 허용된 이용방법이나 범위를 벗어나서 저작물을 이용했다면 저작권 침해이다. 예를 들어 소설을 각색해서 영화를 제작하기로 소설 작가에게 허락을 받아놓고 TV드라마를 제작한다면 저작권 침해이다. 한마디로 저작권 침해란 저작물의 무단 이용과 허락 범위 밖의 이용으로 요약된다.

가장 흔한 저작권 침해 형태인 저작재산권 침해가 성립되기 위해서는 기본적으로 저작권 침해를 주장하는 자가 해당 저작물에 대해 저작권을 가지고 있어야 하며, 직접침해행위를 입증해야 한다. 직접침해행위의 실질적인 성립요건은 주관적 요건인 의거관계와 객관적 요건인 실질적 유사성이다. 의거관계란 침해자의 저작물이 침해 주장자의 저작물에 의거하여 이용했는지, 실질적 유사성은 침해자의 저작물이 침해 주장자의 저작물과 동일성이나 종속성을 가지는지 판단하는 것이다(오승종, 2016; 이해완, 2016). 따라서 저작권 침해가 성립되기 위해서는 먼저 저작물에 의거한 이용행위가 있어야 하는데, 침해 당사자의 저작물이 이미 존재한다는 사실과 함께 그 내용을 알고 있어야 하며, 그것에 접근했거나 접근할 수 있었던 정황적인 증거가 있어야 한다. 저작물의 존재 및 표현내용에 대한 인식과 그에 대한 접근 가능성을 전제로 하는 것이다. 이렇게 주관적 요건이 충족되면, 저작물에서 저작권의 보호를 받는 창작적인 표현을 베낌으로써 두 저작물 사이에 실질적 유사성이 존재하는지를 판단해야 한다. 실질적 유사성은 침해를 판단하는 실용적인 기준이다. '실질적'이란 말은 저작물의 표현을 변형한 경우를 전제로 하며, '유사성'은 침해 주장자의 창작성이 침해자의 저작물에 재생되어 있다는 의미이다(서달주, 2007). 따라서 두 저작물 사이의 실질적 유사성을 판단하기 위해서는 저작권법이 보호하는 대상과 범위에 해당하는 창작적인 표현이 존재해야 한다.

한편 저작권법에서는 특별히 동법에서 보호하는 권리를 침해한 것으로 보는 행위[88]를 규정하고 있다. 이에 따르면 저작권을 침해하여 만든 물건을 배포할 목적으로 수입하거나 소지하는 행위, 저작권을 침해하여 만든 프로그램의 복제물을 업무상 이용하는 행위는 저작권 침해이다. 불법 제작물이나 복제물임을 인식했는지와는 상관없이, 그런 저작물을 이용하는 행위가 저작권 침해행위로 간주해야 함을 분명히 하고 있다는 점에서 주목할 만하다. 또 저작자의 명예를 훼손하는 방법으로 저작물을 이용하는 행위를 저작인격권 침해행위로 규정하고 있다. 직접침해는 아니지만, 특정 행위를 허용하면 저작권자의 이익을 부당하게 해할 수 있는 경우를 규율하기 위한 목적을 가진다고 볼 수 있다.

(2) 저작권 침해와 표절의 비교

저작권 침해와 흔히 혼동되어 사용되고 있는 용어로 표절(plagiarism)이 있다. 저작권 침해의 뜻으로 자주 사용되고 있고 사회적인 파급효과가 크기 때문에 그 의미에 대해 이해할 필요가 있다. 표절은 가장 좁은 범위의 자기표절에서 출발하여, 여기에 중복게재, 저작권 침해를 추가한 것을 의미하는 개념으로 확대되며, 가장 넓게 보면 위조, 변조, 저작자 부당표시와 같은 연구윤리 전반에 걸친 것을 더한 개념이다(남형두, 2009). 표절은 저작권 침해와 적용영역을 공유하고 있지만, 사실 저작권법상의 용어는 아니다. 이것은 타인의 저작물을 무단 이용한다는 점에서 무단 이용의 한 유형이다. 하지만 '타인의 저작물을 마치 자신의 저작물인 것처럼 발표한다'는 요소가 첨가되어 있어, 윤리적 비난의 가능성이 크다는 점에서 일반적인 무단 이용과 구별된다. 표절 행위를 저작권법상으로 해석한다면, 저작재산권 침해인 동시에 저작인격권 중 성명표시권 침해가 성립하는 개념으로 이해할 수 있다(오승종, 2016; 이해완, 2015).

---

88 저작권법 제124조.

표절과 저작권 침해를 좀 더 구체적으로 비교하면, 그 존재 또는 입법목적에 있어 차이가 난다. 저작권 침해는 침해 여부를 판단할 때 항상 "문화의 향상발전"이라는 입법목적을 고려해야 하며, 정책적 고려가 가능하다. 반면 표절은 일종의 윤리 규범으로서 사회적 합의의 문제로 귀결된다. 이것은 저작권 침해와 같이 대립한 이해당사자 간의 첨예한 갈등보다는 사회 구성원 간의 약속, 합의와 같은 보다 더 규범적인 측면이 강한 반면, 상대적으로 정책적 고려가 약하다는 점에서 저작권 침해와 차이가 난다(남형두, 2009). 표절은 학술논문, 소설, 대중가요 등의 분야에서 자주 발생하고 있는데, 행정관료, 대학교수를 비롯하여 지식계층이 행한 표절에서부터 음악, 영화, 소설 등에 이르는 다양한 표절형태가 있다. 실제로 정부 고위관료 등의 취임과정에서 등장하는 표절 논란이 자진 사퇴나 사과로 이어지면서 도덕적인 처분을 받는 현상을 자주 볼 수 있다(이일호·김기홍, 2009). 그러므로 저작권 침해는 저작자가 침해자에게 정신적 손해배상을 청구할 수 있지만, 표절은 표절자에 대해 사회규범 위반에 대한 도덕적 비난이 가해질 뿐이라는 점에서 한계를 지닌다.

(3) 저작권 침해 책임이론

정보통신기술의 급속한 발전은 저작권자들을 비롯한 권리자와 이용자, 그리고 온라인서비스제공자(Online Service Provider; OSP), P2P서비스제공자와 같이 저작물의 유통과정에 기여하는 자 사이의 관계에 있어서 새로운 패러다임을 제공한다. 저작권 침해는 이전에는 단순히 저작권자와 이용자 사이의 관계에서 발생하는 직접침해에 대해서만 논하면 되었다. 하지만 기술이 발전하면서 또 다른 행위자인 중간매개자의 간접책임까지도 함께 논해야 하는 상황으로 변화한 것이다.

저작권자에게 배상책임을 져야 하는 침해책임의 형태는 직접침해책임과 기여침해(contributory infringement), 대위침해(vicarious infringement)와 같은 간접침해에 대한 책임이 있다. 직접침해책임은 다른 사람의 저작물을 무단으로 복제하거나 배포하는 등의 저작권 침해행위를 직접 한 행위에 대한 책임을 의미하며, 간접침해 책임은 직접적인 침해행위를 하지 않았으나 법률상 침해에 대해 주어지는 일정한 책임을 말한다. 저작권의 간접침해 책임이론은 미국에서 상당히 많이 축적된 판례법을 통해 매우 정밀하게 발전해 왔던 이론으로서, 학설·판례상 상당한 논의가 진전되고 법리가 발전되어 왔다(오승종, 2016; 전성태, 2008). 광의의 저작권 간접침해는 직접침해를 제외한 저작권 침해행위를 의미하지만, 주로 직접침해행위를 하지는 않고 그것을 방조하거나 그에 가담하는 자가 침해에 대해 일정한 법적 책임을 부담하는 경우를 말한다. 좀 더 구체적으로는 저작권 직접침해 수단이 되는 도구나 시설·장소·기회·서비스 등을 제공함으로써 저작권 직접침해에 가담한 행위가 '저작권 간접침해'이다.

간접침해책임에 해당하는 기여침해책임은 고의로 저작권에 대한 직접침해를 야기하거나 제3자의 침해행위를 유인 또는 조장하거나 물질적으로 이바지할 때 인정된다.[89] 다른 사람의 행위가 저작권을 침해한다는 사실을 인식하고 침해행위를 유인하거나 침해행위에 실질적으로 이바지한 경우에 인정되는 책임이다. 예를 들면 소프트웨어 배포자가 저작물 복제에 사용할 수 있다고 소프트웨어를 광고한다면 기여책임을 물을 수 있다. 이에 비해 대위침해책임은 침해를 중지하거나 제한할 권리의 행사를 거부하면서 직접침해로부터 이득을 취한 자에게 묻는 책임이다.[90] 이것은 다른 사람의 침해행위를 지휘·감독할 수 있는 권리와 능력이 있음에도 그와 같은 저작권 침해행위를 통해 명백하고 직접적인 경제적 수익이 있을 때 발생한다(이해완, 2015; Snow, 2005).

한편 우리나라에서는 간접침해를 저작권 침해의 범위에 포함할 것인지에 대해서 비교적 논의가 불충분한 편이다. 이것은 직접침해의 개념을 어떻게 이해할 것인지에 따라 달라질 수 있는데, 저작권의 법적 성격을 바라보는 '독점권'이냐 '모방금지권'이냐에 따라 입장이 나뉠 수 있다(전성태, 2008). 첫째, 독점권설은 권리자의 허락 없이 저작물을 이용하는 행위는 물론이고 저작권자의 저작물 이용을 실력으로 방해하는 행위도 저작권 침해로 보는 견해이다. 저작권의 법적 성질을 저작권의 이용을 직접 또는 배타적으로 지배할 수 있는 권리로 파악하며, 저작권 침해를 제3자의 무단이용에 한정하지 않고 저작권자 자신의 이용을 방해하는 행위도 저작권의 경제적 실현이 저해되는 것으로 본다. 둘째, 모방금지권설은 권리

---

89 Gershwin Pub. Corp. v. Columbia Artists Management, Inc., 443 F.2d 1159, 1162(C.A.2 1971).

90 Shapiro, Bernstein & Co. v. H. L. Green co., 316 F.2d 304, 307(C.A.2 1963).

자의 허락 없이 저작물을 이용하는 행위만 저작권 침해로 보는 견해이다. 저작권자가 가지는 배타적 권리를 제3자가 허락 없이 무단으로 또는 허락의 범위를 넘어 저작물을 이용하는 행위를 금지할 수 있는 권리로만 해석하는 것이다. 이 관점에 입각하면, 미술 작품의 원작품을 파괴하는 행위는 미술저작물의 전시권 침해가 안 된다. 독점권설이 금지권설에 비해 저작권 침해행위의 범주를 더 넓게 바라본다. 독점권설에 기초하면, 다른 사람의 저작권 침해를 조장하거나 직접침해로부터 이득을 취하는 행위를 저작권자가 저작물 이용으로 이익을 얻는 것을 방해한다고 보고 간접침해를 저작권 침해에 포함하는 것이 타당하다. 반면 금지권설에 기초하면, 간접침해는 저작권 침해에 포함되지 않는다.

저작권 침해행위에 관여한 기술이나 기기 제공자들의 간접침해 책임에 관한 이슈는 아날로그 시대의 Sony 판결(1984)에서부터 시작되어 디지털시대의 음반산업, 영화산업으로 이어져 왔다. 특히 디지털시대로 오면서 점점 더 콘텐츠를 전달하는 중간매개자들의 간접책임을 묻는 추세이다. 그 이유는 첫째, 디지털 미디어 환경에서는 저작물의 최종 소비자인 개별 이용자의 저작권 침해행위를 적발하는 것이 절차상 번거로우면서 어렵고 저작물의 복제 자체를 구별하기 어려우므로, 저작물 불법이용의 도구를 제공해주는 중간 계층의 간접침해 책임을 물을 수밖에 없기 때문이다. 이를 반영해서 저작권법에서도 온라인서비스제공자의 책임 제한에 관한 조항을 두고 있는데, 간접침해 책임을 묻기보다는 면책조항을 두고 있는 것이 특징이다. 둘째, 일반적으로 저작권자의 허락 없이 음악이나 방송콘텐츠와 같은 저작물을 인터넷에 올리는 등 직접적인 침해행위를 한 사람은 대부분 침해소송에서 배상능력이 없는 개인이므로, 저작권자가 배상능력이 있는 서비스제공자를 상대로 간접침해에 대한 책임을 묻는 것이다.[91] 하지만 한편으로는 이렇게 기술이나 기기 제공자에게 불법행위에 대한 간접책임을 묻는 것은 새로운 기술의 출현을 억제하거나 발전에 위축효과를 줄 수 있다는 차원에서 또 다른 논의가 필요한 부분이다.

---

91 미국의 판결성향을 보면, 초기에는 직접침해를 인정하여 엄격책임을 부과하기도 하였으나, 차츰 기여침해나 대위책임의 유무를 신중하게 가리는 쪽으로 방향을 잡아가고 있다 (이해완, 2012).

(4) 저작권 간접침해에 관한 미국의 판결성향

저작권자와 이용자 이외의 다른 행위자의 저작권 침해책임에 관한 논쟁은 이미 아날로그 시대에서부터 시작되었다. TV프로그램을 녹화하는 VCR을 제작해서 배포한 자의 책임을 다룬 미국의 Sony 판결(1984)[92]이 대표적인 사례이다. 디지털 시대로 와서는 Napster 판결(2001),[93] Grokster 판결(2005)[94] 등을 계기로 간접침해 책임논의가 더욱 활발해졌다.[95] 이와 같은 판결들이 기존의 다른 저작권 침해 판례와 구별되는 점은 일반적으로 적법한 이용으로 간주하는 기기나 서비스를 제공해서 저작권 침해에 간접적으로 관여한 행위에 대한 책임을 다루었다는 점이다. 즉 직접침해를 조장하는데 필요한 도구나 수단을 제공한 경우 어떻게 책임을 물을 것인지에 주목했다. Sony 판결에서는 방송프로그램의 녹화기능을 갖춘 VCR 과 같은 기기를 제작, 배포한 자에게, Napste 판결과 Grokster 판결에서는 P2P 네트워크를 통해 파일을 공유할 수 있는 무료 소프트웨어를 배포하는 서비스를 한 자에게 저작권 침해행위에 대한 간접적인 책임이 있는지를 다루었다.

미디어 콘텐츠를 이용할 수 있는 기기와 관련한 저작권 분쟁을 다룬 기념비적인 사건인 Sony 판결(1984)에서는 가정에서 사적인 목적으로 VCR을 이용하여 TV프로그램을 녹화하는 행위가 설사 저작권 침해행위라 할지라도 단순히 기기를 생산해서 일반 공중에게 판매했다는 이유로 VCR 제조업자들에게 책임을 물을 수 없다고 판시하였다. 이 판결의 법적 쟁점은 프로그램을 녹화할 수 있는 새로운 기기이자 매체인 VCR을 제공한 자들이 방송저작물의 저작권 침해행위를 유인했는지, 즉 기여책임이 있는지였다. 연방대법원은 이와 같은 법적 이슈를 해결하기 위해 특허법 영역에서 간접책임 판단에 사용했던 '상품의 기본 부품 판매의 원칙 (sale of a staple article of commerce doctrine)'을 적용하였다. 이 원칙은 특허권이

---

92 Sony Corp. of America v. Universal City Studio, 464 U.S. 417(1984).

93 A & M Records, Inc. v. Napster, Inc., 239 F.3d 1004(C.A.9 2001).

94 Metro-Goldwyn-Mayer Studios Inc., et al., v. Grokster, Ltd., et al., 125 S.Ct. 2764 (2005).

95 우리나라의 '소리바다 사건'이나 '벅스뮤직 사건' 등도 서비스제공자의 간접침해 책임에 주목하게 된 판결로 손꼽을 수 있다.

있는 상품의 부품이 다른 용도로 사용하는데 적합한 경우, 그 부속품의 판매 또는 배포는 특허권 침해가 아니라는 것이다. 연방대법원은 이 법리를 VCR 판매의 기여책임을 판단하는 기준으로 사용했는데, 만일 상품이 정당한 목적으로 널리 이용된다면 VCR 판매가 기여책임을 구성하지 않는다고 보았다. 법원은 이와 같은 특허법상의 법리 외에도 소니가 불법녹화를 통해 이득을 증가시키기 위해 적극적인 조치를 한 증거가 없다는 사실을 인용하였다.

한편 반대의견을 표명한 블랙먼(Blackmun) 대법관은 소니가 VCR 광고를 통해 소비자에게 녹화된 프로그램을 반복 시청하기 위해 VCR을 구매하도록 유인했다고 주장했다. 하지만 VCR이 상당 부분 저작권을 침해하지 않는 용도로 사용될 수 있으므로 기기 제공자에게 단순한 배포행위에 대한 책임을 물을 수 없다는 것이 다수의견이었다. 또 소니가 많은 소비자가 불법 복제나 반복 시청을 위해 VCR을 사용할 것을 알고 있었지만, 법원은 그런 사실만으로는 저작권 침해책임을 인정하기에 불충분하다고 보았다. 결국 Sony 판결은 연방대법원이 저작권 보호를 받는 저작물을 불법 복제하기 위해 사용될 수도 있는 VCR을 판매한 회사의 잠재적인 저작권 침해책임에 주목했다는 점에서 그 의의를 찾을 수 있다.

Napster 판결(2001)은 P2P 방식 서비스 사건을 다룬 최초의 판결이다. 이 판결에서 연방항소법원은 냅스터 이용자들이 mp3 음악파일을 다운로드 하거나 검색목록에 업로드 시킬 수 있도록 서비스를 제공한 냅스터에게 저작권 침해에 대한 간접책임이 있다고 판시하였다. 일단 법원은 냅스터 서비스를 이용하여 음악파일을 공유한 행위가 복제권과 배포권 침해라고 보았다. 냅스터 서비스는 이용자 각각의 컴퓨터에 저장된 mp3파일을 다른 이용자와 직접 공유하는 동료 간 파일공유(P2P) 시스템으로 운영된다. 음악파일의 다운로드는 이용자 간에 직접 이뤄지며 냅스터 서버는 파일 목록만 관리한다. 하지만 법원은 냅스터가 소프트웨어, 서버, 검색엔진과 이용자의 컴퓨터를 연결하는 수단을 제공했으므로 기여침해를 했고, 음악파일에 이용자가 접속하는 것을 통제하는 방법이 있음에도 불구하고 이를 사용하지 않았으며 이용자에게는 무료 서비스이지만 이용자 증가를 기반으로 수익모델을 추구했다는 점에서 대위침해를 인정하였다.

Grokster 판결(2005)에서도 P2P 네트워크를 이용하여 무료 소프트웨어를 배포한 서비스제공자의 간접책임을 다루었다. 그록스터와 스트림캐스트 네트워크

(StreamCast Networks)는 컴퓨터 사용자가 중앙 서버를 거치지 않고 P2P 네트워크를 이용하여 전자파일을 공유할 수 있도록 무료 소프트웨어를 배포하였다. 그리고 P2P 네트워크 이용자들은 이 무료 소프트웨어를 설치한 뒤, 저작권 보호를 받는 음악과 비디오 파일을 불법 공유하려는 목적으로 네트워크를 활용하였다. 이에 영화 스튜디오, 음반회사 등의 저작권 관련 단체들은 그록스터 등이 저작권 보호를 받는 저작물을 이용자들이 복제, 배포할 수 있도록 고의로 소프트웨어를 배포하였다고 주장하면서, 두 회사를 상대로 소송을 제기하였다.

이 사건에서 연방대법원은 적법한 목적과 불법적인 목적으로 모두 사용할 수 있는 제품의 배포자에 대한 책임부과를 다룬 '유인이론(또는 유발이론; inducement theory)'을 제시하였다. 이것은 직접침해를 촉진하는 메시지를 보내는 등 기타 적극적인 조치를 하는 것과 같이, 물품을 저작권 침해를 위해 사용할 것을 조장할 목적으로 배포한 자는 제3자의 침해행위에 대한 책임을 부담한다는 것을 의미한다(오승종, 2016; 이대희, 2005). 이 이론에 따라 법원은 저작권 침해를 조장하기 위해 그록스터 등이 적극적인 조치를 했다는 증거가 충분하다는 사실에 주목하였다. 또 법원은 Sony 판결과의 차이점을 명백히 제시하였다. Sony 판결은 기술 혁신적인 신제품 제공자가 저작권 침해를 조장할 의도가 있었다는 증거가 없다는 사실에 근거해서 유인의 증거가 없다고 판단했으나, 본 사건은 증거가 있다고 보았다.

결국 Sony 판결에서는 저작권 보호의 이익과 기술혁신의 이익 간의 이익형량에 초점을 맞추고 후자에 손을 들어 준 것이라면, Grokster 판결은 Sony 판결 논리를 그대로 따르지 않았다고 볼 수 있다. 하지만 다수의견에 소수의견을 첨부했던 브레이어(Breyer) 대법관은 Sony 판결이 일정 기간 판례법의 역할을 했다는 점을 강조하면서, 저작권이 "유용한 기술" 발전의 촉진에 기여해야 한다는 헌법 조항을 근거로 신기술을 보호해야 한다고 주장하였다. 그럼에도 불구하고 Grokster 판결은 서비스제공자가 저작권 침해행위를 유인할 명백한 의사표시나 적극적인 조치를 했는지에 초점을 맞추었으며, 저작권 침해에 대한 기여책임을 묻기 위해서는 특정한 침해행위에 대한 실질적인 인식의 증거가 필요하다는 점을 강조하였다.

이상의 판결성향은 결국 미디어 콘텐츠의 저작자와 최종 이용자를 매개하는 서비스사업자의 존재 여부가 저작권자의 권리 제한 여부를 결정하는 요소로 작용하고 있음을 보여준다. VCR, MP3 플레이어 등의 기기를 통한 콘텐츠 이용은 매개자가 없는 개인적인 이용에 그치므로 기기 제공자의 법적 책임을 묻지 않았다. 반면 냅스터나 그록스터와 같은 중간매개자의 존재는 일반 공중에 대한 배포 가능성으로 인해 저작권 침해의 소지가 크기 때문에, 서비스제공자의 간접침해 책임을 물었던 것으로 파악할 수 있다(조연하, 2014a).

2) 저작권 침해의 피해구제

저작권 침해에 대한 저작권법상의 피해구제방법으로는 크게 민사적 구제, 형사적 구제, 행정적 구제, 기술적 보호조치의 보호 등이 있다. 민사적인 피해구제의 대표적인 방법으로는 침해정지청구와 손해배상청구가 있다. 저작권법에서는 특별히 저작권 침해구제에 관한 장을 따로 두고, 저작권자 등이 저작권 침해에 대해 침해정지청구권과 침해예방청구권 등을 행사하도록 하고 있다. 침해의 정지 등 청구는 다시 예방청구권과 폐기청구권 등으로 구분해서 행사할 수 있다. 침해정지청구는 침해가 현재 발생하고 있거나 발생할 우려가 있는 침해상태를 제거하는 기능을 하는 저작권 침해의 사전적 구제방법이다(전성태, 2008; 이해완, 2015). 따라서 TV프로그램에서 저작물을 무단으로 사용했다 해도, 이미 방송이 종료되었다면 침해정지청구권을 행사할 수 없다. 침해정지청구의 예로 방송 중인 TV 연속드라마에 대한 방영금지 가처분 소송이 있다. 2002년 MBC-TV의 드라마 〈여우와 솜사탕〉이 1991년 방영된 드라마 〈사랑이 뭐길래〉의 저작권을 침해했다고 주장된 가처분 소송에서 법원[96]은 일단 저작권 침해를 인정했다. 그러나 미방영 부분이 얼마 남지 않았고 방영을 중단할 경우 방송사 측의 손해가 막대하다는 점을 이유로 방영금지 가처분 소송을 기각한 바 있다.

최근의 저작권 판례의 경향은 저작물을 실제로 이용하지 않았지만, 저작물을 이용하는데 필요한 설비나 수단을 제공한 자, 즉 저작권 간접침해자에 대하여 손

---

96 서울남부지방법원 2004. 3. 18. 선고 2002가합4017 판결; 서울고등법원 2005. 9. 13. 선고 2004나27480 판결.

해배상은 물론 금지청구를 허용하는 것이 일반적이다. 저작권 간접침해행위의 책임 근거로 민법 제760조 제3항의 교사 방조에 의한 공동불법행위책임설이 학설, 판례의 지배적인 입장이다. 그러나 '금지청구'라는 사전적 구제수단에 대한 논의는 부수적으로 다루고 있을 뿐이어서(전성태, 2008), 저작권법 제123조를 근거로 저작권 침해행위에 대해 금지청구가 가능하지만, 간접침해자(저작권 침해에 대한 방조자)에 대해서는 금지청구에 관한 법적 근거가 명확하지 않다. 특히 디지털 기술이 발전하면서 저작권 간접침해의 유형이 다양화되는 문제를 극복하기 위해서는 간접침해자에 대해서도 금지청구를 인정할 수 있는 입법적 단서를 두는 것이 바람직하다(이일호·김기홍, 2009).

저작권 침해에 대한 민사상의 피해구제 방법으로 손해배상청구가 있다. 저작권법에서는 손해배상 청구 규정[97]을 두고 있으나 입증 부담 경감을 위한 민법의 특칙의 성격을 띠고 있으므로, 저작권자는 민법의 법리에 따라 손해액을 산정하여 청구할 수 있다(이해완, 2015). 민법 제750조에서는 불법행위에 대한 구제수단으로 손해배상만을 규정하고 있으며, 손해배상 방법으로 금전배상을 원칙적인 방침으로 정하고 있다. 손해배상제도는 피해 방지나 예방 기능을 하지만, 권리침해가 발생한 후의 사후적 구제수단의 성격을 띠고 있다. 이에 따라 저작권법상의 권리 침해자에 대한 손해배상청구권이 성립하기 위해서는 침해 행위자의 고의 또는 과실, 권리침해, 손해의 발생, 권리침해와 손해발생의 인과관계의 존재와 같은 요건이 필요하다.

민사상의 구제제도와 함께 저작권법에서는 형사상의 제재 규정을 두고, 저작재산권 침해죄와 저작인격권 침해죄 등을 처벌하고 있다. 형사상의 저작권법 위반죄는 친고죄이므로, 피해자 고소가 있어야 처벌할 수 있다. 또 행정적인 피해구제로는 불법 복제물의 수거, 폐기 및 삭제 등이 있으며, 저작자가 저작물에 대한 접근을 제한하거나 복제를 방지할 수 있는 기술적 보호조치도 간접적으로 저작권 침해 방지와 억제 수단으로 활용될 수 있다.

---

97 저작권법 제125조.

5^장 저작권의 제한 및 공정이용

① 저작물의 자유이용

1) 저작물의 자유이용의 개념

다른 사람의 저작물을 이용하기 위해서는 저작자의 허락을 받아야 한다. 하지만 모든 상황에서 일일이 저작자의 허락을 받아야 한다는 원칙을 지켜야 한다면 저작물의 원활한 이용을 저해할 수 있다. 그러므로 저작물은 널리 이용됨으로써 그 가치가 높아지며 대부분 저작물이 선인의 문화유산을 토대로 만들어진다는 공공성과 사회성을 감안하여, 저작자에게 배타적 권리를 부여하되 일정한 경우 저작물의 자유이용을 보장할 필요가 있다.

저작물의 자유이용은 보호받지 못하는 저작물이나 법과 조약에 의해 보호할 의무가 없는 저작물의 이용, 저작권 보호 기간 이후의 이용에서부터 저작재산권의 제한조항에 따른 이용을 포함하는 개념이다. 일단 단어의 의미만 놓고 볼 때, 자유이용이란 보호되는 저작물 여부를 불문하고 다른 사람의 저작물을 자유롭게 이용할 수 있는 모든 경우를 말한다고 할 수 있다. 하지만 저작권 제도 안에서의 개념으로 제한한다면, 가장 넓은 의미의 자유이용은 저작권법상 보호받지 못하는 저작물, 저작권법이나 조약에 따라 보호받지 못하는 외국인 저작물, 보호 기간이 완료되어 누구나 자유롭게 접근할 수 있는 공간인 공유 영역(public domain)에 들어와 공공이 소유한 저작물의 이용이다. 그보다 좁은 범위의 자유이용은 저작권 보호를 받는 다른 사람의 저작물을 저작권자의 허락 없이 이용할 수 있는 모든 경우이다. 그리고 좀 더 좁은 의미의 자유이용은 법정허락에 의한 저작물 이용과 저작재산권을 제한하는 저작물 이용을 의미한다. 그러나 가장 좁은 의미의 저작물 이용은 저작권법에서 규정하고 있는 저작재산권을 제한하는 저작물 이용을 의미하는 개념으로 이해되고 있다.

2) 정보공유와 저작권

정보의 참여/생산·개방·공유를 특징으로 하는 웹2.0환경이 되면서 정보의 공급자와 수요자의 경계가 사라지고 정보공유에 관한 관심이 높아졌다. 이런 정보공유의 확산에 장애요인이 될 수 있는 것이 바로 저작권이다. 저작권은 일반적으로 디지털시대 정보공유 확산에 부정적인 것으로 평가되고 있으며, 이런 문제를 해결하기 위해 등장한 대안적 방식이 정보공유 운동이다. 정보공유 운동은 정보를 자유롭게 공유할 수 있는 정보사회를 만들려는 사회운동이다. 이 운동에서는 저작권이 정보공유를 제한한다고 보며, 정보공유를 활성화하기 위해 정보수요자의 '이용권'을 강조한다. 그리고 저작자인 정보공급자가 저작물 이용에 대한 자신의 의사를 표시하여, 정보수요자에게 정보의 자유로운 이용에 대한 라이선스를 부여하는 방식을 이용한다(김동욱·윤건, 2010). 저작물의 자유이용을 이해하기 위해 정보 공유운동에서 비롯된 카피레프트(copyleft), CCL(Creative Commons License)과 구분하여 설명할 필요가 있다.

카피레프트 운동은 네트워크 환경에서 자생적으로 탄생한 정보공유운동으로서, 지적 창작물에 대한 권리를 모든 사람이 공유할 수 있도록 하자는 운동이다. 소프트웨어 프로그램 영역에서 본격화되었는데, 1990년대 미국의 소프트웨어 개발자이자 자유소프트웨어연합(Free Software Foundation)의 창설자인 스톨먼(Stallman)이 창안하였다. 이것은 소수의 정보독점에 대항해서 소유권은 저작자가 가지되 그것을 수정하고 배포하는 것은 공공의 소유로 해서 사회적 이익을 극대화하자는 취지를 가진다. 모든 이용자에게 실질적으로 완벽한 자유를 보장하기 위해 도입한 일종의 운동으로, 이것은 자유롭게 배포되고 수정되는 정보는 사적으로 점유될 수 없다고 주장한다(김동욱·윤건, 2010). 인식론적인 차원에서 볼 때, 저작권은 창작자가 무에서 유를 만들어내는 창작 행위자이며, 생산된 저작생산물에 동기 부여를 위해 창작자에게 적절한 보상체제를 지불해야 한다. 이에 비해 카피레프트는 저작권이란 기본적으로 타인의 창작 행위를 방해하지 않는 범위 내에서 유효해야 하며, 저작물이 개인의 지적 작업에 의한 산물이지만 외부 자원과의 관계망을 통해 지적 자극과 혜택을 받은 것이므로 궁극적으로 공공의 자산으로 본다는 입장이다(이광석, 2009). 하지만 카피레프트의 개념은 어디까지나 저작권을 전제로 한 저작물의 공유운동에서 출발하였으며 저작권 자체를 부정하는 저작권 반대 운동이 아니라는 점에 유념할 필요가 있다.

CCL은 2000년대 초 미국에서 시작된 최초의 자유 라이선스이다. 이것은 저작자가 자신의 저작물에 부여되는 저작권을 스스로 포기하거나 최소화하고, 저작물에 대한 이용방법과 조건을 표기하는 저작물 이용허락 표시제도이다. 즉 기본적으로 저작물의 자유로운 이용을 허용하되, 저작자의 의사에 따라 일정한 범위의 권리를 유보하는 방식이다. 일종의 외부적으로 표시되는 저작물의 자발적 공유 표시방식으로, 저작물을 인류의 공동 자산화하는 개념이라고 볼 수 있다. 저작자가 자신이 제시한 일정한 조건을 이용자들이 지켜주는 것을 전제로 하여 저작물을 자유롭게 이용하도록 허락하는 것이다. 저작자 표시를 할 것인지, 영리적 이용을 허용할 것인지, 개작을 허용할 것인지 등 일반적으로 많이 문제 되는 저작물의 이용방법 및 조건을 규격화해서 표준 라이선스를 정한 것으로, 이 중에서 저작자가 원하는 라이선스 유형을 선택해서 저작물에 표시하는 방식이다(오승종, 2016). 라이선스 유형에는 '저작자 표시(Attribution)' '비영리(Noncommercial)' '2차 변경금지(No Derivative)' '동일조건 변경허락(Share Alike)' 등이 있다. 이렇게 저작자가 이용방법이나 조건을 선택하여 자신의 저작물에 적용하면, 이용자는 저작물에 첨부된 이용조건을 확인한 후 저작물을 이용함으로써 저작자와 이용자 사이에 이용허락이 체결된 것으로 간주할 수 있으므로, CCL은 저작권자와 이용자가 개별적으로 접촉하지 않아도 저작물 이용허락 관계를 간편하게 설정할 수 있는 포괄적 이용허락계약의 성격을 가진다. 따라서 이용자가 CCL에 포함된 이용조건을 위반하면 저작권 침해에 해당하고 저작권자는 저작권법상의 모든 권리구제방법을 행사할 수 있다(윤종수, 2008).

한편 CCL에서의 공유(共有)의 개념은 다른 사람과 함께 나눈다는 의미이기 때문에, 저작권 보호 기간이 만료되어 공공의 영역에 들어가 공공이 소유하는 것을 의미하는 공유(公有)와 다르다. 새로운 저작물을 창조하는데 필요한 재료를 공

급하는 저작물 공유에 저작자가 참여할 수 있다는 점, 이용자가 올바른 정보공유
를 이해하고 저작권에 대한 확고한 인식을 가지는 부수적인 교육적 효과를 가진
다는 점, 막연한 추측으로 저작물을 이용했던 불확실성을 제거하고 저작권 침해
라는 위법행위의 위험성을 감소시킬 수 있다는 점 등에서 CCL의 의미를 찾을 수
있다(윤종수, 2006). 허락받은 이용방법 및 조건을 준수하는 이용자에게 저작물을
자유롭게 이용하는 기회를 주고, 저작권 제도를 보다 합리적으로 실현할 수 있도
록 하며, 저작권을 둘러싼 저작자와 이용자 간의 소모적인 갈등을 해결하기 위해
CCL이 널리 확산할 필요가 있다.

② 저작재산권의 제한

1) 저작재산권 제한의 의의 및 법적 근거

저작물은 무에서 창조되는 것이 아니라 이미 존재하는 선인의 문화유산과 선
험적 경험을 토대로 하여 만들어진다. 영화 '다빈치 코드'의 모티브는 성경이었
고, 셰익스피어의 문학작품의 소재의 상당 부분이 신화와 전설에서 가져온 것이
다. 그런 점에서 저작물은 사회성이란 속성을 가진다. 또 저작물은 사람들이 이용
함으로써 그 존재 가치가 더 커지며, 이것은 문화발전으로 이어진다는 점에서 공
공성이란 속성을 가진다. 따라서 문화적 자산으로서의 저작물이 더 많이 창작되
고 이용되기 위해서는 저작물의 원활한 유통과 활용이 전제되어야 한다. 그런데
저작재산권을 무제한 보호한다면, 일반 공중이 저작물을 원활하게 이용할 수 없
다. 또 저작물을 이용하기 위해서는 저작권자로부터 사전에 허락을 받아야 하는
데, 그 과정에서 거래비용이 발생하기 마련이다. 이것은 저작물을 이용해서 새로
운 저작물을 창작하려는 의욕을 떨어뜨릴 수 있으며, 저작자의 이익 보호와 저작
물의 공정한 이용 도모를 통해 문화발전에 이바지한다는 저작권법의 취지와도 맞
지 않는다. 따라서 저작자의 이익과 저작물 이용 간의 균형유지는 물론이고 저작
물 이용의 불필요한 거래비용을 줄이고 문화적 재산으로서의 저작물을 널리 이용

할 수 있도록, 저작권법에서는 일정한 경우 저작물의 공공성과 사회성을 감안하여 저작자의 권리를 제한하고 있다(이해완, 2015; 오승종, 2016). 즉 저작권자의 권리행사와 제3자의 저작물 이용 간에 발생하는 충돌을 조정하기 위해 합리적인 범위 내에서 저작재산권자의 권리를 제한하는 것이다(육소영, 2011). 특히 최근 끊임없는 저작권법 개정을 통해 저작권자의 권리가 날로 확대·강화되는 추세에서, 일정한 범위에서 자유롭고 공정한 이용을 보장해서 저작권자와 이용자 간의 균형과 조화를 유지하여 문화의 향상발전을 이룰 수 있게 한다는 점에서 저작재산권 제한규정은 저작권법의 균형추 기능을 수행한다(이병규, 2012).

저작재산권 제한의 법적 근거는 모든 국민의 재산권의 내용과 한계를 법률로 정하고 공공법리에 적합하도록 행사해야 한다는 헌법 제23조에서 찾을 수 있다. 이에 따르면 저작자의 경제적 이익을 보호하는 권리인 저작재산권은 헌법의 보호를 받는 동시에 그 한계를 법률로 정할 수 있다. 이와 같은 헌법적 근거에 따라 저작자의 개인적 이익과 사회의 공공적 이익을 조화시키기 위해 일정한 범위 안에서 저작재산권을 제한할 수 있다.

한편 저작권법상의 저작재산권 제한체계는 제한규정을 한정적인 열거로 본다면 새롭게 저작재산권을 제한할 필요성이 발생해도 저작재산권을 제한할 수 없다는 한계가 있다. 정보통신기술의 발달로 초고속 인터넷망과 대용량의 정보유통환경으로 변화하면서 저작권법 입법 당시 입법자가 예상하지 못한 새로운 저작물 이용행태가 생기면서, 이를 어떻게 규율할 것인지의 문제가 제기되는 것이다(서계원, 2010). 그러나 기술적인 발전으로 인해 끊임없이 등장하는 새로운 저작물과 이용행태를 반영해서 제한규정을 자세하게 입법한다 해도, 사전에 모두 예상하여 입법으로 대처하는 일이 쉽지 않다. 그런 점에서 저작재산권 제한규정을 유연하게 해석할 필요가 있다.

2) 저작재산권의 제한규정과 취지

저작권법에서는 제23조에서 제38조까지, 독일, 일본의 저작권법과 같이 저작재산권의 제한에 관한 규정을 상세히 두고 있다. 저작재산권을 예외적으로 제한할 수 있는 일정한 경우는 재판 절차나 입법, 행정 목적의 복제, 학교 교육 목적의 이용, 사적이용을 위한 복제, 보도·비평·교육·연구 목적의 공표된 저작물의 인용, 시사보도를 위한 이용, 도서관 등에서의 복제, 미술저작물 등의 전시 또는 복제, 저작물 이용에서의 일시적 복제 등이다.

저작재산권 제한규정의 취지는 국가 목적의 실현, 언론의 자유 보호, 국민의 알 권리 충족, 학문·예술·문화의 발전, 교육의 공공성 실현 등으로 분류된다. 먼저 국가 목적의 실현을 위한 제한규정으로는 재판절차나 입법, 행정 목적의 복제가 있다. 언론의 자유 보호나 국민의 알 권리 충족을 위해 저작재산권 제한이 허용되는 경우는 시사보도를 위한 이용, 시사적인 기사 및 논설의 복제 등, 정치적 연설 등의 이용, 보도 목적의 공표된 저작물의 인용 등이다. 그리고 교육의 공공성 실현 및 학문·예술·문화의 발전이란 취지의 저작재산권 제한규정은 학교 교육 목적의 이용, 교육 목적의 공표된 저작물의 인용, 시험문제로서의 복제, 도서관 등에서의 복제, 영리를 목적으로 하지 아니하는 공연·방송 등이다.

이와 같은 제한규정 외에 디지털 환경에서의 저작물 이용을 반영하기 위해 2011년 12월 개정된 저작권법에서는 저작재산권 제한규정으로 저작물 이용과정에서의 일시적 복제와 저작물의 공정한 이용 조항을 신설하였다. 일시적 복제는 저작물을 컴퓨터상에서 이용하거나 네트워크로 송신하는 과정에서 일어나는 불가피한 일시적 저장 현상이다. 그런데 이를 저작권 침해로 본다면, 컴퓨터를 이용하여 온라인상의 정보에 접근할 수 없을 뿐 아니라 더 나아가서 저작물의 원활한 유통에 방해가 된다. 따라서 컴퓨터 이용환경에서 원활하고 효율적인 정보처리를 위해 일시적 복제에 대한 저작재산권 제한규정을 둔 것이다. 또 공정한 이용 조항은 디지털 환경에서 새롭게 등장하는 저작물 이용에 대해 저작재산권을 제한할 수 없는 한계를 해결하기 위한 포괄적인 저작재산권 제한규정의 성격을 가진다.[1] 그 밖에 저작권법 제36조에서는 저작재산권 제한조항에 따른 저작물 이용에서 번역, 편곡, 개작 등에 의한 이용을 허용하고 있다.

---

1 저작재산권을 제한하는 방식으로는 열거하는 방식과 일반 규정(포괄적 규정)을 두는 방식이 있다. 우리 저작권법에서는 열거 방식의 제한규정을 두고 있는데 비해, 미국 「연방저작권법」에서는 공정이용과 같이 포괄적으로 저작권을 제한하는 일반조항을 두고 있다.

표 5-1 ┃ 저작재산권의 제한규정과 취지

제한규정	취지
재판절차 등에서의 복제, 입법·행정 목적의 복제	국가 목적(사법권, 입법권, 행정권)의 실현
정치적 연설 등의 이용	국민의 알 권리 충족(정치적 의견공유 및 토론 활성화)
공공저작물의 자유이용	공공저작물 이용 활성화 및 경제적 효과
학교 교육 목적 등에의 이용	교육의 공공성 실현
시사보도를 위한 이용	언론의 자유 보호
시사적인 기사 및 논설의 복제 등	국민의 알 권리 충족(국민의 여론형성)
공표된 저작물의 인용(보도·비평·교육·연구)	언론의 자유 보호/ 학문과 예술의 발전
영리를 목적으로 하지 아니하는 공연·방송	문화예술의 이용, 향유의 기회 제공
사적이용을 위한 복제	사적 공간에서 인간 행동의 자유 보장
도서관 등에서의 복제 등	교육의 공공성 실현/ 학문과 예술의 발전(학술연구의 발전)
시험문제로서의 복제	교육의 공공성 실현(시험문제의 비밀성 보장)
시각장애인/청각장애인 등을 위한 복제 등	공익적 서비스의 실현
방송사업자의 일시적 녹음·녹화	방송사업자의 원활한 사업 운영
미술저작물 등의 전시 또는 복제	원작품의 소유권 및 원활한 거래 보장
저작물 이용과정에서의 일시적 복제	원활하고 효율적인 정보처리
저작물의 공정한 이용	디지털 환경에 적합한 포괄적인 저작재산권 제한규정

　　한편 이상에서 살펴본 저작재산권 제한에도 한계가 뒤따른다. 저작권법 제37조에서는 출처표시 조항을 두고, 재판절차 등에서의 복제, 저작번역 등을 위한 저작물 이용, 시사적인 기사 및 논설의 복제, 공표된 저작물의 인용 등에서 출처를 명시하도록 하고 있다. 그리고 제38조에서는 저작재산권 제한조항이 저작인격권에 영향을 미치지 않는다는 조항을 두고 있다. 그 밖에 교과용 도서에의 저작물 게재나 교육기관에서의 저작물의 공연·방송·복제를 위한 이용인 경우, 보상금을 지급해야 한다. 또 복제가 허용되는 경우에도 저작물 전체를 복제하거나 필요한 부수를 초과해서 복제할 수 없으며, 저작물 이용이 저작물의 경제적 이익이나 잠

재적 시장에 부당하게 큰 영향을 미치는 경우에는 자유이용이 제한된다.

3) 저작재산권의 제한규정의 내용

(1) 미디어 콘텐츠 관련 제한규정

저작재산권 제한규정 중에서 미디어 콘텐츠와 관련된 조항을 살펴보면, 시사보도를 위한 이용과 시사적인 기사 및 논설의 복제, 보도 목적의 공표된 저작물의 인용, 방송사업자의 일시적 녹음·녹화, 비영리 목적의 공연·방송 등이 있다. 우선 시사보도 과정에서 필요한 경우 저작물을 복제, 배포, 공연, 공중송신 할 수 있다. 이 규정은 시사보도 과정에서 우발적으로 또는 부수적으로 필요해서 타인의 저작물이 보이거나 들리는 경우, 원활한 시사보도를 위해 언론인의 저작권 침해책임을 면제시켜 주기 위한 것이다. 예를 들어 스포츠 뉴스 보도에서 경기장에 선수들이 입장할 때 배경음악으로 연주곡이 들리거나 뮤지컬 공연 소식을 알리는 보도에서 음악이 일부 들려지는 경우, 그리고 전시회를 안내하는 보도에서 미술작품이 배경화면에 등장하는 경우가 여기에 해당한다. 그러나 시사보도를 위한 이용도 정당한 범위 안의 이용에 한하므로, 특정 뮤지컬 공연을 보도하면서 공연 전체를 보여주거나 전시회 보도에서 특정 조각품을 집중적으로 부각하는 방식으로 보도했다면 정당한 범위라고 볼 수 없다.

신문, 인터넷신문, 뉴스통신에 게재된 시사적인 기사 및 논설을 다른 언론기관이 복제, 배포 또는 방송할 수 있으며, 보도를 위해 정당한 범위 안에서 공정한 관행에 합치되게 공표된 저작물을 인용할 수 있다. 이 규정의 취지는 시사적인 기사나 논설과 같이 공공성이 강한 저작물을 다른 언론기관이 전재할 수 있게 함으로써, 국민의 알 권리를 충족하는 한편, 건전한 토론문화와 여론형성에 기여해서 궁극적으로 민주사회로 발전할 수 있는 초석을 마련하는 것이다. 하지만 다른 언론사의 기사 중에서도 저작권 보호 대상에 해당되는 부분을 이용했다면 저작권 침해 문제가 발생한다. 2009년 대법원[2]은 다른 언론사의 기사 이용에서 일부 문장의 배열순서나 구체적인 표현을 다소 증감, 수정했더라도, 가장 핵심적인 표현

---

2 대법원 2009. 5. 28. 선고 2007다354 판결.

그대로 전재하거나 원 기사의 전체적인 구성과 논조에 창작성이 있다면 저작권 침해라고 해석하였다. 시사적인 기사 및 논설의 복제 외에도, 보도 목적으로 공표된 저작물을 정당한 범위 안에서 공정한 관행에 합치되게 인용할 수 있다. 이처럼 시사보도에서 저작물 이용, 기사 및 논설의 복제, 보도 목적의 공표된 저작물의 인용을 저작재산권을 제한하면서 허용하는 근거는 결국 국민의 알 권리와 언론자유의 보호에서 찾을 수 있을 것이다.

방송사업자는 자신의 방송을 위해 자체적인 수단으로 저작물을 일시적으로 녹음 또는 녹화할 수 있는데, 이 규정은 방송사업자의 원활한 사업 운영을 돕기 위한 것이다. 또 비영리 목적으로 청중이나 관중 또는 제3자로부터 반대급부를 받지 않는다면 공표된 저작물을 공연 또는 방송할 수 있다. 이것은 문화예술을 향유하는 기회를 제공하기 위한 취지로 풀이할 수 있을 것이다.

(2) 교육의 공공성 및 학술연구의 발전 관련 제한규정

저작재산권 제한규정에서는 특별히 교육의 공공성과 학술연구 발전을 고려하여 학교 교육목적 등의 이용, 시험문제로서의 복제, 교육·연구목적의 공표된 저작물 인용, 도서관 등에서의 복제 등에 관한 조항을 두고 있다. 이에 근거하여 고등학교 및 이에 준하는 학교 이하의 학교 교육 목적상 필요한 교과용 도서에 공표된 저작물을 게재할 수 있다. 그러나 대학교가 포함되지 않으므로 강의교재나 자료집은 이 규정의 적용을 받을 수 없다. 또 수업 지원 목적의 저작물 이용을 허용하는 제한규정에 따라, 수업이나 수업 지원 목적상 필요하다고 인정되면 유아교육법, 초·중등교육법 또는 고등교육법에 따른 학교와 국가나 지자체 운영의 교육기관 및 교육지원기관은 공표된 저작물의 일부분을 복제·배포·공연·전시 또는 공중송신할 수 있다. 따라서 대학 등에서도 수업 목적의 강의자료를 제공할 수 있는데, 다만 보상금 지급 면제대상에서 제외될 뿐이다. 한편 교육을 받는 학생도 공표된 저작물을 복제, 전송하는 주체가 될 수 있는데, 이것은 학생과 교사와의 쌍방향적인 자료교환을 통해 얻는 교육적 효과를 고려한 것이라고 볼 수 있다. 또 교육기관이 수업 지원 목적으로 저작물을 학생에게 전송할 경우 필요한 기술적 조치를 의무적으로 해야 한다. 교육기관의 필요한 조치는 접근제한조치, 복제방지조치, 저작권 보호 관련 경고문구의 표시, 전송과 관련된 보상금 산정을 위한 장치 등이다.3 예를 들어 미술 교사가 공표된 미술작품의 이미지를 수강생들에게 전송하려고 한다면, 미수강생이 전송 이미지를 이용할 수 없도록 기술적 조치를 설치해야 한다. 인터넷 사이트에 저작물을 복제, 게시하면 누구든지 보거나 복제할 수 있으므로, 정당한 범위의 이용이라고 볼 수 없기 때문이다.

학교 수업에서 저작물의 이용은 학습효과를 위해 필수적이다. 특히 디지털화, 네트워크화의 발전에 따라 학교 교육현장에서 미디어와 미디어가 생산한 콘텐츠의 이용 가능성이 비약적으로 증가하고 있는데, 미디어 콘텐츠는 효율적인 시청각 교육자료가 될 수 있기 때문이다. 그러나 역시 교육현장에서도 저작권 보호가 점점 더 강화됨에 따라 미디어 콘텐츠를 마음대로 활용할 수 없으며, 실제로 저작권자와 교사와의 사이에 저작권 문제로 대립하는 양상이 계속 증가하고 있는 것이 현실이다. 그런 점에서 학교 교육 목적의 저작물 이용에 대한 저작재산권 제한 규정은 교육현장에서의 저작권 문제를 부분적으로나마 해결할 수 있다는 점에서 의의가 크다.

그 밖에도 교육·연구 목적으로 공표된 저작물을 정당한 범위 안에서 인용할 수 있으므로, 학술논문에서 다른 사람이 쓴 논문을 저자의 허락을 받지 않고서도 인용할 수 있다. 또 도서관은 조사연구 목적의 이용자 요구가 있을 경우, 도서의 자체보존을 위한 경우, 다른 도서관의 요구에 따라 절판 그 밖에 이에 준하는 사유로 구하기 어려운 도서의 복제물을 보존용으로 제공하는 경우, 도서관이 주체가 되어 보관된 도서를 복제 또는 전송할 수 있다. 또 영리를 목적으로 하지 않는 시험문제에 공표된 저작물을 복제·배포할 수 있는데, 이것은 비밀성을 요구하는 시험문제의 특수성을 고려한 것이다.

(3) 저작물의 사적복제, 공정이용 관련 제한규정

사적이용을 위한 복제(이하 사적복제) 조항에 따라, 영리를 목적으로 하지 아니하고 개인적으로 이용하거나 가정 및 이에 준하는 한정된 범위 안에서 이용하기 위해 공표된 저작물을 복제할 수 있다. 이에 따라 단순히 가정에서 개인적으로 시청하기 위한 용도로 방송프로그램을 녹화하는 행위는 저작권법상 사적복제에

---

3 저작권법 시행령 제9조.

해당하므로, 방송프로그램의 저작재산권을 침해한 것이 아니다. 사적복제는 대부분 국가에서 명시적, 묵시적으로 저작권을 제한하는 사유로 인정하고 있다. 일반적으로 개별 이용자의 저작물 이용은 복제에 해당한다고 해도 저작권자의 이익에 크게 위협이 되지 않으며, 법제에 따라 공정이용이 법리에 해당하거나 사적복제의 예외라는 저작권 제한의 모습으로서 저작권 침해 책임이 문제 되지 않는 것이다(박익환, 2004). 페르난데즈(Fernandez, 2005)는 특별히 방송프로그램의 녹화행위를 사적복제라고 보고 법적으로 허용하는 이유로, VCR기기 자체가 기술적으로 방송프로그램을 녹화할 수 있으며, 방송프로그램 저작권자가 녹화행위를 일일이 찾아내기 어려울 뿐 아니라 자신의 권리를 행사하기 위해 거래비용이 많이 든다는 점을 제시하였다. 그리고 이런 경제적이고도 실용적인 이유로 법원은 저작권 침해소송이 제기되어도 침해책임을 묻지 않을 것이라고 보았다.

2011년 12월 개정된 저작권법에 신설된 저작물의 공정한 이용 조항은 포괄적 저작재산권 제한규정의 성격을 가진다. 이것은 미국식 '공정이용(fair use)' 개념을 도입한 것으로, 열거된 저작권 제한 사유에 해당하지 않아도 저작재산권이 제한되는 경우가 존재할 수 있으며, 저작물의 통상적인 이용방법과 충돌하지 않고 저작자의 정당한 이익을 부당하게 해하지 않는 경우의 이용과 같은 일반기준을 제시하려는 취지로 이해할 수 있다. 베른협약 및 TRIPs협정 등의 경우처럼, 저작권 제한의 한계를 획정하는 일반 규정의 성격을 띠고 있는 '3단계 테스트'4를 명문화한 것이다(김경숙, 2012; 최승재, 2013). 즉 향후 기술적 환경의 변화와 다양한 저작권 이용행태 등을 반영하여 저작권자의 이익에 부당한 해가 되지 않는 정당한 사용을 일정한 기준에 따라 인정할 필요에 따른 것이다. 그와 같은 입법상의 한계를 극복하기 위한 취지 외에도 저작권 보호가 점점 더 강화되는 현실에서 저작물 이용자의 이익과의 균형유지 수단이 필요했던 것도 도입의 배경이 된다.

동 조항에서는 저작권 침해 여부가 문제 되는 특정한 저작물 이용행위가 공정이용인지를 판단하는 기준으로 "이용의 목적 및 성격, 저작물의 종류 및 용도,

---

4 베른협약을 비롯한 국제조약에서 인정하는 권리제한의 한계를 획정하는 기준이 되는 일반 규정이다. 3단계 테스트의 기초가 되었던 베른협약의 3단계 테스트는 "첫째, 가맹국이 복제권을 제한할 때는 특별한 경우이어야 하고, 둘째, 저작물의 통상적인 이용을 방해하지 않아야 하며, 셋째, 저작자의 정당한 이익을 부당하게 해쳐서는 안 된다"이다.

이용된 부분이 저작물 전체에서 차지하는 비중과 그 중요성, 저작물의 이용이 그 저작물의 현재 시장 또는 가치나 잠재적인 시장 또는 가치에 미치는 영향" 등을 종합적으로 고려할 것을 명시하고 있다. 이것은 미국 저작권법상의 공정이용 판단 요인과 거의 유사한데, 공정이용 판단기준을 구체화하고 공정이용 판단에서 권리와 이용의 균형을 도모할 수 있는 근거조항의 성격을 띠고 있다(김경숙, 2012).

한편 2011년 신설 당시, 저작물의 공정한 이용 조항에서는 "저작물의 통상적인 이용방법과 충돌하지 아니하고 저작자의 정당한 이익을 부당하게 해치지 아니하는 경우에는 보도·비평·교육·연구 등을 위하여 저작물을 이용할 수 있다"고 규정하였다. 하지만 2016년 3월 개정에서 "보도·비평·교육·연구 등"의 이용목적을 삭제하고, 공정이용 판단기준인 이용의 목적 및 성격 조항에서 "영리 또는 비영리성"을 삭제하였다. 원래 공정이용 신설의 취지가 다양한 분야에서 저작물 이용행위를 활성화함으로써 문화 및 관련 산업을 발전시키는 중요 목적을 수행하기 위한 것인데, 그 목적 및 고려사항이 제한적일 경우 목적을 달성하기 어렵다는 문제를 해결하기 위함이었다.

(3) 공정이용(fair use) 원칙[5]

공정이용 원칙은 영미법 국가에서 발전된 개념으로, 저작권법에서도 이 원칙에 기초하여 "저작물의 공정한 이용" 조항을 신설하였다. 이에 향후 국내 사법부의 판단에서도 저작재산권을 제한하는 기준으로 공정이용 원칙을 적용하는 사례가 많아질 것이 예상된다는 점에서, 도입의 배경과 이론적 배경을 좀 더 구체적으로 살펴볼 필요가 있다.

---

5 일부 내용은 공정이용에 관한 조연하의 연구(2006, 2010, 2016)에서 발췌하여 재정리하였음.

1) 저작권법의 공정이용 원칙 도입배경과 그 의미

인터넷의 등장과 통신기술 및 저장 미디어의 비약적인 발달로, 저작물 이용의 패러다임이 급속하게 바뀌었다. 저작권법을 입법할 당시 미처 예상하지 못한 저작물 이용방식이 등장하고 저작물의 이용범위도 확대되었다. 법이 미처 예상하지 못한 저작물 이용행태를 규율하는 방법에 대한 명확한 기준이 세워지지 않은 채, 컴퓨터와 인터넷을 활용한 새로운 형태의 저작물 이용이 발견된 것이다(서계원, 2010). 따라서 기존 저작권법에서 열거한 저작재산권 제한규정으로는 다양한 상황에서의 저작물 이용을 모두 포섭하기 어려운 한계에 직면하게 되었다. 그뿐만 아니라 디지털 기술의 등장으로 저작권 침해가 증가하면서 저작권법은 점점 더 저작권자의 권리를 보호하는 방향으로 개정되었다. 한·미 FTA 타협의 결과로 일시적 저장을 복제행위로 보게 되면서 공정이용을 도입하지 않으면 저작권 제도가 너무 저작권자의 권리를 보호하는데 치중할 것이 우려되었다. 미국식의 강화된 저작권이 도입되면서 저작물 이용자의 이익과의 균형을 유지하는 문제가 어렵게 된 것이다.

이처럼 저작권자의 권리가 대폭 강화되는 것에 대응하고, 저작권법에서 한정적으로 열거하고 있는 저작재산권 제한 사유 이외의 저작물의 정당한 이용을 인정하기 위해 저작재산권을 제한하는 일반조항이 필요함에 따라, 국내 저작권법에 공정이용 원칙이 도입되었다. 공정이용 조항 도입으로 인해 예상되는 긍정적인 효과로는 무엇보다도 권리 당사자 간의 균형유지이다. 저작권법은 저작권자의 권리를 강화하는 측면으로 계속 개정되었는데, 이로 인해 저작물 이용의 장벽은 높아질 수밖에 없다. 이렇게 되면 저작물에 대한 수요가 감소하고 이것은 또 다른 저작물의 창작에 직접, 간접적으로 연결된다는 점에서 저작물 이용의 위축은 창작의 위축으로 연결된다. 더군다나 저작물의 창작자가 곧 이용자도 될 수 있는 현재의 미디어 환경에서는 양자를 대치시켜 이익을 조절하는 것이 의미가 없을 수도 있다. 이런 점에서 공정이용 조항의 도입은 저작권자와 이용자의 이익 간 균형을 맞추는 추로 기능한다는 점에서 의미를 찾을 수 있다. 또 경제적 파급효과도 생각해볼 수 있다. 미국의 경우, 저작권 보호를 받는 프로그래밍의 사적복제를 허용하는 소비자 기기 제조회사, 교육기관, 소프트웨어 개발자, 인터넷 검색 및 웹

호스팅 서비스 제공자 등이 공정이용 원칙의 수혜 산업인 것으로 나타났다(서계원, 2010).

2) 공정이용의 개념과 의의

공정이용은 일정한 경우 저작권자의 동의를 받지 않아도 저작물을 자유롭게 이용할 수 있는 원칙을 의미한다. 즉 공익과 같은 특정한 목적을 위해서 저작물을 정당하게 이용할 수 있도록 해주는 예외적인 이용허락의 성격을 띠고 있다. 법률사전인 Black's Law Dictionary의 정의에 의하면, 공정이용이란 "저작권자의 동의가 없어도 저작물을 정당하게, 그리고 제한적으로 이용하는 것"이다. 이 정의에 따르면, 공정이용 원칙의 적용에서 저작물 이용방법의 정당성과 제한성이 중요하게 작용할 것임을 알 수 있다.

미국에서는 19세기 판례에서 시작하여 1976년 저작권법에 성문화되기 이전까지 공정이용은 창작물이 아닌 사실에 기초한 저작물에서 정보를 인용하는 것처럼, 저작권 침해가 아닌 저작물 이용을 의미하는 개념으로 사용되었다. 그러나 이전까지의 판례법에 근거하여 1976년 저작권법에 공정이용 조항이 포함된 이후, 대부분 판결에서 공정이용을 저작권의 범위를 제한하는 것보다는 저작권 침해에 대한 긍정적 항변(affirmative defense)으로 해석했던 경향을 보인다. 따라서 공정이용은 특정한 상황에서 저작권자의 동의를 받지 않았다 할지라도 저작물 이용을 허락하는 일종의 면책적 성격을 가진다(Agostino, Terry & Johnson, 1980; Duhl, 2004; Lape, 1995).

이렇게 공정이용은 저작권 침해에 대한 항변의 기능을 하지만, 일정한 경우 저작권자의 독점권을 제한함으로써 저작물 이용을 통제하는 것과 균형을 유지해 주는 역할도 한다. 저작권법이 저작물을 창작한 자에게 한정된 기간 독점권을 부여해서 더 많은 창작을 유도하려는 목적이 있지만, 과도하게 보호할 경우 다른 사람이 누리는 창작의 자유를 제한하거나 저작물에 대한 자유로운 접근과 이용을 제한할 수 있다. 그러므로 저작권의 지나친 배타적 권리 행사를 제한하는 역할을 하는 법적 장치가 바로 공정이용 원칙이다. 같은 맥락에서 미국의 연방대법원은 공정이용 원칙을 저작권으로 인해 비평, 논평과 같은 중요한 문화적 활동이 부당하게 방해받지 않도록 해주는 "수정 헌법 제1조의 안전장치"로 설명하고 있다 (Butler, 2015). 과도한 저작권의 보호가 다른 사람이 누리는 창작의 자유를 부당하게 제한하거나, 유용한 창작물을 생산해서 공중에게 배포하는 것을 가로막는 것을 피하기 위한 장치로 기능한다는 것이다(박현경, 2009).

공정이용 원칙은 처음부터 저작권법에 명시된 것이 아니라 미국 사법부가 만들어낸 산물이다. 이 원칙은 Folsom v. Marsh 판결(1841)[6]에서 유래되었는데, 이 판결에서는 워싱턴 대통령의 전기를 발간하면서 이전에 출판되었던 전기의 일부분을 인용, 발췌, 요약했던 사건을 다루었다. 법원은 일단 신의성실의 원칙(fair and bona fide)에 따라 원저작물을 공정하게 요약하는 것은 저작권 침해가 아니라고 보는 '공정요약 원칙(fair abridgement doctrine)'[7]의 선례를 인정하였다. 하지만 이 사건의 경우처럼 원저작물의 일부를 단순히 선택하거나 재배열해서 분량을 줄였다면 공정요약에 해당하지 않으며, 해당 인용 부분이 전체 저작물에서 핵심 부분이라면 정당한 저작물 이용이 아니라고 판시하였다. 즉 공정요약으로 인정받기 위해서는 지적인 노력과 판단을 이용하여 원저작물을 실질적으로 압축하는 것이어야 한다는 것이다. 또 법원은 저작권 침해판단에 영향을 미치는 고려요소로 이용된 부분의 성질과 목적, 이용된 부분의 양과 가치, 저작물 이용이 원저작물의 판매에 미치는 영향, 이윤의 감소 또는 원저작물의 목적을 대체하는지를 제시함으로써, 현재 미국 저작권법상의 공정이용 법리의 기초를 제공하였다(임덕기, 2012). 이 판결은 공정이용 판단의 기원이 되는 기준을 제시하였다는 점에서 그 의의를 찾을 수 있다.

공정이용은 오랜 기간 판례를 통해 형성되어 온 이론으로서, 보통법상 형평의 원리이다. 그러므로 일부 학자들은 공정이용을 저작권자와 이용자의 권리의 경계선으로 보고 두 권리 간 균형의 관점에서 설명하고 있다. 덜(Duhl, 2004)은 공정이용이 저작권자의 저작물에 대한 배타적인 독점권이란 개인적인 권리와 저작

---

6 Folsom v. Marsh 9 F.Cas. 342(C.C.D. Mass. 1841).

7 공정요약 법리는 어떤 저작물의 이용행위가 공정한 요약일 경우 저작권 침해에 대한 항변사유가 된다는 원칙이다. 여기서 공정한 요약이란 교육, 보도, 연구 등을 목적으로 저작물을 인용, 선택, 발췌, 요약한 것을 의미한다. 이 법리는 영국에서 판례법으로 인정되다가 1709년 「앤 여왕법」의 제정과 함께 입법화되었다(최승재, 2008).

물에 접근해서 이용하는 공중의 이익 간의 균형을 유지하는 기능을 한다고 보았
다. 램리(Lemley, 2005)도 공정이용을 저작권자에게 인정된 배타적 권리와 공중에
게 제공되는 사회적 이익 간에 균형을 이루기 위한 수단으로 설명하였다. 공정이
용을 통한 이익형량을 강조하기 위해 미국의 연방대법원[8]은 공정이용이 미국 수
정 헌법 제1조의 표현의 자유와 저작권 제도를 조화롭게 한다는 점을 명확히 하
였다. 우리 대법원[9]도 저작물의 공정이용은 저작권자의 이익과 공공의 이익이라
는 대립하는 이해를 조정함으로써 성립된다고 설명하고 있다. 그러므로 이 원칙
은 저작권자가 자신의 창작물에 대한 절대적인 통제권을 행사하는 것을 방지하
고,[10] 사회적으로 유익한 저작물 이용이 주는 이익이 저작권자에 대한 가치보다
크다면 일정한 상황에서 저작권자의 동의를 받지 않고서도 이용할 수 있도록 한
다. 이런 속성은 저작권법 자체의 목적인 문화생산의 촉진을 근거로 한다
(Aufderheide & Jaszi, 2010; Bunker, 2002).

정리하면, 저작권 보호와 저작물의 공정한 이용 도모라는 저작권법상의 두
가지 목적이 서로 균형을 이루어야 새로운 창작이 활성화되고 궁극적으로 문화발
전을 이룩할 수 있다. 그런 점에서 공정이용은 저작권자의 배타적인 독점권이란
개인적인 법익과 저작물의 원활한 유통을 통한 문화창달이란 사회적 이익과 같이
사적 영역과 공적 영역을 이익 형량해야 하는 저작권 자체의 본질적인 딜레마를
해결하는 수단으로서의 의미를 지닌다.

3) 공정이용의 판단요인

미국은 1976년 저작권법에서 그동안 판례를 통해 축적한 기존의 공정이용 법
리를 성문화하였다. 형평법상의 판례를 통해 정립된 것을 법에 수용한 것으로서,
저작권법 제107조[11]에 처음 공정이용이 규정되었다. 이 조항에 근거하면, 저작물

---

8 Kalen Co. v. Harper Bros, 222 U.S. 55, 62(1911).
9 대법원 2013. 2. 15. 선고 2011도5835 판결.
10 미국의 공정이용 제도는 저작권의 엄격한 보호가 '공중의 계몽을 위한 창작의 장려'라는
   연방 저작권법의 입법목적을 달성할 수 없는 불공정한 결과가 발생하지 않도록 하는 기
   능을 수행한다(Ty, Inc. v. Publications intern. Ltd., 292 F3d 517,7th Cir, 2002).

에 대한 독점권을 명시하고 있는 제106조 및 제106조의 A의 규정에도 불구하고, 비평, 논평, 시사보도, 교육,[12] 학문 또는 연구 등을 목적으로 저작권으로 보호되는 저작물을 복제물이나 음반으로 제작하거나, 또는 기타 제106조 및 제106조의 A에서 규정한 방법으로 사용하는 경우를 포함하여 공정이용하는 행위는 저작권 침해가 되지 않는다. 연방대법원[13]은 제107조에 열거된 예들은 한정적인 것이 아니라 예시적인 것이라고 보았다.

또 저작권법에서는 공정이용을 판단하는 요인으로 저작물 이용의 목적과 성격, 이용된 저작물의 성격, 전체 저작물에서 이용된 양과 정도, 그리고 저작물 이용이 저작물의 가치나 잠재적 시장에 미치는 효과를 명시하고 있다. 판단요인과 관련한 미국의 판결성향을 좀 더 구체적으로 살펴보면, 첫 번째 이용의 목적과 성격 요인의 경우, 상업적 이용, 교육적인 이용, 사실적 역사적 내용 또는 표현형식의 이용, 변형적 이용(transformative use) 인지 등에 초점이 맞추어졌다. 비영리적이고 교육적인 이용 또는 변형적 이용이 상업적인 이용에 비해 공정이용 보호의 가능성이 크다. 변형적 이용은 생산적 이용(productive use)[14]에서 더 발전되어 저작물의 단순 복제가 아닌 새로운 저작물을 만들기 위해 원저작물을 기초로 하여 창의적으로 변형시킨 경우를 의미하는 개념이다(Lape, 1995). 이 개념은 원저작물에 새로운 목적이나 다른 성격을 가진 무엇인가 새로운 것을 추가하거나, 새로운 표현, 의미, 내용으로 원저작물을 변화시킬 것을 요구한다. 레벌(Leval, 1990)은 공정이용 판단에서 변형적 이용을 고려하는 것은 창작에 대한 인센티브를 감소시키지 않고 생산적인 사고를 촉진하려는 저작권법의 근본 목적에 부합되는 것임을 강조하였다. 변형적 이용은 미국의 Campbell 판결(1994)[15]에서 매우 중요하게 고려되었다. 이 판결에서는 투 라이브 크루(2 Live Crew)란 랩 그룹이 로이 오비슨

11 17 U.S.C.A. §107.

12 교실 수업목적으로 이용하기 위해 복수 복제하는 경우 포함.

13 Campbell v. Acuff-Rose Music, Inc., 114 S.Ct 1164(1994).

14 소니 사건의 연방항소법원에서 처음 사용하였는데, 법원은 이용자가 원저작물에 창의적인 기여를 추가해야만 공정이용을 인정할 수 있다고 해석하였다(Universal City Studio Inc. v. Sony Corp. of America, 659F.2d. 963, 1981).

15 Campbell v. Acuff-Rose Music, Inc., 114 S.Ct 1164(1994).

(Roy Orbison)의 "Oh, Pretty Woman"이란 록 발라드곡을 풍자해서 랩 음악을 만든 행위가 공정이용인지를 다루었다. 연방대법원은 저작물의 2차적 이용이 원저작물을 능가하거나 새로운 것을 더해서 새로운 의미나 메시지를 추가해서 변형했는지가 중요하다고 보았다. 그리고 새로운 저작물이 변형적일수록, 상업성과 같이 공정이용이 될 수 없는 다른 요인의 중요성이 줄어든다고 설명하였다. 이 판결은 이후의 공정이용 판단에서 법원이 저작물 이용의 변형 여부에 초점을 맞추는 경향을 보였다(Bunker, 2002; Heymann, 2008, Lape, 1995)는 점에서 그 의의를 찾을 수 있다.

두 번째 이용된 저작물의 성격 요인의 경우, 저작물의 창의성과 공표 여부를 중요시한다. 판결성향에 따르면, 사실적인 저작물과 공표된 저작물이 창작적이고 예술적인 저작물과 미공표된 저작물에 비해 공정이용일 가능성이 크다. 사실적인 저작물에 대해 저작권 보호의 정도가 적은 것은 사실이나 아이디어 그 자체가 아니라 그것의 표현에 대한 보호라는 저작권법의 기본 목적[16]에 근거한 것이다. 또 사실적인 저작물은 일반적으로 공적 가치가 크고 특별히 연구와 학술적으로 유용하다는 점에서도 공정이용의 보호 영역 안에 포함될 가능성이 크다. 그러므로 과학, 전기, 역사적인 저작물은 문학작품이나 오락적인 저작물에 비해 공정이용으로 인정될 확률이 높다. 또 공표 여부는 출판과 같이 저작물에 대한 접근 가능성을 고려한 것이다. 미국의 Harper & Row 판결(1985)[17]에서는 출판되지 않은 저작물 이용을 공정이용이 아니라고 판시함으로써, 공표시기를 결정할 저작자의 저작인격권을 보호할 가치를 중요하게 보았다. 한편 시장에서 절판된 책을 이용한 경우가 구매 가능한 책을 이용한 경우보다 공정이용의 보호를 받을 가능성이 커진다는 점에서, 배포를 통한 접근 가능성도 공표와 관련하여 고려해야 할 또 다른 요소이다.

세 번째 이용된 저작물의 양과 질에 관한 요인의 경우, 법원은 전체 저작물에서 이용된 부분의 양, 핵심적 부분인지, 원저작물과의 실질적 유사성을 중요하게

16 Salinger v. Random House, Inc., 811 F.2d 90(2d Cir. 1987); Miller v. Universal City Studios, Inc., 650 F.2d 1365(5th Cir, 1981).

17 Harper & Row Publishers, Inc. v. Nation Enterprises, 471 U.S. 539(1985).

고려하였다. 저작권법은 공정이용이라고 볼 수 있는 이용된 양의 적정 수준을 적시하지 않지만, 이용된 부분이 원저작물에서 차지하는 비중이 작거나 핵심적인 부분이 아니면 공정이용이다. 즉 이용된 비율과 실질적 유사성이 높을수록 공정이용의 가능성이 작아진다. 그러나 반드시 절대적인 것은 아니어서 저작물 이용으로 인한 원저작권자의 손실보다 저작물 이용으로 발생하는 가치가 더 크거나,[18] 저작물 이용을 위한 협상 비용이 상당히 많다면, 비록 저작물 전체를 복제했어도 공정이용에 해당할 수 있다. 반대로 비록 이용된 양이 극히 적어도 원저작물에서 매우 핵심적인 부분에 해당하면 공정이용일 가능성이 작다.

마지막으로 저작물 이용이 저작물의 가치나 잠재적 시장에 미치는 효과 요인의 경우, 이용된 저작물의 잠재적 시장이나 가치에 미치는 영향이 적을수록 공정이용이라고 판시하였다. 시장에 미치는 손해는 장래에 손해가 발생할 수 있다는 잠재적 시장에 대한 피해의 가능성만 입증해도 충분하다. 미국의 Naspter 판결(2001)[19]에서 법원은 음악저작물을 구매하기 전에 미리 들어보려는 용도로 이용하는 행위에 대해 잠재적 시장에 대한 피해의 가능성을 인정하였다. 이 요인은 연방대법원이 가장 중요시했던 경향을 보였다. 이에 대해 대부분 판결에서 허락받지 않은 저작물 이용으로 저작권자에게 미치는 경제적 피해에만 초점을 맞추었을 뿐, 정작 법에서 명시한 잠재시장과 저작물의 가치를 정의하는데 일관성이 없다는 비판도 있다(Duhl, 2004).

이상에서 살펴본 공정이용 판단요인들은 예시적인 것이지 상호배타적인 것은 아니다. 공정이용 판례에서 법원은 네 가지 기준을 분석한 다음 전체적으로 균형 있게 고려해서 공정이용 여부를 판단하려고 했다. 하지만 실제로는 시간적 배경, 기술변화, 경제 환경, 공공정책에 따라 요인들을 다르게 해석하고 적용하였다(Schwartz & Williams, 2007). 또 법원은 각 요인에 서로 다른 비중을 두고 판단하기도 했는데, 판례주석과 판결기록을 보면 이용의 목적과 시장에 미치는 이용효과를 가장 중요시했던 경향을 보인다(Level, 1990). 특히 네 번째 요인인 경제적 효과

---

18 이런 점에서 네 번째 요인인 원저작물의 시장가치에 미치는 영향 요인과 밀접한 관련이 있다.

19 A&M Records, Inc. v. Napster, Inc., 239 F.3d 1004(C.A.9 2001).

는 다른 요인들과의 관계를 통해 고려되고 있었다(우지숙, 2002). 두 가지 판단요인 중 경제적 효과 요인이 저작권 보호 차원에서 가장 중요하다는 견해가 있는가 하면, 이용의 목적과 성격 요인이 더 중요하다고 보는 견해도 있다. 레벌(Leval, 1990)은 이용의 목적과 성격 요인이 저작물 이용이 정당한지, 어느 정도가 정당한지를 보여주기 때문에, 공정이용 판단의 핵심 요인이라고 주장하였다. 조연하(2006)도 이용의 목적과 성격은 저작권법의 근본 취지인 생산과 이용 간 균형에서 저작권 보호 이익과 상충하는 이용의 권리와 연관된다는 점에서 중요한 요소로 취급되어야 한다고 보았다.

미국 저작권법상 공정이용에 관한 규정은 추상적이어서 다양한 해석이 가능하다는 비판을 받고 있다. 공정이용은 그 내용 및 한계가 모호하여 오랜 세월을 거쳐 판례로서 일부 확립되어 온 측면이 있으나, 인터넷 시대에 접어들면서 그 구체적인 내용에 대한 불명확성이 한층 더 심화되었다(박현경, 2009)는 지적도 있다. 또 저작권 제한보다는 저작권 침해에 대한 항변으로 사용했던 판결성향을 보이지만, 개념 해석에 일관성이 없어서 적용상의 어려움을 주고 있기도 하다(Duhl, 2004).

4) 공정이용 판단에서 변형적 이용 기준[20]

저작물의 변형적 이용이란 패러디, 논평과 같이 새로운 저작물을 만들기 위해 복제된 저작물을 변형시켜서 공적 영역에 가치를 부여한 경우이다. 이것은 TV 프로그램의 VCR 녹화를 다룬 소니 사건의 연방항소법원 판결(1981)[21]에서 언급된 생산적 이용의 개념에서 유래했다(Lape, 1995). 연방항소법원은 1심에서 중요시했던 상업성 여부보다는 TV프로그램 녹화가 생산적 이용의 성격을 띠는지에 초점을 맞추었다. 즉 가정에서 프로그램 녹화행위는 TV프로그램에 창의적인 표현을 추가하지 않고 본래의 목적으로 프로그램을 단순히 복제한다는 점에서 생산적 이용이 아니라고 보았다. 원저작물을 이용하여 새로운 저작물을 창작하는 경우만

---

20 일부 내용은 조연하의 연구(2010) "디지털 미디어 저작권 판례에서의 변형적 이용 기준: 미국 연방항소법원의 기능론적 접근 사례를 중심으로"에서 발췌하여 재정리하였음.

21 Universal City Studio Inc. v. Sony Corp. of America, 659F.2d, 963(9th Cir. 1981).

생산적 이용에 해당한다는 것이다.

하지만 연방대법원의 다수의견은 저작물의 생산적 이용은 저작권 이익 간의 적절한 균형을 유지하는데 유용한 기준이 될 수 있으나, 공정이용 판단에서 반드시 '결정적인' 기준은 아니라고 강조하였다. 그보다는 저작물 이용의 목적 및 성격의 분석에서 상업성 요인을 중요하게 보고, 가정에서의 프로그램 녹화가 비상업적인 행위이므로 공정이용이라고 판시하였다. 반면 반대의견을 제시한 블랙먼 (Blackmun) 판사는 저작권법상의 공정이용인 "비평, 논평, 시사보도, 교육, 학문, 연구"는 공중에게 원저작물이 제공한 이상의 이익을 추가한다는 점에서 생산적 이용이라고 보았다. 하지만 TV프로그램을 녹화해서 시청하는 행위는 원저작물과 같은 목적으로 복제를 하였을 뿐 더 이상의 추가가 없으므로 비생산적(non-productive)이면서 일상적인(ordinary) 이용이라고 주장하였다. 이렇게 볼 때 생산적 이용의 개념은 새로운 저작물 창작을 위해 원저작물을 이용하는 것이며, 이용효과 차원에서 블랙먼 판사가 강조한 공익이 추가된 개념으로 정의할 수 있다.

용어나 의미상으로 "생산적 이용"에서 "변형적 이용" 기준으로의 전환은 변형적 이용 개념에 대한 단초를 제공했던 레벌 판사의 논문(1990)에서 발견할 수 있다. 논문에 따르면, 2차적(secondary) 저작의 정당성은 저작물 이용이 변형적인지와 변형의 정도에 따라 달라지며, 변형적 이용이란 저작물을 생산적으로 이용하는 것이고, 인용된 부분을 원저작물과 다른 방식 또는 다른 목적으로 사용하는 것이다. 또 2차적 저작이 사회의 풍요를 보호하려는 공정이용 원칙의 취지에 부합하려면, 원저작물을 단순히 대체하는 것이 아니라 새로운 정보, 미학, 통찰력과 이해를 창작하는 방식으로 원저작물을 변형해서 새로운 가치를 부가해야 한다. 그러한 예가 비평, 패러디, 사실의 증명, 미학적 설명, 사상의 옹호나 공격 목적의 원저작물 아이디어의 요약 등이다. 이렇게 볼 때 레벌 판사의 변형적 이용 개념은 원저작물의 단순한 대체를 넘어서서, 일반적인 공익이 아닌 저작권법의 목표를 증진하는 방식으로 가치를 추가하는 것이다. 이런 견해는 원저작물에 가치를 추가하는 2차적 이용의 구분을 강조한 것이며, 저작권법의 목적으로서 사회적 이익을 고려한 것이다(Woo, 2004). 레벌 판사가 제시한 변형적 이용 조건은 원저작물과 다른 방식이나 목적으로 이용하고, 새로운 것을 추가하여 원저작물의 가치를 증대시킴으로써, 궁극적으로는 사회적 이익을 증진하는 것으로 요약된다.

정리하면, 소니 사건의 연방항소법원이 제시한 생산적 이용은 새로운 저작물의 생산을 위해 원저작물을 이용한 2차적 이용이며, 연방대법원의 반대의견에서 설명한 생산적 이용은 원저작물이 만들어낸 이익 이상으로 공적인 이익을 추가한 2차적 이용을 의미하는 것이다. 교실 수업을 위한 사진 복제나 라디오방송 청취가 불가능한 사람들을 대상으로 한 라디오 프로그램의 재전송을 예로 들 수 있다. 하지만 레벌 판사는 그와 같은 광범위한 정의에 반대하고 2차적 이용자에게 원저작물을 기초로 하여 사회적 풍요를 위해 가치를 추가할 것을 요구했다. 이렇게 볼 때 레벌 판사의 변형적 이용은 단순한 복제를 허용하지 않는다는 점에서 단순 복제를 어느 정도 허용하는 Sony 판결의 생산적 이용에 비해 그 범위가 보다 제한적이다(Kudon, 2000; Zimmerman, 1998). 레벌 판사의 변형적 이용 개념은 공정이용 판단 요인인 이용의 목적과 성격을 저작권법의 궁극적인 목표인 공중 계몽을 위한 창작 장려의 관점에서 판단할 것을 요구하고 있는 셈인데, 공정이용의 첫 번째 판단요인의 범위를 확장하는데 기여했다고 볼 수 있다.

하지만 한편으로는 Campbell 판결(1994)에서처럼 변형적 이용 기준에 엄격한 잣대를 적용하는 것에도 한계가 있다. 첫째, 이용자의 저작물 이용이 공정이용으로 보호받을 수 있는 영역이 축소된다. 레벌 판사의 변형적 이용 개념은 저작물의 2차적 이용이 원저작물에 창의적인 가치를 추가할 것을 요구하고 있으므로 상당히 제한적이고 엄격한 기준이다. 기존 저작물의 2차적 이용은 독창적인 표현을 추가한 경우, 독창적인 표현을 추가했으나 비평이나 학문적인 목적이 아닌 경우, 비평, 논평, 학문의 형태로 독창적인 표현이 추가된 경우로 분류되는데, 세 번째 유형만이 변형적 이용 기준을 통과할 수 있으며, 일반적으로 공정이용으로 간주하는 저작물 이용도 변형적 이용에서 제외될 수 있다(Kudon, 2000).

둘째, 저작권법상의 공정이용의 중요한 관심사인 이용의 사회적 유용성이란 취지에서 벗어날 수 있다. 레이프(Lape, 1995)는 변형적 이용이 전통적인 공정이용 분석에서 핵심적인 부분이 아니었다고 주장했다. 그는 공정이용 분석에 변형적 이용 기준을 도입할 경우 법원이 새로운 저작물의 질을 평가하도록 함으로써, 공정이용 첫 번째 판단요인의 핵심인 저작물 이용의 사회적 유용성으로부터 관심이 벗어날 수 있다고 설명하였다.

마지막으로 디지털 환경에서 변형적 이용 기준을 적용할 경우, 디지털 미디어의 특성상 더 많은 창작물 생산 유도라는 저작권 본래의 취지를 저해할 우려가 있다. Campbell 판결의 변형적 이용 개념은 저작물의 새로운 창작에 중점을 두는 접근방식으로, 디지털 기술을 사용해서 이용자들이 자유롭게 콘텐츠를 생산하고 재창조하는 환경에서 여러 가지 발생 가능한 현상들을 포괄할 수 없다는 문제점을 지닌다. 이런 점에서 우지숙(2002)은 기술발전이 가능하게 하는 새로운 활동과 가능성을 고려하면서, 변형적 이용 개념을 새로운 저작물 생산이 수월한 디지털 환경에서 생산된 저작물 자체의 창작성이 아니라, 이용자의 저작물 사용에서의 창작성을 인정하는 것으로 발전시킬 필요가 있다고 주장하였다.

새로운 저작물의 변형성에 초점을 둔 변형적 이용 기준 적용에 비판적인 학자들은 이용자의 저작물에 대한 접근권과 사용권을 제한한다는 점에서 공정이용 원칙의 기본 정신과 맞지 않는다고 주장한다(Bunker, 2002; Lape, 2002). 따라서 여러 학자들(Kudon, 2000; Lape, 1995; Madison, 2010; Weinreb, 2004)이 주장하는 것처럼, 저작물의 2차적 이용이 보완적이거나 창의적인 표현 촉진활동을 설명하는 것으로 확장되는지를 질문하는 것으로 변형적 이용 개념을 수정할 것을 검토해 볼 필요가 있다.

6^장 저작물 이용자 이익[1]

① 저작물 이용자 개념 및 유형

저작권 제도에서 저작물 이용자의 개념 및 특성을 이야기하기 위해, 먼저 저작물 이용의 개념과 그것이 가지는 의미를 살펴볼 필요가 있다. 저작권자는 기본적으로 자신이 가지는 권리의 내용이 되는 저작물을 이용할 수 있다. 그러나 대부분 저작권자 스스로 저작물을 이용하기보다는 복제, 배포, 전시 등을 할 수 있는 인적·물적 시설을 가지고 있는 제3자가 이용하는 경우가 많다. 저작물은 원래 많은 사람이 널리 이용함으로써 그 가치가 나타난다. 그러므로 저작권의 보호 대상인 저작물을 다른 사람이 이용하는 것은 저작물의 존재가치가 드러나게 해준다는 점에서 그 의미를 찾을 수 있다. 그럼에도 불구하고 저작물을 이용하기 위해서는 저작권자로부터 사전에 허락을 받아야 하고 허락받은 이용방법 및 조건의 범위 내에서 사용해야 하는 등, 정당한 근거에 의한 합법적인 이용만 강조된다.

그동안 저작권 논의에서는 저작자나 저작권자에 초점을 맞추고 활발한 논의가 있었지만, 저작물 이용자 개념이나 특성에 관한 논의는 사실상 많이 부족했다. 우선 저작물을 이용하는 개인을 지칭하는 용어도 통일되지 않고 공중, 소비자, 이용자, 최종 이용자 등 다양하게 사용되고 있다. 류(Liu, 2003)는 저작권법과 주석에서 저작물에 접근해서 소비하고 이용하는 사람들을 총칭하는 보편적인 용어가 없다는 점을 지적한 바 있다. 그는 저작물을 단순히 소비하는데 그치는 수동적인 이

---

1 일부 내용은 조연하의 연구(2014a) "미디어 콘텐츠의 시간·공간이동 이용의 법적 성격: 저작물 이용자의 자율성 이익의 관점에서"에서 발췌하여 재정리하였음.

용자 개념에 초점을 맞추기 위해 소비자라는 용어를 사용하면서, 저작물 소비자 유형의 스펙트럼을 설명하였다. 즉 저작권법상의 저작물 소비자는 저작물을 단순히 소비하기만 하는 수동적인 소비자와 저작물에 대한 경험을 토대로 새로운 저작물이나 2차 저작물을 작성하는 저작자로서의 소비자 개념을 포함한다고 보았다. 그리고 이 두 가지 유형의 소비자 개념이 자율성, 소통, 창의적 자아표현과 같은 이익을 생산하는 이용자를 미처 포함하지 못한 점을 지적하면서, 이를 설명하기 위해 적극적인 소비자 개념을 추가하였다.

이와 유사한 접근으로서 앨킨 코렌(Elkin-Koren, 2007)은 저작권법상 저작물 소비자를 '구매자로서의 소비자'와 '저작자로서의 소비자'로 구분하였다. 그리고 특별히 이용자 제작 콘텐츠(User Generated Contents; UGC) 환경을 반영하기 위해 '참여자로서의 소비자'라는 개념을 추가하고, 정보 상품의 소비자 보호 개념을 개발하기 위해 구매자로서의 경제적 소비자에서 시민과 참여자로서의 소비자를 포함하는 것으로 논의의 초점을 확장할 것을 주장하였다. 같은 맥락에서 코헨(Cohen, 2005)은 '특정 상황 이용자(situated uesr)' 개념을 제안하였다. 이것은 소비, 소통, 자기개발, 창의적 행위와 같은 중요한 목적을 위해 소비에서 창의적 행위까지 다양한 활동을 통해 자신의 문화적 환경 내에서 발견된 문화상품을 이용하고 참여하는 이용자를 말한다. 이 유형의 이용자는 저작권 제도의 궁극적인 목적인 문화발전으로도 연결될 수 있다는 점에서 의미가 크다.

이와 같은 저작물 이용자 유형에 관한 논의를 토대로 하면, 저작물 이용자는 저작물을 구매해서 소비하는데 그치는 수동적인 이용자, 기존의 저작물을 토대로 새로운 저작물을 생산하는 이용자, 그리고 기술발전으로 변화된 미디어 환경에서 저작물의 생산과 소비에 적극적으로 참여하는 이용자로 구분된다. 이 중에서도 저작물의 생산과 소비에 적극적으로 참여하는 이용자는 최근의 웹2.0 환경과 같은 기술발전과 함께 새롭게 등장한 유형이라고 볼 수 있다. 이 유형의 이용자는 저작물을 능동적으로 선택함은 물론이고 기존 저작물을 활용하여 저작물 생산에 적극적으로 참여하는 이용자로 그 역할을 확대한다. 상품을 구매해서 소비하듯이 집으로 배달된 신문을 읽고 방송에서 들려주는 음악을 감상하는 데 그치는 소극적인 차원이 아니라, 아이튠즈 스토어(iTunes Store)[2]에서 노래를 구매해서 MP3플레이어에 저장해 두었다가 편리한 시간과 장소에서 재생해서 감상한다. 또 기존

미디어 콘텐츠를 이용하여 UCC(User Created Contents)를 제작하고, 온라인에서 구매한 정보 상품에 대한 평을 직접 올리는 방식으로 저작물을 적극적으로 이용한다. 이러한 형태의 저작물 이용은 코헨(2005)의 지적대로 궁극적으로는 문화발전으로 이어지는 누적 효과를 얻을 수 있다.

한편 앞서 살펴본 바와 같이 저작물 이용자에 관한 기존 논의에서는 소비자 개념으로 접근하는 경향을 보인다. 일반적으로 소비자는 상품에 대한 금전적인 대가를 치른 뒤 상품을 취득하고 소비할 때 성립되는 개념이다. 하지만 저작물을 이용하기 위해 금전적인 대가를 치르기도 하고 치르지 않는 경우도 있다. 그러므로 소비자라는 용어는 저작물 소비와 더불어 생산의 역할을 동시에 하는 디지털 미디어 환경에서는 저작물 이용자의 속성을 포섭하는데 한계가 있다. 저작권법에서 이용자라는 용어를 사용하고 있는 점을 감안하더라도 저작물을 이용하는 주체를 지칭하는 용어는 소비자보다는 이용자가 더 적합하다. 단순한 저작물 이용에서부터 저작물을 생산적으로 이용하는 집단까지 포함하는 포괄적이고 중립적인 의미로 사용할 수 있기 때문이다. 따라서 저작물 이용자는 금전적 지급 여부에 상관없이 단순히 수동적으로 저작물을 이용하거나 새로운 저작물을 창의적으로 생산하기 위해 기존의 저작물을 이용하는 자는 물론이고 저작물의 생산과 소비에 더 적극적으로 참여하는 자를 포함하는 개념으로 정의할 수 있다.

② 저작물 이용자 권리에 관한 논의 부재

저작권법의 근본 목표는 저작자에게 경제적 인센티브를 부여함으로써 더 많은 저작물 창작을 유도하고 사회가 창의적인 저작물을 이용함으로써 공중의 복지라는 이익을 추구하는 것이다(Abromson, 2004; Kreiss, 1995). 즉 저작권 제도는 창의적인 저작물을 불법복제로부터 보호하는 시스템 이상의 것으로서, 저작물 창작

---

2 애플이 자체적으로 개발한 미디어 플레이어인 아이튠즈를 통해 서비스하는 온라인 콘텐츠 판매 서비스이다.

자를 부유하게 만들어 주는 개인적인 이익보다는 저작물의 창작과 보급에서 공익을 수행하도록 고안되고 의도된 보호 시스템이다. 그런 점에서 저작권법은 저작권자와 저작물 이용자 상호 간의 권리와 의무를 요구하는 사회적 계약의 성격을 가지면서, 단순히 저작권자의 권리만을 위한 것이 아니라 저작권자와 이용자 사이의 관계를 합리적으로 규율해주는 측면이 강하다(손수호, 2006; Lemley, 2005).

저작권법의 주된 관심은 저작권을 보호하는 것뿐 아니라, 그 보호가 지나쳐 창작물을 사회가 충분히 향유할 수 없게 되는 것을 방지하는 것이다. 그럼에도 불구하고 혁신기술의 발전으로 늘어나는 저작권 침해에 대처하기 위해, 저작권법과 저작권 제도는 저작권자의 권리를 과잉보호하는 방향으로 바뀌고 있다. 미국의 「디지털 밀레니엄 저작권법(Digital Millennium Copyright Act, 1998; 이하 DMCA)」이 제정되고 연방통신위원회인(Federal Communications Commission; 이하 FCC)의 디지털 전환 규제정책이 시행되면서, 저작권자가 저작물 이용조건을 결정할 수 있는 권한이 더 커졌다(Fernandez, 2005). 이런 경향은 저작권을 보호하는데 지나치게 치중하고 저작물에 대한 접근과 원활한 이용을 제한함으로써 문화향상발전이란 저작권법의 목적을 달성하지 못 하는 결과를 초래한다. 결과적으로 이용자 이익에 관한 논의를 축소하거나 배제할 가능성이 있다. 실제로도 그동안 저작권 제도에서 저작물 이용자의 이익이나 권리에 관한 논의는 상당히 미흡했다. 황희철(1997)은 우리 저작권 법제에 내재한 문제점으로 정보화 사회가 이용자 권리 간에 새로운 패러다임 설정을 요구하고 있음에도 불구하고, 선진국의 요구를 수용해서 법 제정 및 개정작업을 통해 저작자의 권리는 급성장했지만 이용자 권리가 제대로 검토되지 않아 발생하는 불균형 현상을 지적하였다. 일반 공중인 이용자의 이익과 권리는 사법부나 학계로부터 저작권자의 권리와 동등한 관심을 받지 못했고, 따라서 전통적인 저작권 이익이나 권리와 다르게 비교적 새로운 개념이다.

저작물 이용자의 권리에 관한 논의 부족은 입법적, 사법적, 정책적 차원에서 그 이유를 찾을 수 있다. 먼저 일반 공중의 공익과 창작자 개인의 이익 간 불균형의 근본적인 원인은 입법구조에서 찾을 수 있다. 저작권법 자체가 저작자 이익을 위해 개발된 이론이기 때문에, 비록 소비자 이익이 명시되어 있기는 하지만 그것의 정확한 형태와 범위에 대한 설명이 부족하다(Liu, 2003). 같은 맥락에서 이성우(2011)는 저작권법의 전체적 구성이 창작자의 권리 중심으로 규정되어 있고, 저작물의 공정한 이용에 관한 공익규정은 저작재산권의 제한이라는 예외규정의 형식으로만 다루고 있는 점을 지적하였다. 둘째, 사법적 차원의 논의와 관련해서 베글리(Bagley, 2007)는 미국 연방대법원 판결에서 소비자의 공정이용 권리가 일관성 있게 설명되지 않으면서 디지털 환경으로 적절하게 확대되지 않고 있는 것이 한계라고 주장하였다. 디지털 환경에서는 미디어 소비자들이 DVR이나 휴대용 미디어 기기의 시·공간 이동 기능을 매일 이용하고 있음에도 불구하고, 현행 판례법은 이미 소지하고 있는 미디어의 공간이동 이용만 인정함으로써 소비자의 공정이용 권리를 최소한의 정도로만 보호하고 있다는 것이다. 마지막으로 정책적 차원의 이유는 디지털과 네트워크 기술이 저작권 환경을 변화시키면서 저작자와 이용자의 권리 사이에 새로운 패러다임 설정을 요구했음에도 불구하고, 저작권 정책문제는 대부분 권리자가 중심이 된 협상을 통해 해결되었고 저작권법의 개발과정에서도 주로 저작권자의 이익이 반영되었다는 점에서 찾을 수 있다(남희섭, 2003; 이성우, 2011; Cohen, 2005; Liu, 2003). 이와 관련하여 코헨(2005)은 저작권 제도 내에서 이용자는 저작물을 수신하고 일부 저작자 역할을 하면서 지식향상의 촉진에 이바지하지만, 그와 같은 이용자들의 역할수행을 위해 저작권법과 정책에서 무엇이 필요한지를 연구하지 않았다는 점을 지적하면서 저작물 이용자에 관한 이론적 논의와 더불어 법·정책에 관한 논의의 필요성을 강조하였다.

③ 저작물 이용자 이익의 성격

1) 저작물 이용의 자율성 이익

류(2003)는 '자율성, 소통, 창의적인 자기표현'과 같은 저작물 이용자 이익을 밝혀내고 이것들이 저작자의 이익과 균형을 유지하기 위해 중요한 역할을 한다고 주장하였다. 그는 이용자 이익 중에서도 특별히 저작물 이용의 자율성에 주목했다. 적극적이고 능동적인 이용자로 변화가 진행되면서 저작물 이용을 편리하게 해주는 기기나 서비스를 적극적으로 활용하기 위해서는 이용의 자율성이 어느 정도 보장되어야 한다는 것이다.

저작물 이용의 자율성은 저작물을 이용할 수 있는 시간, 장소, 접근방법, 상황 등을 선택할 수 있는 자유를 의미한다(Elkin-Koren, 2007; Liu, 2003). 일반적으로 저작물 이용자는 정보를 다른 방식으로 처리하면서 일정 정도는 자율적으로 이용할 수 있다. 예를 들어 책을 한 장소에서 처음부터 끝까지 읽을 수도 있지만, 일부분만 읽고 나머지를 나중에 읽거나 다른 장소로 옮겨 읽을 수도 있다. 읽으면서 밑줄을 치기도 하고 여백에 의견을 적기도 한다. 때로는 반복해서 읽기도 하는데, 특히 저작물에 반복해서 접근하고 저작물과 상호작용할 수 있는 자유는 저작물을 보다 풍부하고도 종합적으로 감상할 수 있도록 해준다.

류(2003)는 자율성을 저작물의 적극적 이용자가 가지는 이익의 핵심이라고 보았다. 그리고 자율성 개념을 저작물 소유자가 저작물을 이용하는 시기, 장소, 방법을 결정하는 권리뿐 아니라, 저작자의 의도와 다른 방식으로 저작물을 이용할 수 있는 권리까지 포함하는 것으로 설명하였다. 이렇게 볼 때 저작물 이용의 자율성은 저작권자가 저작물에 대해 가지는 통제권과 상충할 수밖에 없으며, 일정한 상황에서는 저작권자의 권리를 제한하는 요소로 작용한다. 미디어 콘텐츠의 시간·공간이동 이용의 법적 성격에 관한 미국의 판례분석 결과(조연하, 2014a)에서도 저작물의 이용목적, 저작물에 대한 접근 가능성, 저작물 이용 가능성, 이용의 합법성, 그리고 저작권자와 최종 이용자 간 매개사업자의 존재 여부에 따라 이용자의 자율성이 저작권자의 권리를 제한하는 요소로 작용하는 것으로 나타났다.

한편 저작물 이용의 자율성 정도는 저작물의 유형이나 속성에 따라 달라질 수 있다. 책, CD, 비디오테이프와 같은 저작물의 물리적 복제본의 판매는 전통적으로 저작물 이용자에게 많은 자율성을 허용한다. 저작권법에서 저작물과 특수한 복제본의 소유권을 분명하게 인정하기 때문에, 비용을 내고 복제본을 소유한 개인은 그것을 언제, 어떻게 소비할 것인지를 선택할 수 있다(Liu, 2003). 예를 들면 미국의 오디오가정녹음법(Audio Home Recording Act, 1992)에서는 비상업적인 목적으로 개인이 이용하기 위해 녹음된 음악을 복제할 수 있는 권리를 부여함으로써 소비자의 자율성을 보장하였다. 이에 따르면 음악을 테이프에 녹음해 두었다가 친구들과 함께 감상하거나 자동차를 운전하면서 감상할 수 있다. 이에 비해 방송이나 공연 저작물은 언제 어디서 이용할 것인지 선택할 수 있는 자유의 폭이 비교적 좁은 편이다. 법원이 TV프로그램을 가정에서 개인이 이용할 목적으로 녹화해서 시청할 수 있는 자율성을 인정했지만, 개인적으로 녹화한 프로그램을 인터넷에 올려서 공유하는 것은 허용되지 않는다. 저작물의 속성에 따라 저작물을 이용하는 시간이나 공간을 선택할 수 있는 자율성이 달라지는 것이다.

그러나 저작물의 복제, 조작과 변형의 용이성 등을 특징으로 하는 디지털 기술환경이 되면서 저작권을 침해할 기회가 증가하였다. 예를 들면 디지털 형태의 음악은 쉽게 변형할 수 있으며 디지털 텍스트는 쉽게 복사해서 붙일 수 있으므로, 그 과정에서 저작권 침해가 더 많이 발생할 수 있다. 이에 대응해서 저작권자들은 저작물의 자율적 이용을 억제하는 기술을 사용하거나 모든 이용을 측정해서 그에 대한 비용을 부과한다(Lemley, 2005; Liu, 2003). 이것은 디지털 저작권 보호를 위해 필요하지만, 동시에 저작물을 자율적으로 이용할 수 있는 범위를 축소하기도 한다. 결국 저작권자들이 자신들의 권리 보호를 위해 이용자의 자율성 행사를 통제하려고 할 것이므로, 저작권 이익형량에서 이용자의 자율성을 이용자의 권익을 보호하는 중요한 판단요소로 고려할 필요가 있다.

저작물 이용자의 자율성에 관한 사법부 판단에 근거하면, 방송프로그램 등을 녹화해서 재생하는 기기인 VCR은 기능적 차원에서 볼 때 시청시간을 선택할 수 있다는 점에서 이용자의 자율성을 높여준다. VCR을 이용한 방송프로그램 녹화가 문제 되었던 미국의 소니 사건에서, 연방항소법원[3]은 시청시간을 자유롭게 선택할 수 있는 이용자의 편의성 도모라는 요소가 저작권법 제107조의 공정이용의 일반적인 범주에 포함되지 않는다고 해석하였다. 하지만 연방대법원[4]의 의견은 달랐다. TV프로그램 저작권자들이 VCR 기기판매에 대해 저작권 사용료를 받는 것은 소비자가 구매한 기기를 사용하여 저작물을 자율적으로 이용하는 것까지 제한하는 것으로, 저작권자의 그와 같은 통제는 정당하지 않으며 저작권법의 보호를 받을 수 없다고 해석하였다. 연방대법원 판결은 이용자의 자율성 이익이 저작물의 이용 시기와 장소를 저작권자가 통제하는 권리를 제한하는 요소로 작용할 수 있음을 분명히 한 셈이다.

---

3 Universal City Studio Inc. v. Sony Corp. of America, 659F.2d, 963(9th Cir. 1981).
4 Sony Corp. of America v. Universal City Studio, 464 U.S. 417(1984).

그러나 소니 사건에서 연방대법원 판결은 아날로그 환경에서 저작물 이용의 자율성에 관한 것이고, 디지털시대에서 자율성과 같은 저작물 이용자 이익을 어떻게 보호할 것인지는 중요한 정책적 과제이다. 저작권 제도에서 '저자'라는 개념이 출판업자의 독점을 제한하기 위해 고안되었다면, 디지털 환경에서 저작권자와 저작인접권자의 독점적 권리 강화로 생기는 문제점을 극복하고 저작권법이 본래 추구하는 균형과 조화를 회복하기 위해서는 '이용자 권리'를 새롭게 부각할 필요가 있다. 그런 점에서 비상업적인 사적 이용을 위한 복제권을 인정하는 미국의 오디오가정녹음법은 저작물 이용자의 자율성을 보장하는 입법의 좋은 예이다.

또 저작물 이용자의 자율성을 향상하기 위해 공정이용 원칙을 보완해야 한다는 의견에도 주목할 필요가 있다. 팔초모스키와 와이저(Parchomovsky & Weiser, 2010)는 디지털 미디어에서 저작권이 있는 콘텐츠 이용의 허용범위를 증가시킬 수 있는 "이용권" "이용자 권리"와 같은 이익을 공정이용 원칙에 반영하자는 획기적인 정책적 전략을 제시하였다. 또 류(2003)는 공정이용 항변이 소비자 이익 보호를 대신할 것을 제안하였으며, 본 로만(Von Lohmann, 2008)도 "저작물의 보완재"를 위한 기술혁신의 도모에 공정이용이 중요하다는 점을 강조하였다.

한편 최근의 웹2.0환경에서는 저작물의 생산과 소비에 적극적으로 참여하는 이용자가 문화와 경제에 이바지하는 가치가 크며 이것은 곧 저작권 제도의 발전과 연결된다는 코헨(2005)의 주장에 관심을 기울이고, 향후 국내 사법부의 판단에서도 저작물 이용자의 속성을 충분히 반영할 필요가 있다. 이와 관련하여 램리(2005)는 저작권의 과잉보호가 기술발전에 위축 효과를 주는 것을 방지하고 공정이용 원칙의 한계를 해결하면서 이용 차원의 요소를 보완하는 방안으로 혁신매체 항변의 원칙(Innovative Medium Defense)을 제안하였다. 이 항변의 내용은 소비자의 무한복제 및 배포 방지 능력, 긍정적이고 적극적인 소비문화 조장, 저작권자에 대한 적절한 대가, 저작권 침해가 아닌 저작물 이용 등의 기준과 더불어 저작물을 언제, 어떻게, 어떤 상황에서든 이용할 수 있는 자유를 의미하는 이용자의 자율성도 혁신적인 기술이나 매체의 저작권 침해 책임에 관한 판단기준으로 사용하자는 것이다.

2) 저작물 이용의 편의성 이익

저작권자의 이익과 상충하는 이용자의 정당한 이익을 보호하기 위해 저작권법에서는 '공정한 이용의 도모'를 명시하고 있다. 저작권법에 근거하면, 저작물의 공정한 이용은 저작자의 정당한 이익을 부당하게 해치지 않고 정당한 범위에서 사용하는 것이다. 또 공정한 이용은 일반 공중이 저작물을 공정하고 효율적으로 이용하는 것을 의미하기도 한다. 그런 점에서 공정한 이용이 저작자 이익의 차원에서 접근한 개념이라면, 효율적인 이용은 저작물 이용자 이익의 차원에서 접근한 개념으로 이해할 수 있다. 효율적인 이용이란 저작물에 접근하기 쉽고 이용이 편리해야 함을 뜻한다. 즉 저작물에 대한 접근성과 이용의 편리성을 전제로 한다. 따라서 저작물의 공정한 이용 도모라는 저작권법상의 목표를 달성하기 위해서는 무엇보다도 새로운 저작물에 공중이 접근할 가능성을 높이고, 저작물이 더 많은 이용자에게 빠르게 배포될 수 있도록 혁신적인 매체를 활용하여 편리하고도 효율적인 이용을 도모해야 한다(Kreiss, 1995; Lemley, 2005).

저작물 이용의 접근성과 편리성은 이용의 편의성이란 개념으로 포괄할 수 있다. 이것은 저작물 이용을 원활하게 하고 유통을 활성화함으로써 창작자의 수익은 물론이고, 이용 가능한 저작물의 증가를 초래해서 사회 전반에 걸쳐 이익을 얻게 된다는 저작권법의 입법취지와도 부합된다. 즉 창작자의 권리와 이용자의 편의를 동시에 도모하면서 인류문화 발전에 이바지하는 것이 저작권법의 목적이라고 볼 때, 저작물 이용의 편의성은 저작물 이용자의 이익이자 중요한 가치에 해당한다고 볼 수 있다.

저작물 이용의 편리성은 저작물을 편리하게 이용하는 힘 또는 능력을 뜻하는데, 이것을 높여줄 수 있는 수단이 바로 혁신기술이다. 실제로 검색엔진 이용에 관한 미국의 일련의 판결[5]에서 이용의 편리성 개념은 인터넷 검색엔진의 썸네일이라는 혁신기술이 공정이용인지를 판단하는 중요한 요소로 사용되었다. 시각적 검색엔진 서비스가 공정이용이라고 판시한 Kelly 판결(2003)에서 법원은 서

[5] Kelly v. Arriba Soft Corp. 336 F.3d 811(9th Cir. 2003); Perfect 10 v. Amazon. com, Inc., 508 F. 3d 1146(9th Cir. 2007).

비스제공자가 인터넷 이미지 검색방법을 더 편리한 방식으로 제공하려고 노력했다는 점을 강조하면서, 저작물 이용의 편리성을 높여주는 기능이 공정이용의 중요한 척도가 될 수 있음을 보여주었다. 법원은 혁신기술의 사용은 정보와 창의적 표현에 대한 공중의 접근성을 향상해주는데, 이것은 저작물의 자유로운 이용과 창작의 촉진이라는 저작권법 본래의 목적에 부합된다고 보았다. 반면 Napster 판결(2001), Grokster 판결(2005) 등 저작물 이용의 편리성을 높여주는 새로운 기술의 간접책임을 묻는 판결이 증가하고 있다. 이런 추세는 기술발전에 위축효과를 줄 뿐 아니라 더 나아가서 저작물 이용자 권리의 보호범위를 축소하는 결과를 초래한다.

저작물 이용의 접근성과 편리성은 이용의 편의성을 구성하는 하위 요소이지만, 편리성은 접근성을 전제로 하는 개념이면서 서로 중복된 의미로도 사용될 수 있다. 그런 이유에서인지 기존의 저작권 이론 논의에서도 접근성 차원의 논의로 집중된 경향을 보인다.

3) 저작물에 대한 접근성 이익

저작물에 대한 접근이 보장되어야 공중은 학습과 지식의 향상이란 이익을 얻고 저작자는 상업적 이익을 얻을 수 있다는 점에서 저작물에 대한 접근성은 저작권 이론에서 매우 중요한 개념이다. 접근성은 이용자의 저작물 이용과 저작권자의 저작물 접근통제와 같은 두 가지 차원에서 논의되고 있다.

첫째, 저작물 이용 차원의 접근성은 주로 접근 가능성, 이용 가능성이란 개념으로 설명되고 있다. 크라이스(Kreiss, 1995)는 저작물에 대한 접근성을 단순히 물리적인 접근에 그치지 않고 공중이 저작물을 통해 생각과 표현을 학습할 수 있는 능력으로 정의했다. 이에 기초하면, 저작물에 대한 접근성은 저작물에 대한 물리적인 접근은 물론이고 이용자가 저작물의 물리적 복제본에 담긴 생각과 표현을 인간이 이해할 수 있는 조건으로 이용하는 것까지 포함하는 개념이다. 즉 접근 가능성과 이용 가능성을 포함하는 개념이다. 예를 들어 대량 판매되는 소설은 물리적 접근과 이용도구라는 두 가지 조건을 다 통과한 예이다. 반면 개인 일기나 편지는 복제본을 얻을 수 없으므로 물리적 접근성 조건이 충족되지 않으며, CD에 수록된 음악은 재생 기기가 없으면 들을 수 없기에 이용도구 조건이 충족되지 않는다. 크라이스는 또 저작물에 접근하는 주체인 공중을 저작물을 읽고 듣고 보는 일반 공중과 원저작자와 경쟁관계에 있으면서 또 다른 새로운 저작물을 생산하는 저자로 분류하고, 저작물에 대한 접근성이 보장되어야 저작물의 아이디어와 표현을 연구하는 혜택을 누릴 수 있다고 주장하였다. 긴스버그(Ginsburg, 1997)는 새로운 저작물을 창작하기 위해 저작물을 이용하는 자가 아니라 저작물을 단순히 소비하는 이용자의 편의성과 접근성의 차원에서 이용자 권리에 주목하였다. 그는 저작자와 저작권자가 저작물의 배포와 배포 이후 단계의 이용까지 통제하려는 것은 급속한 기술혁명 시대의 공공복지에 유해하다고 주장하였다.

둘째, 저작물에 대한 접근통제권 차원의 논의에서는 저작자가 저작물의 복제를 금지하거나 제한하는 독점권을 행사하는 것 자체가 공중의 저작물 접근에 대한 간접적인 통제라고 보고(Efroni, 2011), 저작권자의 새로운 독점권의 하나로 접근통제권(access-right)개념을 제안하였다. 접근통제권은 "창작자들이 콘텐츠에 접근하는 것을 통제할 수 있는 수단"(Olswang, 1995), 또는 "보호되는 저작물에 이용자가 접근하는 것을 통제할 수 있는 저작권자의 배타적인 권리"(Heide, 2001)로 정의된다. 긴스버그(Ginsburg, 2003)는 "공중 구성원들이 저작물을 이해하는 방식을 통제할 수 있는 권리"로 정의했는데, 이것은 크라이스(1995)가 접근 가능성을 이용자의 저작물 학습능력으로 정의한 것과 맥을 같이 한다.

정리하면, 저작물에 대한 접근성은 이용자의 접근권과 저작권자의 접근통제권으로 논의된다. 이용자의 접근권은 저작권자의 접근통제권과 밀접하게 관련되지만 구별되는 별개의 개념이다. 저작권법의 정책목표와 관련한 논의에서는 저작권자가 배타적인 권리를 부여받는 대가로 일반인이 자신의 저작물을 이용하는 것에 동의하는 것으로 본다. 저작권자의 배타적인 권리 부여에 대한 조건이나 저작권법의 정책목표에 대한 반사 이익으로서 일반인들은 저작물에 접근하여 이를 이용할 권리가 보장된다는 것이다. 저작물에 대한 일반인의 접근권은 저작권법의 전통적인 정책목표가 되어 왔으나, 저작권법에 배타적인 권리의 형태로 보장된 것은 아니다. 따라서 일반인의 접근권과 저작권자의 접근통제권은 구별되며, 저작권자의 접근통제권이 인정되거나 강화되는 경우에는 일반인의 접근권은 인정되지 않는다. 특히 기술적 보호조치의 입법에 근거하여 접근통제권이 인정되는 경우,

저작물에 대한 이용자의 접근은 위협을 받을 수밖에 없게 된다(이대희, 2004).

이처럼 접근통제권이 강화되는 만큼 이용자의 접근권이 제한되기 때문에 두 가지 권리는 서로 긴밀한 관련성을 가지면서 대립 관계에 있다. 즉 이용자 차원의 접근권은 저작권자의 허락 없이 저작물 접근을 허용한다는 의미에서 일종의 배타적 저작권을 제한하는 반면, 접근통제권은 저작물 접근을 통제한다는 점에서 배타적인 저작권과 유사하다. 접근권은 기술적 보호조치에 관한 입법 이전에는 저작권자의 접근통제권이 아니라 저작권이 보호하는 저작물을 일반인이 이용할 수 있는 권리를 의미했지만(허희성·이대희, 2003), 디지털 환경에서는 접근통제권이 더 설득력이 있으면서 새롭게 부각하고 있다.

앞에서 살펴보았듯이, 이용자가 저작물을 적극적으로 이용하고 새로운 저작물의 생산자가 될 수 있기까지는 저작물에 대한 접근성과 이용의 편리성을 도모함으로써 저작물 이용의 자율성을 보장해주는 새로운 기술발전이 큰 몫을 했다. 하지만 저작권 판례나 기존 논의에서는 저작물의 경제적인 단순 소비에서 능동적, 참여적 이용으로의 변화를 공정이용보다는 불법행위, 해적행위로 판단함으로써, 저작권 권리 보호 차원에서만 바라보고 새로운 기술을 견제하려는 경향이 있다. 그뿐만 아니라 새로운 기술에 적응하고 이를 활용한 저작물 이용이 생산해 내는 새로운 경제적, 문화적 가치를 소홀히 하는 측면이 있다. 예를 들면 TV에서 제공하는 영화 프로그램을 VCR에 녹화해서 편리한 시간이나 반복 시청함으로써 시장에서 영화의 수명이 연장될 수 있다는 점, 디지털 음원을 공개함으로써 음반 시장이 활성화되고 성장할 수 있다는 점 등이다. 따라서 저작권자와 이용자 이익의 형량에서 디지털 기술로 인해 변모된 이용자의 역할과 속성은 물론이고 저작물 이용의 자율성, 편의성, 접근성 등의 이익을 충분히 반영할 필요가 있다.

2부

미디어 유형별
저작권의 특성

7장 인쇄매체와 저작권

15세기 등장한 인쇄술을 기반으로 한 출판제도에서 저작권이 태동했다는 점에서, 인쇄술은 저작권의 개념 확립에 크게 이바지하였다. 또 최초의 저작권법 「앤 여왕법」에서 보호했던 대상이 종이책이었듯이, 저작권 보호 대상이 인쇄매체 콘텐츠에서 출발했다는 점에서도 인쇄술은 저작권 제도와 깊은 관련성을 가진다. 인쇄매체란 문자, 사진, 그림과 같이 표현하고자 하는 내용을 인쇄술을 사용해서 종이라는 자원에 담아내는 것으로, 책, 잡지, 신문 등이 있다. 종이책과 더불어 대표적인 인쇄매체 콘텐츠인 신문은 가장 전형적이고도 오래된 매스미디어 중 하나이며, 뉴스콘텐츠의 속성을 가지면서 이후의 방송뉴스, 포털뉴스 등의 내용, 형식, 사업방식에 영향을 미쳤다. 인쇄매체 저작권의 특성을 살펴보기 위해 먼저 인쇄매체 중에서도 가장 역사가 긴 종이책과 기술발전으로 새롭게 등장한 전자책의 출판 및 발행과 관련하여 저작권 특성을 검토한다. 그리고 신문에서 출발한 뉴스콘텐츠 저작권의 특성과 뉴스콘텐츠의 생산, 유통 및 이용 단계의 저작권 쟁점을 다룬다.

① 책과 저작권

1) 종이책과 출판권

(1) 인쇄기술과 종이책

종이책은 역사가 가장 오래된 매스미디어인 인쇄매체의 대표적인 산물이다.

실제로 인쇄매체의 원형은 출판 분야에서 비롯되었는데, 출판행위의 결과물인 책은 종이와 인쇄기술을 통해 존재하는 매체로 여겨져 왔다. 인쇄술의 결과물로서 등장한 책의 사전적 정의는 "사람의 사상이나 감정을 글자나 그림으로 기록하여 꿰어 맨 것"이다. 그리고 쉽게 펼쳐볼 수 있고 운반할 수 있어야 하며 어떤 목적을 가진 내용이 들어 있어야 하고 일정한 분량이 있어야 한다(김기태, 2013b).

역사적으로 볼 때 15세기 후반 유럽에서 구텐베르그가 발명한 활판 인쇄술은 그동안 필사본에 의존했던 책을 대량으로 생산하고 보급할 수 있게 해주었다. 즉 책의 생산을 대량복제 체제로 전환하는 결정적인 계기가 되었다. 그러나 책의 대량복제는 저작물의 무단복제 및 배포를 가능하게 만들었다. 이것은 당시 성직자나 군주와 같은 지배 권력층이 권력을 유지하는데 강력한 위협요소로 작용했고 기존 출판업자들의 이권을 잠식시키는 요인으로 작용하였다. 이와 같은 배경에서 등장한 것이 출판특허제도이다. 출판특허제도란 국가가 인쇄업자와 출판업자에게 저작물을 인쇄해서 출판할 수 있는 특권을 부여하는 제도이다. 이 제도를 통해 기존의 출판업자들은 출판독점권을 부여받았고, 지배 권력층은 권력에 반대하는 내용을 담고 있는 출판을 검열하고 출판독점권 부여의 대가로 수수료를 징수하였다. 하지만 이때까지만 해도 인쇄출판업자의 특권이 우선 보호되었을 뿐 저작권이라는 개념이 생기지 않았다. 그럼에도 불구하고 개별 저작물에 특허를 부여했던 출판특허제도는 오늘날 저작권 제도를 탄생시키는 단초가 되었다는 점을 배제할 수 없다.

그러나 18세기로 오면서 자유주의와 개인주의 사상이 보급되고 계약의 자유와 사적 소유권이 등장하면서 특허제도가 명분을 잃게 되었고, 출판업자들은 저작자를 앞세워 저작자의 권리를 보호함으로써 간접적으로 이익을 챙기려고 하였다. 이런 과정에서 1709년 영국에서 출판업자들의 요구로 최초의 근대적 저작권법인 「앤 여왕법」이 탄생하였다. 이 법은 저작자에게 자신의 책을 복제, 출판할 수 있는 권리를 부여했고, 저작자로부터 그 권리를 양도받은 인쇄업자에게 출판독점권을 인정하였다. 「앤 여왕법」은 권리보호의 대상이 출판사업자가 아닌 저작자로 이동하는데 기여했다는 점에서 의미가 크다. 그러나 저작권 보호 대상이 책으로만 한정되었고 저작권 개념도 서적 등의 출판저작물 복제권에 한정되었다.

이상에서 살펴보았듯이, 인쇄술이 발명되고 종이책의 인쇄출판이 가능해지면서 저작권의 역사가 시작되었다. 그리고 인쇄술에 이어 사진·축음·방송·녹화·디지털 등 다양한 기술이 발명되면서 저작권의 보호범위가 확대되었다. 저작권은 이렇게 기술의 발달과 근대의 문화적 변화를 수용하는 제도로 탄생했으며, 그 범위와 보호 대상을 확대해 온 것이다.

(2) 종이책의 출판

종이책을 많은 사람이 이용하기 위해서는 책을 대량출판해야 한다. 그런데 일반적으로 책의 저작자는 출판할 수 있는 기술적, 재정적 능력을 갖추고 있지 않으므로, 전문적인 출판 능력을 갖춘 출판사업자에게 책 출판을 의뢰해야 한다. 저작권법에 따라 책을 복제·배포할 권리를 가진 저작자는 책을 발행하고자 하는 출판업자에게 출판권을 설정할 수 있다. 「출판문화산업 진흥법」에 따르면, 출판이란 "저작물 등을 종이나 전자적 매체에 실어 편집 복제하여 간행물(전자적 매체를 이용하여 발행하는 경우에는 전자출판물만 해당한다)을 발행하는 행위"이다. 그리고 저작권법에 따르면, 출판권이란 "저작물을 복제·배포할 권리를 가진 자가 그 저작물을 인쇄나 그 밖의 이와 유사한 방법으로 문서 또는 도화로 발행할 수 있는 권리"이다. 설정된 출판권은 준물권적인 권리로서 배타적이고 독점적인 성질을 가지고 있으므로, 출판업자는 이 권리를 토대로 안정적인 출판을 할 수 있다. 이와 같은 배타적인 권리의 특성에 따라, 출판권을 설정받은 책을 다른 출판업자가 출판할 경우 직접 출판을 금지하거나 그에 따른 손해배상 소송을 제기할 수 있다. 책의 저작권자와 출판업자 간에 계약이 체결되면 출판권을 설정받은 자가 출판권자가 되며, 출판업자는 책을 원작 그대로 출판할 권리를 가지게 된다. 출판업자는 책의 저작권자로부터 원고를 받은 날로부터 9개월 이내에 원작을 그대로 출판해야 하며, 반드시 저작권자를 출판물에 표시할 의무가 있다. 출판권의 보호 기간은 저작권자와 출판사 간 출판계약에서 정한 약정에 따르지만, 특별히 보호 기간을 정하지 않았을 경우 저작권법에 따라 3년이다.

출판이란 저작물을 인쇄하거나 그 밖의 이와 유사한 방법으로 문서나 도화로 복제, 이용하는 개념으로, 가장 오래된 전형적인 저작물 이용방법이다. 그런 점에서 종이책과 출판산업은 상호의존적인 관계에 있다. 저작자는 출판업자에게 책의 출판을 의뢰해서 자신의 저작물이 널리 이용될 수 있도록 하며, 출판산업은 책의

출판을 통해 이윤을 추구할 수 있다. 이렇게 책의 저작과 출판의 불가분성이 강조
되면서 출판업자들의 출판행위도 저작권에 준하는 저작인접권에 포함해야 한다는
주장도 있다. 그 근거로는 출판업자들의 활동은 단순히 수동적인 모방활동이 아
니며 저자와 학문, 문화에 봉사하는 창조적인 활동이라는 것이다. 이렇게 출판업
자에게 저작인접권을 부여할 경우 출판업자의 권리는 단순히 저작권자로부터 출
판권을 설정받는 소극적인 위치에서 저작인접권자라는 적극적인 위치로 격상된
다. 저작권법은 주로 저작자의 저작권 보호에 초점을 맞추면서 출판권을 별도의
특례규정으로 다루고 있으나, 저작권자로부터 설정받은 복제권과 배포권의 한시
적인 배타적 독점만을 인정할 뿐 주로 저작권자에 대한 의무를 강제하는 법규적
성격이 강하다(강상현·정걸진·서정우, 1992)는 특성이 출판업자에게는 한계로 작용
한다.

(3) 종이책과 저작권

저작권법[1]에서는 배타적발행권자나 출판권자가 저작물을 다시 발행하거나 출
판하는 경우, 저작자에게 정당한 범위 안에서 저작물의 내용을 수정하거나 증감
할 수 있는 권리를 부여하고 있다. 이와 같은 저작자의 저작물 수정·증감권은 저
작자의 인격적 이익을 보호하기 위한 것이므로 저작자가 그 주체이며(이해완,
2015), 저작자에 부여된 인격권 중에서도 동일성유지권과 연관 지어 이야기할 수
있다. 저작자의 수정, 증감권과 관련하여 문제가 되었던 사례로 금성출판사 역사
교과서 수정사건을 지적할 수 있다. 2008년 7월, 교육과학기술부가 근현대사 교
과서가 좌편향 내용을 담고 있다고 주장하면서 내용 수정을 요구하자, 교과서 저
자들은 저작권 침해라고 주장하면서 가처분 신청을 냈다. 이에 대해 법원은 저자
들이 교과부 장관의 수정지시에 협조한다는 출판 계약서를 체결했다는 이유로 가
처분 신청을 기각하였다. 하지만 서울중앙지방법원[2]은 교과용 도서 자체를 수정
할 때 저작권법상의 동일성유지권 제한규정이 적용되지 않는다고 보고, 저자의
동의 없이 교과서를 임의로 수정한 행위는 동일성유지권 침해이며 교과서의 발행

---

1 제58조의2, 제63조의2.
2 서울중앙지방법원 2009. 9. 2. 선고 2009가합7071 판결.

과 판매, 배포를 중단하라는 판결을 내렸다.

이에 대해 서울고등법원3은 입장을 달리 취했는데, 교과부의 적법한 수정지
시에 따르기로 한 저자들과 출판사 간 출판계약에 근거할 때 출판사의 교과서 수
정은 저작인격권 침해가 아니라고 판시하였다. 2013년 대법원4도 출판계약의 성
질·체결 경위·내용, 계약 당사자들의 지위와 상호관계, 출판의 목적, 출판물의
이용실태, 저작물의 성격 등 제반 사정을 종합적으로 고려해 구체적·개별적으로
판단할 때, 출판사는 저작자의 명시적 또는 묵시적 동의 범위 내에서 저작물을 변
경한 것이고 저자들은 교과부 장관의 수정지시를 이행하는 범위 내에서 교과서
변경에 동의한 것으로 보아야 한다는 점을 근거로 출판사의 교과서 수정 발행은
동일성유지권 침해가 아니라는 점을 분명히 하였다. 또 저작자가 출판계약에서
행정처분을 따르는 범위 내에서의 저작물 변경에 동의한 경우에는 설사 행정처분
이 위법하더라도 당연 무효라고 볼 사유가 있다고 할 수 없는 이상 행정처분에
따른 계약 상대방인 출판사의 저작물 변경은 동일성유지권 침해에 해당하지 않는
다고 판시하였다. 저작물의 수정 출판의 동일성유지권 침해판단에서 법원은 당사
자 간 출판계약의 성질 등을 보다 중요하게 고려한 것이다.

출판업자가 책의 출판권을 설정 받았어도, 2차적저작물인 번역물로 출판하려
면 책의 원저작자로부터 허락을 받아야 한다. 하지만 저작권 보호기간이 끝난 경
우라면, 저작권자의 이용허락을 받지 않고서도 자유롭게 번역하여 이용할 수 있
다. 2차적저작물작성권과 관련하여 불공정한 계약이 문제가 되었던 사례로 앞에
서 살펴보았던 그림책 〈구름빵〉 사건을 이야기할 수 있다. 2007년 〈구름빵〉이 출
간된 이후 큰 인기를 얻자, 출판사는 그림책을 토대로 한 애니메이션, 뮤지컬 등
의 2차적저작물을 통해 많은 수익을 창출하였다. 하지만 출판사가 저작물 이용에
대한 대가로 일정액을 미리 지급하는 매절계약을 통해 2차적저작물 작성으로 얻
는 수익을 독점하게 되자, 출판사와 저작자의 불공정한 출판관행이 문제가 된 바
있다.5 매절계약에 대한 저작자와 출판사의 인식이 서로 다르고 2차적 저작물작

3 서울고등법원 2010. 8. 25. 선고 2009나92144 판결.
4 대법원 2013. 4. 26. 선고 2010다79923 판결.
5 http://news.naver.com/main/read.nhn?mode=LPOD&mid=tvh&oid=052&aid=000565443.

성에 대한 이용허락을 별도로 받지 않아 발생한 분쟁사례로 볼 수 있다.

또 아직 출판되지 않은 책의 일부 내용을 인용하려면, 공표된 저작물이 아니므로 저작자의 허락이 필요하다. 공표되지 않은 책은 저작권법상 저작재산권을 제한할 수 있는 인용의 대상에서 배제되는데, 이것은 책을 언제 어디서 어떤 방법으로 공표할 것인지 또는 책을 공표하지 않을 것인지를 결정할 수 있는 저작자의 공표권을 침해할 수 있기 때문이다. 그러므로 비록 교육이나 연구를 목적으로 한다 해도 아직 공표되지 않은 책을 인용하려고 한다면 저작자의 동의를 받아야 하는 것이 원칙이다.

출판업자가 저작자와 출판권 설정계약을 체결한 책의 원고를 워크북에 재사용하려면, 이용허락의 범위를 넘어서는 경우이므로 저작자로부터 별도의 허락을 받아야 한다. 저작권법에 따라 저작물의 이용허락을 받는 자는 허락받은 이용방법 및 조건의 범위 안에서 저작물을 이용할 수 있기 때문이다. 즉 저작권자의 이용허락 없이 저작물을 이용하는 것은 저작권 침해에 해당한다. 마찬가지로 저작자가 불분명한 인터넷에 떠도는 유머와 삼행시 등을 엮어 책으로 발간하기 위해서는 역시 이용허락을 받아야 한다. 인터넷에서 네티즌에 의해 전파되고 있는 많은 저작물은 저작자를 알 수 없는 경우가 많다. 그렇다 하더라도 일반적인 저작물의 이용절차와 다르지 않은데, 저작권자를 찾기 위해 상당한 노력을 했음에도 불구하고 찾을 수 없다면 법정허락의 절차를 통해 이용해야 한다.

한편 책을 출판할 경우 출판사가 저작권자에게 주는 인세율은 계약에 따라 달라질 수 있지만, 대부분 5~15%의 범주에 있고 보통 10% 내외이다. 인세는 저작물의 출판과 발매를 조건으로 출판사로부터 저작권자에게 지급되는 저작권 사용료이다. 우리 법원도 책의 판매가격의 10~30% 상당액이 인세로서 그 저작권자에게 사용료로 지급되는 것을 일반 관행으로 인정하고 있다(이영록, 2009).

2) 전자책과 저작권

(1) 전자책의 개념 및 특성

디지털 기술 등의 발전으로 출판방식이 다양해지면서 새로운 출판물 형태로 등장한 것이 전자책(e-book)6이다. 전자책은 시, 소설, 기타 서적 등을 활자 대신 디지털 형태로 출판한 것으로, 전자책의 등장으로 더 많은 정보를 얻고 다양한 선택이 가능해졌다. 과거의 인기 도서나 잡지를 디지털화해서 다시 볼 수 있게 되었고 상업적 이윤추구에 맞지 않아 출판되지 않았던 전문서적들도 접할 수 있게 되었다. 그런 점에서 전자책은 종이책의 대체재 또는 보완재라고 할 수 있다. 또 전자책의 등장으로 전자책 도서관이 활성화되고 있으며, 대학도서관을 비롯한 도서관 홈페이지에서 전자책을 이용하는 것이 가능해졌다. 그뿐만 아니라 출판의 개념이 종이책에서 전자출판에 의한 전자책을 포함하는 것으로 확대되었다(성대훈, 2004; 정연덕, 2007).

종이신문이란 용어를 인터넷신문과 종래의 종이로 만든 신문과 구분하기 위해 사용하듯이, 종이책도 전자책과 종이로 만든 책을 구분하기 위해 전자책의 상대적인 개념으로 사용되는 용어이다. 그러므로 전자책은 종이책의 상대적인 개념인 디지털 콘텐츠 서비스라 할 수 있다. 전자책에 대해서는 현재 명시적으로 규정한 법률이 없으며, 개념 정의가 아직 통일되지 않고 있다. 박근수(2000)는 "인터넷과 컴퓨터상의 문서 저장 및 교환 표준방식으로 구성된 데이터이면서 범용 PC 또는 전용 단말기, 미니디스크, CD-ROM으로 작동되는 전용 소프트웨어 뷰어로 볼 수 있는 파일"로 정의하였다. 곽동철(2000)은 "콘텐츠(contents)라고 부르고 있는 컴퓨터 파일로 이루어진 전문(full text) 정보를 인터넷을 통해 내려받아 개인용 PC, 노트북컴퓨터, 개인용 정보 단말기(PDA), 전자종이(electronic paper) 등에서 읽을 수 있는, 전자적으로 유통되는 정보자료"라고 정의하였다. 전자책의 구성과 이용방식 차원에서의 정의라고 할 수 있다. 또 김기태(2001)는 기존의 종이책과는 달리 컴퓨터 파일 형태의 출판물을 전용 뷰어(viewer)를 통하여 컴퓨터나 전용 단말기로 읽은 디지털 출판물로 정의하였다. 일반적으로 전자책은 컴퓨터 파일 형태의 출판물을 인터넷을 통해 다운로드를 받는 것은 물론 전용 뷰어를 통해 컴퓨터나 전용 단말기로 읽는 디지털 출판물이라는 개념으로 사용된다(성대훈, 2004). 이와 같은 정의들을 종합해서 전자책의 개념을 재정의하면, "텍스트 기반의 정보

---

6 1998년 미국의 실리콘밸리의 벤처기업인 누보미디어가 'Rocket eBook'를 내놓으면서 전자책이 최초로 상용화되기 시작한 것으로 알려지고 있다(김기태, 2005).

나 메시지를 디지털화해서 온라인으로 유통되는 디지털 콘텐츠로, PC나 태블릿 PC와 같은 정보처리 단말기에 다운로드 받아 뷰어(viewer)나 소프트웨어를 통해 이용할 수 있는 책"이다.

독자에게 전자책은 여러 가지 장점이 있다. 부피와 무게가 많이 나가는 종이 책과는 달리, 휴대가 간편하고 보관하기 쉽고 가격이 종이책의 40~50% 선으로 저렴하게 구매할 수 있다. 또 인터넷을 통해 이용하므로 공간 제약을 받지 않고 구매 시간이 절약되어 시공간의 제약이 적으며, 필요한 부분만 별도로 구매하는 것도 가능하다. 종이책이 종이 수명에 따라 보존 기간이 제약을 받는다면, 전자책은 영구 보존이 가능하고 유지와 보관이 쉽다. 그리고 음악, 영상 등의 멀티미디어가 포함된 콘텐츠를 이용할 수 있고 전자책 간에 하이퍼링크가 가능하다. 이렇게 볼 때 전자책이 독자에게 제공하는 이점은 비용 절감, 휴대와 이용의 편의성, 시공간의 제약 극복, 영구성이다. 또 출판사 입장에서도 종이와 배송시간이 불필요해서 제작과 유통에 필요한 비용을 절감할 수 있다. 또 업데이트가 쉬울 뿐 아니라 동일 내용을 다양한 형태로 변형하는 것이 가능해서 영화, 게임, 음반, 캐릭터, 출판 등 다양한 방식으로 판매될 수 있다. 이렇게 고정비용과 물류비용의 절감, 신속한 업그레이드 등이 출판사에 큰 이점으로 작용한다.

반면 전자책은 단점도 있다. 전자책을 읽기 위해서는 기본적으로 PC나 전용 단말기 등의 판독 기기가 필요하고 단말기 사양에 따라 그에 맞는 소프트웨어를 설치해야 하므로, 이용자에게 가격부담이 된다. 또 전자책 파일을 계속 관리해야 하고 새로운 형태의 포맷에 따라 계속 변화해야 하며, 단말기의 해상도나 폰트에 따라 가독성이 떨어질 수도 있다. 그리고 무엇보다도 디지털로 표현되므로 무한 복제가 가능해서 불법복제로 인한 저작권 침해가 발생할 수 있다.

(2) 전자책의 발행

저작권자는 저작물에 대한 이용허락과 달리, 배타적이고 독점적인 권리로서 출판권을 설정할 수 있다. 그러나 저작자와 출판사가 출판허락계약을 체결할 때 종이책에 관한 사항만 명시한 경우, 출판사가 저작권자로부터 별도의 허락을 받지 않고 온라인에서 정보를 제공하는 방식인 전자책도 출판할 수 있는지가 문제가 된다.

출판권과 배타적발행권은 별개의 권리이다. 배타적발행권의 권리객체가 일반적인 저작물이라는 점에서 도서와 도화만을 권리의 객체로 하는 출판권과 배타적발행권은 다르다. 배타적발행권이 의도한 분야는 전자책 출판과 컴퓨터프로그램 저작물과 밀접하게 관련되어 있다(계승균, 2012). 일반적으로 전자책은 인터넷을 통해 다운로드 하는 것과 전용 뷰어를 통해 개인용 컴퓨터나 정보 단말기로 볼 수 있는 디지털 출판7 영역을 통칭하는 개념이다(김기태, 2001). 출판사가 전자책 출판에 대한 저작자의 승낙을 받지 않거나 승낙이 매우 모호한 상태에서 출판하는 경우처럼 저작자와 출판사 간에 저작권 처리가 미비하게 되면, 저작권이 장애 요인으로 작용할 수 있다. 그러므로 전자책을 출판하려면 이용권이나 전송권에 대한 허락이 필요하며, 설사 출판사가 종이책의 출판권을 가졌다 할지라도 이를 전자책으로 디지털화하려면 전자책 출판에 관한 별도의 계약을 체결해야 한다.

출판사가 계약에 따라 어학서적을 출판했는데, 저작권자로부터 별도의 허락을 받지 않고 서적의 일부 내용을 출판사 홈페이지에 게재해서 문제가 된 사건이 있었다. 이에 대해 서울중앙지방법원8은 저작권 침해라고 판시한 바 있다. 또 2001년 미국의 오프라인 출판사인 랜덤하우스(Random House)가 전자책의 저작권을 침해했다는 이유로 전자소설책 판매업체인 로제타북스(RosettaBooks)를 상대로 소송을 제기한 사건에서, 법원은 전자출판권이 저작권자에게 유보되어 있으므로 출판사의 출판권은 종이인쇄에만 해당하며 전자형태의 출판에는 영향을 미치지 않는다고 판시하였다(정연덕, 2007). 종이책에 관한 기존의 출판계약이 전자출판에도 효력이 미치지 않는다는 견해인데, 인쇄매체와 같은 전통 매체의 출판과 새로운 매체 이용을 위한 출판을 다르게 바라본 것이다. 하지만 디지털 환경에서는 저작물의 이용방법과 유형이 매우 다양하므로, 방법과 조건의 중첩 여부를 규정하는 일이 쉽지 않다(김기태, 2013a). 이에 따라 배타적발행권의 활용범위와 규정, 운용 등을 중심으로 전자책 발행과 관련한 법과 제도에 대해 면밀하게 검토할 필요가 있다.

---

7 디지털 출판과 유사한 개념인 전자출판은 일반적으로 종래의 종이 형태의 도서가 아니라 디지털화된 전자적 형태의 문서로 출판하는 것이다(오승종, 2016).
8 서울중앙지방법원 2001. 3. 9. 선고 2000가합28365 판결.

(3) 전자책의 보급과 저작권법 쟁점

전자책 시장이 성장세를 보이고, 스마트폰과 같은 모바일 미디어의 확산으로 책을 소비하는 방식이 변화하면서 점차 지속적인 성장을 보일 것으로 전망된다(강호갑·조성환, 2010). 2000년 초기부터 디지털 콘텐츠의 특성 때문에 전자책의 폭발적인 성장이 기대되면서 도서 시장의 모습이 크게 바뀔 것으로 전망되었으나, 사용 기기의 불편함과 저작권 보호 문제 때문에 초기에는 침체기가 진행되었다(김경일, 2014, 유의선, 2000). 대부분 미디어 기술이 그렇듯이, 전자책의 등장 초기에는 기술적인 문제에만 주목할 뿐 정작 그것으로 인해 발생하는 법적 이슈에 관한 논의가 미비하였다. 디지털 미디어의 급속할 발달과 함께 전자책의 등장에 대해 기존의 출판업계가 발 빠르게 능동적으로 대처하지 못했던 것도 사실이다. 전자출판과 관련하여 법적 논의가 풍부하지 않으며, 관련 법 제도가 정비되지 않아 저작권법에 전자책 관련 규정도 없다(김기태, 2013a; 정연덕, 2007).

전자책과 관련한 현행 법규를 살펴보면, 출판, 출판문화산업의 지원·육성, 간행물의 심의 등을 규율하는 「출판문화산업 진흥법」과 다른 콘텐츠를 디지털화한 자를 보호하는 「콘텐츠산업 진흥법」을 지적할 수 있다. 「출판문화산업 진흥법」 제2조에서는 전자출판물의 개념을 "출판사가 저작물 등의 내용을 전자적 매체에 실어 이용자가 컴퓨터 등 정보처리장치를 이용하여 읽거나 보거나 들을 수 있게 발행한 전자책 등의 간행물"로 정의하고 있다. 그리고 「콘텐츠산업 진흥법」 제37조에서는 전자책의 전부 또는 상당한 부분을 복제·배포·방송 또는 전송함으로써 전자책 출판업자의 영업상의 이익을 침해하는 것을 금지하고 있다. 하지만 이들 법은 어디까지나 산업진흥법의 성격을 가지므로 전자책 산업을 발전시키고 보호하는 목적으로만 사용할 수 있고, 전자책에 저작권법의 논리를 적용하는 데는 한계가 있다. 따라서 전자책의 보급과 이용의 활성화 뿐 아니라 전자책 이용자 이익도 함께 포섭할 수 있도록 저작권법의 입법 개선이 요구된다.

한편 저작재산권 제한조항인 저작권법 제31조에 따르면, 도서관은 조사연구 목적의 이용자가 요구하거나, 구하기 어려운 도서의 복제물 보존을 위해 다른 도서관 등이 요구하는 경우와 자체보존이 필요한 경우 등 일정한 경우 보관된 도서를 복제할 수 있다. 또 도서관은 컴퓨터를 이용하여 이용자가 도서관 안에서 열람할 수 있도록 보관된 도서를 복제하거나 전송할 수 있으며, 이용자가 다른 도서관 안에서 열람할 수 있도록 보관된 도서를 복제하거나 전송할 수 있다. 그러나 조사연구 목적의 이용자 요구에 따른 경우나 구하기 어려운 도서의 복제물을 보존용으로 제공하는 경우, 도서를 디지털 형태로 복제할 수 없다. 또 도서관에서 컴퓨터를 이용하여 보관된 도서를 복제하거나 전송할 경우, 동일 자료를 동시에 열람할 수 있는 이용자 수를 도서관 보관 부수 또는 도서관이 저작권자에게 이용허락을 받은 부수로만 제한하고 있다. 도서가 디지털 형태로 판매되고 있을 때는 자체 보존용 복제인 경우이거나 도서관 안 또는 다른 도서관 안에서의 열람 목적의 복제인 경우라 할지라도 디지털 형태로 복제할 수 없다. 디지털 환경의 도래로 도서관 내에서 자체 구축한 시스템을 통해 디지털 자료를 열람할 수 있는 서비스가 늘어나고 있고, 특히 도서관 내의 디지털 복제 허용의 필요성이 높아지고 있다. 따라서 디지털 자료와 관련한 저작권법상의 제한조항은 전자책 도서의 보급과 활성화를 저해하는 요소로 작용할 수 있다.

② 뉴스콘텐츠와 저작권

미디어 콘텐츠 저작권은 역사가 가장 오래된 인쇄매체에서 출발하였다. 신문은 미국에서 1886년 법원[9]이 최초로 저작물로 인정하였다. 신문을 저작권법상 책에 해당한다고 판단하고, 책은 종이 한 장으로 만들 수도 있고 여러 장을 제본하여 만들 수도 있으므로 신문도 책에 포함된다고 보았다(문재완, 2008). 신문을 어문저작물로 해석한 것이다. 이렇게 뉴스콘텐츠는 인쇄매체의 대표적인 콘텐츠인 신문기사를 근간으로 하여 미디어의 발전과 더불어 점차 라디오 뉴스, TV뉴스, 포털뉴스를 포함하는 개념으로 발전되었다. 디지털 환경에서 뉴스의 유통구조에 많은 변화가 일어나고 저작권에 기반을 둔 뉴스콘텐츠 마케팅환경이 조성되면서, 뉴스콘텐츠 저작권은 많은 논의가 필요하다.

---

9 Harper v. Shoppell, 26F. 519(C.C.S.D.N.Y. 1886).

1) 저작물로서의 뉴스콘텐츠의 특성

뉴스는 아직 알려지지 않은 새로운 소식으로서, 일반적으로 최근 발생한 사건, 사고와 같이 시사성이 있다고 판단되는 보도내용이다. 뉴스의 개념을 규정해주고 있는 법률은 없지만, 신문10과 뉴스통신11에 관한 법률을 토대로 하면, 뉴스란 국내외의 정치·경제·사회·문화·시사 등에 관한 보도·논평·여론 및 정보 등이다. 이런 뉴스를 소재로 작성한 신문기사나 방송뉴스는 미디어가 생산한 뉴스콘텐츠이다. 뉴스콘텐츠는 시사보도, 여론형성, 정보전파 등을 목적으로 발행되는 신문이나 잡지와 같은 정기간행물, 방송 또는 인터넷 등에 수록된 저작물을 의미한다. 뉴스저작물에 대해 한국언론재단의 "뉴스저작권 신탁계약 약관"에서는 시사보도, 여론형성, 정보전파 등을 목적으로 발행되는 정기간행물에 수록되어 공표된 '저작물,' 「뉴스통신진흥에 관한 법률」에 의한 '뉴스통신' 및 방송법상 '보도에 관한 프로그램'이라고 정의하고 있다. 즉 뉴스저작물은 사실관계를 포함하고 있으면서 주로 텍스트, 사진, 영상의 형태를 취하는 표현물이다. 특히 정확한 사실보도를 위해 일정한 뉴스 작성규칙에 따라 작성되므로, 다른 어문저작물에 비해 표현방식의 다양성의 폭이 크지 않다(한지영, 2007)는 점이 뉴스저작물의 특징이다.

저작권법 제4조의 저작물 분류에 기초하면, 종이신문 중에서도 기사와 같이 문자 형태로 보도된 뉴스는 어문저작물에 속하고, 보도사진은 사진저작물, 방송뉴스 프로그램에서 기자가 보도한 뉴스는 무형의 구술에 의한 어문저작물에 속한다. 그리고 TV 뉴스프로그램은 기본적으로 연속된 영상과 음이 조합된 콘텐츠가 필수적으로 수반되기 때문에 영상저작물에 포함된다. 또 종이신문과 방송 뉴스프로그램은 소재가 되는 기사의 선택, 배열과정이나 뉴스의 영상취재, 편집과정에서

---

10 정치·경제·사회·문화·산업·과학·종교·교육·체육 등 전체 분야 또는 특정 분야에 관한 보도·논평·여론 및 정보 등을 전파하기 위하여 같은 명칭으로 월 2회 이상 발행하는 간행물(「신문 등의 진흥에 관한 법률」 제2조 제1호).

11 전파법에 따라 무선국의 허가를 받거나 그 밖의 정보통신기술을 이용하여 외국의 뉴스통신사와 뉴스통신계약을 체결하고 국내외의 정치·경제·사회·문화·시사 등에 관한 보도·논평 및 여론 등을 전파하는 것을 목적으로 하는 유무선을 포괄한 송수신 또는 이를 목적으로 발행하는 간행물(「뉴스통신진흥에 관한 법률」 제2조 제1호).

각각 창작성이 가미된다면 편집저작물의 성격을 띠게 된다.

또 신문사나 방송사와 같은 언론사에서 생산되는 신문기사나 방송뉴스의 저작자는 원칙적으로 기자이다. 그러나 기사나 뉴스가 업무상저작물의 요건을 갖추고 있다면, 저작권은 기사나 뉴스를 작성한 기자가 아니라 기자가 소속된 언론사가 가진다. 언론사는 개별 뉴스저작물의 저작자이자 신문이나 TV 뉴스프로그램과 같은 편집저작물의 저작자이다. 그리고 "뉴스저작권 신탁계약 약관"에 따르면, 뉴스저작물의 저작권자는 정기간행물사업자, 뉴스통신사업자, 방송사업자로서 뉴스저작물에 관하여 저작권을 보유하고 있는 자 또는 이를 승계한 자이다. 따라서 기사나 뉴스를 이용하고자 할 경우, 반드시 저작권을 가지고 있는 언론사의 허락을 받아야 한다. 다만 언론사에 소속되지 않은 프리랜서가 작성한 기사의 저작권 귀속은 계약에 따라 결정된다.

2) 뉴스콘텐츠의 저작권 보호범위와 판단기준

아이디어와 표현의 이분법에서 파생된 원칙인 사실과 표현의 이분법(fact/expression dichotomy)[12]에 따라, 신문이나 방송에서 다루는 뉴스, 즉 소식 그 자체는 단순한 사실이나 사건에 불과하므로 저작물로 볼 수 없다. 즉 육하원칙에 따라 작성된 사실의 전달에 불과한 시사보도는 저작권 보호 대상이 아니며, 저작권법 제7조에서 규정하는 비보호저작물에 해당한다. 사실의 전달에 불과한 시사보도란 교통사고, 화재사건과 같은 간단한 사건·사고 기사나 부고, 인사발령 기사 등과 같은 기사이다. 사실 보도를 저작권법의 보호 대상에서 제외하고 있는 취지는 뉴스에 포함된 정보는 특정인에게 귀속되지 않고 공공의 이익을 위해 사회적으로 자유롭게 유통될 필요가 있으므로 단순히 그 재산적 가치로만 다룰 수 없기 때문이다(한지영, 2007). 이와 관련하여 대법원[13]은 원래 저작권법이 보호하는 것은 외부로 표현된 창작적인 표현형식일 뿐 표현의 내용인 사상이나 사실 자체가 아니라고 설명함으로써, 사실/표현의 이분법을 적용하였다. 그리고 시사보도는 여러

---

12 사실을 보호하지 않고 사실이 표현된 것만을 보호한다는 원칙.
13 대법원 2009. 5. 28. 선고 2007다354 판결.

가지 정보를 정확하고 신속하게 전달하기 위해 간결하고 정형적인 표현을 사용하는 것이 보통이어서 창작적인 요소가 개입될 여지가 적기 때문에 저작권 보호 대상이 아니라고 설명하였다. 아이디어를 효율적으로 표현하는 방법이 그 표현방법 이외에 없는 경우, 그 표현을 저작권 보호 대상이 아니라고 보는 합체의 원칙을 간접적으로 적용한 것이다.

뉴스콘텐츠는 사실이나 사건을 토대로 한다는 점에서 저작권 관련 쟁점은 과연 뉴스콘텐츠가 저작권 보호를 받을 수 있는가, 그리고 보호를 받는다면 저작권 보호범위가 어디까지인가이다. 뉴스콘텐츠도 하나의 저작물로 인정받기 위해서는 기본적으로 저작물 성립요건을 충족시켜야 한다. 뉴스콘텐츠가 저작권 보호 대상인지에 대한 법적 해석은 1918년 미국의 연방대법원 판결[14]에서 그 근거를 찾을 수 있다. 통신사인 인터내셔널 뉴스 서비스(International News Service; INS)는 경쟁 통신사인 AP가 동부 지역 신문에 공급한 뉴스를 복제해서 출처를 밝히지 않고 서부 지역에 먼저 공급하였다. 이에 대해 AP는 상업적 가치를 유용한 부정이용 행위(misappropriation)[15]에 해당한다고 주장하면서 소송을 제기하였다. 이 사건에서 연방대법원은 뉴스에서의 사실, 사건 그 자체는 저작권의 보호를 받을 수 없음을 분명히 하였으나, 뉴스기사로서 완성되었을 경우 어문저작물로서 보호할 수 있는 대상이라고 판시하였다. 그리고 뉴스가 저작권 보호 대상으로서 재산권적인 가치를 가지는 근거는 뉴스를 취재하고 보도하는 것은 정교한 조직은 물론이고 비용, 기술, 노력 등이 크게 요구되며, 뉴스는 신기성, 신선도, 서비스의 정규성, 신뢰도, 완벽성, 공공의 필요에 적응하는 능력에 따라 교환가치를 가지기 때문이라는 것이다. 이 판결은 언론윤리의 문제에 주목하지 않고 시간에 민감한 소위 속보성 기사의 재산권을 보호할 필요성을 인정함으로써, 뉴스콘텐츠의 재산권적 가치를 인정했다는 점에서 의미가 크다.

법원[16]이 제시한 비보호 대상인 뉴스콘텐츠를 판단하는 기준에 의하면, 사실 전달에 불과한 시사보도는 기사내용에 기사작성의 전형적인 표현이 사용되고 기

---

14 International News Service v. Associated Press, 248 U.S. 215, 1918.

15 미국에서 판례법상 발달한 것으로 저작권법, 특허법, 상표법 등의 보호를 받지 못하는 창작을 부정 이용한 행위를 불공정한 경쟁으로 인정하는 원리이다.

16 서울고등법원 2006. 11. 29. 선고 2006나235 판결.

사 길이가 비교적 짧고 기사 내용을 구성하는 사실의 선택, 배열 등에 있어 특별한 순서나 의미를 지닌다고 보이지 않고 그 표현 자체가 지극히 전형적으로 이루어지고 있고 깊이 있는 취재에 의한 것이 아니라 단순한 관계기관의 발표, 자료 등에 의존해 간단하게 구성되어, 그 작성자가 다양한 표현방법 중 특별한 방법을 선택했다고 보이지 않는 기사이다. 그러나 사실 위주의 보도라도 정보나 보도 자료를 그대로 게재하지 않고, 사실의 구성, 편집방법, 어휘선택 등에 창작성이 있다면 영화나 음악과 마찬가지로 저작권 보호 대상이다. 또 사실이라 해도 특정 사건을 사진이나 영상으로 표현하거나 설명 또는 해설이 포함되면, 역시 저작권 보호를 받을 수 있다. 즉 단순한 사실에 덧붙여 개인의 사상이나 감정이 창작적으로 표현된 신문의 분석기사, 칼럼, 사설, 만화나 TV 시사다큐멘터리, 심층 시사보도 프로그램은 저작권법의 보호를 받는다.

　한 지방신문이 5회에 걸쳐 연합뉴스의 기사와 사진을 무단으로 전재해서 보도한 사건에서, 대법원[17]은 사실의 전달에 불과한 시사보도는 저작권법의 보호 대상에서 제외된다는 점을 강조하였다. 지방신문이 복제한 연합뉴스의 기사와 사진의 상당수가 정치, 경제계의 동향을 비롯하여 연예, 스포츠, 사건·사고, 수사나 재판 상황, 판결내용, 기상 정보 등의 사실이나 정보를 "언론매체의 정형적이고 간결한 문체와 표현형식을 통하여 있는 그대로 전달하는 정도"에 그치는 것으로, 이를 복제하여 게재했더라도 저작권 침해가 아니라는 것이 대법원의 해석이었다. 다만 법원은 복제된 기사와 사진 중에서도 개별적으로 살펴서 단순한 '사실의 전달에 불과한 시사보도'의 정도를 넘어선 것에 대한 복제 행위는 저작권 침해책임을 인정해야 한다고 덧붙임으로써, 시사보도 중에서도 저작권 보호를 받을 수 있는 영역을 분명히 하였다. 그리고 환송판결[18]에서 지방법원은 시사보도의 저작권 보도대상 판단기준을 구체적으로 제시하였다. 기사의 내용이 사실을 기초로 한 작성자의 비판, 예상, 전망 등이 표현되어야 하며, 그 길이와 내용에 비추어 보더라도 이를 작성한 기자가 그 수집한 소재를 선택하고 배열하여 표현할 수 있는 다양한 방법 중 자신의 일정한 관점과 판단기준에 근거하여 소재를 선택·배열해

17　대법원 2006. 9. 14. 선고 2004도5350 판결.
18　대구지방법원 2006. 12. 28. 선고 2006노2877 판결.

야 하고, 독자의 이해를 돕기 위한 어투와 어휘를 선택하여 표현함으로써 작성자의 개성이 드러나야 한다는 것이다. 이에 따르면, 소재의 선택과 배열, 취재내용에 관한 문장표현 등에 나타난 기사 작성자의 창조적 개성이 뉴스콘텐츠의 저작권 판단기준이다.

3) 뉴스제작에서 저작물 이용과 저작권

(1) 뉴스제작과 저작재산권 제한

저작재산권 제한규정에 근거하면, 시사보도 과정에서 보이거나 들리는 저작물은 정당한 범위 안에서 이용할 수 있다. 뮤지컬 공연에 관한 보도에서 음악이 일부 들려지는 경우가 여기에 해당하는데, 만약 보도에서 음악 전곡을 방송했다면 결코 정당한 범위라고 볼 수 없다. 또 신문 및 인터넷신문 또는 뉴스통신에 게재된 시사적 기사나 논설은 다른 언론기관이 이용할 수 있으며, 보도를 위해 정당한 범위 안에서 공정한 관행에 합치되게 공표된 저작물을 인용할 수 있다. 이처럼 시사보도 목적의 저작물 이용이나 인용을 저작재산권을 제한하면서 허용하는 이유는 원활한 시사보도를 위해 저작권 침해 책임을 면제시켜 주기 위한 것으로, 국민의 알 권리와 언론자유의 보호에서 그 근거를 찾을 수 있다.

하지만 다른 언론사 기사 중에서도 저작권 보호 대상이 되는 부분을 이용했다면 저작권 침해 문제가 발생한다. 앞서 언급한 연합뉴스 사건에서, 대법원[19]은 단순한 사실의 전달에 불과한 시사보도의 수준을 넘어선 기사와 사진을 가려내서 그에 대한 저작권 침해를 판단해야 한다고 판시하였다. 이와 관련하여 2009년 대법원[20]은 다른 언론사의 기사 이용에 대해 일부 문장의 배열순서나 구체적인 표현을 다소 증감, 수정했더라도 가장 핵심적인 표현을 그대로 썼고, 원래 기사의 전체적인 구성과 논조에 창작성이 있으므로 저작권 침해라고 해석하였다. 그렇지만 저작권 보호 대상인 시사보도에서 사실을 단순히 추출해서 이용하는 것은 저작권 침해가 되지 않는다. 스포츠 경기 생방송에서 점수와 사실관계에 관한 정보

---

19 대법원 2006. 9. 14. 선고 2004도5350 판결.
20 대법원 2009. 5. 28. 선고 2007다354 판결.

를 추출해서 이용하는 것은 방송프로그램의 저작권을 침해했다고 볼 수 없다.

(2) 핫뉴스 원칙(hot news doctrine)

신문기사나 방송뉴스는 속보성이 중요한 경쟁요소로 작용한다. 따라서 다른 어문저작물과 달리 시의성이란 기능이 기사나 뉴스의 경제적 가치에 큰 영향을 미친다(김현경, 2016). 예를 들어 한 방송사가 월드컵 축구경기를 독점 중계방송하고 있는데, 누군가가 중계방송 내용을 휴대전화 문자로 생중계를 했다고 하자. 축구경기에서 어느 팀이 얼마큼 앞서고 있는지와 같은 소식은 시간에 민감한 뉴스(hot news)이며, 이런 행위는 독점중계 방송사에 경제적 피해를 줄 수 있다. 이처럼 속보성 뉴스를 최초로 제공한 자의 경제적 손실을 막기 위한 보호 방안으로 미국에서 발전된 이론이 '핫뉴스 원칙'이다. 이 원칙은 민감한 뉴스 그 자체는 다른 사실과 마찬가지로 저작권 보호를 받을 수 없지만, 일정한 요건이 충족되면 주의 불법행위법으로 보호받을 수 있다는 원칙이다. 사실 보도 비보호 규칙의 예외로서, 뉴스콘텐츠 산업에서 경쟁사가 시간에 민감한 뉴스를 훔쳐서 사용하지 못하도록 방지하기 위한 취지에서 도입되었다. 비록 사실 보도일지라도 시간에 민감한 속보성 뉴스를 한 언론사가 보도했는데 다른 언론사가 정보를 수집하려고 노력하지 않고 무임승차했다면, 저작권법이 아닌 부정경쟁 방지 차원에서 부정이용의 원리(doctrine of misappropriation)에 의해 보호받을 수 있도록 한 것이다.

핫뉴스 원칙은 앞서 언급한 International News Service(INS) 판결(1918)[21]에서 유래를 찾아볼 수 있다. 이 판결에서는 미국 동부에서 발간된 AP의 뉴스기사를 INS가 서부 지역의 가입자에게 전송해서 문제가 되었던 사건을 다루었다. 연방대법원은 INS가 AP의 기사를 무단 전재한 행위가 뉴스의 재산권적 가치를 유용했다고 보고 불법행위에 해당한다고 판시하였다. 그리고 그와 같은 행위를 한 자에게 부정경쟁법리를 적용할 수 있는 요건으로 뉴스 수집영업의 직접적 경쟁자인 경우, 뉴스 수집비용이 발생하지 않은 경우, 최초 뉴스제공자의 뉴스공표를 쓸모없게 만든 경우를 제시하였다. 이를 기초로 하면, 핫뉴스 원칙을 적용할 수 있는 구성요건은 첫째 일반인이 아니라 뉴스 수집영업의 직접적 경쟁자가 불공정하

---

21 International News Service v. Associated Press, 248 U.S. 215(1918).

게 사용한 경우, 둘째 부정 이용한 내용이 시간에 민감한 경우, 셋째 뉴스 수집비용이 발생하지 않은 경우, 마지막으로 최초 뉴스제공자에게 상업적 피해를 줌으로써 뉴스공표를 쓸모없게 만드는 경우이다(문재완, 2008).

한편 기술발전과 함께 뉴스콘텐츠의 생산에 새로운 기술이 사용되고 모바일 미디어를 통해 뉴스콘텐츠가 유통되면서, 핫뉴스 원칙의 논리가 똑같이 적용될 수 있는지를 논의하기 시작하였다. NBA가 미리 계약을 맺은 특정 매체에만 제공하고 있었던 농구경기의 결과를 수신할 수 있는 단말기인 휴대용 무선호출기를 모토롤라(Motorola)가 판매한 사건에서, NBA는 농구경기의 점수, 통계 등의 자료에 관한 독점권을 침해했다면서 모토롤라를 상대로 소송을 제기하였다. 1심에서는 부정이용을 제외한 나머지 저작권법 위반 주장을 모두 기각하였으나, 연방항소법원22은 핫뉴스 원칙의 남용 가능성을 우려해서 부정이용방지법 위반 주장을 받아들이지 않았다. 그리고 핫뉴스 원칙이 적용되는 필수요건을 좁게 제시하였다. 첫째 원고가 비용을 치르고 정보를 창출하거나 수집한 경우, 둘째 해당 정보가 시간에 민감한 사안인 경우, 셋째 피고의 정보이용이 정보의 창출과 수집을 위한 원고의 노력에 무임승차한 경우, 넷째 피고가 원고가 제공한 정보 상품이나 서비스와 직접적인 경쟁관계에 있는 경우, 다섯째 피고의 무임승차가 원고의 정보 상품이나 서비스를 창출하려는 동기를 감소시켜 그것의 존재나 품질이 실질적으로 위협을 받게 되는 경우이다. 이 사건에서 법원은 피고가 자신의 자원인 네트워크를 사용해서 NBA 농구경기 결과를 수집하고 전달했기 때문에 "무임승차" 요건이 충족되지 않았다는 이유로, 원고의 핫뉴스의 부정이용 주장을 인정하지 않았다.

뉴스콘텐츠의 이용공간이 온라인 공간으로 확대되면서 인터넷에 기반한 경쟁자들이 종이신문의 기사를 허락을 받지 않고 이용하는 사례가 늘어나고 있다. 포털이 신문사나 방송사의 뉴스를 제공하는 경우가 여기에 해당한다. 2009년 미국에서 실시한 조사에 의하면, 75,000개 이상의 웹사이트에서 신문사의 허락을 받지 않고 기사를 재사용하고 있는 것으로 나타났다(Gregory, 2011). 특히 온라인 뉴스는 기존의 종이신문에 비해 더욱 신속하고 생생한 정보전달을 생명으로 하므로 최초로 특정 사실을 게재하는 것이 중요하고 최초 취재에는 시간과 비용, 노력이

---

22 National Basketball Association v. Motorola, Inc., 105 F.3d 841(2nd Cir. 1997).

많이 소모된다는 점에서, 비록 사실 위주의 보도라 해도 이를 전재하거나 요약하여 게재하는 것은 문제가 될 수 있다(서천석, 2004). 따라서 디지털 환경에서 뉴스콘텐츠의 저작권 보호와 별도로, 최근의 온라인 뉴스환경에서 불공정한 행위에 대처하고 최초 뉴스제공자의 노력과 투자를 보호하는 방안을 모색하기 위해 핫뉴스 원칙에 관한 논의를 확대, 발전시킬 필요가 있다. 핫뉴스 원칙을 온라인 공간에 적용할 수 있는 반면, 구글 뉴스와 같이 기사의 제목과 본문을 제한적으로 스크랩하는 행위가 불공정한 행위인지는 여전히 풀어야 할 과제이다.

4) 뉴스콘텐츠의 새로운 유통 및 소비 패턴과 저작권

인터넷이 일상생활에서 중요한 위치를 차지하면서 이용자 수도 급증하였다. 이처럼 인터넷이 상용화된 이후 포털, 블로그, SNS 등 다양한 디지털 플랫폼이 등장하고 스마트폰이나 태블릿PC와 같은 모바일 디지털 플랫폼이 활성화되면서, 디지털 콘텐츠를 생산하고 유통하는 플랫폼과 채널이 확장되었다. 이처럼 디지털 기술이 가져온 변화는 디지털 뉴스콘텐츠 유통구조에도 많은 변화를 초래하였다. 한 예로 네이버가 2009년부터 언론사 뉴스를 제공하는 뉴스캐스트 서비스를 운영한 이후, 인터넷을 통한 언론사의 뉴스 트래픽이 급격하게 증가하였고, 언론사닷컴과 인터넷신문사의 네트워크 광고수익이 증가하였다. 뉴스캐스트는 네이버 메인에 언론사의 주요 뉴스를 전달할 수 있는 언론사별 편집박스로서, 언론사가 직접 편집권을 행사할 수 있는 형태이다. 그러나 언론사 홈페이지 유입증가를 위해 자극적인 제목과 낚시성 기사들이 난무하면서 많은 비판을 받게 되자, 2013년부터 사용자의 취향대로 언론사를 선택해서 뉴스를 보는 형식인 뉴스스탠드 서비스로 바뀌었다. 뉴스캐스트가 언론사를 알 수 없는 상황에서 제목만 보고 기사를 선택하는 방식이었다면, 뉴스스탠드는 이용자가 언론사를 선택한 뒤 해당 언론사 내에 들어가서 기사를 봐야 하는 형식이다.

디지털 뉴스콘텐츠 유통구조의 변화와 함께 뉴스를 이용하는 패턴에도 많은 변화가 일어나고 있다. 뉴스 이용자가 유무선 인터넷에 기반을 둔 온라인으로 이동하면서 종이신문과 방송뉴스와 같은 오프라인 뉴스의 소비가 급속히 줄어들게 되었고, 온라인 미디어가 뉴스 유통의 주요 창구가 되면서 소셜 미디어가 뉴스를 생산, 재매개, 유통하는 주요 수단이 되었다. 이용자들은 트위터, 페이스북과 같은 SNS로 연결된 사람들의 추천을 받아 뉴스를 소비하거나 스스로 뉴스를 발굴해서 매스미디어보다 먼저 속보성 뉴스를 전달하기도 하고, 트위터 글이 매스미디어에 소개되어 뉴스가 되기도 한다(송진·이승희, 2014). 이전의 신문이나 방송을 통해서만 뉴스를 소비하는 방식에서 벗어나, 언제 어디서든 다양한 기기를 사용하여 포털이나 SNS와 같은 새로운 뉴스 플랫폼을 통해 무슨 일이 일어났는지, 무엇이 이슈인지 등, 세상이 어떻게 돌아가고 있는지를 수시로 확인하고 있다. 특히 젊은 층일수록 포털이나 SNS를 통해 뉴스를 소비하는 경향을 보인다.

이처럼 소셜 미디어를 포함한 디지털을 기반으로 하는 뉴스 플랫폼에서는 이용자 스스로 뉴스를 발굴하여 배포하는 것이 용이해서 복제권, 전송권 침해 등 뉴스저작권을 침해할 가능성이 크다. 게다가 뉴스콘텐츠 이용자들은 인터넷을 통해 무료로 뉴스를 이용했던 경험에 익숙해져 있을 뿐 아니라 신문기사나 방송뉴스가 저작권 보호 대상이라는 점을 거의 인식하지 못하고 있다. 실제로 2012년 조사에 의하면, 음악, 영화, 사진, 방송프로그램, 만화 등의 콘텐츠 중에서도 뉴스가 저작권 보호 대상 콘텐츠라는 인식이 가장 낮게 나타났다(최민재·문철수, 2012). 이용자의 저작권 인식 부족뿐 아니라 뉴스콘텐츠 저작권자인 언론사들조차도 저작권 침해 현상에 대해 미처 체계적인 대응을 하지 못했던 것이 사실이다. 이에 따라 디지털 공간에서 뉴스콘텐츠의 저작권 보호범위와 보호방식의 체계화 등에 관한 논의가 필요해졌다. 뉴스콘텐츠 저작권 보호의 제도적 체계화의 시도로, 한국언론진흥재단은 2006년부터 뉴스저작권 신탁기관으로 허락을 받고 온라인상의 뉴스콘텐츠 복제, 전송권에 관한 신탁관리를 담당하고 있다. 이와 같은 신탁관리제도의 목적은 디지털 뉴스콘텐츠의 저작권을 보호하고 디지털 뉴스콘텐츠에 대한 이용허락을 용이하게 하며 디지털 뉴스 유통시장을 활성화하기 위한 것이다.

8^장 방송과 저작권

방송과 저작권을 이해하기 위해 먼저 미디어 환경변화에 따른 방송의 개념과 방송콘텐츠 저작권의 특성에 대해 알아보고, 방송콘텐츠의 생산, 유통, 소비의 차원에서 저작권 관련 주요 쟁점을 검토해 본다. 우선 생산단계에서는 외주제작과 TV프로그램 포맷, 유통단계에서는 지상파재송신, 이용단계의 저작권 쟁점으로는 시·공간이동 시청을 중심으로 검토해 본다.

① 미디어의 환경변화와 방송의 개념

과거 방송과 통신 시장은 각각 독자적인 영역을 구축하고 있었다. 그러나 방송과 통신이 융합된 종합적인 디지털 광대역 커뮤니케이션 서비스 시장으로 확대·전환되면서, 기존의 지상파방송, 케이블방송, 위성방송 등을 비롯하여 이동멀티미디어방송(Digital Multimedia Broadcasting; 이하 DMB), 인터넷 멀티미디어 방송(Internet Protocol TV; 이하 IPTV), WiBro 등과 같이 방송내용을 전달하는 수단과 기술이 다양해졌다. 그와 함께 이전에는 예상하지 못했던 새로운 서비스들이 등장하였다. 인터넷방송(웹캐스팅)이나 주문형 비디오 서비스인 VOD 등이 대표적인 경우이다. 이와 같은 서비스들은 방송의 개념을 불특정다수의 사람들이 동시에 수신하는 개념에서 이시적(二時的) 수신까지 포함하는 것으로, 그리고 이전의 일방향성에서 쌍방향성을 포함하는 개념으로의 전환을 요구하였다.

2000년 통합방송법 이전의 방송법에서 정의했던 방송의 개념은 "정치·경제·사회·문화·시사 등에 관한 보도·논평 및 여론과 교양·음악·오악·연예 등을 공중에게 전파함을 목적으로 방송국이 행하는 무선통신의 송신"이었다. 이에 따르면 방송의 중요 요소는 공중에게 방송프로그램을 전달하는 동시성과 일방향성이다. 하지만 현행 방송법에서는 방송의 개념을 "방송프로그램을 기획·편성 또는 제작하여 이를 공중(개별계약에 의한 수신자를 포함하며, 이하 "시청자"라 한다)에게 전기통신설비에 의하여 송신하는 것"으로 정의하고 있다. 그리고 방송의 범위에 텔레비전방송, 라디오방송은 물론이고 데이터방송, 이동멀티미디어방송과 같은 방송과 통신의 경계영역에 해당하는 방송을 포함하고 있다. 또 방송과 통신의 융합현상에 대처하기 위해 제정된 「인터넷 멀티미디어 방송사업법(약칭 인터넷방송법; 이하 IPTV법)」에서는 인터넷 멀티미디어 방송을 "광대역통합정보통신망등을 이용하여 양방향성을 가진 인터넷 프로토콜 방식으로 일정한 서비스 품질이 보장되는 가운데 텔레비전 수상기 등을 통하여 이용자에게 실시간 방송프로그램을 포함하여 데이터·영상·음성·음향 및 전자상거래 등의 콘텐츠를 복합적으로 제공하는 방송"으로 정의하고 있다.

이와 같은 관련 법의 개념 정의에 기초하면, 방송은 여전히 일방향성과 동시성을 주요 요소로 하면서, 매체환경 변화에 따른 수신의 이시성(異時性)과 양방향성을 포함하는 개념으로 확대되었다. 개별계약에 의한 케이블방송, 위성방송 등의 유료방송이나 일반 공중이 개별적으로 선택한 시간에 인터넷에 접속해서 송신이 이루어지는 인터넷방송이 등장한 방송환경의 변화를 반영한 것이다.

반면 현행 저작권법에서는 방송의 개념을 다소 다르게 정의하고 있다. 저작권법에서 방송은 "공중송신 중 공중이 동시에 수신하게 할 목적으로 음·영상 또는 음과 영상 등을 송신하는 것"으로 정의된다. 방송을 여전히 수신의 동시성을 주요 속성으로 하는 개념으로 정의하고 있는 것을 볼 수 있다. 그에 대한 배경적 요인은 2006년 12월 개정된 저작권법에서 미디어 환경변화를 반영하기 위해 공중송신의 개념을 도입한 점에서 찾아볼 수 있다. 공중송신은 "저작물, 실연·음반·방송 또는 데이터베이스를 공중이 수신하거나 접근하게 할 목적으로 무선 또는 유선통신의 방법에 의하여 송신하거나 이용에 제공하는 것"을 의미한다. 이것은 방송의 상위 개념으로, 방송, 전송 및 디지털음성송신을 포함하는 개념이다. 이 중에서 전송은 저작권법에 따르면, "공중송신 중 공중의 구성원이 개별적으로 선택한 시간과 장소에서 접근할 수 있도록 저작물 등을 이용에 제공하는 것"을 의미하며 "그에 따라 이루어지는 송신을 포함"하는 개념이다. 즉 저작권법에서는 방송을 동시성을 주요 요소로 하는 개념으로 정의함으로써, 이시성을 주요 요소로 하는 전송의 개념과 명확히 구분하고 있는 것이 특징이다. 컴퓨터 네트워크에서의 송신, 즉 전송을 방송의 개념에서 배제하는 것이다. 또 방송을 포함하는 공중송신이 저작물 등을 무선 또는 유선통신의 방법에 의해 송신하거나 이용에 제공하는 것을 의미한다고 볼 때, 저작권법에서의 방송은 무선방송은 물론이고 유선방송을 포함하는 개념이다. 한편 신재호(2009)는 저작권법에서 저작물의 이용행위로서의 방송과 법적인 보호 객체로서의 방송을 별도로 정의하고 있지 않음을 지적하면서, 방송의 개념을 구분하여 정의할 필요성을 제기하였다. 즉 저작물 이용행위로서의 방송은 "매체"적 성격을 가지며, 보호객체로서의 방송은 "콘텐츠"의 성격을 가지므로, 이에 대한 별도의 정의가 필요하다는 것이다.

정리하면, 방송법에서는 미디어 환경변화를 반영하기 위해 방송을 이시성과 양방향성을 포함하는 개념으로 정의함으로써 그 영역을 확대해 놓고 있음을 엿볼 수 있다. 반면 저작권법에서는 일방향성과 동시성을 요소로 하는 개념으로 방송을 좁게 정의하면서 동시에 전송의 개념을 새롭게 추가하는 방식으로 미디어 환경변화를 반영하고자 했다는 점에서 차이를 보인다.

② 방송콘텐츠의 저작권

1) 저작물로서의 방송콘텐츠의 특성

방송콘텐츠란 일차적으로 방송 플랫폼을 위해 만들어진 콘텐츠이며, 디지털 기술의 발전으로 이용환경이 달라지면서 방송 이외의 목적으로 제작되더라도 방송매체를 통해 방송되는 콘텐츠나 VOD와 같은 주문형비디오서비스를 모두 포함하는 개념이다(설진아, 2011). 방송콘텐츠는 방송에서 사용되는 표현물로서, 창작성이 인정될 때 저작물로서 인정을 받을 수 있다. 방송콘텐츠가 저작물로 보호받기 위해서는 녹음 또는 녹화되어야 하고, 녹음, 녹화된 콘텐츠에 창작성이 있어야 한다. 저작물로서의 방송콘텐츠는 첫째, 연속적인 영상이 수록된 창작물로서 그 영상을 기계 또는 전자장치에 의하여 재생하여 볼 수 있거나 보고 들을 수 있는 영상저작물에 속한다. 최근에는 인터넷을 이용한 '보이는 라디오'라는 새로운 형태가 등장함으로써 라디오방송 영역에서도 영상저작물에 포함될 수 있는 콘텐츠가 생산되고 있다. 둘째, 방송콘텐츠는 통상적으로 어문저작물, 미술저작물, 음악저작물과 같은 원저작물을 근거로 하여 창작되는 2차적저작물인 경우가 대부분이다. 대본이나 원작을 토대로 음악과 미술을 사용하면서 PD의 연출과 실연자들의 연기로 방송콘텐츠가 만들어지기 때문이다. 최근 유행하는 웹툰을 각색해서 영상으로 제작된 TV드라마가 여기에 해당한다. 셋째, 방송콘텐츠는 각본, 음악, 문예, 영상저작물과 기타 데이터베이스, 캐릭터 등 다양한 종류의 저작물을 사용하는 종합저작물이다. 넷째, 방송콘텐츠는 감독, 탤런트, 세트 디자이너, 촬영·조명·음향 기사 등 다수의 사람이 제작에 참여한다는 점에서 공동저작물에 해당한다. 이처럼 방송콘텐츠가 2차적저작물이자 공동저작물의 속성을 가진다는 것은 방송콘텐츠의 이용에서 공동저작자 간의 합의가 원칙적으로 중시될 필요가 있지만, 동시에 이것이 현실적으로 방송콘텐츠의 원활한 흐름을 저해하는 요소로 작용할 수도 있다는 점을 시사한다(유의선, 1995). 따라서 방송콘텐츠는 영화와 같은 영상저작물과 마찬가지로, 저작자 추정이나 저작권 귀속 등 저작권 문제가 매우 복잡하다.

그 밖에도 저작물로서의 방송콘텐츠는 대부분 업무상저작물의 성격을 띤다는 점이 특징이다. 방송사에 소속된 기자나 PD가 제작한 뉴스프로그램이나 시사프로그램은 업무상저작물로서, 방송사업자가 저작권을 가진다. 스포츠 중계방송의 경우에도 스포츠 경기[1] 자체는 저작물성이 인정되지 않는다고 볼 수 있지만, 스포츠 중계방송[2]은 방송프로그램으로서 영상저작물로 인정할 수 있고, 대부분 업

---

1 구기나 격투기 종목의 경기는 표현적인 요소가 없고 재연 불가능하므로 저작물로 인정할 수 없지만, 리듬체조, 피겨스케이팅, 마루운동 등은 예술 표현적 요소가 있으므로 표현의 창작성이 있다면 저작물성을 인정할 수 있다.
2 촬영대상의 선정, 화면의 구도나 배치, 리플레이 등을 중심으로 구성하고 편집하는 것은 표현의 영역에 속하며 진행자나 해설자의 경기에 대한 평가, 분석, 전망 등은 단순한 사실 전달 이상의 의미를 가지므로 여기에 창작적 요소가 있다면, 스포츠 중계방송은 저작

무상저작물로서 방송사업자가 저작자가 된다.

방송콘텐츠는 방송사업자나 외주제작사에 의해 제작된다. 따라서 방송콘텐츠의 제작에는 여러 당사자가 관련된다. 즉 대본작가나 음악가, 세트 디자이너 등 원저작물의 저작권자, 실제 연기나 연주를 통해 원저작물을 구현해내는 탤런트나 개그맨, 가수 등의 저작인접권자, 이를 촬영하는 촬영자, 촬영과정 전체를 기획하고 관리하며 촬영물을 편집하는 PD나 연출자 등이 참여한다. 그러므로 방송콘텐츠 제작에 창작적으로 이바지하는 방송콘텐츠의 저작권자와 방송제작자, 그리고 이를 이용하는 이용자 등이 방송산업의 관련 당사자가 된다(손경한, 2014). 이렇게 방송콘텐츠 제작에서 원저작물의 저작권자, 저작인접권자, 방송콘텐츠의 저작권자와 방송제작자, 그리고 시청자 또는 이용자 등, 여러 당사자가 관련된다는 점은 방송콘텐츠의 저작권과 관련하여 분쟁의 소지가 크다는 것을 의미하는 것이기도 하다.

방송콘텐츠는 과거에는 대체로 1차적 이용을 목적으로 제작되었고, 광고를 유치해서 그런 일회성 방송만으로도 수익을 맞출 수 있는 구조였다. 그러나 이제는 사업자 간 경쟁이 치열해지고 방송의 디지털화, 프로그램의 대규모화 등에 따라 제작비용이 상승하는 등 외적 요인으로 인해, 광고수익에만 의존하던 모델에서 벗어나 콘텐츠 자체의 재활용을 통한 새로운 수익원 창출이 절대적으로 요구된다(방석호, 2012). 특히 디지털화로 방송콘텐츠를 2차적으로 사용하는 기회가 증대하고 그에 따른 수익이 증대하고 있다. 이에 따라 방송과 관련한 각 시장의 실정과 규제법령 등에 맞추어 방송콘텐츠를 수정하거나 가공해야 하므로 방송저작권에 대한 새로운 해석이 필요하다(손경한, 2014).

2) 방송콘텐츠 산업의 특성과 저작권의 관계

방송사업자는 기본적으로 자신이 제작한 방송콘텐츠에 대해 저작권을 가진다. 미디어 환경이 급격하게 변화함에 따라, 방송콘텐츠의 제작 및 유통단계에서 저작권 문제가 중요해졌다. 방송콘텐츠 저작권을 포괄적인 의미로 정의하면, 방송

물로서 보호를 받을 수 있다(손경한 편, 2016).

이라는 영상저작물을 창조하거나 해석·전달하는데 기여한 원저작권자, 방송사업
자, 실연자, 음반제작자 등이 방송저작물의 소유와 이용에서 일정 기간 배타적으
로 가지는 재산적, 인격적 권리를 의미한다(유의선, 1995). 즉 방송저작권이란 방송
저작물에 해당하는 방송콘텐츠에 인정되는 저작권이지만, 넓게는 방송콘텐츠의
제작과 전달에 참여한 방송사업자, 실연자, 음반제작자의 저작인접권이 관련된 개
념이다. 그런 점에서 방송저작권의 객체에 해당하는 방송콘텐츠는 어문저작물이
나 영상저작물처럼 저작물의 표현형식과 같은 물리적 성격에 따른 개념이지만,
방송사업자가 저작물의 전달수단으로 방송신호를 사용한다는 것에서 비롯된 개념
이기도 하다.

방송콘텐츠 산업은 방송콘텐츠를 생산하고 분배하고 소비하는 산업구조이며,
물질 자본주의가 소프트 자본주의로 변천하면서 국가 경제에 중대한 영향을 미치
는 기간산업이다(정인숙, 2013). 이것은 기본적으로 방송콘텐츠를 소비자인 시청자
에게 물리적으로 전달하는 기능을 하며, 콘텐츠를 선별해서 편성하고 상품화하는
역할을 담당한다. 방송콘텐츠 산업의 특성은 메시지라는 무형의 요소로 구성되며,
창의성을 크게 필요로 하고, 경제적으로는 낮은 한계 생산비용과 위험이 큰 대신
부가가치가 큰 고수익산업이다. 특히 창의성을 요구한다는 점에서 저작권과 긴밀
한 관련성을 가진다. 방송콘텐츠가 사회문화적으로 미치는 영향력이 매우 크기
때문에 방송법 등을 근거로 다른 미디어 산업에 비해 정부 규제를 받는 정도가
더 크다는 것이 방송산업의 특징이다. 또 방송콘텐츠 산업은 방송통신 기술의 발
전으로 다양한 뉴미디어와의 결합을 통해 동반 성장하는 특성을 갖는다(설진아,
2011).

산업으로서의 방송은 공공성, 정보제공성, 창작성, 엔터테인먼트성, 현장성,
상업성 등의 특징을 가진다(손경한, 2014). 이와 같은 방송의 특성과 저작권과의
관계를 살펴보면, 첫째, 방송의 내용은 공공성에 부합해야 하므로 시사보도를 위
해 타인의 저작물을 자유롭게 이용하는 등 방송에서의 저작물 이용에 대한 예외
와 제한의 범위가 넓다. 방송은 희소한 자원인 주파수를 사용하여 공중에게 제공
되며, 영상산업의 기초가 되는 문화상품으로서 비경합성, 비배제성과 같은 공공재
로서의 성격을 가지므로 공공성이란 특징을 가지고 있기 때문이다. 둘째, 국민에
대한 방송의 정보제공 기능이 매우 중요하다는 점에서, 정보제공 목적의 방송콘

텐츠를 이용하기 위해 저작권이 제한적으로 보호될 수 있다. 시사보도 과정에서 우연한 저작물 이용이 저작재산권을 제한할 수 있는 경우가 바로 여기에 해당한다. 셋째, 저작물 유형에 따른 저작권 보호범위가 다르다는 점에 근거할 때, 방송 콘텐츠의 유형별로 창작성의 정도가 다르게 평가될 수 있다. 연예오락 프로그램은 시사보도, 다큐멘터리와 같은 사실적인 프로그램에 비해 저작권 보호의 범위가 더 넓다. 즉 드라마, 쇼, 게임 프로그램 등은 창작성이 높게 평가되지만 사실보도나 중계방송 등은 창작성이 미약한 것으로 평가될 수 있다. 특히 사건보도, 리얼리티 프로그램 등과 같이 현장을 중심으로 중계되는 방송은 창작성 부재의 가능성이 지적될 수 있다. 넷째, 간접광고가 많이 포함된 방송프로그램이 저작물성 논란을 불러일으킬 수 있다는 점을 배제할 수 없다. 경제적 이익을 추구하는 방송에서 광고는 방송의 중요한 수익원이지만, 광고의 지나친 상업성이 프로그램의 저작물로서의 가치에 관한 논란을 불러일으킬 수도 있기 때문이다. 마지막으로 녹음이나 녹화가 아닌 생방송인 경우, 고정성을 요건으로 하는 영상저작물인지가 복제권과 관련하여 문제가 될 소지가 있다.

방송산업은 크게 광고수익 기반의 지상파방송사업자와 수신료 수익 기반의 유료방송사업자로 구분되며, 유료방송사업자는 다시 플랫폼사업자와 채널사용사업자 등으로 분류된다. 방송콘텐츠를 전달하는 매체별로 방송산업을 다시 분류하면, 방송시장에서 오랜 기간 지배적인 사업자였던 지상파방송사업자 외에도 유료방송인 케이블방송사업자, 위성방송사업자, DMB사업자, IPTV사업자 등으로 구분된다. 그 밖에 방송콘텐츠 생산을 전문으로 하는 방송영상독립제작사도 방송산업 시장을 형성하고 있다.

이렇게 방송콘텐츠 산업의 중요한 주체에 해당하는 방송사업자는 저작권법상으로는 방송콘텐츠에 대한 저작권자인 동시에 방송콘텐츠를 시청자가 향유하도록 그것을 창의적으로 해석하고 전달하는데 기여하는 저작인접권자이다. 즉 방송사업자는 스스로 제작한 방송콘텐츠에 대한 저작권을 가지며, 그의 방송에 대한 복제권, 동시중계방송권, 공연권을 가진다. 이렇게 방송사업자는 저작권자이자 저작인접권자의 위치에 있으면서, 방송콘텐츠를 제작하기 위해 다른 저작물을 이용하는 이용자의 지위도 가진다. 그런 점에서 방송콘텐츠 산업에서 저작권 문제는 매우 복잡하리라는 점을 예상할 수 있다.

방송법에서는 방송사업자의 범위에 지상파방송사업자, 종합유선방송사업자, 위성방송사업자, 방송채널사용사업자, 공동체라디오방송사업자를 포함하는 개념으로만 설명하고 있을 뿐 방송사업자의 개념을 정의하지 않고 있다. 그러나 방송 개념에 방송프로그램의 기획·편성 또는 제작을 포함하고 있는 방송법에 기초하면, 방송사업자는 "방송프로그램의 기획·편성 또는 제작을 하는 사업자"로 정의할 수 있다. 반면 저작권법에서는 방송사업자를 "방송을 업으로 하는 자"로 정의하고 있다. 따라서 저작권법상의 방송 개념을 적용하면 방송사업자는 "공중송신 중 공중이 동시에 수신하게 할 목적으로 음·영상 또는 음과 영상 등을 송신하는 것을 업으로 하는 자"로 정의된다. 이렇게 볼 때 저작권법에서는 방송콘텐츠의 저작권자로서의 방송사업자의 성격을 충분히 반영하지 못하고 있는 셈이다.

한편 저작권신탁관리업체로는 한국방송실연자협회, 한국방송작가협회, 한국언론진흥재단, 한국음악저작권협회, 한국음악실연자연합회, 한국영화배급협회 등이 있다. 이 중에서 방송사업자가 방송제작과 관련하여 저작권 사용료를 내는 단체로는 한국음악저작권협회, 한국방송작가협회, 한국방송실연자협회, 한국음악실연자연합회 등이 있다.

③ 외주제작 방송프로그램과 저작권

1) 외주제작 프로그램 의무편성제도의 도입과 내용

1990년대 이후 케이블, 위성방송 등 새로운 방송매체가 등장함에 따라 채널 수가 증가하고 방송시장이 세분화, 전문화되었다. 이렇게 경쟁 체제의 도입 등 방송 외적 환경이 변화하면서, 방송프로그램 수요가 증가하고 다양한 프로그램 공급이 요구되는 등 제작시장의 활성화가 요구되었다. 그리고 그동안 프로그램 공급에 대한 독점체제를 누려왔던 지상파방송 제작시스템의 다원화가 요구되기 시작하였으며, 지상파 방송사 내부 제작방식에서 탈피하고 프로그램의 질적 향상을 위해 독립제작사 육성이 필요해졌다. 이에 따라 등장한 방송정책이 바로 외주제작 방송프로그램 의무편성제도이다.

　외주제작 방송프로그램 의무편성제도는 지상파방송의 독과점, 수직적 통합구조 및 폐쇄적인 제작방식의 폐해를 개선함으로써 제작 효율성과 경영 합리화를 꾀하고, 제작 주체의 다원화를 통해 프로그램의 다양성 및 시청자 복지를 증진하고 더 나아가 방송산업의 국제경쟁력을 강화하기 위한 정책으로 1991년 도입되었다. 한마디로 프로그램의 품질과 다양성을 높이고 프로그램 경쟁력을 높여 시청자 복지를 향상시키며 방송영상산업을 육성하려는 취지로 도입된 방송정책이었다. 이 정책은 지상파방송사 및 독립제작사 등 대상 사업자 간 이해가 민감하게 대립하는 정책 사안이며, 한편으로는 방송산업의 수직적 결합, 사업자 간 공정경쟁, 프로그램의 다양성 및 수용자복지, 프로그램 제작산업육성, 방송산업 경쟁력 강화 등 방송산업 및 정책 목표와 관련된 다수의 공공적 쟁점들과 결부되어 있다(윤석민·장하용, 2002).

　김재영(2003)은 외주제작 정책이 협업과 학계에 중요한 의미가 되는 이유를 다음과 같이 정리하고 있다. 첫째, 그동안 우리나라 방송영상산업분야의 제작 및 유통시장의 위축과 관련 산업의 침체 등에 부정적으로 영향을 미쳤다는 평가를 받아왔던 지상파방송사의 수직적 통합구조를 해체하거나 완화하려는 정책 일환으로 추진되었다는 것이다. 둘째, 외주정책이 프로그램 제작 주체의 다원화를 목표로 하고 있으므로 양적으로 풍부하고 질적으로 우수한 프로그램을 시청자에게 제공할 수 있고, 제작 주체들의 자유로운 시장경쟁을 통해 경제적 효율성을 높일 수 있다는 것이다. 셋째, 케이블, 위성방송과 같은 새로운 방식의 방송 등장, 정보의 디지털화로 인한 방송채널의 급증, 방송프로그램의 국가 경쟁력 강화를 통한 해외시장 진출확대의 필요성 등과 같은 방송환경의 변화에 적절히 대응하는 방안으로 등장했다는 것이다.

　외주제작 프로그램 의무편성제도는 순수외주제작 방송프로그램의 편성에 관한 방송법 제72조에 근거한 것으로, 이에 따르면 방송사업자는 대통령령에 근거하여 순수외주제작 방송프로그램을 일정한 비율 편성해야 한다. 여기서 순수외주제작 방송프로그램이란 당해 채널의 전체 방송프로그램 중 국내에서 당해 방송사업자나 그 특수관계자가 아닌 자가 제작한 방송프로그램을 의미한다. 그리고 순수외주제작 방송프로그램의 편성비율은 방송매체와 방송분야별 특성 등을 고려하여 차등을 둘 수 있다. 특별히 종합편성 방송사업자는 순수외주제작 방송프로그램을 주시청시간대에 일정한 비율 이상을 편성해야 한다.

방송법 시행령에 근거하여 순수외주제작 방송프로그램은 해당 채널의 매 반기 전체 텔레비전방송시간의 100분의 35 이내에서 방송통신위원회가 정하여 고시하는 비율 이상을 편성해야 한다. 최초의 의무편성 비율은 3%였으나 그 후 점진적으로 증가하여 2005년 채널별로 24%에서 40%에 달하는 비율로 편성되었다. 다시 2015년 개정된 방송법에서 순수외주제작 방송프로그램을 정의하면서 35% 이내로 조정되었다. 종합편성 방송사업자의 주시청시간대 순수외주제작 방송프로그램의 편성은 해당 채널의 주시청시간대 방송시간의 100분의 15 이내에서 방송통신위원회가 고시하는 비율 이상으로 편성되어야 한다. 2017년 현재 채널별 순수외주제작 방송프로그램의 의무편성비율은 KBS1 19%, KBS2 35%, MBC와 SBS 30%, EBS 16%이며, 주시청시간대의 의무편성비율은 10%이다.[3]

2) 외주제작 프로그램 의무편성제도에 관한 논쟁

외주제작 정책의 시행 시기는 외주비율이 그다지 높지 않아 방송사 측에서도 비교적 부담을 느끼지 않은 1990년대 전반에 걸친 도입기, 의무 외주비율이 급격히 높아져 양적 팽창이 거듭되고 방송사 입장에서 적극적인 대응 논리를 개발하면서 외주정책이 사회적 이슈로 대두되기 시작한 2000년대 초반, 그리고 이후 기존 외주제작정책의 실패에 대한 폭넓은 공감대를 토대로 적극적인 대책을 모색했으나 여전히 현실적인 대안 없이 갈등이 지속하는 시기로 구분할 수 있다(김진웅, 2005). 외주제작 정책을 둘러싼 갈등은 외주제작 비율이 급격히 상승하기 시작한 2000년경부터 표면화되기 시작하였다. 갈등의 기본 축은 정책을 반대하는 입장인 지상파방송사, 방송노조와 정책을 옹호하는 입장인 정책당국, 독립제작사, 언론학계 등이다(윤석민·장하용, 2002).

외주제작 프로그램 의무편성제도는 우리나라 방송구조의 문제점을 개선하고 급변하는 방송환경의 구도와 밀접히 연관된 문제란 점에서 매우 중요한 현안이

---

3 방송통신위원회 고시 제2016-9호.

다. 그러나 도입 이후 관련 당사자들인 지상파방송과 외주제작사 간의 이해관계가 첨예하게 대립하면서 모두에게 불만족스러운 정책으로 지적을 받았고, 논쟁이 끊이지 않았던 대표적인 방송정책 중 하나이다. 방송사 PD들은 PD연합회를 통해 외주제작정책에 대한 논의를 계속했고, 독립제작사 측에서는 제작자협의회를 구성하여 집단적인 대응을 시도했다. 급기야는 2008년 한국드라마제작협회 외 30개 드라마 외주제작사들이 3개 지상파방송사가 거래상 지위를 남용하여 외주제작 드라마 창작의 기여도를 고려하지 않고 저작권을 포괄적으로 양도받는 행위는 공정거래법상 거래상 지위남용에 해당한다며 공정거래위원회에 제소하였다. 이에 대해 공정거래위원회는 거래상 지위는 인정되지만, 거래조건에 부당성이 없어 공정거래법 위반으로 보기 어렵다고 판단하였다. 그 이유로 외주제작 드라마의 저작권은 누가 주도적으로 창작활동을 담당하였는지를 일률적으로 판단하기 곤란하여 저작권의 귀속주체가 불분명하고 통상적인 거래 관행이 존재하지 않으며, 개별 드라마별로 방송사와 외주제작사 간 제작비용이 다양하게 존재할 뿐 아니라, 실제 투입된 금액 또한 명확하지 않아 저작권 포괄 양도에 따른 불이익의 규모를 산정하는 것이 현실적으로 곤란하다는 점 등을 제시하였다(류규하·정영주, 2017; 이정훈·박은희, 2008).

이후에도 외주제작 정책에 대해서는 저작권 귀속, 표준계약서, 제작비 쿼터제, 외주 전문채널 등을 중심으로 반복적이고 소모적인 논쟁이 계속되었다. 이처럼 상시로 존재했던 저작권 논쟁을 해결하는 개선방안으로 문화체육관광부는 방송프로그램 제작 표준계약서를 제정하여 2013년 7월 30일 발표한 바 있다. 표준계약서 제9조에 의하면, 프로그램에 대한 저작권법상 저작재산권은 방송사와 제작사의 각각의 제작 기여도에 따라 인정되며, 프로그램의 원활한 유통 활성화를 위해 어느 일방에 이용허락 창구를 단일화할 수 있다. 그리고 방송사와 제작사는 기여도에 따라 권리배분 계약을 체결하거나 권리를 귀속하고 그에 대한 수익배분 계약 또는 적절한 대가 지급계약을 체결한다. 하지만 표준계약서는 법적 강제성이 없으므로 정책의 실효성이 문제가 되었다. 이에 대한 개선방안으로 외주제작 시장에 대한 실태조사와 함께, 이를 근거로 불평등한 역학관계의 해소, 외주제작 비율 중심의 외주정책 보완, 표준계약서의 의무화,[4] 방송사 재허가·재승인 심사 시 외주제작 관련 항목 반영, 관련 부처 간 협의체 마련 등의 다양한 정책적, 제도적 방안 등이 제시되고 있다(류규하·정영주, 2017; 조의진, 2006).

한편 외주제작 정책은 독립제작자의 양적 성장과 방송시장의 확대에 어느 정도 이바지했다는 평가를 받았다. 그러나 동시에 소수 외주제작사의 독점 심화, 간접광고의 증가라는 현상을 초래하였다. 그뿐만 아니라 실제로 프로그램의 다양성이나 질적 향상으로 이어지지 않았고, 지상파방송사라는 제한된 수요창구로 인해 지상파방송사와 외주제작사 간 불평등한 시장구조를 초래하였다. 외주제작 제도의 성과와 한계 등을 논의한 연구를 토대로 그 성과를 구체적으로 살펴보면, 긍정적인 측면으로는 제도 도입 이후 독립제작사의 수가 늘어나고 외주제작비가 증가하였으며, 외주제작사의 성장을 통해 한류 등 콘텐츠 산업의 국제경쟁력이 강화되었다는 점이 지적되었다. 반면 제작사 수의 증가에 비해 프로그램 장르의 다양성이 증가하지 않았고, 한정된 프로그램 수요시장을 두고 과다 경쟁과 저가 경쟁을 벌임으로써 제작비가 저하되고 이로 인해 프로그램의 질이 떨어졌다는 부정적인 측면도 발견되었다. 또 장르별로 차이를 보이는 양상도 나타났는데, 드라마 분야는 소수 대형 독립제작사 중심으로, 다큐멘터리와 같은 비드라마 분야는 영세한 독립제작사 중심으로 시장이 형성되는 등 제작사 간 양극화가 심화되었다(류규하·정영주, 2017). 하지만 드라마 제작 외주제작사의 경쟁력이 많이 향상되었으며 일부 장르의 경우 지상파방송사를 능가한다는 평가를 받는 등, 방송환경변화와 함께 외주계약을 둘러싼 당사자 간 협상력의 양상도 변화하고 있다(이용석·김정현, 2017).

3) 외주제작 프로그램의 저작권 귀속

외주제작 정책과 관련하여 방송사와 외주제작사 간에 의견대립을 보였던 많

---

4 실제로 2016년 한국콘텐츠진흥원 실태조사에 따르면, 독립제작사가 방송사와 계약시 표준계약서를 적용한다고 응답한 경우는 35.3%에 불과했다. 하지만 정부가 개입하여 표준계약서를 강제하는 것이 타당한지에 대해서도 이견이 있다. 이치형(2013)은 자유시장경제에 따르면, 현재 방송사와 제작사의 불공정한 거래는 방송시장에서 제작사가 많고 방송사 수가 적어 발생하는 문제이며, 어떤 산업이든 공급과잉은 구매자의 협상력을 높여주는데 과잉인 제작사가 시장에서 상당 정도 퇴출하면 어느 시점에 방송사와 제작사의 균형이 맞추어지고 동등한 계약이 이뤄질 것이라고 주장하였다.

은 이슈가 존재했으나, 그중에서도 핵심적인 쟁점은 지상파방송사의 우월적 지위를 남용한 프로그램의 저작권 귀속문제였다. 저작권 귀속에 관한 논의는 방송사와 외주사가 상호 대등한 계약관계라기보다는 시장 구조상 방송사가 우월적 지위를 점한 상황에서 불균등한 협상력에 기반을 두고 관행적 계약이 이루어지고 있다는 점에 초점이 맞추어졌다. 실제로 2015년 기준 방송사가 저작권을 보유한 경우는 71.2%, 독립제작사와 방송사가 공동으로 저작권을 소유한 경우는 11.4%, 독립제작사 소유가 17.4%로 나타났다(한국콘텐츠진흥원, 2016). 이렇게 외주제작사들이 저작권 귀속문제에서 불리한 이유로 문성철(2011)은 시장규모를 초과하는 독립제작사의 숫자와 한정된 수요처로 인해 독립제작사들의 지상파방송 의존이 심화되고 치열한 경쟁 속에 지상파방송사와 불공정한 계약을 감수해야 하는 방송제작시장의 구조를 지적하고 있다.

외주제작 방송프로그램의 저작권 귀속문제는 당사자의 이해관계에 따라 대립양상을 보이는데, 방송사 귀속 논리와 외주제작사 귀속 논리로 나뉜다(류규하·정영주, 2017; 류종현, 2013). 방송사 귀속 논리는 방송사의 이해관계를 함께 하는 측의 논리로, 저작권에 대해서는 외주제작 프로그램이 완성된 상태에서 계약되는 것이 아니라, 기획 지원·제작비 지원 및 관리·방송 책임까지 방송사에 있으므로 외주제작사에 귀속될 수 없고 프로그램 제작의 계약에 따른 포괄적 양도를 전제로 하는 것이 타당하다고 주장한다. 즉 방송사가 기획 및 제작비를 지원하며 제작비뿐 아니라 방송사의 인력과 설비 등 간접적 지원 없이 제작이 이루어지지 못할 뿐 아니라, 방송프로그램에 이용되는 원저작물의 저작권자나 저작인접권자들에 대한 권리도 역시 방송사가 담당하고 방송에 대한 위험까지 방송사가 부담해야 하므로, 방송사에 저작권이 귀속되는 것이 당연하다는 논리이다. 그러므로 외주제작사가 수익감소를 감수하더라도 저작권 보유를 원한다면, 방영권만을 방송사에 판매하는 시스템으로 전환해야 한다고 주장한다.

반면 외주제작사 귀속 논리는 창작자 원칙에 따라 저작권이 외주제작사에 귀속되는 것이 마땅하며, 외주제작사의 균형발전을 통한 관련 산업과 문화발전이라는 저작권법상의 정책적 목표를 이루기 위해서도 외주제작사에 저작권이 귀속되는 것이 당연하다는 논리이다. 비록 방송사가 제작비를 전부 부담한다 할지라도, 방송사가 저작물의 제작에 직접 참여하지 않는 이상 방송사를 저작자로 볼 수 없

다는 것이 주장의 근거이다. 단지 위탁계약을 통해 방송프로그램을 제작한 것이
므로 제작된 프로그램의 방송권만을 가져야 하며, 그 밖의 저작권은 외주제작사
에 귀속된다는 것이다. 게다가 저작권이 방송사에 귀속됨으로써 방송 이후 다양
한 플랫폼을 활용한 유통이나 재가공, 부대사업 등 이차적 수익창출이 어려운 점
이 외주제작사의 성장을 방해하는 요소로 작용하고 있다는 것이다.

　한편 기존 논의에서는 외주제작 유형에 따라 저작권 귀속이 결정될 수 있으
므로, 외주제작의 형태와 관련하여 저작권 귀속문제를 논의해야 한다는 지적이
지배적이다. 드라마, 다큐멘터리를 포함한 방송프로그램의 외주제작 유형은 완전
외주제작, 공동제작, 위탁제작으로 나눌 수 있다(이용성·김정현, 2017). 완전 외주
제작은 외주제작사 측에서 기획, 구성, 각본을 포함하여 제작비 투자까지 책임지
고 제작하면, 방송사업자가 프로그램을 선택해서 매입하는 '선제작 후구매'방식이
다. 공동제작은 방송사업자와 독립제작사가 기획, 편성, 제작과정에 공동으로 참
여하여 프로그램 제작을 완성한 경우로, 방송사업자가 저작물의 매입을 결정하고
수익을 제작사에 배분하는 방식이다. 드라마의 기획에서 제작까지 방송사업자와
독립제작사 간에 공동 작업이 이루어지고 그 제작비용의 상당 부분을 방송사업자
가 제공한 공동제작의 경우, 실연자와의 권리 처리뿐 아니라 독립제작사 간에 이
차 이용을 포함한 권리 처리도 문제가 된다(손경한, 2014). 마지막으로 위탁제작은
방송사업자가 방송사의 인력과 시설, 설비를 동원하여 일정액이나 혹은 제작비
전액을 지원하고 외주제작사에 용역을 하청해서 방송사가 주도적으로 제작에 관
여하는 방식을 말한다. 이와 같은 외주제작 유형은 주로 외주제작 프로그램의 저
작권 귀속을 논의하는 맥락에서 분류되는 방식으로, 저작권 귀속을 결정하는 일
에 중요하게 작용한다. 이렇게 볼 때 외주제작 프로그램의 저작권이 누구에게 귀
속될 것인지는 외주제작의 형태와 구체적인 사안이나 상황별로 다르게 판단해야
할 것이다.

④ TV프로그램 포맷과 저작권

1) TV프로그램 포맷의 개념

방송콘텐츠의 생산단계에서 프로그램을 어떤 형식으로 제작할 것인지는 방송의 편성은 물론이고 시청자들의 프로그램 선택에도 영향을 줄 수 있다는 점에서 중요하다. TV프로그램에서 포맷이란 원래 뉴스, 시사보도, 다큐멘터리, 드라마, 코미디, 광고 등과 같이 프로그램의 내용, 형식, 기능 등의 기준을 중심으로 서로 성격을 달리하는 프로그램을 분류하는 장르의 개념으로 사용되었다. 그러나 근래에 와서는 시사 다큐멘터리, 리얼리티 프로그램 등과 같이 프로그램 장르보다 좀 더 세분화된 프로그램 속성을 반영하는 것으로, 구체적인 수준에서 어떤 프로그램을 다른 프로그램과 구분할 수 있는 독창적인 속성을 포함하는 개념으로 발전되면서(홍원식·성영준, 2007), 최근 학계와 방송산업에서 중요한 관심의 대상이 되었다.

일반적으로 프로그램 시리즈물은 각각의 에피소드에서 변하지 않고 일관되게 유지되는 프로그램의 본질적 요소 또는 스타일을 가지고 있다. 예를 들어 2015년에 방송된 JTBC의 〈히든 싱어〉의 경우, 원곡 가수와 모창 능력자들이 노래를 부르면 평가단이 진짜와 가짜를 가려내는 방식을 매회 사용하고 있는데, 바로 이것이 이 프로그램의 포맷이다. 즉 포맷은 프로그램 완성에 필요한 구체적이고도 세부적인 제반형식을 제공함으로써, 프로그램 제작의 기반이나 비결의 기능을 한다. 따라서 TV프로그램 포맷은 시리즈로 제작되는 프로그램에서 각각의 에피소드를 관통해서 시리즈물 내내 변하지 않고 꾸준히 유지되는 요소들의 집합을 지칭하는 용어이다(Moran, 1998). 예를 들어 퀴즈 프로그램에서는 참가자의 규모, 화면구성, 무대장치 및 소품의 배열방식, 퀴즈 푸는 방식, 문제 출제방식, 최종 승리자 결정 과정, 상금 지급의 규모 등의 요소들을 가지고 프로그램을 구성한다(홍원식·성영준, 2007). 즉 포맷은 여러 가지 집합적인 요소들을 가지고 구성하는 방식으로, 한마디로 제작자가 프로그램을 통해서 전달하고자 하는 내용을 구체적으로 표현하는 방식이다.

TV프로그램 포맷에 대해서는 법적 정의와 관련 법률이 부재하지만, 법적 보호방식을 결정해준다는 점에서 포맷의 개념 정의는 매우 중요하다. 유럽의 대표적인 포맷 배급사인 프리맨틀미디어(FremantleMedia)는 "각각의 에피소드 속에 담긴 내용 순서라고 할 수 있는 프로그램의 구조, 시리즈와 경쟁의 구조, 그리고 외관, 스타일, 그래픽, 음악으로 이루어진 브랜딩 등의 구성요소"로 프로그램 포맷을 규정하였다. 이를 포함하여 업계에서 정의하고 있는 프로그램 포맷의 개념은 "프로그램에 대한 일종의 약식 기획 또는 프로그램 맥락에서의 스타일, 기획, 배치로서, 게임쇼, 시리즈, 드라마와 같이 완성된 프로그램이 기초하는 바탕(Lane, 1992)"이다. 국내에서의 개념정의를 살펴보면, 하윤금(2005)은 "프로그램에 대한 일종의 약식 기획으로 프로그램의 시작부터 종료까지 연출자가 보고 지시할 내용을 이야기하듯 서술해 놓은 것", 배진아(2008)는 "특정 프로그램이 가지고 있는 내용이나 형식상의 독창적인 요소"로 정의하였다. 또 신계하(2017)는 일정한 프로그램 구성요소들의 집합을 뜻하는 것이라고 설명하였다. 하윤금(2005)은 특별히 저작권 측면에서 포맷의 개념 정의를 시도하였는데, "한 프로그램을 다른 프로그램과 비교할 때 동일화 또는 차별화할 수 있는 동질성을 말하는 것으로 이런 특성을 고정화 또는 반복화 할 수 있는 요소라고 통칭할 수 있다"고 설명하였다. 즉 프로그램 포맷은 매회 다른 프로그램과 차별화되는 고정화된 표현방식을 반복하면서 일관성 있게 유지하는 방식을 사용함으로써 기억되는 창조적인 요소들의 집합이다. 일부에서는 프로그램 제작의 모든 단계와 지식, 경험, 노하우 등이 기록된 제작 지침서인 포맷 바이블까지 포맷의 범위로 포함함으로써 포맷을 광범위하게 정의하기도 한다. 이상의 논의를 종합하면, TV프로그램 포맷은 프로그램의 내용이나 형식상의 독창적인 요소들을 가지고 독특하게 구성하는 방식으로, 동질성, 반복성을 주요 특성으로 하는 개념으로 정의할 수 있다.

2) TV프로그램 포맷산업의 특징

(1) TV프로그램 포맷산업의 등장배경

TV프로그램 포맷은 이렇게 제작을 위한 노하우라는 제작 기술적 의미, 그리

고 장르별 표현법이나 내러티브와 같은 특정 프로그램 내용구성의 의미를 지니지
만, 방송프로그램 시장에서 거래대상이라는 경제적 의미도 가진다(박진식·김도연,
2013). 포맷에 대한 관심도가 높아진 것은 최근이지만, 사실 엔터테인먼트 산업에
서 프로그램 포맷의 개발과 거래의 역사는 비교적 오래되었다. 이미 1930년대부
터 라디오 프로그램의 포맷복제가 시작되었고, TV프로그램 포맷 모방도 1940년
대부터 나타났던 현상이다. 대부분 새로운 TV포맷은 미국에서 개발되어 전 세계
적으로 확산하였다. 1980년대까지만 해도 프라임타임 프로그램은 주로 대본이 있
는 시리즈로 구성되었다. 그러므로 초기의 국제적인 포맷 거래는 프라임타임이
아닌 시간대에 방송되는 게임쇼와 같은 포맷으로 제한되었던 경향을 보였다.

1990년대로 와서 방송산업 시장은 커다란 변화를 경험하게 된다. 디지털 방
송기술로 인해 TV채널의 수와 프로그램 편성에 대한 수요가 증가하였다. 채널의
급증에는 유럽의 많은 국가에서 공영방송 독점을 폐지했던 것도 한 몫을 했다. 이
처럼 방송사의 증가에 따라 새로운 방송시장으로 진입하는 사업자들은 시청자를
사로잡을 수 있는 프로그램 제작지식이 부족하였다. 이와 같은 기술적, 경제적,
정책적 변화로 인해 TV포맷 개발의 필요성이 제기되었다(Bechtold, 2013). 1990년
대에는 특히 유럽에서 더 많은 포맷이 개발되었다. 전 세계적인 TV포맷 제작사들
이 나타나기 시작했고, 미국의 방송사들도 프로그램 편성에 외국의 포맷을 사용
하게 되었다. 포맷의 장르도 게임쇼에서 벗어나서, 리얼리티 프로그램이 TV포맷
산업에서 중요한 초석이 되었다. 1990년대 말, 국제 TV포맷 비즈니스에서 네덜란
드의 〈Big Brother〉, 영국의 〈Who Wants to Be a Millionaire?〉〈Survivor〉 등의
인기 프로그램 포맷이 등장하였다. 모두 유럽에서 개발되었고 전 세계적으로 채
택되었다. 국내에서는 2000년대 와서 비구조화된 구성, 현장 중심의 제작형식과
함께 리얼리티 유형의 프로그램 증가가 오락 프로그램 포맷의 특징이 되면서(차찬
영·박주연, 2012), 포맷 시장이 형성되었다.

TV프로그램 포맷산업은 수십억 달러의 수익을 올릴 수 있는 산업이다. 포맷
은 방송콘텐츠 시장에서 새롭게 부상하는 2차적 시장을 형성하고 있는데, 특히
독창적인 포맷으로 성공한 방송프로그램은 방송사업자들 사이에서 비싼 가격으로
거래가 이루어진다(채정화·이영주, 2010). 방송콘텐츠 시장에서 포맷거래가 가지는
의미는 첫째, 방송사가 다른 국가에서 이미 검증된 포맷을 적절한 가격에 구입하

여 주제와 내용, 등장인물을 자국의 시장환경에 맞게 현지화하여 재구성하게 되면 문화적 할인효과를 높일 뿐 아니라 방송산업이 갖는 근본적인 위험부담을 줄이고 제작비를 절감할 수 있다. 둘째, 경쟁력있는 포맷을 상품화해서 해외시장에 판매함으로써 방송산업의 부가가치를 높일 수 있다(배진아, 2008; 홍원식·성영준, 2007). 특히 완성된 프로그램에 비해 부가가치가 크고, 일회성에 그치는 콘텐츠 수출과 비교할 때 전 세계 시장에서 장기간의 매출을 발생시킬 수 있다는 점에서 방송시장에서 포맷의 의미가 매우 크다. 한마디로 TV프로그램 포맷은 방송콘텐츠 산업과 해외 콘텐츠 수출의 활성화를 위해 중요한 영역이다.

(2) TV프로그램 포맷의 유통현황

TV프로그램 포맷이 주목받기 이전에는 TV드라마와 영상물 등이 미국을 중심으로 형성된 완성본 프로그램 위주로 판매되었다. 그리고 영국과 미국, 영국과 호주, 혹은 네덜란드 등의 유럽 국가 간의 프로그램 아이디어 차용에 대해서 아무런 제재가 없었다. 지식재산권에 대한 개념이 정립되지 않았고 실질적인 가치 인정에 대한 사회적 통념이 자리 잡기 이전이었기 때문일 것이다.

1990년대 후반부터 〈Big Brother〉, 〈Survivor〉 등의 일부 프로그램이 세계 시장에서 성공을 거두면서 포맷산업이 부각하기 시작했고, 이어 글로벌 시장환경이 조성되면서 포맷 시장은 빠른 속도로 성장하였다. 2002~2004년에는 259개 프로그램이 유통되어 64억 유로였던 시장규모가 2006~2008년에는 445개 프로그램이 거래되며 93억 유로 시장으로 성장하였다(한국콘텐츠진흥원, 2014). 포맷의 국제거래는 드라마, TV영화 등의 완성본에 의존했던 미국보다는 유럽 중심으로 활발하게 이루어지고 있는데, 특히 영국과 네덜란드 등이 선도했던 경향을 보였다. 주요 TV프로그램 포맷 제작 배급회사로는 포맷유통과 제작을 수직 통합한 거대 유통 제작배급회사들인 네덜란드의 Endemol, 영국의 FremantleMedia, BBC Worldwide, Celador 등을 지적할 수 있다. 포맷 거래산업의 강국은 영국, 미국, 네덜란드 등이었고, 우리나라 방송사들은 이들의 포맷을 수입하는 입장이었지만, 최근 한류에 힘입어 국내 방송프로그램 수출과 함께 포맷 수출이 가시적 성과를 나타내고 있다. 2010년 이후부터는 포맷수출이 확대되고 포맷 장르가 다양화되었으며, 동시에 수입도 다양화되면서 포맷시장에 많은 변동이 발생하였다.[5] 수출의 주체도 지상파방송에서 케이블방송 등 유료방송업계로 확대되었고, 수출대상도 초기의 동남아 국가에서 미국이나 유럽 등으로 다변화되고 있다.

우리나라에서 TV프로그램 포맷 수출은 2003년 KBS의 〈도전 골든벨〉이 중국 CCTV에 판매된 사례가 최초이다. 이후 방송프로그램 수출의 대부분은 드라마로, 동남아 시장에서 인기가 높았다. 그러나 2011년 이후 양상이 달라지기 시작해서 드라마와 함께 예능 프로그램 포맷이 수출되기 시작했다. 대표적인 사례로는 2013년 MBC의 〈아빠 어디가〉 포맷이 중국 후난위성 TV에 수출되었고, 이후 MBC의 〈나는 가수다〉〈진짜 사나이〉, KBS의 〈불후의 명곡〉〈1박2일〉, SBS의 〈K팝스타〉, CJ E&M의 〈슈퍼스타 K〉, JTBC의 〈히든싱어〉 등과 같이 주로 음악 경연프로그램과 리얼리티 프로그램이 중국으로 수출되었다. 포맷의 거래양상은 포맷 바이블, 현지 담당 PD의 파견, 마케팅과 홍보, 기술 지원 등의 형태로 이루어지고 있다.

3) TV프로그램 포맷의 저작권 쟁점

(1) TV프로그램 포맷에 대한 법적 보호

TV프로그램 포맷산업이 점차 글로벌 산업으로 발전되고 TV포맷이 세계 방송 영상 콘텐츠 시장의 주요 영역으로 떠오르면서, 포맷의 법적, 제도적 권리를 주장하는 움직임과 그에 따른 분쟁도 늘어났다. 때로는 TV포맷의 권리를 주장하는 제작자가 동시에 상대방 회사의 포맷을 법적 한도 안에서 적당히 모방하거나 참조하는 이율배반적 활동을 벌이는 경우도 있다(한국콘텐츠진흥원, 2012). 그러나 지식재산권법에 의한 보호는 여전히 복잡, 애매모호하며, 점점 커지고 있는 모방 수준에 대한 법적 시스템의 보호가 제한되어 있다. 이렇게 지식재산권의 보호가 제한되어 있음에도 포맷이 국제적으로 유통되고 있는 현상은 방송산업의 필요성에 따

5 방송산업실태조사보고서에 따르면, 포맷수출은 2009~2011년에 500편 내외로 나타났고, 2012년에는 1800편 이상으로 급속히 증가한 현상을 보인다(방송통신위원회, 2013). 2015년, 지상파방송의 포맷수출은 1824편, 방송채널사용사업자는 966편이었다(방송통신위원회, 2016).

른 것이라고 볼 수 있다. 사실 방송프로그램 제작자들은 포맷을 개발하는 동시에 포맷을 모방하므로, 포맷모방은 산업이 요구하는 현상이기도 하다(Bechtold, 2013). 비록 포맷의 법적인 실체는 모호하지만, 프로그램 제작자들 간에 프로그램 기획 아이디어를 주고받는 과정에 그 거래를 보다 조직화하는 면이 있으므로 그 유통 이 점차 증가하고 있다(홍원식, 성영준, 2007).

TV프로그램 포맷은 아이디어를 프로그램 안에서 어떻게 재현해낼 것인가와 관련해서 독창적인 제작 노하우를 담고 있는 것이므로, 어떤 형태로든 그 권리가 보호될 필요가 있다. 이에 세계 각국은 방송시장의 환경변화에 발맞춰 포맷을 지 식재산권의 일부로 인정하고 보호하려는 움직임을 보였다. 그러나 포맷이 세계 시장에서 유통되는 실체임에도 그것의 권리보호는 국가별 지식재산권에 대한 인 식과 적용문화의 차이로 인해 애매한 위치에 처해 있다. 사용자에 따라 용어의 정 의와 사용범위에 대한 입장과 강조점이 다르므로 포맷을 하나의 권리로서 보호받 을 수 있는 법적, 제도적 장치를 마련하는 문제가 그리 쉽지 않지만, 포맷은 비교 적 최근에 주목받기 시작했고 법적, 산업적 논의가 충분히 이루어지지 않았기 때 문이기도 하다.

(2) TV프로그램 포맷의 저작물성

TV프로그램 포맷을 법적으로 보호하려는 방안 중 하나가 바로 저작권 보호 이다. TV포맷의 저작권 인정 여부에 대해서는 입장에 따라 의견이 엇갈리고 있 다. 제작자 입장에서 포맷은 프로그램 제작방식에 대한 아이디어를 넘어서서 독 특한 고유성을 특징으로 하므로 저작권 보호 대상이라고 주장한다. 반면 포맷 사 용자 입장에서는 포맷의 저작물성을 부인한다. 그렇다면 TV포맷 저작권을 이야기 하려면, 이것이 하나의 저작물로서 저작권법 보호영역에 있는지를 논해야 한다.

저작물의 성립요건은 표현과 창작성이다. 따라서 TV프로그램 포맷이 저작물 성을 인정받기 위해서는 표현과 창작성이라는 요건을 충족시켜야 한다. 포맷의 개념이 프로그램의 내용이나 형식을 독특하게 구성하는 방식이라는 점을 고려하 면, 일단 창작성 요건을 인정할 수 있다. 하지만 포맷은 하나의 완성된 표현물이 아니라 프로그램 구성방식이라는 점에서 아이디어에 더 가깝다. 한마디로 창작성 이 있는 표현이 아니라 창작성 있는 아이디어라고 할 수 있어서, 표현요건이 충족되지 않는다. 그러므로 포맷은 프로그램에 대한 단순한 아이디어와 저작권 보호가 되는 완성된 프로그램으로 가기 이전 단계에 있다는 것이 일반적인 해석이다. 즉 TV프로그램에 대한 아이디어와 표현의 중간 영역에 있는 개념이다. 따라서 저작권법의 원칙을 엄격하게 적용할 경우, TV프로그램이 하나의 완성된 표현물로서 저작권 보호를 받는데 비해, TV프로그램 포맷은 프로그램 제작 이전단계에서 발생하는 제반 상황에 대한 아이디어나 컨셉에 해당하는 경우가 많아 그 보호범위가 명확하지 않다. 아이디어적인 요소가 강한 포맷을 저작권처럼 이미 표현물로 완성된 저작물에 대한 보호 논리를 적용하는 것이 적절한지가 문제가 되는 것이다(손경한 편, 2016).

4) TV프로그램 포맷의 저작권 판결성향

(1) 외국의 판결성향

TV프로그램 포맷이 법적 보호의 대상인지에 대해서는 여전히 논쟁의 여지가 있지만, 세계 각국의 주요 방송사 간에 프로그램 지식재산권에 관한 법적 분쟁이 자주 발생하고 있다. 세계적인 포맷 유통회사들도 자체 개발한 포맷에 대한 권리를 보호받기 위해 소송과 분쟁도 불사할 정도로 적극적으로 대처하고 있다. 포맷에 관한 일부 판결에서, 유럽재판소는 하나의 저작물이 저작권 보호를 받기 위해서는 저작자 자신의 지적 창의성이 표현되어야 한다고 판시하였다. 그리고 EU차원에서 포맷에 관한 판례법이 없으므로, 특정 저작물이 독창성 기준이 맞는지는 각국의 법원 결정에 따를 수밖에 없다는 것이 유럽재판소의 입장이었다.

미국, 영국과 독일은 TV프로그램 포맷의 저작권 보호에 대해 일반적으로 부정적인 태도를 취하는 반면, 브라질, 스페인, 네덜란드 등에서는 다소 긍정적인 경향을 보인다(손경한, 2014). 프로그램 포맷의 지식재산권과 관련한 많은 소송 중에서도 대부분 포맷의 지식재산권을 주장한 당사자가 패소했던 경향을 보인다(Moran, 1998). 영국에서는 1990년대 저작권법에 프로그램 포맷보호에 관한 조항을 도입하려는 다양한 시도가 있었으나 결국 실패하였다(Bechtold, 2013). 영국의 Miles v. ITV Network Limited(2004) 사건은 TV프로그램인 〈Trusty and Friends〉

와 〈Dream Street〉에 관한 권리 분쟁이다. 법원은 두 프로그램 간의 유사성은 교통 시설물의 사용이 유일하다는 점을 근거로 항소를 기각하였다(Challis & Coad, 2004).

독일은 TV프로그램 포맷에 대해 유럽에서 가장 정교한 판례법을 개발한 국가이다. 최소 15건의 판례에서 포맷 보호 관련 문제들을 다루었는데, 포맷의 불공정한 복제나 모방에 대한 소송에서 불공정경쟁법 위반을 인정한 판례들은 있지만 저작권 침해를 부인했던 경향을 보였다. 최고법원은 쇼프로그램의 포맷은 프로그램 제작을 위한 요소들을 배열하는 제작지침이며, 이것은 독일 저작권법에 따라 보호되는 저작물이 아니라고 판시하였다(Bechtold, 2013). 표현된 형태만 저작권 보호를 받을 수 있고 포맷 자체는 저작권 보호 대상이 아니라는 점을 분명히 한 것이다(한국콘텐츠진흥원, 2012).

미국은 포맷이 아이디어에 가까우므로 표현물 중심으로 권리를 보호하는 저작권 관점에서는 애매모호하고 명확하지 않은 영역이라는 점을 근거로 저작권 보호에 대해 일반적으로 부정적인 태도를 취하고 있다(손경한, 2014). TV리얼리티 프로그램 포맷과 관련한 분쟁 사례들은 대부분 협상을 통해 해결되었고 최종 판결까지 간 사례가 거의 없어서 법원의 판결을 토대로 한 지침이 부재하다. 하지만 사례의 공통적인 사항을 살펴보면, 법원은 문제가 된 리얼리티 쇼들은 게임쇼, 토크쇼, 시트콤과 같은 이전의 장르로부터 빌려온 일반적 요소들을 토대로 한다고 판단하였다. 일반적 요소들이란 시청자의 흥미를 끌어들이는 공통적인 속성이다. 그리고 TV프로그램이 지속해서 인기를 끄는 이유는 많은 기본 요소들을 서로 다른 비율로, 서로 다른 조합으로, 다른 스타일과 제작 가치를 가지고 끊임없이 재작업하기 때문이라는 것이 법원의 견해이다. 판결성향[6]에 기초할 때, 포맷 저작권 침해가 성립되기 위해서는 침해를 주장하는 자가 포맷 실행단계에서의 표현의 실질적 유사성을 입증할 수 있어야 한다. 그 기준은 두 프로그램에서 분위기, 주제, 등장인물, 플롯, 시퀀스, 속도감, 배경에 있어 두 프로그램 간의 실질적 유사성이다.

---

6 Metcalf v. Bochco, 294F.3d 1069(9th Cir. 2002); Rice v. Fox Broadcasting 330 F.3d 1170(9th Cir. 2003); Satava v. Lowry 323 F.3d 805(9th Cir. 2003); RDF Media Limited v. Fox Broadcasting Company, 372 F. Supp.2d 556(C.D.Cal. 2005).

(2) 국내의 SBS의 〈짝〉 패러디 사례

우리나라는 TV프로그램 포맷의 저작권 문제에 관한 논의의 역사가 비교적 짧았기 때문에, 관련 판례가 거의 부재하다. CJ E&M의 계열사들이 SBS의 프로그램 〈짝〉을 패러디한 사건에서, 하급심에서는 포맷에 대한 저작물성을 인정하지 않았으나 대법원은 해석을 다르게 하였다. SBS에서 2012년 3월부터 방송한 〈짝〉은 결혼 적령기 남녀 일반인이 등장해서 한 공간에 모여 서로의 짝을 찾아가는 과정을 그린 리얼리티 프로그램이다. 구성방식은 출연 남녀 1호, 2호, 3호가 등장해서 생활방식을 규정하는 12강령을 두고 도시락을 통해 서로의 마음을 확인하는 방식이다. tvN의 〈SNL코리아〉는 매주 게스트가 출연하여 생방송으로 진행하는 구성을 취하는 시즌제 코미디 프로그램이다. 2012년 6월부터 10월까지 4차례에 걸쳐 각 6분씩 방영된 에피소드인 〈짝: 재소자특집 1, 2〉, 〈짝: 재소자특집 리턴즈〉, 〈짝: 메디컬특집〉에서는 1호, 2호 등의 호칭을 가진 환자 또는 재소자 남녀가 등장하여 도시락을 선택하고 나레이션으로 진행되는 등 〈짝〉과 유사한 형식을 취했다. 또 〈짝꿍 게이머특집〉은 게임회사 넷마블이 SBS의 〈짝〉을 패러디해서 제작하여 홈페이지에 공개한 온라인게임 홍보물이다. 이와 관련하여 SBS측은 CJ E&M을 상대로 저작권 침해, 부정경쟁방지법 위반을 이유로 소송을 제기하였다. CJ E&M은 짝 찾기 프로그램은 예능 분야에서 오랫동안 사용했던 소재로서, 〈짝〉에서 사용된 표현방식도 다른 예능 프로그램에서 흔히 사용되는 기본 구성 및 표현기법에 불과하며 공표된 저작물을 인용한 것으로 저작권 침해가 아니라고 주장하였다.

이 사건의 쟁점은 SBS의 〈짝〉과 같은 리얼리티 프로그램이 창작성이 있는 저작물로 볼 수 있는가였다. 리얼리티 프로그램은 구체적인 대본 없이 대략적인 구성안만을 기초로 하고 대부분 내용을 출연자들에게 맡겨 놓고 있으므로 창작성 인정이 논란이 된 것이다. 1심[7]에서 법원은 tvN의 패러디 프로그램은 다른 방송에서도 흔히 사용했던 표현기법을 사용한 것에 불과하고 〈짝〉의 저작권을 침해했다고 보기 어렵다고 판시하였다. 문제가 되었던 장면들은 저작권 보호 대상이 아

---

7 서울중앙지방법원 2013. 8. 16. 선고 2012가합80298 판결.

닌 아이디어이거나 기존에 사용했던 표현형식에 불과하여 창작성이 인정되지 않는다는 것이다. 또 일부 〈짝〉의 유사한 장면이나 문구가 사용되었다 할지라도, 대부분 저작권 보호 대상이 되지 않는 부분이라고 설명하였다. 그뿐만 아니라 방송사들이 타인의 저작물을 모방하는 패러디를 사용하는 것을 상도덕이나 공정한 경쟁질서에 반한다고 단정하기 어렵다고 해석하였다. 2심[8]에서도 SBS가 저작권이 침해됐다고 주장한 등장인물의 표현방식이나 서로를 '여자·남자 몇 호'로 부르는 방식 등은 단순한 아이디어에 불과해 저작권법에 의해 보호되지 않는다며 1심과 같은 취지로 판단하였다.

그러나 대법원 판결(2017)[9]에서는 SBS의 〈짝〉 프로그램의 저작물성을 인정하였다. 우선 리얼리티 방송프로그램에 대해 구체적인 대본이 없이 대략적인 구성안을 기초로 출연자 등에 의해 표출되는 상황을 담아 제작되는 프로그램으로 설명하였다. 그리고 리얼리티 프로그램도 무대, 배경, 소품, 음악, 진행방법, 게임규칙 등 다양한 요소들로 구성되고, 이러한 요소들이 일정한 제작 의도나 방침에 따라 선택되고 배열됨으로써 다른 프로그램과 구별되는 특징이나 개성, 즉 창작성이 있다면 저작물로 보호받을 수 있다고 보았다. 즉 개별 요소들이 일정한 제작 의도나 방침에 따라 선택되고 배열됨에 따라 구체적으로 어우러져 그 프로그램 자체가 다른 프로그램과 구별되는 창작적 개성이 있는지를 TV 리얼리티 프로그램의 창작성 판단기준으로 사용했다. 이 기준에 따라 대법원은 SBS의 〈짝〉에서 프로그램 진행자 없이 남녀 출연자가 한 장소에 모여 합숙 생활을 하면서 제작진이 정한 규칙에 따라 행동하도록 하고, 그 과정에서의 상호작용을 객관적으로 관찰할 수 있도록 한다는 점이 기존에 존재하던 남녀 출연자들의 짝 찾기 프로그램과 구별되는 점이라고 보았다. 또 남녀 출연자들이 꾸밈없이 짝을 찾아가는 모습을 시청자들이 객관적으로 관찰하는 것처럼 느끼도록 남녀 호칭 사용, 제작진과의 속마음 인터뷰, 가족과의 전화 통화, 평어체와 문어체 사용의 성우 나레이션 등 여러 요소를 선택하여 배열, 결합하는데 창작적 개성이 있다고 판단하였다. 그러므로 〈짝〉은 리얼리티 프로그램으로서 창작성을 갖추고 있어 저작물로 보호될

---

8 서울고등법원 2014. 5. 29. 선고 2013나54972 판결.
9 대법원 2017. 11. 9. 선고 2014다49180 판결.

수 있으므로, 〈짝〉의 저작물성을 부정한 원심의 판단이 잘못되었다고 판시하였다.

이어서 대법원은 CJ E&M의 영상물이 SBS의 〈짝〉의 저작권을 침해했는지를 판단하기 위해 창작적인 표현형식을 가지고 두 저작물 사이의 실질적 유사성을 판단하였다. 먼저 프로그램의 성격에 주목하였는데, tvN의 〈짝〉 특집은 리얼리티 프로그램이 아니라 전문 연기자가 구체적인 대본에 따라 연기하는 성인 코미디 프로그램이라는 점을 강조하였다. 그리고 그와 같은 프로그램 성격에 맞추어 표현하는 방식에 주목했는데, 심각하고 긴장감 있는 느낌을 주도록 이루어진 개별 요소들의 선택 및 배열이 〈짝〉의 특징인 반면, 〈짝〉 특집은 과장된 상황과 사건들이 극 전개의 중심을 이루는 방식으로 구성되어 전체적으로 가볍고 유머러스한 분위기가 느껴지도록 표현된 것이 특징이라고 분석하였다. 따라서 프로그램의 성격, 등장인물, 구체적인 사건의 진행과 내용 및 그 구성 등에서 표현상의 상당한 차이가 있다는 점을 근거로 실질적 유사성을 인정하기 어렵다면서 원심판결을 확정하였다.

반면 게임을 할 이성 짝을 찾는다는 내용으로 구성된 넷마블의 〈짝꿍 게이머특집〉에 대해서는 실질적 유사성을 인정할 여지가 있다고 판시하였다. 대법원은 남녀 출연자들이 애정촌에 입소해서 원하는 짝을 찾는 SBS의 〈짝〉의 기본적인 구조를 그대로 차용했다고 판단하였다. 즉 애정촌 입소과정에서부터 남녀 출연자들의 복장, 호칭, 자기소개, 도시락을 함께 먹을 상대방 선택, 제작진과의 속마음 인터뷰 및 나레이션을 통한 프로그램 전개 등 〈짝〉의 핵심 구성요소들을 그대로 사용했다는 것이다. 그리고 게임물 홍보목적으로 제작했지만, 마치 리얼리티 방송프로그램을 보는 것처럼 느끼도록 표현되어 있어 시청자가 SBS의 〈짝〉과 표현상의 차이를 느끼기 어렵다고 보았다. 이를 근거로 〈짝꿍 게이머특집〉에 관한 원심판결을 파기환송하고 원심법원이 재심의하도록 하였다. 결국 〈짝〉 특집은 저작권을 침해하지 않았으나, 〈짝꿍 게이머 특집〉의 경우는 저작권 침해 가능성을 인정한 것이다.

대법원 판결은 TV프로그램 제작자의 창작성이 두드러지는 표현에 한해서만 저작권법으로 보호해야 한다는 점을 강조하였다. 일정한 제작 의도나 방침에 따라 다양한 프로그램 구성요소들을 선택하고 배열하는데 다른 프로그램과 구별되는 특징이나 개성을 리얼리티 프로그램의 저작물성 판단기준으로 제시하였으며,

프로그램 성격과 등장인물, 구체적 사건의 진행과 내용 등의 표현을 리얼리티 프로그램 간의 실질적 유사성 판단기준으로 사용했다. 즉 TV 리얼리티 프로그램 역시 일정한 요건을 갖추면 저작권법상 보호 대상이 될 수 있다는 국내 최초의 판결이며, 프로그램 포맷의 저작권 보호의 가능성을 보여주었다는 점에서 판결의 함의를 찾을 수 있다.

5) TV프로그램 포맷의 권리보호 방안

기존 논의에서 제시된 TV프로그램 포맷의 권리보호 방안을 살펴보면, 먼저 입법 차원의 권리보호 방안으로 특별 입법을 통해 법적 안정성을 확보하는 것이다. 저작권법의 특별법으로 가칭 '방송프로그램포맷보호법'을 신설하거나, 저작권법, 계약법, 공정거래법, 부정경쟁방지법, 상표법10등의 개별법에서 포맷과 관련된 조항을 정리해서 권리보호를 위한 특별 입법을 할 수도 있다. 영국은 방송프로그램 포맷의 산업적 가치를 높이 평가하고, 1993년 「Copyright, Design and Patents Act」의 어문, 연극 및 음악저작물에 관한 제3조를 통해 방송프로그램 포맷을 보호하려는 움직임을 보인 바 있다(김대규, 2012).

둘째, 사법적 해석을 토대로 한 권리보호 방안이다. 외국에서는 법적 소송 이전 단계에서 해결되는 사례가 많으므로 사법적 해석을 토대로 포맷의 보호방안을 도출하는 것이 쉽지 않다. 많지 않았던 판결에서도 기본적으로 포맷이 아이디어에 더 가깝다고 보고 저작권법상의 보호를 부인하는 경향이 있으며, 법적 보호가 새로운 프로그램 제작에서 창의성과 자유를 제한할 가능성이 있다고 보았다. 따라서 법적 소송에서 포맷 개발자나 창작자가 저작권 침해를 주장하기 위해서는, 포맷 실행단계에서의 표현의 실질적 유사성을 입증할 수 있어야 한다.

셋째, 저작권 관점의 권리 보호방안이다. TV프로그램 포맷을 구성하는 개별 요소들은 아이디어의 영역에 속하며, 포맷은 프로그램에 대한 단순한 아이디어와 저작권 보호를 받는 완성본 사이의 '중간 영역'의 성격을 지닌다는 것이 지배적인

---

10 프로그램 포맷 제목을 상표권으로 등록하여 보호하는 방법은 비용이 너무 많이 들기 때문에, 실제로는 현실적 대안이 될 수 없다(한국콘텐츠진흥원, 2012).

의견이었다. 하지만 대법원 판결(2017)에 기초하면, TV 리얼리티 프로그램을 구성하는 요소들의 조합과 배열에 창작성이 있다면 저작물로서 보호받을 가능성이 커진다. 이와 관련하여 채정화·이영주의 연구(2010)에서는 편집저작물을 독자적인 저작물의 한 종류로 규정하고 있는 저작권법 제6조에 기초하여, 장르의 특성에 부합해서 새로운 연출장치가 도입되었거나 가공되었는지, 구성요소들을 독창적인 선택과 배열을 통해 제시했는지 등에 따라 편집저작물로서 보호받을 수 있다고 주장하였다. 미국의 CBS v. ABC 판결(2003)[11]에서도 아이디어의 편집에 대해서는 보호가 인정된다고 밝힌 바 있다. 브라질, 스페인, 네덜란드와 같은 대륙법계 국가에서도 저작물을 구성하는 개별 요소의 선택과 배열에 창작성이 인정되면 저작물성을 인정하는 판례들이 있다(손경한 편, 2016). 따라서 편집저작물의 관점에서 포맷에 대한 저작권법상 보호를 시도한다면, 법적 보호 및 관련 산업의 발전에 많은 영향을 미칠 수 있을 것이며(김대규, 2012), 좁은 범위이지만 프로그램 포맷에 대한 저작권법 보호의 가능성을 기대해볼 수 있다.

⑤ 지상파방송의 재송신과 저작인접권

1) 지상파방송의 의무재송신제도

1995년 케이블방송이 출발하고, 2002년 위성방송이 개시된 이후 인터넷을 기반으로 한 IPTV가 등장하면서 유료방송체제를 구축하게 되었다. 이렇게 새로운 매체가 등장할 때마다 발생하는 분쟁 중 하나가 지상파방송의 재송신 문제이다. 지상파방송 재송신이란 유료 방송사업자가 지상파방송을 수신하여 가입자에게 실시간으로 송신해 주는 것이다. 방송법에서는 특별히 지상파방송의 의무재송신 조

---

11 CBS Broadcasting Inc v. ABC, Inc., 2003 U.S. Dist. LEXIS 20258 (S.D. N.Y. Jan. 14, 2003); 리얼리티 프로그램에 대한 최초의 저작권 판결로서, 법원은 어문저작물의 표절 심사와 같은 조건으로 리얼리티 프로그램에 대한 실질적 유사성 판단을 적용해 저작권 침해를 판단하여 최종적으로는 저작권 침해를 인정하지 않았다.

항을 두고 있는데, 케이블방송, 위성방송, 중계유선방송이 해당 지역의 지상파방송을 의무적으로 제공하는 것을 의미한다. 이는 동법 제78조에 근거한 것으로, 제1항에서는 "종합유선방송사업자·위성방송사업자 및 중계유선방송사업자는 한국방송공사와 한국교육방송공사가 행하는 지상파방송(라디오방송을 제외한다)을 수신하여 그 방송프로그램에 변경을 가하지 않고 그대로 동시에 재송신해야 한다."[12]고 명시하고 있다. 지상파방송 의무재송신의 대상채널은 KBS-1과 EBS이며, 라디오방송은 대상에서 제외된다. KBS와 같이 운용 채널이 여러 개일 경우, 과학기술정보통신부장관이 지상파방송사업자별로 방송편성 내용 등을 고려하여 지정 고시하는 1개 채널로 의무재송신 대상채널이 한정되는데, 현재 지정 고시된 대상은 KBS-1채널이다. 또 의무재송신을 해야 하는 사업자는 케이블방송사업자, 위성방송사업자(위성DMB사업자는 제외), 중계유선방송사업자이며, IPTV법 시행령에 근거하여 2008년 5월부터 IPTV사업자도 의무재송신 사업자에 포함되었다. 의무재송신 사업자는 의무재송신 대상인 지상파방송 프로그램의 내용이나 형식을 변경해서는 안 된다.

한편 지상파방송의 의무재송신은 저작권법이 적용되지 않는다. 방송법 제78조 제3항에 따라, 지상파방송의 의무재송신에 한해 저작권법 제85조 동시중계방송권 규정의 적용이 배제된다. 이에 의무재송신 사업자는 지상파방송사업자에게 저작권료를 지불하지 않아도 되며, 동의를 구하지 않고 KBS-1과 EBS 채널을 재송신해도 KBS와 EBS의 저작인접권인 동시중계방송권을 침해한 것이 아니다. 그러므로 방송법 제78조 제3항은 저작권법에서 규정하는 방송사업자의 동시중계방송권을 제한한다고 볼 수 있다. 이것은 지상파방송의 의무재송신에 한해서는 방송법이 저작권법보다 우선하는 것임을 시사한다.

지상파방송의 의무재송신제도는 구 종합유선방송법(2000년 방송법에 통합됨)에 근거하여 시작되었다. 이 제도가 도입되자, 중계유선방송사업자들은 지상파방송 의무재송신 규정이 중계유선방송사업자의 재산권과 직업선택의 자유를 침해한다며 위헌소송을 제기하였으나 헌법재판소(1996)[13]는 의무재송신 규정의 합헌성을

---

12 지상파방송사업자의 방송구역 안에 방송구역을 가지고 있지 않은 케이블방송사업자와 중계유선방송사업자는 의무재송신사업자에 포함되지 않는다.

인정하였다. 판결의 근거는 KBS, EBS와 같은 공익성이 강한 프로그램을 의무적
으로 재송신하도록 하는 것은 종합유선방송에서의 공공채널 유지와 같이 공익성
을 확보하고 동시에 난시청지역 시청자의 시청료 이중부담의 문제를 해결하는 조
치라는 점에서 입법목적의 정당성이 인정된다는 것이었다. 또 재송신되는 지상파
방송 채널도 공영방송인 KBS와 EBS로 한정되어 있다는 점에서 제한의 방법과 정
도의 적정성이 있다고 해석하였다. 그리고 의무재송신 규정이 중계유선방송의 중
계권에 영향이 있다 해도 이것은 종합유선방송의 도입에 따른 사실상의 불이익에
불과하며, 이로 인해 중계유선방송사업자의 재산권이나 직업선택의 자유가 침해
되었다고 볼 수 없다는 것이다. 이 판결은 지상파방송의 의무재송신제도가 위헌
이 아님을 분명히 했다는 점에서 의미가 있지만, 당사자의 계약 자유의 제한 여부
까지 판단한 것은 아니라고 볼 수 있다.

한편 지상파방송의 의무재송신은 미국에서 시작되었는데, 원래 '지상파방송
보호', '지역주의 구현' '다양성'에 그 목적이 있다. 미국에서는 더 많은 시청자를
확보하는 케이블방송사업자가 지상파방송사보다 우월적 지위에 있다. 따라서 1992
년 제정된 케이블TV법(The Cable Television Consumer Protection and Competition Act)
에 근거하여, 케이블TV사업자의 방송시장 독점을 방지하고 지상파방송, 특히 지역
방송을 보호하기 위해 의무전송규칙(must carry rule)을 채택하였다. 이 규칙은 지역
방송의 보호와 매체 간의 균형 있는 발전을 위한 수단으로 활용되고 있으나, 케이
블TV 사업자의 자유를 침해하며, 특정 내용을 가입자들에게 시청하도록 강제하는
성격을 지닌다는 이유로 논란이 되기도 하였다(송종길·오경수·김동준, 2001).

미국의 의무재송신 정책의 특징은 과도한 결합으로 케이블사업자의 지배력이
커지면 견제와 균형 중심의 정책을 실시하고, 지상파방송 독점을 방지하기 위해
규제완화 정책을 사용하는 등 유연하게 대처하고 있다는 점이다. 그리고 거리에
상관없이 지상파방송 프로그램의 동시재송신에 대해 저작권법상의 법정허락 제도
를 통해 저작권 침해문제를 해결하고 있다. 이에 비해 우리나라는 지역 지상파방
송은 의무재송신 대상이 아니며, 저작료의 면제 또 법정허락 제도와는 관계없이
저작권법이 아닌 방송법으로 규제하고 있다는 점에서 구조적으로 차이가 있다(이

13 헌법재판소 1996. 3. 28. 선고 92헌마200 결정.

재진·박성순, 2012). 또 공익성 확보라는 점에서 목적이 같지만, 미국은 유료채널에 가입할 수 없는 지역방송 가입자를 위해 지역방송의 존립 보장 차원에서 운영되는 반면, 우리나라는 공영방송 제도가 상대적으로 분명하므로 신규매체가 등장할 때마다 전국적 공영방송 채널을 의무적으로 재송신하여 신규매체의 공익성을 지속적으로 확보하려는 측면이 있다(정인숙, 2006). 따라서 우리나라의 의무재송신 정책은 미국과 다른 원칙에 기초하여 시행된다고 볼 수 있다.

2) 케이블방송의 지상파방송 재송신 분쟁

1995년 유료방송사업자의 선두주자인 케이블TV가 처음 도입되던 시기, 지상파방송사업자와 종합유선방송사업자는 상호협력 관계에 있었다. 지상파방송 입장에서는 중계유선방송과 케이블방송을 통해 난시청 문제를 해소하고 광고수익을 증대할 수 있었다. 그러므로 신규 방송매체 진흥정책의 일환이었던 대가 없는 콘텐츠 재송신에 대해 별다른 이견이 없었다. 케이블방송 입장에서는 대가를 치르지 않고 지상파방송 콘텐츠의 재송신을 통한 가입자 확보라는 이점이 있었다. 당시 지상파방송 콘텐츠는 보편적인 서비스의 대상일 뿐 아니라 국내 방송환경에서 가장 선호하는 가치 있는 콘텐츠였기 때문이다. 따라서 지상파방송 재송신의 초기에는 지상파방송사와 케이블방송인 SO 간에 큰 갈등이 없었다.

하지만 2000년대 초반, 케이블방송사업자가 가입자 1500만을 넘어서고 전체 방송시장의 80%가량의 점유율을 차지하게 되었다. 그뿐만 아니라 방송시장에 위성방송과 DMB, IPTV 등 신규 유료방송사업자가 진입하면서 방송시장의 규모가 크게 확장되었다. 이런 변화 속에서 유료방송사업자들이 지상파방송사업자의 위치를 위협하게 된 것이다(이재진·박성순, 2012). 게다가 방송시장 내 경쟁이 커지면서 지상파방송은 광고수익의 감소, 수신료 정체, 그리고 디지털 방송 전환 때문에 재정적으로 크게 악화되었다. 반면 유료방송 플랫폼에게는 여전히 지상파방송의 콘텐츠 제공이 중요했다. 마침내 케이블방송이 유료방송시장의 지배적 사업자가 되면서, 지상파방송과 케이블방송은 초기의 협력관계에서 상호경쟁관계로 바뀌게 되고 지상파 재송신과 관련하여 갈등이 생기기 시작한다.

이런 갈등관계를 해소하기 위해 지상파방송사들이 종합유선방송사업자에게 지상파 디지털 방송의 재송신 유료화에 대해 협상을 요구하였다. 디지털 방송이라는 기술적 환경변화와 지상파방송 재송신에 독점적으로 편승해 있던 케이블방송이 재송신 협상의 대상으로 바뀌게 된 것이다(김병일, 2009). 지상파방송사는 재송신 대상채널이 유료방송시장에 가장 경쟁력 있는 채널 혹은 콘텐츠를 제공해준다는 점을 강조하였다. 그리고 아날로그 케이블방송의 경우 난시청 해소에 이바지했다는 이유로 대가를 받지 않았지만, 디지털 케이블은 IPTV와의 형평성 등을 고려할 때 난시청 해소와 관련이 없으므로 유료화해야 한다고 주장하였다. 반면 종합유선방송사업자의 입장은 재송신으로 인해 지상파방송사들이 난시청 해소에 필요한 막대한 네트워크 구축비용이 절감되며, 재송신이 지상파방송사의 책무인 난시청 해소를 통한 보편적 서비스를 구현해준다는 것이었다. 또 종합유선방송사업자가 지상파 난시청 해소라는 사회적 역할을 하고 있으므로 재송신은 정책적으로 장려되어야 하며, '지상파방송의 수신기능 확장'의 의미를 지닌다는 점을 강조하였다. 따라서 종합유선방송사업자는 송신자가 아닌 '수신자'이므로 재송신행위는 저작권 침해가 아니라는 주장을 하였다. 이렇게 종합유선방송사업자가 난시청 해소, 보편적 서비스 실현, 수신행위의 연장 등의 이유로 재송신의 정당성을 주장함에 따라 협상이 결렬되었다.

　　마침내 KBS, MBC, SBS 등의 지상파방송 3사는 2009년 12월 서울 지역의 5개 종합유선방송사업자를 상대로 소송을 제기하게 된다. 지상파방송사업자들은 케이블TV의 디지털화에 따른 재송신의 경우 법적 규정을 재정비하여 명확한 대가 산정이 이루어져야 함을 주장하면서, 유료방송시장의 지배적 사업자인 종합유선방송사업자들이 디지털 지상파방송 신호를 동시 재송신하는 행위를 중단해달라고 요구하였다. 이에 대해 법원[14]은 케이블방송사업자의 디지털 지상파방송 동시 재송신은 지상파방송사업자의 동시중계방송권을 침해했다고 판시하였다. 그리고 지상파방송의 저작권 침해주장에 대해서는 저작권을 인정할 프로그램이 특정되지 않았다면서 각하하였고, 1일 1억원의 재송신료 지급 요구에 대해서도 양측이 원만하게 해결할 것으로 보인다며 인정하지 않았다. 이 판결은 지상파방송사업자의 부분 승소로서, 법원은 일정 부분 케이블방송사업자의 과실을 인정한 것이다.

---

14 서울중앙지방법원 2010. 9. 8. 선고 2009가합132731 판결.

이후 2011년 7월 2심 판결[15]에서도 1심과 같은 판결을 내렸다. 지상파방송사업자의 저작권인 공중송신권 침해에 대해서는 역시 근거 부족으로 각하하였으며, 재송신이 단순히 전송을 보조해주는 역할을 한다고 볼 수 없다면서 동시중계방송권을 침해한다는 1심 판결에 동의하였다. 이후 2012년 1월 지상파방송 재송신 협상은 극적으로 타결되었고, 이후에도 분쟁이 계속되었으나 사업자 간 계약에 의한 협상을 통해 문제를 해결하고 있다. 지상파 재송신 소송의 결과는 향후 뉴미디어의 지상파방송 재송신의 잣대가 될 수 있다는 점에서 중요한 의미를 지닌다.

3) 신규매체의 지상파방송 재송신 분쟁과 쟁점

방송법에서는 지상파방송 의무재송신에 대해서만 규정하고 있으므로, 의무재송신 채널이 아닌 나머지 지상파방송의 재송신은 사업자 당사자 간의 자율계약에 따라 결정된다. 케이블방송의 경우는 좀 달랐지만, 위성방송, 위성DMB, IPTV와 같은 새로운 미디어가 등장할 때마다 지상파방송의 재송신과 관련하여 신규 방송사업자와 지상파방송사업자 간에 심각한 갈등이 생기곤 했다.

지상파방송 의무재송신과 관련한 쟁점은 2001년 위성방송사업자인 스카이라이프(Skylife)가 출범하면서 단일 방송의 전국 단위 지상파 재송신 문제로부터 시작되었다. 위성방송의 지상파방송 재송신은 2004년 권역별로 주파수를 따로 사용하여 재송신하는 '권역별 재송신' 형태로 타결되었다. 한편 방송시장에서 지상파방송 콘텐츠가 시청자 확보에 결정적 요인임에도 불구하고, 2005년부터 서비스를 상용화하기 시작한 위성DMB는 무료인 지상파DMB와 달리 유료인데다가, 초기부터 지상파방송 콘텐츠를 확보하지 못해 사업 활성화에 어려움을 겪었다. 거기에는 위성DMB가 방송법에 따라 스카이라이프와 마찬가지로 위성방송사업자의 법적 지위를 갖지만, 지상파방송의 의무재송신 규정이 적용되지 않았던 것도 영향을 미쳤다. 이에 따라 위성DMB도 초기부터 지상파방송의 재송신과 관련하여 난항을 겪게 된다. 결국 방송위원회가 방송사업자 간 자율계약을 전제로 위성DMB의 지상파방송 재송신을 승인해 줄 것을 결정하였고, 2007년 7월 위성DMB사업

---

15 서울고등법원 2011. 7. 20. 선고 2010나97688 판결.

자인 TU미디어와 MBC가 지상파 재송신 계약을 체결하면서 위성DMB는 지상파 방송의 실시간 재송신을 시작하였다. 그러나 국내 유일한 위성DMB사업자였던 TU미디어는 2012년 무료인 지상파DMB와 스마트폰에 밀려 문을 닫게 된다.

2007년 12월 IPTV법이 국회에 통과되고 2008년 9월 사업자가 선정되면서 본격화되기 시작한 IPTV도 역시 사업 초기부터 지상파방송의 재송신이 핵심 사안이었다. 2008년 5월 IPTV법 시행령에 따라 IPTV의 의무재송신이 KBS-1과 EBS로 한정되었고, 이후 지상파방송사업자들과 IPTV사업자 간 재송신 협상이 시작되었으나 쉽게 합의점을 찾지 못했다. 그러다가 2008년 10월과 11월에 KBS, SBS, MBC가 차례로 KT와 합의함에 따라, 2009년 1월부터 IPTV사업자들이 주요 지상파방송을 재송신하게 되었다. 이후에도 재송신 수수료 등 구체적 가격산정과 관련하여 이견이 있었으나, 사업자 간 자율적인 협상에 따라 지상파방송 재송신이 이루어지고 있다. 지상파방송 재송신 분쟁 해결의 핵심 쟁점은 저작권법이 적용되어야 하는지 혹은 방송법이 우선되어야 하는지 명확하지 않다는 점과 아울러 많은 이익집단과 시청자의 '보편적 시청권'이라는 권리가 복잡하게 결부되어 있다는 점이다.

⑥ TV프로그램의 시·공간이동 시청의 법적 성격[16]

방송매체의 역사를 볼 때 새로운 기술이 발전하면서 방송이용환경이 크게 변화해왔던 것을 볼 수 있다. 텔레비전 등장 초기에는 주로 가정이란 공간에 고정된 TV수상기를 통해서만 실시간으로 방송을 시청할 수밖에 없었다. 방송프로그램을 시청하는데 시간과 공간의 제약이 따른 것이다. 하지만 기술발전은 그런 제약을 극복할 수 있게 해주었고, 기존의 획일적이었던 방송프로그램의 유통과 이용 패

---

16 일부 내용은 조연하의 연구(2013년) "슬링박스를 이용한 TV프로그램의 장소이동 시청의 저작권법상의 성격"와 2014년 연구 "미디어 콘텐츠의 시간·공간이동 이용의 법적 성격: 저작물 이용자의 자율성 이익의 관점에서"에서 발췌하여 재정리하였음.

러다임을 변화시키고 있다. 사실 시간적 한계의 극복은 아날로그 환경에서도 가능했는데, 복제기술인 VCR을 이용하여 TV프로그램을 녹화해 두었다가 편리한 시간대에 재생해서 시청할 수 있었다.

디지털 환경이 되면서 공간적 제약까지 극복할 수 있는 기술들이 선을 보였다. 원격예약녹화기인 RS－DVR(Remote Storage－Digital Video Recorder)과 슬링박스를 TV수상기에 장착시켜서, 실시간 프로그램이 종료되기 이전에 사전녹화 기능을 선택하여 지상파방송을 시간이동 시청하는 것은 물론이고 컴퓨터, 스마트폰, 태블릿PC, 인터넷이 연결된 TV 등 다양한 기기를 사용해서 실시간으로 장소이동 또는 공간이동(space－shifting) 시청이 가능해졌다. 원격시청기기 또는 디지털 미디어 어댑터와 인터넷의 결합으로 컴퓨터, 휴대전화, 태블릿PC 등의 여러 가지 단말기를 통해서 가정이 아닌 외부에서도 또는 전 세계 어느 곳에서든 TV프로그램을 시청할 수 있게 된 것이다.

이런 기술발전은 더 나아가서 시청자가 언제 어디서든 원하는 콘텐츠를 소비하려는 욕구를 증가시키고 그에 따른 적극적인 시청태도에도 영향을 미칠 수 있다. 시청자는 원하는 시간에 영화나 방송콘텐츠 등을 제공해주는 VOD와 같은 새로운 미디어 상품이나 서비스를 적극적으로 구매해서 이용한다. 그뿐만 아니라 특정 TV프로그램을 실시간으로 시청하지 않고 에피소드의 일부 또는 전체를 하루에 시청하는 소위 몰아보기 시청(Binge－watching)을 하면서 시청만족도를 높이고 있다. 또 뉴스와 같은 하나의 방송콘텐츠를 여러 미디어 플랫폼을 넘나들면서 동시적으로 또는 비동시적으로 시청하는 멀티 플랫포밍(multi－platforming)을 하거나, TV드라마를 시청하면서 스마트폰으로 게임이나 채팅을 하거나 관련 정보를 검색하는 미디어 멀티태스킹(multi－taking)을 하는 등 미디어 동시 이용이 증가하고 있다.

하지만 VCR, PVR(Personal Video Recorder), 슬링박스, 인터넷 원격녹화, TV실시간 스트리밍 서비스 등의 혁신기술은 방송프로그램 시청의 편의성을 높여주는 한편, 그것의 합법성을 둘러싸고 항상 저작권 논쟁이 뒤따랐다. 다음에서는 방송프로그램 시청의 편의성을 높여 준 대표적인 현상인 시간·장소이동 시청의 저작권법상의 쟁점을 파악한다. 그리고 국내 관련 판례가 부재하므로 미국의 사법부 판단을 중심으로 특별히 이용자의 자율성 이익의 관점에서 법적 성격을 논의해 본다.

1) TV프로그램의 시·공간이동 시청 개념과 법적 쟁점

시간이동 개념은 '나중에 보거나 듣거나 읽기 위한 목적에서 자료를 녹음하거나 저장하는 과정'(Talar, 2007)으로 정의된다. 따라서 TV프로그램의 시간이동 시청이란 '실시간으로 방송되는 프로그램을 녹화해서 다른 시간에 재생해서 시청하는 과정'(den Bulck, 1999; Henke & Donohue, 1989; Levy, 1980)을 의미한다. 시간이동 시청은 1970년대 중반 등장한 VCR이 방송콘텐츠의 저작권 침해 논쟁을 불러일으켰던 미국의 Sony 판결(1984)[17]에서 논의되기 시작하였는데, 연방대법원은 '나중에 시청하기 위한 목적에서 프로그램을 녹화했다가 시청 후에 삭제하는 행위'로 정의하였다. 이상의 정의를 종합하면, 시간이동 이용은 '콘텐츠를 저장해 두었다가 더 편리한 시간대에 이용하는 개념'으로 정의된다.

TV프로그램의 시간이동 시청을 가능하게 한 VCR은 등장 초기에는 혁신적인 매체였다. 이것은 TV시청패턴에 큰 변화를 주었고, 불특정다수에 의한 동시적 수신이라는 방송매체 고유의 한계를 해결해 주었다. 최근에 와서는 디지털 기술의 등장으로 VCR의 카세트테이프를 컴퓨터의 하드드라이브로 대체한 디지털 개인용 녹화기인 PVR, DVD 플레이어, RS−DVR의 녹화기능을 이용하면서, 시간이동 시청이용 기능이 더욱 향상되었다. 국내에서는 2005년부터 PVR이 내장된 수상기가 등장했지만, 당시에는 그에 관한 사법부의 해석이 부재했고 학문적 논의도 비교적 활발하지 않은 편이었다. PVR은 시간이동이 주 이용목적이지만 디지털 기술에 기반을 두고 있으므로, DVD 등의 다른 미디어로 복제해서 다량을 소장하거나 파일전송 기능을 활용하여 다른 사람과의 공유가 활발해지면, 저작권 이슈와 관련하여 시간이동과 공간이동 개념을 동시에 고려해야 하는 기술이다(조연하·김미라, 2006).

한편 공간이동은 저작물을 이용하는 장소나 기기를 선택하고 통제하는 개념이다. 이 기능은 콘텐츠를 원래 저장했던 미디어 기기가 아닌 다른 기기로 복제해

---

17 Sony Corp. of America v. Universal City Studio, 464 U.S.417(1984).

서 이용하는 기기이동(device-shifting)의 개념에서 점차 콘텐츠의 장소이동18을 포함하는 개념으로 확대되었다. 시간이동 시청이 콘텐츠 저장기능과 더불어 시청시간을 통제하는 개념이라면, 시청자가 어느 곳에서든 어느 단말기를 통해서든 TV프로그램에 접근할 수 있도록 해주는 장소이동은 시청장소를 통제하는 개념이다. 장소이동의 개념은 전 세계 어디에서든 영상콘텐츠를 시청할 수 있도록 해주는 슬링박스와 같은 기기들이 등장하자, 주로 TV방송에 국한해서 본격적으로 논의되기 시작하였다. 슬링박스는 이용자의 방송회선과 연결된 네트워크 저장장치이다. 이것은 방송회선을 통해 들어온 방송프로그램을 실시간으로 저장하고 있다가, 이용자가 외부에서 요청하면 인터넷망을 통해 외부 이용자 단말기(노트북, 스마트폰 등)로 방송프로그램을 제공(전송)하는 형태이다(김희경·이재호, 2012).19 슬링박스는 방송신호를 한 번에 1개의 단말기에만 전송하도록 하는 'one-to-one' 또는 'me-2-me' 연결만 지원하면서, 전송하는 프로그램의 녹화와 재생기능이 제공되지 않는다(Bartley, 2008; Russell, 2008). 이런 기술적 제약은 저작권 침해 가능성을 피하기 위한 의도적인 제약이라고 볼 수 있다.

국내에서는 2007년 슬링박스가 도입되었다.20 국내 출시제품인 '슬링박스 프로'는 고화질TV를 비롯하여 DVD, 감시카메라 등 4개의 채널로 다양한 미디어를 전송할 수 있다. 당시에는 웹하드와 P2P 등의 범람으로 실시간 방송을 TV수상기

---

18 장소이동은 기술이나 법학 분야에서 때로는 공간이동이란 용어와 혼용되고 있어 개념의 불명확성을 초래하고 있다. 공간이동을 장소이동의 개념으로 사용하는가 하면, 기기이동과 장소이동을 명확히 구분하지 않고 있다. 이에 대해 아이소다(Isoda, 2011)는 일본의 일부 논문에서 마네키TV나 로쿠라쿠II와 같이 TV프로그램의 원격전송 서비스를 포함하기 위해 "공간이동"이란 용어를 광범위하게 사용한 반면, 미국에서는 파일공유 서비스와 같은 인터넷 서비스제공자들이 "시간이동"과의 비교를 통해 서비스가 공정이용임을 강조하려는 목적에서 공간이동이란 용어를 사용하고 있다고 설명하였다.

19 서비스 방식은 첫 번째 단계에서 슬링박스로 들어오는 방송콘텐츠를 디지털로 변환하고, 두 번째 단계에서 스트리밍 방식으로 전송하고, 마지막 단계에서 전용 프로그램을 통해서 전송된 방송콘텐츠를 시청하는 것이다(이진태, 2007).

20 미국에서 개발된 슬링박스 이외의 장소이동 기기로는 TiVoToGo, SageTV Placeshifter 등이 있다. 일본에서는 소니(Sony)가 개발한 로케이션프리TV, Nagaon Syotne K. K.의 마네키TV, Nihon Digital Kaden K. K.의 로꾸라꾸II 등을 지적할 수 있다(Isoda, 2011; Parcher, 2006; Rivers, 2007; Russell, 2008). 국내의 경우는 Cup TV, 붐TV 등이 슬링박스와 유사한 기기이다.

외의 매체로 시청하는 수요가 지금처럼 크지 않았기 때문에 슬링박스에 대한 수요도 미미했다. 하지만 슬링박스가 주목받는 이유는 N스크린과 같이 다양한 단말을 통해 실시간 콘텐츠 제공서비스가 가능해지고, 저장(storage) 기능이 부가되면서 단말기의 상호연계성이 높아졌기 때문이다(Russell, 2008). 슬링박스의 가장 큰 특징은 시청자에게는 다양한 단말기를 이용하여 방송콘텐츠에 대한 접근성을 높여주는 기능을 하며, 셋탑박스 추가설치비를 지불하지 않고서도 집안 어느 곳에서든 방송을 시청할 수 있으므로 비용절감 효과를 누릴 수 있다는 점이다. 그리고 일종의 개인용 방송중계장치로서 방송사업자에게는 가시청권을 획기적으로 넓혀준다는 점에서 프로그램 유통에 새로운 가능성을 제시한다(최진원, 2009; Parcher, 2006; Russell, 2008; Talar, 2007).

슬링박스를 처음 제작한 미국의 슬링미디어(Sling Media)는 방송프로그램의 장소이동 시청을 '소비자들이 어디에서든 네트워크와 연결된 휴대용 컴퓨터를 이용하거나 개인용 TV에 인터넷 연결 장치를 장착해서 TV프로그램을 실시간으로 시청하는 것'으로 설명하였다. 러셀(Russell, 2008)은 기기의 특성과 이용, 관련법을 분석하여 장소이동을 '소스에서 신호의 발생과 동시에 컴퓨터 네트워크를 통해 수신기로 멀티미디어의 신호를 이동시켜 주는 것'으로, 기능적 관점에서 정의하였다. 또 힐더브란트(Hildebrandt, 2007)는 'TV프로그램을 소비자가 최초로 수신한 곳과 다른 지리적 위치에서 시청하는 것'으로 정의함으로써 단순히 수신 위치의 변경에 초점을 두었다. 순수한 기술적 차원의 정의를 시도한 탈라(Talar, 2007)는 '이용자가 어디에서든 컴퓨터나 기타 인터넷 연결기기를 통해 시청할 수 있도록 브로드밴드 인터넷 접속을 통해 가정에 있는 TV수상기나 PVR의 영상을 스트리밍해 주는 기술'이라고 설명하였다. 그런가 하면 아이소다(Isoda, 2011)는 서비스 관점에서 접근하였는데, 장소이동을 '서비스제공자가 TV프로그램을 수신, 녹화해서 인터넷을 통해 고객에게 전송하면, 고객이 전 세계 어느 곳에서도 해당 프로그램을 볼 수 있는 기기를 사용하는 서비스'로 정의하였다. 이상의 정의를 종합해 보면, 기기이동이 콘텐츠를 저장하는 기기의 휴대성이 강조된 개념이라면, 장소이동은 다른 장소에서 직접 콘텐츠를 전송받아 이용하는 것으로서 이용 위치의 이동성이 강조된다는 점에서 차이를 보인다. 따라서 공간이동은 장소나 위치이동 또는 기기이동의 개념으로 좁게 설명할 수 있으나, 더 넓은 범위에서는 장소이동과 기기

이동을 포함하는 광범위한 개념으로 설명할 수 있다.

이와 같은 콘텐츠의 시간·공간이동 기능은 복제 또는 전송 기술을 수반하기 때문에 복제권, 배포권, 공중송신권, 공연권 등의 저작권 침해 문제를 제기하면서, 저작물 이용자와 기기 및 서비스 제공자의 책임이란 법적 쟁점을 야기한다. 복제기술을 이용하는 VTR이나 DVR과 같은 시간이동 기능과 MP3플레이어, P2P 서비스와 같은 공간이동 기능은 저작물의 복제권, 배포권 침해와 더불어 공정이용 논쟁을 불러일으켰다. 또 슬링박스와 같이 기술적으로 일시적 저장과 전송이 수반되는 장소이동 기능도 저작권 침해 가능성을 제기하였다. 슬링박스를 연계 판매하는 플랫폼 사업자의 공중송신권 침해가 문제 되는가 하면, 슬링박스 이용자들이 ID를 공유할 경우 저작권 침해의 가능성이 커진다는 주장도 있었다. 게다가 네트워크 기술의 발전으로 콘텐츠의 개인적 이용과 상업적 이용의 경계가 희미해져서 시간·공간이동 기기를 이용한 사적복제에 관한 기존의 논의가 무의미해졌다. 결국 시간·공간이동 기능이 제공되거나 이용되는 상황에 따라 다양한 법적 논의가 가능해진다고 볼 수 있다.

2) TV프로그램의 시·공간이동 시청과 공정이용

(1) 시간이동 시청의 공정이용 판결성향

기술적으로 미디어 콘텐츠 이용의 편리성과 접근성을 도모하는 시간·공간이동 기능은 저작물 이용의 자율성과 연결하여 논의할 수 있다. 저작물 이용의 자율성이란 저작물 이용의 시간, 장소, 접근방법, 상황 등을 선택하는 자유를 의미한다. 미국의 소니 사건의 저작권 논쟁에서 문제가 되었던 VCR은 기능적 차원에서 볼 때 TV프로그램의 시청시간을 선택할 수 있다는 점에서 이용자의 자율성을 높여주었다. 하지만 동시에 실시간 방송의 시청률과 광고수입의 감소와 같은 경제적인 이슈를 불러일으켰다. 그리고 시간이동 시청 목적의 TV프로그램 녹화행위가 공정이용에 해당하는지, VCR 기기의 제조자와 배포자가 저작권법상의 간접침해 책임이 있는지 등의 법적 쟁점을 야기하였다.

이와 관련하여 소니 사건에서 연방항소법원[21]은 시청시간을 자유롭게 선택할 수 있는 이용자의 편의성 도모는 저작권법 취지에서 벗어난다고 해석하였다. 법원은 저작권법 제107조 공정이용 조항이 예시한 이용의 목적 기준은 일반적 지침을 제공하지만, 일반적인 범주에 이용의 편의성, 엔터테인먼트, 접근력 향상이란 요소가 포함되지 않는다는 점을 특별히 강조하였다. 이를 위해 법원은 공정이용은 저작물을 2차적 저작자가 이용하는 것과 관련된 것이며, '일상적인 이용' 목적으로 저작물을 복제하는 행위에 공정이용 원칙을 적용할 수 없다는 샐처(Seltzer, 1978)의 견해를 인용하였다.

그러나 연방대법원[22]은 VCR의 주 용도는 실시간으로 시청할 수 없는 프로그램을 편리한 시간에 시청하는 것이라는 조사결과를 인용하면서, 시간이동 이용은 실질적으로 시청자 수를 확대할 수 있기 때문에 상당한 양의 TV프로그램이 저작권자의 반대 없이 이용될 수 있다는 다수의견을 제시하였다. 그리고 TV프로그램 저작권자들이 VCR 기기판매에 대해 저작권 사용료를 받을 권리가 있다는 연방항소법원의 주장에 대해, 기기 구매 후 소비자의 저작물 이용을 제한하기 위해 저작권자가 접근통제권을 행사하는 것은 타당하지 않다고 해석하였다. 소비자가 구매한 책을 어떻게 읽을 것인지를 참견하는 것과 다르지 않다는 것이다. 이것은 저작권자의 독점권을 보호 대상이 아닌 판매상품에 대한 통제를 포함하는 것으로 확대하는 것이며, 그와 같은 저작권 확장은 의회가 인정한 권리의 범위에서 벗어난다는 것이 다수의견의 해석이었다. 다시 말해서 TV프로그램 저작권자는 VCR 기기에 대한 판매 및 배포에 대한 통제권을 행사할 수 없다고 보았다. 저작권자가 저작물에 대한 접근성을 높여주는 기기를 이용하는 것을 통제하는 방식으로 접근통제권을 간접적으로 행사하는 것은 정당하지 않으며, 그런 권리는 저작권 보호 영역에 포함되지 않는다는 점을 분명히 한 것이다.

또 연방대법원은 시간이동 시청이 주로 가정에서 사생활을 누릴 수 있는 개인에게 주어지는 이익이라는 1심 판결[23]과 입장을 같이 하면서, TV프로그램에 대

21 Universal City Studios Inc. v. Sony Corp. of America, 659 F.2d. 963(1981).

22 Sony Corp. of America v. Universal City Studio, 464 U.S. 417(1984).

23 소니 사건의 1심에서 법원은 지상파방송 녹화가 이루어지는 가정은 프라이버시권이 존중되는 공간이라는 점에 주목하고, 변형적 이용보다는 사적 이용의 관점에서 접근하여 시간이동 이용은 저작권 침해가 아니라고 보았다(Universal City Studios, Inc. v. Sony

한 접근성을 높여서 공중이 얻는 이익이 저작권자에게 미치는 잠재적인 유해성보다 우선한다는 소니 측의 주장에 의존하여 시간이동 시청의 정당성을 인정하였다. 즉 VCR로 TV프로그램을 녹화하는 행위를 금지하는 것은 이에 필적할만한 이익이 없이 공적 정보에 대한 이용자의 접근을 제한하는 위험한 결과를 초래한다는 것이다. 이것은 이익형량에 근거한 판단으로서, 기술혁명의 시기에 기술을 사용하여 저작물을 배포하고 이용하는 것을 저작권자가 통제하는 것이 공공복지에 유해하다는 긴스버그(1997)의 주장과 맥을 같이 한다. 따라서 방송사의 일방적인 편성시간이란 족쇄로부터 시청자를 풀어줌으로써 이용의 편리성과 접근성을 도모하는 시간이동 시청이 공정이용이라는 것이 연방대법원의 해석이었다. 미국 저작권법의 공정이용 원칙이 저작권자의 사적 권리와 저작물 이용에 대한 공익 간의 이익형량 기능을 한다는 점에 근거하여, 시간이동이 저작권자의 권리와 저작물에 접근, 이용할 수 있는 이용자의 이익 간에 균형을 유지하는 기능을 한다고 본 것이다.

반면 반대의견은 이용의 편의를 위한 엔터테인먼트 저작물 복제는 비영리적, 교육 목적의 범주에 포함되지 않는다는 연방항소법원 판결과 입장을 같이 했다. 즉 방송프로그램의 시간이동 시청이 일상적이고 단순히 소비적인 시청에 지나지 않는다고 보면서, 저작물 이용의 편의성보다는 이용의 성격에 더 주목하였다. 그리고 VCR을 이용한 TV프로그램 녹화가 지상파방송에 대한 공중의 접근성을 높여준다는 소니 사의 주장은 저작권의 본질을 잘못 이해한 것이라고 설명하였다. 저작권은 저작자에게 저작물에 대한 접근을 제한하거나 차단할 수 있는 접근통제권을 부여하고 있음을 강조하면서, VCR 녹화는 접근통제권을 제한할 만큼 공익이란 가치를 창출하지 않는다고 주장하였다. 다시 말해서 시간이동 시청을 통한 저작물 이용의 자율성이 저작권자의 권리를 제한할만한 정당성이 없을 뿐 아니라, 권리 제한으로 공익을 추구하려는 저작권법 본래의 취지에도 맞지 않는다는 것이 반대의견의 논리였다.

이처럼 아날로그 환경에서 법적 이슈가 되었던 방송프로그램의 녹화방식은 PVR과 같은 기술의 발전으로 디지털 방식으로 진화하게 된다. 티보(Tivo), 리플레

Corp. of America, 480 F.Supp. 429, 1979, p. 446).

이TV(Replay TV)와 같이 디지털 기술을 사용한 PVR 제품들은 소비자가 언제 어떻게 방송을 시청할 것인지에 대해 자율적인 권한을 행사하도록 해주었다. 심지어는 소비자 이용목적에 따른 맞춤형 사용도 가능하였다(Lemley, 2005; Liu, 2003). 기존의 VTR에서 가능했던 시간이동 기능에서 더 발전하여, 생방송 일시정지, 선호 프로그램의 녹화 및 편집, 광고 건너뛰기, 녹화프로그램의 파일전송 등과 같은 기능이 추가됨으로써, 시청자의 방송시청 통제능력을 VTR보다 한 차원 더 높여 주었다(조연하·김미라, 2006).

　미국에서 PVR 관련 저작권 분쟁은 2001년 리플레이TV 제조사를 상대로 한 소송24과 함께 시작되었다. 전문가들은 이 소송이 디지털 VTR의 저작권법적 성격을 분명히 하고 새로운 기술환경에 적절한 저작권법 형태를 분석할 수 있는 중요한 법적 분쟁이 될 것으로 기대했다. 그러나 제조사의 파산과 광고 건너뛰기 녹화기능 삭제 등으로 소송이 취하되었다(Hamburger, 2010; Menell & Nimmer, 2007; Notkin, 2006). 하지만 파일전송 기능 등이 저작권을 침해할 소지가 있다는 점에서 PVR은 아날로그 VTR에 비해 공정이용의 보호범위가 축소되는 것만은 분명하다.

　네트워크형 복제기기의 등장과 함께, 방송프로그램의 녹화는 각 가정에 녹화기를 설치하지 않아도 원격지 프로그램 저장장치인 RS-DVR을 이용하여 인터넷만 연결되면 쉽게 방송프로그램을 녹화해서 이용자가 언제든지 원하는 시간에 재생해서 볼 수 있는 인터넷 녹화방식으로 변경되었다(이숙연, 2009; 최진원, 2008). Cartoon Network 사건(2008)은 RS-DVR을 이용하여 방송콘텐츠 녹화서비스를 제공했던 케이블비전(Cablevision)을 상대로 저작권 침해 소송을 제기한 사건이다. 케이블비전의 RS-DVR 서비스는 가정에서 시청자가 직접 녹화하는 기존의 DVR과 다른 방식이다. 이것은 이용자가 가정에 별도의 기기를 설치하지 않아도 케이블비전이 제공하는 웹하드에 원하는 방송프로그램을 녹화해줄 것을 사전에 요청하고 그것을 편리한 시간에 재생해서 볼 수 있도록 해준다. 영화사와 TV네트워크사는 RS-DVR 서비스를 운영하는 케이블비전이 자사의 장비를 이용하여 방송프로그램을 저장해서 가입자에게 스트리밍하는 행위는 시간이동 기능이 아니라 재방송(rebroadcasting) 또는 중계방송에 해당하며, 이는 저작권 직접침해라고 주장하

---

24 Paramount Pictures Corporation. v. Replay TV(C.D.Cal. 2001).

였다.

1심에서 연방지방법원은 케이블비전의 RS-DVR은 단일 장치인 VTR과 다르며, VOD에 더 가깝다는 입장이었다. 비록 가입자 요청에 의한 것이지만 콘텐츠를 제공하고 복제 장치를 소유, 관리하는 케이블비전이 복제의 주체라고 보고 저작권 침해를 인정하였다. 그러나 연방항소법원[25]은 복제의 주체가 개별 서비스이용자라는 점에서 VOD 서비스와 다르다고 보았다. 그리고 RS-DVR 서비스 이용은 이용자가 VTR을 이용하여 직접 녹화하는 것과 마찬가지로 사적 이용에 해당하므로, 저작권 침해가 아니라고 판시하였다. 특별히 동 판결에서 주목할 만한 점은 Netcom 판결(1995)[26]이후 다수의 판결에서 직접침해 판단의 중요 요소로 사용했던 이용자의 "자유의지 행위(volitional conduct)" 개념을 사용하였다는 점이다. 복제의 주체를 녹화시스템을 제공한 케이블비전이 아니라 실제로 자유의지로 녹화 버튼을 누른 이용자라고 본 것이다. 즉 복제장치의 위치가 아닌 복제행위의 주체를 복제권 침해 검토에서 중요한 판단요소로 사용하였다. 이것을 저작물 이용의 자율성 관점에서 해석한다면, 이용자 의지로 복제를 요청했다는 것은 시청시간과 방식을 자율적으로 선택했다는 것을 의미한다. 또 동 판결은 서비스의 기술적인 측면에만 초점을 맞추고 이용자의 시간이동 시청을 전혀 고려하지 않았던 1심 판결과 달리, 케이블비전의 스트리밍 서비스가 재전송이라는 저작권자들의 주장을 부인하고 시간이동 기능을 하는 것으로 해석함으로써, 시간이동 시청을 가능케 한 서비스제공자의 책임을 묻지 않았다.

연방대법원[27]도 RS-DVR과 같은 네트워크를 이용한 TV프로그램의 녹화와 재생은 '사적이용'에 해당하며 저작권 직접침해에 해당하지 않는다는 점을 확고히 했다.[28] 이 판결의 함의는 네트워크 DVR을 이용한 TV프로그램의 녹화, 재생행위에서 복제 주체가 개별 이용자이며, 서비스제공자는 복제를 용이하게 해주었을 뿐 이용자 요청에 따라 녹화된 프로그램을 단지 전달한 것으로 공중에게 전송한

---

25 Cartoon Network LP, LLLP v. CSC Holdings, Inc., 536 F.3d 121(2nd Cir. 2008).

26 Religious Technology Center v. Netcom On-line Communication Services, inc. 907 F. Supp. 1361 (N.D. Cal. 1995).

27 Cartoon Network LP, LLLP v. CSC Holdings, Inc., 129 S.Ct. 2890(2009).

28 이 사건은 다시 원고가 연방대법원에 상고하였으나 기각되었다.

것은 아니라고 해석함으로써, 이용자의 시간이동 시청 기능에 더 초점을 맞추었다는 점이다.

(2) 장소이동 시청의 공정이용 판결성향

광대역 인터넷이 널리 보급되기 이전에는 대부분 영상콘텐츠는 지상파방송과 영화관, VTR, 또는 DVD플레이어와 같은 제한적인 플랫폼 또는 매체에 의존할 수밖에 없었다. 그와 같은 플랫폼의 특징은 지역적 또는 시간적인 한계를 가지고 있었다. 그러나 2000년대가 되면서 광대역 인터넷이 일반 가정에까지 보급되어 영상 데이터와 같은 대용량 데이터를 실시간으로 전송할 수 있게 되자, 인터넷을 이용해서 지상파방송을 원격으로 실시간 시청을 가능하게 해주는 디지털 기기가 등장하였다(최정열, 2011). 이로 인해 TV프로그램의 장소이동 시청이 가능해졌다.

특히 슬링박스와 같은 디지털 기기는 인터넷망이 연결되면 누구나 가정의 TV수상기나 PVR의 영상콘텐츠를 어느 곳에서든 볼 수 있도록 해줌으로써 장소이동 시청을 가능하게 해준다. 즉 방송과 인터넷의 결합으로 기존의 제한적인 플랫폼이나 매체 의존에서 벗어나게 되었다. 장소이동은 시간이동 개념을 계승한 개념이기는 해도, 디지털 녹화와 네트워킹과 같은 기존의 기술과 소비자 요구에 부응하기 위해 고안된 새로운 서비스를 결합했다는 점에서 혁신성을 찾아볼 수 있다(Isoda, 2011). N스크린 서비스로 인해 장소이동 시청은 더욱 활발해졌는데, 이것은 동일 콘텐츠를 이종 단말기에서 끊이지 않고 자유롭게 이용할 수 있게 하는 서비스이다.

저작권 침해 가능성이 큰 PVR과 달리, 슬링박스는 TV프로그램의 내용을 저장하거나 어떤 종류의 조작도 불가능하다는 점 등을 이유로 공정이용과 관련하여 규제를 받지 않았던 경향을 보인다(Sathyanarayana, 2007; Talar, 2007). 그럼에도 불구하고 슬링박스를 이용한 장소이동 시청은 기술적으로나 법리상으로나 시간이동 시청과 또 다른 논의를 요구한다. 이것은 Sony 판결(1984)의 다수의견의 이용자 편의성 증진 논리에 따르면 공정이용이다. 반면 저작권 취지에 소비자 보호나 이용의 편의성이 포함되지 않는다는 Sony 판결의 반대의견이나 저작권자의 재산적 이익 보호가 저작권법의 취지라는 MP3.com 판결(2000)[29]의 논리에 따르면 공정이용이 아닐 수도 있다. 관련 판례가 부재하므로 비록 사법부의 해석을 알 수 없지만, 기존 판결을 토대로 하여 변화하는 기술 및 법 환경에서 장소이동 기기 이용의 저작권법상의 성격을 검토할 필요가 있다.

Grokster 판결(2005)[30]은 컴퓨터 사용자가 중앙 서버를 거치지 않고 P2P네트워크를 이용하여 전자파일을 공유할 수 있는 무료 소프트웨어를 배포한 그록스터 등을 상대로 저작권 관련 단체들이 소송을 제기한 사건이다. 이 사건의 최종 판결은 적법한 용도와 불법적인 용도로 사용 가능한 제품을 유통한 자가 그 제품을 사용하는 제3자의 저작권 침해행위에 대해 간접책임을 부담해야 한다는 것이다. 이 판결의 관점에서 보면, 슬링박스 서비스는 간접침해 책임이론과 저작권 침해를 위한 사용을 조장할 목적으로 물품을 배포한 자는 제3자의 침해행위에 대한 책임을 부담해야 한다는 유인이론에 따라 저작권 침해의 가능성이 있다. 간접침해가 성립하려면 직접 침해자가 우선되어야 하는데, 이 상황에서 유일한 직접 침해자는 소비자이다. 따라서 저작권 침해 가능성 주장에 대해 슬링박스 이용자는 공정이용 항변을 사용할 수 있으므로, 슬링박스 이용의 법적 성격은 공정이용이라는 법적 틀 안에서 분석할 수 있다.[31]

슬링박스를 이용한 장소이동 TV시청이 공정이용인지를 파악하기 위해서는 4가지 기준에 따라 분석해야 한다. 먼저 이용의 목적과 성격 기준의 경우, TV프로그램의 시간이동 시청과 음악콘텐츠의 기기이동 감상을 각각 비상업적인 사적 이용으로 보고 공정이용이라고 해석한 Sony 판결(1984)과 Diamond Multimedia 판결(1999)[32]에 기초하면, 슬링박스를 이용한 방송콘텐츠의 원거리 시청 행위는 비상업적인 사적 이용에 해당한다. 일반 공중에게 동시에 저작물이 배포되는 공간이동은 공정이용이 아니라는 점을 확고히 했던 Napster 판결(2001)을 적용하더라도, 슬링박스를 이용한 시청은 슬링박스 구매자인 최초 이용자에게만 저작물이 노출되므

---

29 UMG Recordings, Inc. v. MP3.com, Inc., 92 F. Supp. 2d 349 (S.D.N.Y. 2000).

30 Metro－Goldwyn－Mayer Studios, Inc. v. Grokster, Ltd., 125 S.Ct. 2764(2005).

31 2012년 3월 한·미 FTA가 발효되면서 국내 저작권법에서도 공정한 이용 규정이 시행됨에 따라, 슬링박스를 이용한 시청에 사적복제 조항과 더불어 공정이용 조항의 적용이 가능하다.

32 Recording Indus. Association of America v. Diamond Multimedia Sys., Inc., 180 F.3d 1072, 1079 (9th Cir.1999).

로 공정이용이다. 또 공표된 저작물을 비영리적인 목적으로 개인적으로 이용할 경우 저작재산권을 제한할 수 있는 저작권법 제30조의 사적복제 기준을 충족시키려면, 슬링박스를 이용한 방송콘텐츠 시청은 비영리적인 목적으로 물리적 공간에 상관없이 다른 사람과의 공유가 아닌 단독 수신에 의한 개인적인 이용을 전제로 해야 한다.[33] 즉 슬링박스의 구입, 관리, 이용의 주체가 개별 이용자이어야 하며 순수하게 비상업적인 이용이어야 한다. 슬링박스 이용의 주체와 범위가 사적복제의 중요한 판단요소가 된다는 것을 의미한다. 이것은 아이소다(2011)가 TV프로그램의 장소이동 시청이 각각의 서비스 이용자에게 할당된 기기를 서비스 제공자가 아니라 이용자가 원격으로 조정하면서 개인적으로 이용한다는 점에서 TV방송의 단순한 재송신이 아니라 DVD 레코더나 VTR의 이용과 흡사한 성격을 지닌다고 본 것과 맥을 같이 한다.

그러나 한 가정의 구성원 사이에서 케이블이나 위성방송을 공유하는 것과 달리, 슬링박스의 장소이동 기능을 다른 가정과 공유하는 것은 법적인 문제를 야기한다. PVR과 같은 디지털 기술을 사용하여 TV프로그램을 다른 미디어로 복제하거나 파일전송 기능을 활용하여 다른 사람과 공유하는 공간이동 이용이 활발해지면, 공정이용 인정 범위가 축소될 수 있다는 논리가 슬링박스에도 그대로 적용된다. 장소이동 기능의 공유와 관련하여 슈넵스(Schnaps, 2007)는 슬링박스 구매자가 슬링박스 기능을 친구와 공유하면 친구가 TV프로그램을 시청할 수 있다는 점에서, 공중 배포, 공연, 사적 영역 등의 개념이 새롭게 재정의된다면, 법원이 소비자에게 직접침해책임을 물을 수도 있다고 설명하였다. 이것은 SNS에 접속한 친구나 지인이 가정 및 이에 준하는 한정된 범위에 포함되는지의 문제와도 관련된 것으로, 변화된 디지털 미디어 이용환경에서 기존의 사적 영역, 배포 등의 개념을 재정의할 필요가 있음을 시사한다. 결론적으로 슬링박스 이용의 적법성은 공적 이용인지 사적 이용인지 여부가 관건이다. 슬링박스 수신을 1대로 제한하고 개인적으로 수신한다면 이는 공개적 영역의 저작물 이용으로 보기 어렵다는 측면에서

---

33 불법 복제물의 복제행위는 사적복제로서 면책되지 않음을 분명히 한 판결(서울중앙지방법원 2008. 8. 5.자 2008카합968 결정)을 슬링박스 이용에 적용한다면 TV프로그램의 실시간 시청은 문제가 없지만, 가정의 PVR 등에 녹화된 영상콘텐츠 이용의 경우는 불법 복제물인지에 따라 법적 책임이 뒤따를 수도 있다.

사적 이용일 가능성이 크다.

슬링박스를 이용한 TV프로그램 시청이 저작물 이용의 목적 및 성격상 공정 이용이라고 판단한 근거에는 VTR의 시간이동과 마찬가지로, 슬링박스의 장소이동 기능도 이용자의 편의성 증진에 기여한다는 점이 포함된다. 하지만 이용자의 편의성 논리는 저작권 본래의 취지에서 벗어났다는 주장에도 주목해볼 필요가 있다. Mp3.com 판결(2000)[34]에서 법원은 저작권법의 취지는 소비자 편의성이 아니라 저작권자의 재산적 이익 보호라는 점을 강조하였다. 소니 사건의 2심에서도 법원이 공정이용을 판단하는 이용의 목적 기준에 소비자의 편의성, 접근력 향상이 포함된 것은 아니라고 주장한 바 있다. 이처럼 소비자 보호론에 입각한 시간이동 및 공간이동 기능의 공정이용을 부인한 판결 논리에 따른다면, 슬링박스를 이용한 장소이동 시청은 공정이용의 범위에 포함되지 않는다. 그러나 저작권자의 보호 못지않게 저작물 이용의 편익도모도 중요하다는 점을 강조한 일본 마네키 TV 사건의 지적재산고등재판부 판결(2008)에도 주시할 필요가 있다. 이 판결에서는 이용자의 적법한 사적 이용을 위해 보다 나은 환경조건 등의 제공을 통해 기기나 서비스 이용자가 증대되었다고 해서, 적법한 행위가 위법으로 바뀌는 것은 아니며 저작권자의 이익이 침해되는 것이 아니라는 것이다(김희경·이재호, 2012).

공정이용의 두 번째, 세 번째 판단기준인 이용된 저작물의 성격, 이용된 양과 질을 보면, 슬링박스를 통해 이용하는 TV프로그램은 본질적으로 창의성을 요구하는 영상저작물이며, 대부분 전체 또는 상당한 양이 이용된다는 점을 고려할 때 공정이용이 아닌 것으로 볼 수 있다. 하지만 공정이용 판단에서 무엇보다도 중요한 것은 슬링박스를 이용한 장소이동 시청이 TV프로그램의 잠재적 시장에 미치는 경제적 효과이다. 1대 1 수신으로 범위를 제한한 슬링박스의 기술적 특성상, TV프로그램 저작권자에게 경제적으로 부정적인 영향을 줄 것으로 보이지는 않는다. 오히려 슬링박스의 장소이동 기능은 휴대전화, 태블릿PC 등 더 많은 개인용 커뮤니케이션 기기를 이용하여 TV프로그램을 시청하도록 함으로써 방송 플랫폼의 확장, 더 나아가서 방송시장의 발전을 도모할 수 있다는 점에서 긍정적인 효과를 가진다. 반면 다양한 단말을 통과한다는 것 자체가 저작권자의 후속 시장에 해당하

---

34 UMG Recordings, Inc. v. MP3.com, Inc., 92 F. Supp. 2d 349 (S.D.N.Y. 2000).

므로 저작물의 잠재시장에 부정적인 영향을 미치고, 가입 유치를 위한 하나의 수
단이 된다는 점에서 저작권자가 아닌 자가 저작물을 판매하여 영리를 추구하는
결과와 다름이 없으므로 사적복제의 범위를 벗어난다(김희경·이재호, 2012). 결국
슬링박스를 이용한 TV프로그램의 장소이동 시청이 공정이용인지는 시청의 주체
와 범위가 주요 판단요건이지만, 공중 배포, 사적 영역, 저작권법상 이용자 편의
성 등의 요소에 대한 법적 해석에 따라 달라질 수 있다.

　　저작권자의 권리보호가 점점 더 강화되는 디지털 환경에서 기술발전으로 인
한 저작물 이용의 편익 도모를 저해하는 요소에 대한 고려도 결코 배제되어서는
안 될 것이다. 새로운 기술의 이용을 금지할 권리가 저작권자에게 없을 뿐 아니
라, 방송콘텐츠 이용의 효용성을 감소시키고 사회의 혁신기술을 제한하는 것은
저작권자의 권리남용으로 해석될 수도 있기 때문이다. 장소이동 시청의 법적 쟁
점은 결국 기술혁신과 저작권의 충돌에서 비롯되었다는 점에서, 램리(2005)는 앞
에서 언급했던 "혁신매체의 항변"을 제안한 바 있다. 이것은 새로운 매체의 법적
책임을 분석하고 기술발전으로 인한 이익과 저작권 간의 균형을 맞추기 위한 기
준으로 소비자의 자율성 향상, 무한 복제와 배포의 방지 능력, 저작물에 대한 적
절한 수익, 긍정적 소비문화 조장 등의 요인을 사용할 수 있다는 것이다.

　　한편 최근에는 시간·장소이동 기기를 이용한 TV프로그램의 스트리밍 서비스
나 예약녹화 서비스, 소위 온라인TV 서비스가 등장해서 역시 저작권 이슈를 야기
한다. 미국의 Aereo 판결(2013)[35]에서는 2012년부터 뉴욕을 포함해서 10개 도시
에서 시작한 에어리오(Aereo)의 지상파방송 실시간 스트리밍 서비스의 법적 책임
을 다루었다. 인터넷 스트리밍 사업자인 에어리오가 제공한 서비스는 클라우드
방식으로, 디지털 저장장치에 보관하고 있는 각종 지상파방송 프로그램을 소형
안테나로 접속해서 실시간으로 시청할 수 있도록 해주는 스트리밍 방식의 서비스
이다. 안테나는 사업자의 데이터센터에 설치되어 있으며, 이용자들은 클라우드 기
반의 녹화기능을 이용할 수 있다. 한마디로 TV안테나, DVR, 슬링박스와 같은 시
간과 장소이동 기기의 기능을 하나로 해결해 주는 TV프로그램의 온라인 스트리
밍 서비스이다. 이 서비스는 실시간 프로그램이 종료되기 이전에 사전 녹화 기능

35 WNET, Thirteen v. Aereo, Inc., 712 F.3d 676 (2d Cir. 2013).

을 선택하여 지상파방송을 시간이동 시청하는 것은 물론이고, 컴퓨터, 스마트폰, 태블릿PC, 인터넷이 연결된 TV 등 다양한 기기를 사용해서 실시간으로 장소이동 시청을 가능하게 한다. 가입자 입장에서는 마치 원거리 DVR과 슬링박스가 장착된 텔레비전을 사용하는 것과 같다. 에어리오는 개인의 안테나를 한 곳에 모아 관리해주며 가입자가 요청할 경우 방송을 송출해주는 서비스를 제공하는데, 일부 방송네트워크가 지상파방송의 주요 수익원인 재전송 요금을 내지 않았다는 이유로 에어리오를 상대로 공연권과 복제권 침해소송을 제기하였다.

이 사건에서 연방항소법원은 복제의 주체에 주목한 Cartoon Network 판결(2008) 논리에 근거하여, 각각 녹화된 방송이나 "실시간" 방송이 "공중"이 아니라 개개 가입자에게 개별적으로 전송되는 것이므로 공연권36침해가 아니라고 판시하였다. 그리고 개인이 실시간 방송 이후 시청할 수 있도록 파일을 전환해서 서비스하는 것은 가정에서 VCR을 이용한 시간이동 시청과 마찬가지로 복제권 침해가 아니라고 보았다. 법원은 이용자가 선택해서 개별적으로 녹화된 프로그램을 이용할 수 있게 해주는 서비스 방식에 주목하고 공중송신이 아닌 개별 송신이라고 해석한 것이다. 이런 점에서 TV프로그램의 시청시간이나 방식 선택에 있어 이용자의 자율성이 부분적으로 고려되었다고 볼 수 있다.

그러나 2014년 6월, 연방대법원37은 에어리오의 저작권 침해를 인정함으로써, 항소법원의 판결을 뒤집었다. 다수의견은 에어리오의 서비스가 단순히 장비를 제공하는 것에 그치지 않고 케이블방송과 실질적으로 유사한 서비스에 해당한다고 해석하였다. 에어리오의 서비스는 저작물의 실연을 공중에게 송신 또는 전달하는 행위인 전송에 해당하며, 그러한 전송행위의 주체가 개개 이용자가 아닌 에어리오라고 보고 공연권 침해로 판시하였다. 하지만 소수의견의 논리에도 주목할 필요가 있다. 전통적인 케이블방송 서비스는 가입자가 요청하지 않아도 케이블사업자의 설비를 통해 가입자에게 항상 전달되지만, 에어리오는 가입자가 요청하기

---

36 국내 저작권법에서는 공연의 개념에 전송을 제외하고 있다. 이에 비해 미국 저작권법상 공연은 전송을 포괄하는 개념(17 U.S.C. §101)으로, 1976년 저작권법 개정에서 공개된 장소에서 이루어지는 전통적인 공연의 개념을 넘어서서 저작물의 실연을 일련의 방법을 통해 공중에게 송신하거나 전달하는 행위까지 포섭하는 것으로 그 범위를 확대하였다.

37 American Broadcasting Companies, Inc. v Aereo, Inc., 134 S.Ct. 2498(2014).

전까지는 방송신호가 수신되지 않는다는 점에서 차이가 있다는 것이다. 소수의견은 이런 차이를 행위주체를 판단하는 결정적인 요소로 보았다. 그리고 가입자가 송신행위를 의도하고 실행한 주체이고, 에어리오는 송신을 보조해주는 역할을 했으므로 간접침해 책임을 물어야 한다는 것이다. 에어리오의 TV프로그램 실시간 스트리밍 서비스를 케이블방송 시스템으로 해석한 연방대법원 판결은 에어리오가 케이블방송처럼 저작권법에서 정한 법정허락제도에 따라 지상파방송에 대한 재전송 요금을 지급하면, 서비스 자체가 합법이라는 단초를 제공했다는 점에서 의미를 찾을 수 있다.

3) 이용자 자율성 이익 관점에서 미디어 콘텐츠의 시간·장소이동 이용

미디어 콘텐츠의 시간·장소 이동기기 및 서비스가 야기하는 저작권 쟁점은 시간·장소이동 이용이 저작권 침해인지, 그러한 이용의 편리성과 접근성을 도와주는 기기 및 서비스 제공자에게 간접침해 책임이 있는가이다. 그리고 이에 대한 법적 판단에서 저작권자의 저작물 접근통제권을 저작권 보호범주에 포함할 것인지, 저작물 이용의 편의성이 저작권 취지에 해당하는지, 공정이용의 범주 판단에서 이용의 편리성 및 접근성 요소가 고려되어야 하는지 등에 관한 해석의 차이에 따라 저작물 이용자의 자율성 이익에 관한 상반된 관점이 공존한다.

먼저 저작물을 이용하는 일반 공중의 이익을 저작권의 궁극적인 목표로 보고 저작물에 대한 접근성 이익을 강조한 입장에서는 시간·장소이동의 법적 성격 판단에서 저작물 이용의 자율성을 중요하게 고려한다. 새로운 기술이나 매체의 생산에 더 주목한 기술적 공정이용(technological fair use)에 관한 최초의 판결이자 시간이동에 관한 기념비적인 판결인 Sony 판결에서는 저작물 이용에 대한 저작권자의 통제권을 정당하지 않은 독점권 확대라고 보고 인정하지 않았다. 그리고 시청시간의 한계를 극복해 준 VCR 녹화가 공정이용이라고 판시함으로써 TV프로그램 시청시간을 선택할 수 있는 자율성을 중요시했다. 한마디로 저작물 이용 차원의 접근성 이익과 저작권자의 접근통제권 간의 이익형량에서 전자에 무게 비중을 두었다. 이것은 저작물에 합법적으로 접근할 경우 이용자는 저작권자의 통제에서 벗어나서, 더 편리한 방식으로 저작물을 이용하는 암묵적인 권리를 행사할 수 있음을 암시한다. 특히 저작물의 생산과 소비에 적극적으로 참여하는 능동적 이용자가 문화 및 경제적 가치를 창출하는 기반을 제공하는 웹2.0환경에서는, 기술적 공정이용의 판단을 피해갈 수 없고 이용자 자율성 이익을 충분히 논의할 필요가 있다는 점을 시사한다.

반면 저작권의 본질을 저작권자 권리보호에 두고 저작권 범주에 접근통제권이 포함된다고 본 입장에서는 저작자 의도와 다른 방식으로 저작물 이용을 통제할 수 있는 권리인 이용자의 자율성 이익을 비판한다. 소니 사건의 연방항소법원 판결(1981)과 MP3.com 판결(2000)에서는 이용의 접근성과 편리성이 공정이용 범주에 포함되지 않으며 소비자 보호나 편의성 제공이 저작권 취지에 해당하지 않는다고 해석하였다. 이용자의 자율성 이익이 저작권 논의의 범주에 포함되지 않는다는 점을 강조한 것이다. 소니 사건의 연방대법원 판결(1984)의 반대의견에서도 저작권자의 접근통제권이 저작권 보호범주에 포함된다는 입장을 표명하였다. 그리고 VCR 녹화를 통한 시간이동 시청이 저작권자 권리를 제한할 정도로 공익적 가치를 창출하지 않는다고 주장함으로써, 방송프로그램이라는 공적 정보에 대한 이용자의 접근성, 시청시간 선택의 자율성을 중요시했던 다수의견과 상충된 의견을 제시하였다. 이처럼 이용자 자율성 이익을 비판하는 일련의 판결과 더불어, 일반 공중에게 동시 전달되는 인터넷 환경에서는 공간이동 이용을 공정이용의 근거로 사용할 수 없다는 Napster 판결(2001)[38]의 주장도 공정이용 개념을 저작물 이용자의 자율성 이익과 저작권자의 권리 간의 균형유지 기능으로 확대해석하는 것을 우려한 입장이다.

그러나 한편으로는 Campbell 판결(1994)의 새로운 저작물의 변형성에 초점을 둔 변형적 이용 기준이 이용자들의 접근권과 사용권을 제한한다는 점에서 공정이용 원칙의 기본 정신에 위배된다는 일부 학자들(Bunker, 2002; Lape, 1995)의 비판에도 주목할 필요가 있다. 결국은 저작물에 대한 접근성에 대해 저작물 이용과 저작물 이용통제 중 어느 차원에서 바라보는가에 따라, 저작물 이용자의 자율성 이익에 대한 해석이 달라진다.

저작물 이용자의 자율성 이익이 저작권자 권리를 제한하는 요소로 작용할 수

---

38 A&M Records, Inc. v. Napster, Inc., 239 F.3d 1004 (9th Cir. 2001).

있는지는 저작물의 이용목적, 저작물에 대한 접근 가능성, 저작물 이용 가능성, 이용의 합법성에 따라 달라진다. 디지털 기술을 이용한 미디어 환경으로 변화하면서 법원의 판결은 저작권자 권리와 이용자 이익 간 비교형량에서 저작물의 이용시간, 장소, 접근방식 등을 선택할 수 있는 자유인 이용자의 자율성을 중요한 요소로 보지 않는 성향을 보인다. Sony 판결(1984), Diamond Multimedia 판결(1999)[39] 등의 아날로그 시대 판결에서 확인한 것처럼, 사적인 영역에서 비상업적 목적의 복제행위에는 어느 정도 이용자 자율성이 보장된다. 그러나 디지털 환경으로 넘어와서 인터넷 기술이나 서비스가 확대된 2000년대 이후의 판결[40]에서는 저작물 이용자의 자율성 보호범위가 축소되었다. 물리적 환경에서는 책을 읽는 것이 복제를 수반하지 않으므로 저작권의 효력범위를 넘어서는 다수의 창작물 이용이 가능하지만, 디지털 환경에서는 기본적으로 모든 창작물 이용이 기술적 복제를 수반하므로 저작권자들에게 접근통제권이 더 많이 부여된다는 레식(2005)의 주장을 입증해준 셈이다. 이렇게 볼 때 디지털 기술은 이용자가 저작물을 자율적으로 이용하는 권한을 확장해 주지만, 동시에 자율적 이용을 제한하는 메커니즘도 함께 제공한다. 한편 Sony BMG Music Entertainment 판결(2009)에서는 합법적인 유료시장의 확장이 저작물에 대한 접근 가능성을 높여주었다고 해석하였는데, 저작물 이용의 가능성과 합법성도 이용자 자율성이 저작권자의 접근통제권의 제한요소로 작용할 수 있음을 엿볼 수 있다.

또 저작자와 최종 이용자를 매개해주는 사업자의 존재도 이용자의 자율성 이익이 저작권자의 권리를 제한할 수 있는지를 결정하는 요소이다. VCR, MP3플레이어, 슬링박스 등의 기기를 통한 저작물 이용에 대해서는 중간에 매개자가 존재하지 않고 대부분 개인적인 이용에 그치기 때문에 기기 제공자의 법적 책임을 묻지 않았고, 시간·장소·기기이동의 공정이용 판단에서 이용자의 자율성이 중요하게 작용하는 경향을 보인다. 이에 비해 매개사업자가 존재할 경우, 일반 공중에

---

39 Recording Industry Association of America v. Diamond Multimedia Systems, Inc. 180 F.3d 1072 (9th Cir. 1999).

40 UMG Recordings, Inc. v. MP3.com, Inc., 92 F. Supp. 2d 349 (S.D.N.Y. 2000); A&M Records, Inc. v. Napster, Inc., 239 F.3d 1004 (9th Cir. 2001); Sony BMG Music Entertainment v. Tenenbaum, 672 F.Supp.2d 217(2009).

대한 배포와 확산 가능성으로 인해 저작권 침해 소지가 훨씬 크기 때문에, 공정이용 판단에서 이용자 자율성 이익이 저작권자의 권리를 제한하는 요소로 작용하지 않으며, 이용자의 저작권 침해에 대한 서비스제공자의 간접침해 책임을 묻는 경향이 있다. 반면 Cartoon Network 판결(2008)은 비록 매개사업자가 존재하는 경우이지만, 개별 송신이라는 서비스 방식에 주목하고 시간이동 이용에서 이용자의 자율적 선택과 이용을 부분적으로 고려했다는 점에서 주목된다.

정리하면, Sony 판결에서 출발하여 최근 판결에 이르기까지 저작물의 개인적인 이용에 그치는 시간·공간이동 이용이 공정이용이라는 견해는 변함이 없었다. 하지만 인터넷이 대중화된 2000년대 이후의 판결에서는 저작물이 최초 이용자에게 노출되는데 그치지 않고 일반 공중에게 동시에 배포될 가능성, 저작권자에게 미치는 경제적 효과 등이 법적 성격의 판단에서 중요하게 작용하고 있다. 특히 최근의 판결에서는 대가를 치르고 합법적인 저작물을 이용할 수 있는 환경이 조성되면서, 저작물에 대한 접근의 합법성과 이용 가능성이 또 다른 법적 판단요소가 되고 있다.

베글리(2007)는 판례법의 애매모호함을 해결하기 위해 의회가 디지털TV와 휴대용 미디어기기의 시·공간이동 기능을 활용하여 공정이용을 할 수 있는 권리를 성문화할 것을 제안한 바 있다. 이와 관련하여 2011년 12월 우리나라 저작권법에 신설된 공정한 이용 조항은 저작물에 대한 정당한 시간·공간이동 접근과 이용을 허용하는 근거가 될 수 있다는 점에서 의미를 찾을 수 있다. 또 미국의 저작권법인 DMCA(1998)와 마찬가지로 2011년 6월 저작권법에 기술적 보호조치의 무력화 금지 등의 조항을 신설한 바 있다. 그러나 이런 조항은 이용자 권리의 중요한 보루인 공정이용의 범위를 감소시키고 이용자 권리에 위협이 된다는 점에서, 공정이용을 보완하는 이용자 권리보호 시스템을 입법에 포함해야 한다(Parchomovsky & Weiser, 2010)는 주장에도 주목할 필요가 있다.

9^장 음악과 저작권

음악은 거의 모든 미디어 콘텐츠의 생산에서 필요로 하는 대표적인 콘텐츠이다. 그뿐만 아니라 디지털 환경이 되면서 저작권 분쟁의 효시가 되었던 것도 음악 콘텐츠로, 다른 분야의 미디어 콘텐츠 저작권의 법리에 많은 영향을 미쳤다. 음악 콘텐츠의 특성을 기반으로 한 저작권에 대해 알아보고 음악콘텐츠의 생산과 유통, 이용 단계에서 발생하는 여러 가지 저작권 쟁점을 다루어 본다.

① 음악콘텐츠와 기술발전

음악은 무용, 미술과 더불어 인간의 가장 오래된 문화 활동 중 하나이다. 특히 미디어의 발달로 가정은 물론이고 커피숍이나 차 안에서 언제 어디서든 음악을 감상할 수 있으며 일상생활에 활력을 주는 요소이다. 또 음악은 방송, 광고, 영화, 공연예술 등의 분야에서 필수적인 요소로 사용됨으로써 그 표현과 내용을 풍부하게 해주는 콘텐츠이기도 하다. 이처럼 일상적인 생활에 만족도를 높여주는 기능을 하고 미디어 콘텐츠 생산에서 빠지지 않는 음악은 인간이 들을 수 있는 음을 소재로 멜로디, 리듬, 화음 등 일정한 법칙과 형식을 통해 조합하는 방법으로 창작하여 표현한 저작물이다(박성호, 2011; 하동철, 2013). 인간의 청각을 통해 인식할 수 있는 음악을 감상하기 위해서는 연주자와 가수의 매개가 필요하므로 반복적인 감상에 한계가 따른다. 그런 점에서 소유의 대상이 되어 반복해서 감상할 수 있는 문학이나 미술 작품과 다르다.

음으로 표현하는 저작물인 음악은 다른 저작물과 마찬가지로 많은 사람에게 널리 전달되어 이용될수록 그 가치가 커진다. 그러므로 창작자 외에도 연주자나 가수와 같이 음을 전달하는 자와 음반제작자나 방송사업자와 같이 음을 매개해주는 자의 역할이 중요하다는 점이 음악의 또 다른 특징이다. 그런 점에서 다른 사람에게 전달하는 수단이 중요한데, 이와 관련해서는 기술과의 관련성을 배제할 수 없다. 근대 자본주의가 성립되기 이전에는 대부분 왕이나 귀족의 경제적 후원을 받아서 음악이 창작되었기 때문에, 후원자가 음악을 소유했고 음악에 대한 저작권 개념이 사실상 부재했다. 하지만 15세기 후반 인쇄술의 발달로 악보를 출판할 수 있게 되면서, 악보 출판은 작곡가의 주 수입원이 되었다. 18세기 후반부터 악보의 상업적 출판이 본격화되면서 음악산업이 발전하였고 음악의 대중문화를 선도하게 된다(박성호, 2011).

인쇄술에 이어 음을 고정하는 녹음기술이 등장하면서 소리를 복제하고 반복 재생하는 것이 가능해졌다. 1877년 음을 기록하고 재생할 수 있는 측음기가 등장했고, 음반제작이 가능해지면서 음악을 널리 즐길 수 있게 되었다. 녹음기술이 음악의 대량생산과 반복재생을 가능하게 하여 음악콘텐츠의 성격과 활용방식을 변화시켰다면, 라디오, 텔레비전과 같은 매스미디어의 등장은 음악을 시·공간적으로 통합시키면서 일반 대중이 광범위하고도 신속하게 감상하는 기회를 제공함으로써 음악의 대중화에 크게 이바지했다.

녹음 및 방송기술의 발전은 음악회나 공연장에 직접 가지 않고서도 가정이란 사적인 공간에서도 음악을 감상하게 해주었다. 그러나 한편으로는 연주자, 가수와 같은 실연자들이 음악을 실연하는 기회가 줄어들어서 소위 '기술적 실업' 현상을 초래하였다. 더 나아가서 일반 대중이 녹음기를 이용해서 음악을 자유롭게 복제할 수 있게 되면서, 실연자는 물론이고 음반제작자, 방송사업자에게도 경제적 손실이 발생하였다(박성호, 2011). 한편 가수의 노래가 수록되는 3분이나 5분짜리 짧은 영상물인 뮤직비디오는 대중음악을 공중에게 전달하는 새로운 수단으로 부상했고, 인터넷과 디지털화는 지리적 장벽을 넘어 동시에 음악을 즐길 수 있는 세계화를 가능하게 해주었다. 가수 싸이의 '강남스타일' 뮤직비디오가 세계적인 동영상 사이트인 유튜브에 공개되어 2016년 7월 현재 26억 뷰를 기록했던 사건은 인터넷을 통한 국내 대중음악의 전 지구적인(global) 대중화를 보여준 대표적인 사례이다.

음악콘텐츠의 저작권

1) 저작물로서의 음악콘텐츠의 특성

음악콘텐츠는 영상콘텐츠와 더불어 미디어에서 만들어지고 유통되며, 디지털 환경에서 중요한 비중을 차지하는 콘텐츠이다. 그리고 그 어떤 미디어 콘텐츠보다도 구매와 이용이 쉽고 복제하기 쉬워서, 저작권 문제가 가장 빈번하게 발생하는 콘텐츠이기도 하다(조재영·조태선, 2014). 저작권 차원에서 음악콘텐츠의 개념을 정의하면 한마디로 인간의 사상이나 감정을 소리로 표현한 저작물로, 청각을 통해 인식할 수 있는 내용으로서 연속적인 음으로 창작해서 표현한 저작물이다. 일반적으로 가락(melody), 리듬(rhythm), 화성(harmony)의 3가지 요소로 구성되고, 이 음악의 세 가지 요소들이 일정한 질서에 따라 선택·배열됨으로써 음악적 구조를 이루게 된다. 음악저작물은 가락, 리듬, 화성으로 구성되는 악곡만 있기도 하지만, 대개 악곡과 가사로 구성된다. 악곡에 가사가 수반되는 경우, 악곡은 음악저작물로, 가사는 어문저작물로서 독립적인 단독 저작물로 보호를 받는다. 따라서 악곡에 가사가 수반된 음악저작물은 악곡과 가사를 각각 별개의 저작물로 서로 분리해서 이용할 수 있으므로, 결합저작물의 성격을 띠게 된다.

저작권법상 저작물의 성립요소로서 미국을 비롯한 영미법 국가에서는 유형물로의 고정을 요건으로 하고 있다. 하지만 우리나라를 비롯하여 대륙법 국가에서는 유형물로 고정할 것을 요건으로 하지 않기 때문에, 시 낭송, 강연, 연설도 저작물로 보호받을 수 있다. 그러므로 음악저작물은 반드시 악보나 음반에 고정될 필요가 없고, 즉흥적인 연주나 가창 그 자체로도 저작물로 인정받는다. 그러나 음악기호가 표시된 악보나 음악저작물이 유형물에 고정된 형태인 음반 그 자체는 종이책과 마찬가지로 저작물을 담는 그릇에 해당하므로 음악저작물이라고 볼 수 없다. 악보나 음반에 내재된 악곡과 가사가 음악저작물로 보호받는 것이다. 음악저작물의 2차적저작물의 대표적인 예로는 기존 악곡을 변형시킨 편곡 음악을 지적할 수 있고 편집저작물은 수록할 곡을 선택하고 배열하는데 창작성이 인정되는 편집앨범도 2차적저작물에 해당한다.

2) 음악콘텐츠 저작권의 특성

처음으로 음악저작권을 보호하는 문제는 악보의 출판 보호와 관련하여 제기되었다고 볼 수 있다. 실제로 1709년 「앤 여왕법」에서 음악저작물은 어문저작물에 해당하는 '서적'으로 취급되어 보호되었다(박성호, 2011). 이렇게 음악콘텐츠는 역사적으로 보더라도 악보와 같은 활자를 복제하는 것에서 출발하여, 녹음과 같은 기계적 복제, 방송이나 인터넷과 같은 전기적 복제를 통해 유통된다는 점에서 저작권 중에서도 복제권과 깊은 관련성이 있다. 또 음반 등의 재생을 통해 여러 사람에게 전달하기 위해서는 공연권[1]이 요구되며, 특히 디지털 음원 시장에서 음악 서비스를 제공하기 위해서는 복제권 외에도 전송권이 필요하다. 또 저작권법에서는 상업적인 목적으로 공표된 음반[2]에 한해 대여권을 부여하고 있다.

음악콘텐츠는 운율과 박자가 일정한 형태를 가지는 전래가요나 구전 가요와 같은 '공유 영역'에 있는 원천을 가장 많이 사용하며, 기존의 음계를 이용할 수밖에 없는 것이 특징이다. 즉 이용 가능한 소재에 한계가 있어, 매우 보편적인 음이나 화성의 연속, 리듬의 설정 등이 공유된다. 그러므로 만일 음악의 일부가 대중들 사이에서 일반적으로 공유되었던 관용구에 불과하다고 인정되면, 그 부분은 저작권법의 보호 대상이 아니라는 것이 법원[3]의 해석이다. 이와 같은 음악콘텐츠의 특징은 저작권 침해의 실질적 유사성 판단에서 중요하게 고려되어야 할 뿐 아니라, 다른 유형의 콘텐츠에 비해 창작성 범위를 좁히면서 동시에 저작권 보호범위를 줄이는 것으로 작용할 수도 있다. 하지만 한편으로 음악콘텐츠는 디지털 기술환경에서 복제와 전송이 용이한 파일의 형태로 가장 많이 사용되는 콘텐츠에 해당한다는 점에서, 다른 어떤 콘텐츠보다도 저작권 침해 논쟁에서 결코 자유로울 수 없다.

---

1 음악 공연권이 보호되기 시작한 것은 영국에서 1833년 개정된 저작권법부터이고, 미국은 1897년 개정법에서 공연권을 도입하였다(박성호, 2011).
2 새로 나온 음반 홍보 목적으로 CD를 무료로 배포하는 경우 상업용 음반에 해당하지만, 백화점이 상품판매 촉진을 위해 자체적으로 제작한 곡을 매장에서 트는 경우 상업용 음반에 해당하지 않는다.
3 서울중앙지방법원 2015. 8. 21. 선고 2013가합58670 판결.

음악저작물의 저작권 침해판단도 두 저작물 사이의 실질적 유사성이 판단기준이 된다. 음악은 예술 형식 중에서 가장 실체성과 유형성이 떨어진다. 그런 점에서 저작권 침해판단이 어렵다고 볼 수 있다. 결국 가락, 화음, 리듬을 비롯하여 템포, 악상기호 등 악곡에 부수되는 여러 가지 표현을 종합해서 실질적 유사성을 판단해야 한다(오승종, 2016). 대법원[4]은 음악저작물의 표현에 있어서 가장 구체적이고 독창적인 형태로 표현되는 가락을 중심으로 하여 리듬, 화성 등의 요소를 종합적으로 고려해서 창작성을 판단해야 한다고 설명하였다. 이와 같은 음악저작물의 창작성 판단요소는 저작권 침해판단요소로 사용할 수 있을 것이다.

3) 음악콘텐츠의 전달과 저작인접권

음악은 음으로 표현되는 특성상 가창이나 연주를 매개로 하여 대중에게 전달된다. 이러한 전달행위는 음악을 창작하는 것 못지않게 중요하며 문화발전에 이바지한다. 그런 점에서 음악을 창의적으로 해석해서 실연하는 가수, 연주자의 역할과 음반제작을 통해 대중에게 음악을 널리 전달해서 감상하도록 해주는 음반제작자의 역할이 매우 중요하다. 이들에게 부여되는 저작인접권은 특히 음악콘텐츠 영역에서 비중이 큰 저작권 제도라고 할 수 있다. 실연자와 음반제작자의 권리를 보호할 뿐 아니라, 녹음과 다운로드 등으로 인해 음악콘텐츠를 대중에게 전달하는 과정에서 발생하는 경제적 손실을 해결하기 위한 제도이기 때문이다. 따라서 음악콘텐츠의 저작권법상의 권리자는 음악저작물의 작곡가와 작사가와 같은 저작권자 외에도, 가수나 연주자와 같은 실연자와 음반제작자가 포함된다. 따라서 음악콘텐츠 영역에서는 작곡이나 작사를 한 자에게 저작권이 부여되면서 동시에 실연자, 음반제작자 등의 저작인접권자가 권리를 행사하는 비중이 비교적 큰 편이다.

이렇게 음악콘텐츠에 대해서는 저작권과 실연자, 음반제작자의 권리가 중첩하여 존재하는데, 이들 권리는 각각 별개의 독립된 권리로서 그 권리 관계가 상당히 복잡하다(김혜선·이규호, 2015). 저작인접권자로서 음악콘텐츠의 실연자는 실연

---

4 대법원 2015. 8. 13. 선고 2013다14828 판결.

에 대한 성명표시권, 동일성유지권, 복제권, 배포권, 실연이 녹음된 상업용 음반 대여권, 공연권, 방송권, 전송권 외에 상업용 음반의 방송사용과 공연사용에 대한 보상청구권, 디지털음성송신 보상청구권을 가진다. 이에 따라 가수는 자신이 노래한 곡이 파일 형태로 온라인에 업로드되는 것에 대해 전송권을 행사할 수 있으며, 방송프로그램에서 자신의 곡이 수록된 상업용 음반을 재생할 경우 방송사업자로부터 보상금을 받는다. 또 음반제작자도 음반에 대한 복제권, 배포권, 대여권, 전송권을 가지며 상업용 음반의 방송사용이나 공연사용에 대한 보상청구권, 디지털음성송신 보상청구권을 행사할 수 있다.

한편 2016년 3월 개정된 저작권법에서 디지털 환경을 반영하여 음을 디지털화한 소위 디지털 음원을 음반의 개념에 포함하였다. 이에 따라 음반은 물론이고 온라인 환경에서 음원을 유통하려면 음반에 대한 복제권, 전송권을 가지고 있는 음반제작자와 개별적으로 계약을 체결해야 한다. 실제로 대부분 음악저작권 관련 분쟁에서, 저작권자 외에도 음반제작자가 강력한 원고로 등장하고 있다. 반면 음악콘텐츠 산업에서는 저작권자나 음반제작자에 비해 가수나 연주자와 같은 실연자의 권리가 취약한 편이다. 소리바다 서비스와 관련한 법적 분쟁을 보더라도, 음반제작자와 일반 이용자 간의 단순한 대립 구도에서만 바라보고 실연자의 권리보호는 미처 논의의 범위에 포함되지 않았던 사실에 주목할 필요가 있다.[5]

③ 음악콘텐츠의 미리 듣기 서비스와 동일성유지권

디지털 음원이 보편화되면서 인터넷에서 음악콘텐츠를 생산하고 유통하는 과정에서 저작권자의 동일성유지권과 같은 저작인격권 침해가 발생한다. 온라인상

---

5 문화체육관광부가 2015년 12월에 발표해 다음 해 2월 적용한 '음원전송사용료 개선방안'에 따르면, 음원서비스사와 권리자 간의 수익 배분 비율은 다운로드의 경우 30:70으로 조정됐다. 스트리밍은 40:60의 분배율을 유지했다. 이로써 음원 다운로드의 경우 음원으로 발생한 수익 중 권리자에게 배분되는 비율이 10% 인상됐다.
http://www.etoday.co.kr/news/section/newsview.php?idxno=1317393.

에서 저작권자의 허락을 받지 않고 이용자가 곡을 선택하는 것을 도와주려는 목적으로 원곡의 일부를 발췌해서 전송하는 미리 듣기 서비스를 제공한 사건에서, 서울고등법원[6]은 저작인격권 침해를 인정하였다. 미리 듣기 서비스에 대해 법원은 "스트리밍 방식으로 약 1분 내지 1분 30초 정도 무료로 송신하는 것으로 인터넷 이용자에게 음악의 샘플만을 제공하는 서비스"로 정의하였다. 그리고 원곡이 3−5분임에도 불구하고 그 음원의 일부분을 1분 내지 1분 30초 분량으로 잘라서 디지털 압축파일로 변환하여 서버에 저장해 두었다가 이용자에게 전송하는 미리 듣기 서비스나 벨소리 통화연결음 서비스에 대해 저작물의 표현형식을 변경했기 때문에 동일성유지권을 침해했다고 해석하였다. 우선 법원은 저작권법에서 보호하는 음악저작물의 표현형식은 원곡을 음악파일로 변환, 저장하는 과정에서 그 파일상의 표현형식에만 국한되는 것이 아니고, 원래 음악의 속성상 인간의 청각이 감지하는 것이 특징이므로 변환되었던 음악파일이 인간이 감지할 수 있는 구체적인 소리로 재생되는 과정에서의 표현형식도 그 보호범위에 포함된다고 보았다. 그리고 저작물의 동일성을 해치지 않는 범위 내에서 단순히 오·탈자를 수정하거나 교정하는 정도를 넘어서 저작물의 내용, 형식 및 제호에 대한 추가, 삭제, 절단, 개변 등의 변경을 가하는 것은 동일성유지권을 가지는 저작자만이 할 수 있으므로, 저작자의 동의를 받지 않은 제3자는 그 의사에 반하여 변경할 수 없다는 것이 법원의 해석이었다.

하지만 대법원의 판단은 달랐다. 대법원[7]은 원곡을 약 1분 단위로 절단하거나 원곡의 일부만을 발췌하여 제공한 미리 듣기 서비스에 대해 동일성유지권 침해가 아니라고 판시하였다.[8] 판결의 근거는 음악저작물, 영상저작물, 어문저작물

---

6 서울고등법원 2008. 9. 23. 선고 2007나70720 판결.

7 대법원 2015. 4. 9. 선고 2011다101148 판결.

8 원심1(서울고등법원 2011. 10. 27. 선고 2011나6870 판결)은 "이러한 행위는 이 사건 음악저작물에 대한 표현방식의 변경에 해당하고, 이러한 변경은 저작물의 성질이나 그 이용의 목적 및 형태에 비추어 부득이하다고 인정되는 범위 안에서의 변경에 해당하지 아니한다"며 동일성유지권 침해를 인정했다. 그러나 원심2(서울고등법원 2012. 10. 25. 선고 2011나89103 판결)는 "서비스의 성격상 전부가 아닌 일부분만을 제공하는 것임이 분명하여 그 이용자가 이를 마치 이 사건 음악저작물의 전부인 것처럼 오인할 염려가 없고 원하는 이용자에게는 악보 전체를 제공하게 되므로 악보 미리 보기 서비스는 악보 제공

등의 일부만을 이용하더라도 부분적 이용이 저작물 중 일부를 발췌하여 그대로 이용하는 것이어서 이용되는 부분 그 자체는 아무런 변경이 없었다는 것이다. 그리고 이용방법도 저작물의 통상적인 이용방법을 따른 것이며, 설사 저작물 형식이 일부 변경되었어도 저작물 이용의 관행에 비추어 볼 때 일반 대중이나 당해 저작물 수요자가 전체 저작물의 일부를 이용한 것임을 쉽게 알 수 있다는 것이다. 그러므로 이용된 부분이 저작물의 전부인 것으로 잘못 알거나 저작물에 표현된 저작자의 사상·감정이 왜곡되거나 저작물의 내용이나 형식이 오인될 우려가 없으므로, 저작자의 인격적 이익이 침해되지 않는다고 해석하였다. 이 판결의 함의는 일정한 요건에서 동일성유지권을 제한하는 법리를 제시함으로써, 동일성유지권 침해의 합리적 범위를 설정해 주었다는 점에서 찾을 수 있다. 저작물 일부를 발췌하여 변경 없이 그대로 통상적인 이용방법으로 이용하고 저작물 형식이 일부 변경되었어도 일반 대중이 전체 저작물의 일부인 것으로 인식할 수 있다면, 동일성유지권을 제한할 수 있다는 것이다.

④ 음악콘텐츠와 공연권

저작권법에서 공연은 통상적으로 사용되는 공연의 개념과 다르게 해석할 필요가 있다. 공연이란 개념은 거리나 무대에서 음악저작물을 실연하는 의미에서 출발하였으나, 미디어 기술발전으로 음반과 같은 복제물을 재생하거나 공중을 상대로 저작물을 공개하는 개념 등을 포함하는 것으로 확대되었다. 이에 따라 노래방 기기에서 가요를 재생하거나 카페에서 음반을 틀어주는 것도 공연의 개념으로 볼 수 있다. 특히 음악콘텐츠는 대중에게 전달하기 위해 가창이나 연주는 물론이고 음반을 재생하는 방식을 사용한다는 점에서 공연권이 중요하게 작용하며, 저작권 분쟁에서 공연권 침해가 적지 않은 비중을 차지한다.

서비스의 사전적 절차에 불과한 것으로 볼 여지도 크다"고 보아 동일성유지권 침해를 부정하는 상반된 결론을 내렸다.

1) 매장 내 음악콘텐츠 재생과 공연권

(1) 매장 내 상업용 음반의 재생: 스타벅스(Starbucks) 사건

한국음악저작권협회가 매장에서 편집음반을 재생한 행위가 공연권 침해라면서 커피전문점인 스타벅스 코리아를 상대로 제기한 소송에서, 서울고등법원[9]은 저작권 침해라고 판시하였다. 스타벅스 코리아의 본사는 미국 내 음악 저작재산권자로부터 복제 및 배포를 허락받은 회사와 계약을 체결하고, 매장 내 배경음악 서비스를 위해 특별히 제작된 음반을 제공받아 손님을 위해 재생시켰다. 즉 편집음반을 사용하여 공연한 것인데, 이 음반에는 한국음악저작권협회가 국내에서 공연권 등을 신탁관리하는 음악이 수록되어 있었다. 이에 한국음악저작권협회는 스타벅스가 협회 허락을 받지 않고 매장에서 재생한 음반은 2차적저작물로서, 이를 이용하여 매장에서 음악을 재생한 행위는 공연권 침해라고 주장하였다. 반면 스타벅스 측은 판매용 음반[10]은 아니지만, 음악저작물의 저작재산권자로부터 한국 내에서의 공연을 허락받았음을 강조하였다.

이 사건의 쟁점은 매장용으로 제작된 편집음반이 판매용 음반인지와 이를 재생한 행위가 공연권을 침해했는지 여부이다. 저작권법 제29조 제2항에 따라 청중이나 관중으로부터 공연에 대한 반대급부를 받지 않고 판매용 음반을 재생해서 공중에게 공연할 경우 저작재산권을 제한할 수 있다. 법원은 이 사건에서 문제가된 음반이 시중에 판매할 목적이 아니라 세계 각국의 스타벅스 지사에게만 공급할 목적으로 제작된 점, 특정 플레이어에서만 재생되며 계약기간이 만료되면 더 이상 재생되지 않는 형태로 제작되었고 반환하거나 폐기할 의무가 있다는 점 등을 근거로 판매용 음반에 해당하지 않는다고 보았다. 따라서 저작권법상의 저작재산권 제한 사유에 해당하는 음반이 아니라고 해석하였다. 그리고 매장 분위기에 맞게 배경음악용으로 편집한 음반을 제공한 업체가 음악저작물의 복제 및 배포를 허락받았지만, 한국 내에서의 공연까지 허락받았다고 인정하기에 부족하다는 점을 근거로 공연권 침해를 인정하였다.

---

9 서울고등법원 2010. 9. 9 선고 2009나53224 판결.
10 저작권법 제21조(2016년 3월 일부 개정)에서 상업용 음반으로 개정됨.

대법원11은 이 사건에서 문제가 된 음반은 스타벅스 본사의 주문에 따라 세계 각국의 스타벅스 지사에게만 공급하기 위해 제작된 것일 뿐 시중 판매 목적으로 제작된 것이 아니므로, 저작권법 제29조 제2항의 판매용 음반에 해당하지 않는다고 판단한 원심이 정당하다고 보고, 원심을 확정하였다. 그리고 대법원은 판매용 음반을 재생하여 공중에게 공연하는 행위에 대해 아무런 보상 없이 저작권자의 공연권을 제한하는 취지에 주목했다. 즉 판매용 음반이 재생, 공연됨으로써 그 음반이 시중의 소비자들에게 널리 알려지게 되고 해당 음반 판매량이 증가하며, 그에 따라 음반제작자는 물론이고 저작권자가 간접적인 이익을 얻게 된다는 점을 고려했다. 따라서 저작권법상의 판매용 음반은 시중에 판매할 목적으로 제작된 음반으로 제한해야 한다는 것이 법원의 해석이었다. 본 판결은 저작권법에서 판매용 음반의 개념은 물론이고 그것을 대중에게 재생할 수 있는 범위를 명확히 해주었다는 점에서 의의를 찾을 수 있다. 즉 판매용 음반을 구매해서 대가를 받지 않고 매장에서 재생하는 행위는 저작권 침해 책임에서 벗어날 수 있다는 것이다.

(2) 매장 내 음악 스트리밍 서비스: 현대백화점 사건

네트워크 속도와 하드웨어 성능이 발달하면서 인터넷 서버에 저장된 음악이나 영화를 스트리밍 방식으로 제공하는 서비스가 등장하였다. 특히 음악 스트리밍 서비스는 인터넷망의 발달로 짧은 시간에 많은 용량의 데이터를 전송할 수 있게 되었다. 이로 인해 이용자는 고품질의 음악을 손쉽게 들을 수 있게 되었고 음반을 구매하지 않고서도 언제 어디서든 음악콘텐츠를 감상할 수 있게 되었다. 이와 같은 방식의 음악콘텐츠 이용은 단순한 개인적인 용도를 넘어서 매장이나 공공시설에서도 가능해졌다.

매장 내 스트리밍 방식의 음악콘텐츠 이용에 관한 저작권법적 해석이 내려진 사례로 현대백화점 사건이 있다. 현대백화점은 2010년 1월부터 2년간 온라인 음악 유통사업자인 KT뮤직으로부터 디지털 음원을 전송받아 매장에서 스트리밍 방식으로 음악을 재생하였다. 이에 대해 음악실연자협회와 음반산업협회는 현대백

---

11 대법원 2012. 5. 10. 선고 2010다87474 판결.

화점을 상대로 스트리밍 음반도 판매용 음반이라고 주장하면서 공연보상금을 지급하라는 소송을 제기하였다. 이 사건의 쟁점은 음악콘텐츠를 스트리밍 방식으로 제공하는 방식이 음반에 해당하는지, 그리고 음반으로 보더라도 이를 판매용 음반을 사용해서 공연한 행위로 볼 수 있는가이다.

이에 대해 서울고등법원[12]은 원고인 두 협회가 패소한 원심을 뒤집고, 현대백화점이 공연보상금을 지급해야 한다고 판시하였다. 첫째, 스트리밍 방식의 음악제공이 음반인지와 관련하여 판매용 음반을 사용하여 공연한 자가 실연자와 음반제작자에게 보상해야 한다는 내용의 당시 저작권법 제76조의2와 제82조의2에서의 '판매용 음반'은 반드시 일반 공중을 대상으로 판매될 것을 예정한 '시판용 음반'에 국한되는 것은 아니라고 보았다. 실연자와 음반제작자에게 공연보상금 지급의무가 있는 판매용 음반의 범위에는 특정 대상이나 범위를 한정하여 판매된 음반을 비롯하여, 어떤 형태이든 판매를 통해 거래에 제공된 음반을 포함해야 한다는 것이 법원의 해석이었다. 그리고 디지털 음원도 하드디스크와 같은 저장매체에 저장되는 방식으로 고정되면 저작권법상의 음반으로 보아야 하는데, KT뮤직이 음반제작자로부터 받은 디지털 음원은 데이터베이스에 저장되는 방식으로 고정되므로 음반에 해당한다는 것이었다.

둘째, 판매용 음반을 사용해서 공연한 행위로 볼 수 있는가에 대해서는 현대백화점과 KT뮤직은 두 협회에 디지털 음원 송신 보상금이라는 반대급부를 지급하고 있으므로 여기에서 디지털 음원은 판매를 통해 거래에 제공된 음반으로 보아야 하며, 이런 디지털 음원을 매장에서 스트리밍 방식을 통해 재생하는 행위는 판매용 음반을 사용하여 공연한 행위에 해당한다고 해석하였다. 그리고 형태에 상관없이 연주자와 음반제작자에게 손해가 발생한다면 보상금을 주어야 한다고 판시하였다. 법원은 공연보상금 의무가 있는 판매용 음반을 반대급부를 받지 않는 공연에 관한 제29조 제2항에서의 판매용 음반과 같은 개념으로 보지 않았다. 그런 점에서 동 판결은 저작권법에서 명시하고 있는 음악 저작인접권자에 대한 공연보상금 조항의 '판매용 음반'과 저작재산권 제한조항에서의 '판매용 음반'의 개념을 서로 다르게 해석했다는 점에서 주목할 만하다.

———

12 서울고등법원 2013. 11. 28. 선고 2013나2007545 판결.

이에 대해 대법원[13]도 백화점이 스트리밍 서비스 업체에 이용료를 내고 매장에서 음악을 들려주었어도 연주자와 음반제작자와 같은 저작인접권자에게도 저작권 사용료를 지급해야 한다는 판단에 동의했다. 즉 스트리밍 방식으로 전송받은 음악을 매장에서 트는 것이 판매용 음반을 사용해서 공연하는 행위에 해당한다고 본 것이다. 이 판결은 디지털 음원을 음반에 포함되는 것으로 해석함으로써 음반의 범위를 확대한 셈이다. 그리고 디지털 음원의 공연을 저작권자 외에 실연자나 음반제작자와 같은 저작인접권자에게도 보상금을 지급해야 하는 '판매용 음반'의 개념에 포함함으로써, 결국 매장에서의 판매용 음반 공연에 대한 저작권료 지급 대상의 범위를 넓히는 결과를 초래했다. 또 음반에 디지털 음원의 포함 여부에 대한 시장에서의 혼란을 방지하고 이를 명확히 할 필요가 있다고 보고, 2016년 3월 음반의 개념에 음을 디지털화한 것을 포함하는 것으로 저작권법을 개정하는데 영향을 미쳤다는 점에서 판결의 함의를 찾을 수 있다.

2) 영화에서 음악사용과 공연권

저작권법 제99조에 따라, 저작재산권자가 저작물의 영상화를 다른 사람에게 허락한 경우 공개상영목적의 영상저작물을 공개상영하는 것을 허락한 것으로 보아야 한다. 이 경우 '영상화'에는 영화의 주제곡이나 배경음악과 같이 음악저작물을 특별히 변형하지 않고 사용하는 것도 포함되며, 이를 반드시 2차적저작물 작성으로 제한해서 해석하기 어렵다는 것이 법원의 해석이다.

한국음악저작권협회는 2010년 10월경부터 음악이 삽입된 영화에 대해 공연사용료를 징수하기로 결정하고, 음악의 사용은 복제와 배포에 한정한다는 취지로 영화제작자들과 이용허락계약을 체결하였다. 그러나 영화제작자들로부터 영화를 공급받아 상영한 극장사업자들이 공개상영에 대한 대가 지급에 소극적 태도를 보이자, 한국음악저작권협회는 극장사업자인 CJ CGV를 상대로 저작권 침해소송을 제기하였다. 이 사건에서 서울중앙지방법원[14]은 저작권법 제99조 제1항에 따라,

---

13 대법원 2015. 12. 10. 선고 2013다219616 판결.
14 서울중앙지방법원 2013. 5. 23. 선고 2012가합512054 판결.

특별한 약정이 없는 이상 저작재산권자로부터 저작물의 영상화를 허락받은 경우 영상저작물 상영이 공연에 해당한다 하더라도 별도의 공연사용료를 지급할 의무가 없다고 판시하였다. 또한 '저작물의 영상화'의 대상이 되는 저작물을 어문저작물로만 한정하여 해석할 근거가 없으므로, 영상화의 대상이 되는 저작물에 음악저작물도 포함된다고 보았다.

　이와 같은 판단의 근거는 첫째, 저작권법 제100조에서 영상저작물의 제작에 사용되는 음악저작물 등의 소재저작물은 영상저작물에 대한 권리에 관한 동조 제1항의 영향을 받지 않는다는 동조 제2항에 근거할 때, 음악저작물도 영상화의 대상이 됨을 전제로 하고 있다는 것이다. 둘째, 영화 제작단계에서 음악저작물 등의 개별 저작권자로부터 이용허락을 받았다 해도 그 상영을 위해 별도로 모든 저작권자의 허락을 받아야 하는 문제가 발생하는데, 이것은 영상저작물 이용의 원활을 기하고자 하는 입법취지가 훼손된다. 셋째, 음악저작물의 영상화가 2차적저작물을 작성하는 행위와 같은 의미를 지닌다는 법률적 근거가 없다. 마지막으로 영화에서 음악을 사용할 때 특별한 변형 없이 영화 주제곡이나 배경음악으로 이용하는 경우가 훨씬 더 많은데, 이를 저작물의 영상화에서 제외한다면 입법취지가 사라진다. 이런 점을 고려할 때, 음악을 영화 주제곡이나 배경음악, 그 밖의 어떤 형태로든 사용하는 경우 저작물의 영상화로 볼 수 있다는 것이 법원의 해석이었다. 또 협회가 영화제작자들에게 허락한 음악저작물 이용의 범위에는 음악저작물의 복제 뿐 아니라 공연도 포함된 것이므로, 공연사용료를 별도로 지급할 의무가 없다는 것이다.

　서울고등법원[15]은 그와 같은 원심을 인정하면서 몇 가지 사항을 추가로 설명하였다. "상영 및 이차적 이용을 위한 최초 복제에 한하여 승인함"이라는 등의 문구가 추가된 사정만을 놓고 볼 때, 음악저작권협회와 영화제작자들 사이에서 저작권법 제99조 제1항에서 정한 저작물 공개상영을 허락한 것으로 보아야 한다는 것이다. 그리고 저작물의 '영상화'가 2차적저작물 작성에 국한한다고 볼 수 없으며, 협회와 영화제작자들 사이에 저작물 공개상영의 허락 추정을 배제하는 특약이 있었다고 볼만한 충분한 증거가 없으므로 공연사용료 지급에 관한 특약이 성

15 서울고등법원 2013. 12. 19. 선고 2013나2010916 판결.

립했다고 보기 어렵다는 것이다.

⑤ 온라인상의 음악콘텐츠 유통과 저작권 침해책임

1) 음악콘텐츠 유통수단의 변화

미디어 콘텐츠 산업 중에서도 디지털 기술의 발전으로 혜택과 위협을 동시에 받으면서 큰 변화를 겪은 분야는 음악콘텐츠 산업이다. 디지털 기술의 등장으로 음반제작이 디지털화되었고 압축기술로 mp3 형식이 가능해졌다. 이에 따라 새롭게 등장한 개념인 디지털 음원이 음반의 개념에 포함되었고, 디지털 음악콘텐츠가 경제적 가치가 매우 큰 디지털상품이 되었다. 음반판매 중심이었던 음악콘텐츠 산업이 디지털 음원 시장이 중심이 되는 추세이며(김혜선·이규호, 2015), 과거의 오프라인 수익모델에서 벗어나서 온라인 수익모델이 대세를 점하고 있다.

이처럼 음악콘텐츠 산업은 생산뿐 아니라 유통 차원에서도 많은 변화를 겪고 있다. 음악저작물은 어문저작물과 같은 다른 형태의 저작물과 다르게, 주로 방송, 인터넷과 같은 미디어를 통해 유통되는 것이 특징이다(이재진·이영희, 2013). 따라서 음악콘텐츠는 미디어를 이용한 유통과정에서 저작권 문제가 많이 발생하며, 음악콘텐츠가 주로 유통되는 공간인 온라인상에서의 저작권 분쟁이 많은 편이다. 과거에는 음악콘텐츠를 대중에게 전달하고 유통하는 중요한 수단이 방송이었지만, 이제는 인터넷과 같은 정보통신기술의 발전으로 음악파일을 공유하는 것이 가능해짐에 따라 시·공간의 제약을 받지 않고 원하는 음악을 언제 어디서나 감상할 수 있게 되었다.[16] 이에 따라 음악콘텐츠의 저작권자가 과거에는 자신의 저작물 복제를 통제하는데 주안을 두었지만, 디지털 네트워크에서는 저작물 유통을 통제하는데 좀 더 주력할 필요가 생겼다.

---

16 인터넷에서 디지털 음악파일의 전달방식으로는 멜론이나 벅스와 같이 실시간으로 음악을 들을 수 있는 스트리밍(streaming) 방식과 소리바다와 같이 압축파일로 파일 전체를 다운로드 할 수 있는 방식이 있다.

2) 온라인에서의 음악콘텐츠 서비스제공자의 법적 책임

인터넷에서 음악파일을 복제하고 전송하는 것이 가능해짐에 따라, 온라인상의 음악콘텐츠 유통과 관련한 저작권 분쟁도 증가하였다. 그리고 그와 같은 법적 분쟁은 미국의 냅스터 판결이나 우리나라의 소리바다 사건처럼, 주로 P2P서비스를 통해 이용자들이 음악파일을 공유할 수 있도록 해주는 서비스 제공자들의 법적 책임과 관련된 것이다.

(1) 미국의 Napster 판결과 기타 판결

Napster 판결(2001)은 미국의 주요 음반회사와 음반제작사들이 다른 사람의 컴퓨터 하드 드라이브에서 mp3 음악파일을 자신의 하드 드라이브에 다운로드 할 수 있도록 인터넷 음악파일 공유 서비스를 제공한 냅스터를 상대로 저작권 침해 소송을 제기한 사건이다. 연방항소법원은 냅스터 이용자들이 음악파일을 다운로드하거나 검색목록에 업로드 시킨 행위에 대해 각각 복제권과 배포권 침해를 인정하였다. 그리고 이런 침해행위가 공정이용인지 여부를 고려하였는데, 법원은 mp3파일을 다운로드 하는 것은 이용자가 원저작물에 창의적으로 기여하는 변형적(transformative) 이용이 아니라고 해석하였다. VCR을 이용한 시간이동 시청을 단순히 일상적인 이용으로만 해석한 Sony 판결(1984)의 소수의견과 입장을 같이 한 것이다.

또 동 판결에서는 이용자가 익명의 요청자에게 파일을 보내는 것은 개인적인 이용이 아니며, 냅스터 이용자가 유료인 음악저작물을 무료로 얻는다는 점에서 상업적인 이용이라고 보았다. 그뿐만 아니라 이용자가 음반구매 이전에 음악파일을 일시적으로 복사하는 샘플링도 상업적인 이용으로 보았다. 샘플링을 하고 난 후 CD를 구매한다 해도, 음악 복제물을 무료로 전체를 다운로드 하는 것은 상업적인 이용이며, 저작권자가 디지털 다운로드 시장 내에서 작품을 제공할 권리를 심각하게 침해한다는 것이다. 그리고 저작물의 반복적이고 부당한 복제는 설사 판매가 목적이 아니라 해도 상업적인 이용에 해당한다는 점을 강조함으로써, Sony 판결의 다수의견과 입장을 달리했다.

Sony BMG Music Entertainment 판결(2009)[17]에서도 P2P 파일공유 소프트웨

어를 이용한 공간이동 이용의 법적 성격을 다루었다. 법원은 유료 미디어 환경에서 이용자가 저작물을 이용할 수 있는 가능성을 중요시하였다. 파일공유 소프트웨어 서비스 제공자는 Sony 판결(1984)에서 저작물에 대한 접근이란 공익을 강조했던 것처럼, 온라인 파일공유가 저작물에 대한 공중의 접근성을 향상해준다고 주장했다. 그러나 법원은 합법적인 사이트에서 유료로 구입할 수 있음에도 불구하고 문제가 되었던 파일공유 사이트에서 음악파일을 다운로드 한 행위는 공정이용이 아니라고 보고, 서비스 제공자의 저작권 침해를 인정하였다. 파일공유에 대한 법적 해석이 미처 없었던 시기나 합법적인 유료사이트가 등장하기 이전과 달리, 디지털 음악콘텐츠에 접근할 수 있는 유료 통로가 활성화되고 법이 비교적 안정된 환경에서 음악콘텐츠의 파일공유 소프트웨어를 제공한 서비스는 명백히 불법이라는 것이다. 이에 대한 근거로 법원은 저작물 이용에 대한 지급방식이나 시장의 존재, 잠재적 이용자의 이용 가능성 등이 공정이용 판단에 영향을 미친다고 본 일련의 판결[18]을 인용하였다. 이와 같은 해석은 이미 절판되어 이용자의 접근 자체가 불가능한 저작물일수록 공정이용 보호의 가능성이 높다는 점과 같은 맥락에서 이해할 수 있다. 또 이 판결에서는 VCR 이용이 무료인 TV프로그램을 단순히 캡쳐한 뒤 편리한 시간에 보는 것이지만 파일공유는 음악을 영구히 복제한다는 점을 강조하면서, 인터넷상의 파일공유 서비스와 Sony 판결의 시간이동 서비스의 법적 성격을 명확히 구분했던 Grokster 판결(2005)을 인용하였다.

한편 사이버 로커(locker) 서비스라는 이름의 디지털 파일 저장 서비스도 이용자들이 중앙 서버에 있는 가상의 로커에 콘텐츠를 업로드 하고 인터넷이 연결된 어느 곳에서든 자신의 콘텐츠 파일에 재접근, 이용할 수 있다(Bodner, 2013)는 점에서 공간이동 기능을 한다고 볼 수 있다. 이와 같은 서비스가 문제가 되었던 MP3tunes 판결(2011)[19]에서 법원은 음악로커 서비스를 제공한 MP3tunes.com에 대해 이용자 개인의 로커에서 저작권 침해로 삭제요청을 받은 음악파일을 삭제하지 않은 점에 대해 간접침해 책임을 물었다. 하지만 '원본(master copy)'과 '개별

---

17 Sony BMG Music Entertainment v. Tenenbaum, 672 F.Supp.2d 217(2009).
18 American Geophysical Union v. Texaco Inc., 60 F. 3d 913 (2d Cir. 1994); Harper & Row Publishers, Inc. v. Nation Enterprises, 471 U.S.539(1985).
19 Capitol Records, Inc. v. MP3tunes LLC, 821 F. Supp. 2d 627 (S.D.N.Y. 2011).

복제(unique copy)'를 구분했던 카툰 네트워크 판결(2008)의 "자유의지 행위"에 근 거한다면, 로커 서비스의 유형이나 성격에 따라 서비스제공자의 법적 책임이 달 라질 수도 있을 것이다.

(2) 국내 소리바다 판결[20]

소리바다 사건은 음악콘텐츠의 저작인접권자인 음반제작자와 음악파일 공유 서비스 제공자 간 분쟁 사례이다. 음악파일의 공유서비스를 제공한 사업자의 법 적 책임을 물었던 사건으로, 국내 법원이 인터넷상의 P2P서비스에 대해 최초로 법적 평가를 내린 사건이라는 점에서도 의미가 크다. 소리바다 서비스는 회원으 로 가입한 인터넷 사용자들이 P2P방식을 이용하여 상호 간에 MP3파일을 다운로 드 받거나 자신의 MP3파일을 다른 사용자들과 공유할 수 있도록 해주는 음악 공 유·검색서비스이다. 법원은 소리바다 이용자가 MP3파일을 다운로드 해서 저장하 는 행위는 음이 유형물로 고정되는 것이므로, 저작인접권자인 음반제작자의 복제 권과 전송권을 침해했다고 일관된 해석을 하였다.[21] 소리바다 서비스 초기에는 법원이 음반제작자의 복제권과 배포권 침해로 해석했지만, 2005년 저작권법에 전 송권이 도입되면서 배포권이 아닌 전송권 침해로 해석했다.[22]

그와 같은 저작인접권 침해책임에서 벗어날 수 있는 사적복제 여부에 관한 판단에서, 법원[23]은 영리성과 이용의 광범위성을 근거로 사적복제를 부인하였다. 먼저 이용자들이 MP3파일을 구입하지 않고 무상으로 다운로드 받는 행위에 대 해, 저작물 구입비용 절감만으로는 영리 목적을 인정하기에 다소 부족하지만, 다

---

20 일부 내용은 조연하의 연구(2014b) "저작물의 사적복제에 관한 사법적 판단기준: 사적 이용을 중심으로"에서 발췌하여 재정리하였음.

21 서울고등법원 2005. 1. 12. 선고 2003나21140 판결; 서울고등법원 2005. 1. 25. 선고 2003 나80798 판결; 서울고등법원 2007. 10. 10.자 2006라1245 결정; 대법원 2007. 12. 14. 선고 2005도872 판결.

22 개별 사용자들이 공유폴더에 파일을 저장하거나 파일을 교환하는 행위는 유형물의 점유 이전을 수반하는 배포행위가 아니므로, 배포권 침해가 아닌 전송권 침해에 해당한다고 보았다(대법원 2007. 12. 14. 선고 2005도872 판결; 서울고등법원 2007. 10. 10.자 2006 라1245 결정).

23 수원지방법원 성남지원 2003. 2. 14. 선고 2002카합284 판결.

른 사람이 구입한 CD를 복제해서 사용하는 것처럼 통상 대가를 지급하고 구입해야 하는 것을 무상으로 얻는 행위에 대해 영리 목적이 있는 것으로 해석하였다. 상호 파일 다운로드 행위에 대해서도 법원[24]은 종래 방송을 통해 음악을 들어보거나 판매점포에 비치된 샘플CD를 미리 들어보고 음반을 구매하는 것과 동일하므로 복제권 침해가 아니라는 '샘플링의 항변'을 인정하지 않았다. 즉 CD 대체물로서 영구적 복제물에 해당하는 MP3파일을 서로 주고받았기 때문에 영리 목적이 있다는 것이다. 둘째, 소리바다 프로그램을 통한 MP3파일 공유행위에 대해서 법원[25]은 이용의 범위가 광범위하다고 보았다. 소리바다 프로그램을 이용하여 다른 사용자의 파일을 다운로드 받아 자신의 컴퓨터 내 공유폴더에 저장한 후, 소리바다 서버에 접속한 동안 불특정다수의 회원들이 공유폴더에 접근해서 다운로드 받도록 한 행위는 다운로드 받은 MP3파일을 다른 회원들과 공유하려는 집단적 이용의 의도가 있다는 것이었다. 게다가 소리바다 서버에 접속한 불특정다수 간에 파일 공유행위가 광범위하게 이루어진다는 점에서 사적 이용의 범위를 넘어섰다고 판단하였다. 결론적으로 법원의 입장은 소리바다 서비스에 의한 파일 다운로드와 공유행위가 사적복제에 해당하지 않기 때문에 저작인접권 침해에 해당한다는 것이었다.

　그리고 소리바다의 저작권 침해책임 여부와 관련해서, 법원[26]은 소리바다 서버를 운영하면서 사용자 아이디, IP 주소 등 서버 접속 및 사용자들 컴퓨터의 연결에 관한 정보만을 관리하므로 개별 사용자들의 구체적인 불법 MP3 파일 공유와 다운로드 및 업로드 행위를 확정적으로 인식하였다고 보기 어려운 점, MP3 파일의 검색 및 검색결과의 전송, 그리고 다운로드 및 업로드 과정에는 소리바다 서버가 전혀 관여하지 않고 있는 점 등, 소리바다가 소리바다 서버를 운영하면서 이용자들의 복제권 및 전송권 침해행위에 관여한 정도에 비추어 볼 때, 소리바다가 저작인접권을 침해했거나 협의의 공동불법행위가 성립하지 않는다고 해석하였다. 하지만 소리바다가 소리바다 프로그램 설치화면에 형식적인 경고문을 게재했을

---

24 서울고등법원 2005. 1. 12. 선고 2003나21140 판결.
25 서울중앙지방법원 2005. 1. 12. 선고 2003노4296 판결.
26 서울고등법원 2005. 1. 25. 선고 2003나80798 판결.

뿐, 사용자들의 저작권 침해행위를 방지할 만한 아무런 합리적인 조치를 취하지 않고 소리바다 프로그램의 무상 공급과 mp3 파일 공유 및 교환에 필수적인 소리바다 서버를 운영함으로써, 저작권 침해행위가 가능하도록 계속 관여하여 개별 사용자들의 mp3 파일 공유 및 교환을 통한 저작권 침해행위를 수월하게 하였으므로, 개별 사용자들이 저작인접권들의 복제권 및 전송권을 침해한 행위에 대해 방조 책임이 있다고 판시하였다.

이상에서 살펴보았듯이 2000년대 이후의 사법부 판단에서는 음악콘텐츠 서비스제공자들의 간접책임을 강조함으로써, 인터넷을 통한 기술이나 서비스를 이용한 음악콘텐츠 이용자의 자율성을 보장하는 범위가 축소되었다. 기본적으로 모든 창작물 이용이 기술적 복제를 수반하는 디지털 환경에서는 저작권자들에게 콘텐츠 이용에 관한 통제권이 더 많이 부여되고 있다는 의미이다.

⑥ 음악콘텐츠의 공간이동 이용의 법적 성격[27]

1) 음악콘텐츠의 공간이동 이용의 개념

미디어 콘텐츠의 시간이동이 콘텐츠 이용시간을 자율적으로 선택하고 통제하는 개념이라면, 공간이동은 콘텐츠를 이용하는 기기나 장소를 선택하고 통제하는 개념이다. 콘텐츠의 공간이동 이용은 기기이동이나 미디어이동 이용의 개념에서 시작되었는데, 이것은 콘텐츠를 원래 저장했던 기기가 아닌 다른 기기로 복제해서 이용하는 개념이다. 기기이동은 미디어 콘텐츠 중에서도 음악콘텐츠 이용에 주로 적용할 수 있는 개념으로, 휴대하기 편한 미디어로 음악콘텐츠를 옮겨서 이용한다는 점에서 기기의 휴대성이 강조된다.

기기이동에 대해 퍼테이도(Furtado, 2005)는 1990년대 디지털 녹음과 전송 기

---

27 일부 내용은 조연하의 2013년 연구 "슬링박스를 이용한 TV프로그램의 장소이동 시청의 저작권법상의 성격"과 2014년 연구 "미디어 콘텐츠의 시간·공간이동 이용의 법적 성격: 저작물 이용자의 자율성 이익의 관점에서"에서 발췌하여 재정리하였음.

술의 확산으로 가능해진 기능이라고 보면서, '정당한 절차에 따라 합법적으로 소유한 콘텐츠를 다른 기기로 옮겨서 사용하는 행위'로 정의하였다. 미국 법원[28]도 '콘텐츠를 하나의 미디어에서 다른 미디어로 옮기는 과정'으로 설명하였다. 합법적으로 구매한 음악앨범을 카세트테이프에 복제해서 카세트플레이어에서 재생하거나, 합법적으로 구매한 CD나 아이튠즈와 같은 소스로부터 음악이나 영상 클립을 하드드라이브에 다운로드 했다가 MP3 재생장치를 통해 이용하는 것이 기기이동 이용의 예이다.

최근 온라인 음악 서비스가 다양한 형태로 발전되면서 기기이동을 의미하는 공간이동의 개념이 복잡해졌다. 샌더스(Sanders, 2011)는 공간이동을 개인적인 공간이동과 2차적 공간이동으로 구분하여 설명하였다. 전자는 음악을 하나의 개인용 기기에서 다른 기기로 옮겨 사용하는 개념이고 후자는 음악을 이용자의 컴퓨터에서 클라우드로, 다시 다른 기기로 이동하는 것과 같이 다수의 기기를 통해 이동하는 상업적 서비스를 의미하는 개념이다. 개인적인 공간이동은 대부분 콘텐츠를 다른 기기에서 재생하거나 백업(back-up) 목적의 비 상업적인 목적의 이용이란 점에서 공정이용에 해당한다. 반면 2차적 공간이동은 다수가 사용할 수 있고 상업적 속성이 크다는 점에서 공정이용에 해당할 가능성이 작다. 시간이동 이용과 마찬가지로, 음악콘텐츠의 기기이동 이용에 대한 이용자와 기기 및 서비스 제공자의 법적 책임도 이용의 목적과 범위를 근거로 다각적인 논의가 요구된다.

2) 음악콘텐츠의 공간이동 이용의 공정이용 판결성향

1990년대 디지털 복제와 전송 기술의 급속한 발전과 확산은 합법적으로 소유한 콘텐츠의 기기이동과 어느 장소에서든 콘텐츠를 이용할 수 있는 장소이동 이용을 가능하게 해주었다. 일련의 MP3 음악파일 관련 판결에서, 미국 법원은 공간이동을 가능하게 하는 디지털 기술이 이용자가 음악콘텐츠를 자율적으로 소비하는데 미치는 영향에 대해 상반된 해석을 하였다.

---

28 Recording Industry Association of America v. Diamond Multimedia Systems, Inc. 180 F.3d 1072 (9th Cir. 1999).

Diamond Multimedia 판결(1999)[29]은 최초의 MP3플레이어인 리오(Rio)가 오디오가정녹음법(1992)이 금지하는 디지털 오디오녹음기인지를 다룬 사건이다. 이 사건에서 연방항소법원은 공간이동 목적으로 이용자 컴퓨터에 이미 수록된 파일을 리오를 사용하여 복제하는 행위가 비상업적인 사적 이용이라고 해석하였다. 판결의 근거는 "저작권 있는 음악을 녹음할 수 있는 소비자의 권리보호"라는 오디오가정녹음법의 입법취지에 완전히 부합된다는 것이다. 법원은 인터넷 초기에는 대용량의 음악콘텐츠 배포가 불가능했지만, 파일을 신속하게 전송하고 효율적으로 저장할 수 있는 압축기술이 발달하면서 음악콘텐츠에 대한 접근성이 향상된 점을 강조하였다. 또 자신의 컴퓨터에 저장된 MP3파일을 헤드폰이나 스피커를 통해서만 감상할 수 있었던 이용자들이 휴대용 MP3플레이어를 이용하여 어느 장소에서든 감상할 수 있게 되었다는 점에서, 이용의 편리성이 향상된 점에도 주목하였다. 음악콘텐츠의 공간이동 이용에 관한 법적 성격 판단에서 저작물에 대한 접근성과 이용의 편리성이라는 이용자 자율성 이익이 중요한 판단요소로 작용한 것이다. Sony 판결(1984)에서 VCR 구매자들이 녹화된 TV프로그램을 배포하지 않고 단지 집에서 시청한 점에 주목한 것처럼, 동 판결에서도 음악콘텐츠가 이용자의 컴퓨터 하드드라이브에서 휴대용 MP3플레이어로 이동되어 사적인 목적으로 이용된다는 점에 주목했다. 이렇게 볼 때 저작물 이용의 범위나 목적이 공간이동의 법적 성격 판단에 중요하게 영향을 미쳤다고 할 수 있다.

반면 MP3.com 판결(2000)[30]에서 법원은 더 효율적인 공간이동 이용 서비스에 대해 법적 책임을 부과했다. 이 사건에서 문제가 된 서비스는 대부분 CD를 통해 음악을 감상하던 시기에 등장하였는데, 이용자가 구매한 CD에 수록된 음악을 웹사이트에 업로드 하면 어느 곳에서든 웹에 접근해서 MP3형식의 음악을 감상할 수 있도록 해주는 서비스이다. 공정이용 판단에서 법원은 그와 같은 기기이동과 장소이동 이용을 통해 누리는 이용자의 이익을 중요하게 고려하지 않았다. MP3 파일의 이용에 공정이용 원칙을 적용했다는 점에서 같지만, Diamond Multimedia

29 Recording Industry Association of America v. Diamond Multimedia Systems, Inc. 180 F.3d 1072 (9th Cir.1999).

30 UMG Recordings, Inc. v. MP3.com, Inc., 92 F. Supp. 2d 349 (S.D.N.Y. 2000).

판결(1999)에 비해 이용자의 자율성 이익을 인정한 범위가 더 축소되었다. 특히 CD에 녹음된 음악콘텐츠의 이용 서비스를 제공함으로써 해적 행위를 통해서만 가능했을 유용한 서비스를 제공했다는 서비스제공자의 주장에 대해, 법원은 저작권의 취지는 저작권자의 재산적 이익 보호이며 소비자 보호나 편의성 제공은 아니라는 점을 분명히 하였다. 따라서 동 판결과 Sony 판결의 반대의견의 논리에 입각하면, 시간·공간이동 기기나 서비스가 저작물에 대한 접근성과 이용의 편리성을 높여주지만 이런 기능은 저작권법의 보호영역에 포함되지 않는다.

Napster 판결(2001)[31]에서 연방항소법원은 비록 명쾌하지는 않더라도, "공간이동" 원칙에도 제한이 있다고 보고 서비스제공자에게 법적 책임을 물었다. 서비스제공자인 냅스터는 음악의 공간이동 이용이 Sony 판결에서 보호했던 TV프로그램의 시간이동 시청과 유사하다고 주장했다. 그러나 법원은 구매한 오디오CD 음악을 냅스터에 업로드 했다가 다른 장소에서 감상하는 것은 공정이용이 아니라고 보고 냅스터의 저작권 침해를 인정하였다. Sony 판결(1984)과 Diamond Multimedia 판결(1999)에서는 저작물이 최초 이용자에게만 노출되었으며 일반 공중에 대한 동시 배포가 아니므로 시간·공간이동의 개념을 공정이용의 근거로 사용했지만, Napster 사건에는 이러한 논리가 적용되지 않는다는 것이다. 법원은 일단 이용자가 다른 장소에서 음악콘텐츠를 감상하기 위해 이미 소유하고 있던 음악 목록을 냅스터 시스템에 올려놓으면, CD 소유자가 아닌 수많은 다른 사람들에게도 유통될 수 있다는 점을 강조하였다.[32] 저작물이 일반 공중에게 동시에 노출될 가능성과 영리적 이용 가능성, 그리고 이로 인해 저작권자에게 미치는 경제적 이익을 중요하게 고려한 것이다. 인터넷에서는 저작물에 대한 높은 접근성이 오히려 저작권자의 권리침해를 야기한다는 점에서, 이용자의 자율성 이익이 저작권자의 권리를 제한하는 요소로 작용할 수 없음을 보여 준 경우이다.

한편 국내 소리바다 판결에서 법원[33]은 개인적인 목적으로 이용자가 CD에

---

31 A&M Records, Inc. v. Napster, Inc., 239 F.3d 1004 (9th Cir. 2001).
32 이에 대한 근거로 법원은 MP3 파일의 다운로드가 허용되기 전에 음악콘텐츠의 소유자임이 입증되었다 해도 공간이동은 공정이용이 아니라는 MP3.com 판결(2000)과 나중에 볼 목적으로 컴퓨터디스크에 저작물을 저장하는 것은 공정이용이 아니라는 Religious Technology Ctr. v. Lerma(1996)을 인용하였다.

고정된 음원을 변형하는 방식으로 MP3파일을 생성, 저장하는 행위는 CD에 고정된 음원과 파일 사이에 실질적 동일성이 인정되는 이상 복제행위에 해당하지만, 사적복제의 항변을 인정할 여지가 있다는 입장을 표명했다. 이것은 이용자가 구매한 CD의 음원을 MP3파일로 저장해서 이용하도록 해주는 디지털 기기를 판매하고 배포하는 행위에 대한 금지를 인정하지 않았던 미국의 Diamond Multimedia 판결(1999)[34]과 같은 입장이다. 즉 기기를 이동해서 이용하는 공간이동 이용을 사적 이용으로 본 것이다. Napster 판결(2001)[35]에서도 일단 CD에 수록한 음악의 MP3파일 변환은 사적복제로 공정이용에 해당한다는 점을 인정하였다. 이처럼 음악콘텐츠의 개인적인 이용 목적의 기기이동 이용에 초점을 맞춘 사법부 판단은 저작물의 기기이동 복제를 허용한 영국의 저작권법 개정과 같은 취지로 해석할 수 있다. 이런 입장은 구매한 소유물을 자유롭게 이용할 수 있는 소비자의 자율성을 보호한다는 점에서 의미가 크다.

---

33 서울고등법원 2005. 1. 12. 선고 2003나21140 판결.
34 Recording Industry Association of America v. Diamond Multimedia Systems, Inc. 180 F.3d 1072 (9th Cir. 1999).
35 A&M Records, Inc. v. Napster, Inc., 239 F.3d 1004 (9th Cir. 2001).

10^장 영화와 저작권

영화는 영상저작물의 대표적인 형태로 가장 대중적인 영상콘텐츠이다. 오락적이면서 예술적 가치를 가지고 있으며, 이후에 등장한 방송과 같이 시각적 메시지를 전달하는 콘텐츠에 많은 영향을 미쳤다. 반면 제작과정에 창조적이고 기술적인 요소들이 관여되고 다수의 사람이 참여하기 때문에 저작권과 관련하여 여러 가지 쟁점을 불러일으킬 수 있다. 또 이용방법에 있어서도 전통적인 극장상영 뿐 아니라 비디오, DVD, TV, VOD 등으로 이용방법이 다양해지면서, 영화의 유통 및 이용 단계에서도 저작권 분쟁을 야기할 수 있다. 먼저 저작물로서의 영화의 특성에 대해 알아보고 영화 저작권의 핵심 이슈인 다수 생산참여자의 권리 관계를 검토하며, 영화의 제작과 유통, 이용을 중심으로 각각의 저작권 쟁점을 논의해 본다.

① 저작물로서의 영화의 특성

현대는 인간의 의사소통이 소리나 활자보다 영상을 매개로 이루어지는 영상시대이다. 그리고 영상시대를 대표하는 영상콘텐츠가 바로 영화이다. 「영화 및 비디오물의 진흥에 관한 법률」에서는 영화의 개념을 '연속적인 영상이 필름 또는 디스크 등의 디지털 매체에 담긴 저작물로서, 영화상영관 등의 장소 또는 시설에서 공중에게 관람하게 할 목적으로 제작된 것'으로 정의하고 있다. 이를 저작권 관점에서 정리하면, 영화상영관 등에서 공연할 목적으로 제작되어 필름이나 디스크 등의 디지털 매체에 저장된 영상저작물이다. 저작권법에서는 영화에 대한 개념 정의는 없고, 영상저작물을 '음의 수반 여부를 가리지 않는 연속적인 영상이 수록된 창작물로서 그 영상을 기계 또는 전자장치에 의하여 재생하여 볼 수 있거나 보고 들을 수 있는 것'으로 정의하고 있다. 이를 토대로 할 때, 영화의 법적 개념은 '음이 수반되는 것에 상관없이 연속적인 영상이 필름이나 디지털 매체에 담긴 저작물로, 영화상영관 등에서 공중에게 공연될 목적으로 제작된 것'으로 정의할 수 있다.

소설, 그림, 음악과 같은 개인적인 창작물과 다르게, 영화는 일반적으로 다수의 사람이 협동해서 만들어내는 집단 창작물이다. 즉 영화의 창작에는 시나리오 작가, 영화감독, 촬영감독, 미술감독, 음악감독, 조명감독 등 다수의 참여자가 존재한다. 또 연출, 촬영, 미술, 음악, 조명 등이 구성요소가 되어 하나의 영화가 생산되는 것이므로, 저작자 각자의 기여분을 분리해서 개별적으로 이용할 수 없다. 즉 대부분 2인 이상이 공동으로 창작행위에 참여하며, 최종 창작물인 영화에서 창작에 기여한 자의 기여 부분을 분리하여 이용하는 것이 불가능하다. 그러므로 영화는 창작에 있어 공동관계가 존재하며, 창작에 이바지한 부분이 상호의존적이어서 분리되어 사용할 수 없는 공동저작물에 속한다. 그러나 영화 창작에 사용되는 요소들은 창작성이 있다고 판단되면 독립된 저작물의 지위를 갖는다. 영화제작 이전부터 존재했던 소설이나 음악, 미술저작물 등은 물론이고 영화제작을 위해 새롭게 창작한 각본, 미술 세트, 음악, 의상 등도 영화와는 별도로 하나의 저작물로 인정받는다.

또 영화는 소설이나 시나리오와 같은 어문저작물이나 음악저작물, 미술저작물, 다른 영상저작물 등을 원저작물로 하여 만들어지는 2차적저작물인 경우가 대부분이다. 영화가 2차적저작물로 성립되기 위해서는 첫째 원저작물을 기초로 작성되어야 하며, 둘째 원저작물과 실질적 유사성이 있어야 하고, 셋째 실질적 개변으로서 창작성이 있어야 한다. 실질적 유사성이란 두 저작물 사이에 동일성이 인정되거나 침해저작물이 피침해저작물에 종속된 관계에 있는 것을 의미한다. 단순히 사상, 주제, 소재가 같은 것만으로는 부족하고 사건의 구성 및 전개과정과 등장인물의 교차 등에 있어 영화와 원저작물 사이에 공통점이 있어야 한다.[1] 또 사회통념상 별개의 독립한 저작물이라 할 정도의 실질적 개변이 있어야 영화가 독

---

1 서울민사지방법원 1990. 9. 20. 선고 89가합62247 판결.

자적인 저작물로서 인정을 받을 수 있다.

영화는 인간의 사상이나 감정을 영상으로 표현한 창작물이다. 따라서 영화가 저작권 보호를 받으려면 창작성 요건을 충족시켜야 하고 이를 판단하는 기준이 중요하다. 영화가 '연속적인 영상과 음의 결합'을 특징으로 한다고 볼 때, 연속적인 영상이 전달하려는 줄거리와 같은 의사표현과 영상과 음을 구성하는 소재를 선택, 배열하고 편집하는 기술 등(임상혁, 2004)에 창작성이 있다고 판단되면, 저작권법의 보호를 받을 수 있다. 즉 의사표현과 화면구성이 영화의 창작성 판단기준으로 사용될 수 있다.

② 영화 저작권

1) 영화의 저작자와 저작권자

저작권법에서는 영화와 같은 영상저작물의 저작자가 누구인지에 대한 명문 규정이 없다. 다만 영화제작에 창작적으로 이바지한 감독, 음악 및 미술감독, 촬영감독, 편집자 등을 영화의 공동저작자로 보아야 한다는 것이 다수설이다. 국내 판례2에서도 "영화와 같은 영상저작물은 종합예술의 한 형태로서 그 창작에는 원저작권자, 감독자, 촬영자, 연출자, 실연자 등 여러 분야의 창작적 협력자가 참여하게 되고, 이러한 영상저작물의 경우 작품의 전체적 형성에 창작적으로 이바지한 '근대적 저작자(감독, 연출, 촬영, 편집, 미술 등)'가 공동저작자로 된다는 것이 지배적 견해"라고 판시하였다.

한편 영화제작을 목적으로 창작된 시나리오 작가는 영상저작물인 영화의 화면과 음의 전체적 형성에 직접 관여하지 않는다. 또 시나리오는 대부분 영화제작사에 판매되고, 영화제작자는 이를 다른 감독에게 의뢰해서 영화화하는 경우가 많다. 그러므로 시나리오 작가는 영화의 저작자가 아닌 원저작물의 저작자로 보

---

2 서울고등법원 2009. 9. 26. 선고 99라319 판결.

는 것이 타당하다(임상혁, 2004). 또 영화제작에는 영화배우, 가수 등의 실연자가 참여하는데, 저작권자가 아니라 저작인접권자로서 관여한다. 미국 연방항소법원3 은 아이디어를 유형물에 고정하여 저작물을 창작한 자가 저작자로 곧 저작권자가 되는데, 영화와 관련해서는 감독을 비롯한 제작진이 배우의 실연을 유형물에 고정한 것이므로, 고정과 관련해 아무 역할도 하지 않은 실연자에 불과한 배우에게는 저작권이 인정되지 않는다고 판시하였다. 즉 유형물에 고정된 저작물의 창작에 이바지한 감독 등의 영화 제작진은 저작자의 권리를 행사할 수 있지만, 실연자는 저작권을 행사할 수 없다는 것이다. 따라서 영화의 엔딩 크레딧에 등장하는 인물들은 공동저작자로서 또는 저작인접권자로서 영화제작에 직, 간접적으로 참여한 사람들이다. 이렇게 영화라는 영상저작물의 창작에는 여러 사람의 권리가 복합적으로 작용한다.

영화의 저작권자가 누구인지는 영화로 발생하는 수익을 배분받는 권리를 확보하고 영화를 지속해서 제작하는데 저작권이 밑바탕이 된다는 점에서 매우 중요하다. 창작자 원칙에 기초하면, 영화를 창작한 자연인이 저작자로서 영화의 저작권자가 되는 것이 원칙이다. 그런데 영화가 업무상저작물의 요건에 합치되는 경우라면, 법인 등이 저작자가 된다. TV드라마와 같이 방송사가 PD나 감독 등을 고용해서 자체적으로 제작할 경우 방송사가 드라마의 저작권자가 되는 것과 마찬가지로, 연출, 미술감독, 촬영감독 등이 영화제작에 참여하기로 계약을 체결하고 영화제작사에 고용되었다면, 영화에 대한 저작권은 영화제작사에 귀속된다. 하지만 고용계약이 없었다면, 연출, 감독 등 영화의 창작에 실질적으로 이바지한 소위 근대적 저작자가 공동저작자로서 저작권을 행사할 수 있다.

2) 영화 저작권의 특성

영화 저작권도 창작에 참여한 자들의 저작인격권과 저작재산권을 포함한다. 영화에서 저작인격권은 주로 크레딧과 편집권과 관련하여 성명표시권, 동일성유지권 문제로 나타난다(김미현 외, 2011). 영화에서 크레딧은 창작자들의 경력증명이

---

3 Garcia v. Googgle, Inc., 2015 WL2343586 (9th Cir. May 18, 2015).

며 차기 작품을 하는데 기준이자 성명표시권과 관련하여 중요한 의미를 가지며,4
더 나아가서 저작권을 표시하는 역할을 한다. 또 영화의 최종 버전을 결정하는 편
집권은 연출감독이 가지는 것이 관행이지만, 상영시간을 줄이거나 방송 등 다른
매체로 변환할 때 감독의 동의 없이 편집권을 행사하는 경우가 있다. 미술 디자인
과 세트, 시나리오 등의 창작 영역에서도 창작자와 별도로 협의하지 않고 수정되
는 사례가 있다. 이처럼 창작자의 동의 없는 편집권 행사와 수정은 영화 자체에
대한 저작권은 물론이고 개별 창작자의 동일성유지권 침해문제로 연결된다. 반면
극장 상영용으로 제작된 영화를 TV에서 방송하기 위해 영화 화면의 가로와 세로
비율을 변형시키거나 양 쪽 끝부분을 잘라낸다면, 저작물 이용의 목적 및 형태 등
에 비추어 부득이하다고 인정되는 범위 안에서의 변경이므로 동일성유지권 침해
로 볼 수 없다.

한 편의 완성된 영화를 유통하거나 이용하는 모든 과정에서 저작재산권이 관
여된다. 극장상영용 편집본과 DVD를 제작하거나 방송, 인터넷 서비스를 하기 위
해서는 필연적으로 영화 원본의 복제가 수반되며 극장이나 방송사업자, DVD 대
여업자 등에게 배포해야 하는데, 이 과정에서 영화저작자는 복제권, 배포권을 행
사할 수 있다. 또 영화저작자는 극장은 물론이고 음식점, 영화감상실, 호텔 등에
서 영화를 재생해서 일반에게 공개할 수 있는 공연권을 가지며, 방송이나 인터넷
을 통해 영화를 방송하거나 제공할 수 있는 공중송신권을 가진다. 그리고 영화를
리메이크하거나 게임, 연극, 뮤지컬 등으로 제작할 수 있는 2차적저작물작성권도
가진다. 간혹 소수의 영화감독, 시나리오 작가 등이 공동저작자로서 저작재산권
지분을 확보하기도 하지만, 공동저작자들이 권리를 행사하는 경우는 드물고 일반
적으로 특약에 따라 영화제작사나 투자사에 양도된다. 한편 영화제작에 사용된
미술 소품이나 세트, 의상, 영화 홍보용 포스터 등은 영화와는 별도로 하나의 독
립된 저작물로 인정받으므로, 이를 전시하고자 할 경우 특별한 약속이 없는 한 개
별 창작자의 동의가 필요하다. 또 대여권은 영리 목적의 상업용 음반이나 프로그

---

4 음악감독이 영화음악을 작곡한 경우 작곡자, 편곡자 등의 역할 구분 없이 음악감독이라
   는 명칭으로 표시되고 있고, 미술감독의 크레딧도 프로덕션 디자이너, 미술감독, 아트 디
   렉터 등으로 혼재되어 사용되고 있다. 각 역할에 따른 세분화되고 전문화된 크레딧 명시
   가 필요하다(김미현 외, 2011).

램에 한해 적용되므로, 저작권자의 허락을 받지 않고 이미 대여업을 시작해서 사회적으로 자리를 잡은 도서 또는 영상저작물이 수록된 비디오테이프나 DVD 등에는 적용되지 않는다. 따라서 이미 제작된 영화 DVD를 구매해서 대여사업을 하려는 자는 영화저작자에게 허락을 받지 않아도 된다고 볼 수 있다.

창작자 원칙이라는 저작권 법리에 따르면, 영화 저작권은 영화제작에 대한 창작적인 기여도에 따라 부여될 수 있다. 그런데 다른 저작물과 달리 영화와 같은 영상저작물을 제작하기 위해서는 많은 시간을 투자할 뿐 아니라 대규모 제작비와 전문적인 인력이 투여된다. 그리고 그러한 막대한 투자를 회수하기 위해서는 기본적으로 영화의 원활한 유통과 경제적 활용이 보장되어야 한다. 하지만 영화제작에는 다수가 참여하기 때문에 이해관계가 다양하고 권리 관계가 복잡해서 영화 이용이 원활하지 않을 수 있고, 영상제작자인 영화제작사는 영화제작에 투자한 자본을 회수하지 못하는 사례가 종종 발생한다. 이와 같은 영화를 포함한 영상산업의 특성을 고려하여 영화를 자유롭게 배포하고 활용할 수 있도록 하고 영화에 대한 이용관계를 명확히 하기 위해, 저작권법에서는 영상저작물 특례조항을 두고 있다. 동법 제100조에 따르면 영상제작자와 영상저작물 제작에 협력할 것을 약정한 자가 저작권을 취득한 경우, 특별한 약속이 없다면 영화를 이용하는데 필요한 권리를 영상제작자인 영화제작사가 양도받은 것으로 추정한다. 즉 복제, 배포, 공개상영, 방송, 전송 등의 방법으로 영화를 이용할 권리를 영화제작사가 양도받은 것으로 추정한다는 것이다. 영화제작사가 영화제작에 필요한 특수한 기술과 노하우를 가지고 자본투자와 제작 참여를 종합해서 관리하는데 이바지한다는 점을 고려한 것이라고 볼 수 있다. 현실적으로 영화의 공동저작자들이 저작권을 확보하는 경우는 많지 않고, 영화제작사가 양도받은 저작재산권의 일부 혹은 전부를 투자배급사에 양도하는 추세이다. 이에 따라 영화 저작재산권은 제작사와 투자사가 공동으로 보유하거나 한쪽이 단독으로 보유한다(민대진·송영애, 2012). 영화에 대한 저작권이 계약 주체들의 역학관계에서 관행적으로 양도되고 행사되고 있음을 엿볼 수 있다.

영상저작물 특례조항은 영화의 거래와 관련된 권한을 영화제작사로 일원화시킴으로써 복잡한 법률관계를 해결하고, 무엇보다도 영화제작사가 지출한 막대한 자본의 회수를 보장해주려는 취지로 이해할 수 있다. 즉 저작권법에 영상화 허락의 범위 추정을 비롯하여 영상저작물에 대한 권리, 영상제작자의 권리 등에 관한 특례조항을 별도로 둠으로써, 영상저작물 산업의 특성을 배려하고 더 나아가서 해당 산업의 진흥을 도모하려고 한 것이다. 하지만 영화제작에 관여하는 다수의 관계자 이익이 적절히 배려되지 않고 영화제작자의 이익만이 중시되고 있다는 지적을 받기도 한다(박익환, 2009).

한편 영상저작물 특례조항에 따라 영화제작자에게 양도된 것으로 추정되는 권리는 영화필름을 복제, 배포하거나 상영할 권리, 방송할 권리, 전송할 권리, 비디오테이프, DVD로 제작, 판매할 권리 등과 같이 영화를 이용하는데 필요한 권리로만 한정되고, 영화저작자와 실연자의 저작인격권까지 포함하지 않는다. 영화제작사가 영화의 비디오테이프를 제작하는 과정에서 저작자인 영화감독의 동의 없이 영화의 일부 장면을 삭제하고 대신 정사장면을 삽입하는 등의 방법으로 편집한 사건에서, 법원5은 영화감독의 동일성유지권을 침해한 것으로 판시하였다. 또 상영을 목적으로 제작된 영화에 출연한 특정 배우들의 허락을 받지 않고 그들의 실연장면을 모아 가라오케용 LD(Laser Disc)를 제작한 사건에서도, 법원6은 영화가 아닌 별개의 새로운 영상저작물 제작에 실연장면을 이용하는 것이므로 실연자의 저작인접권 침해를 인정하였다.

③ 영화제작과 저작권 쟁점

1) 영화제작에서 저작물 이용

대부분 영화는 소설이나 시나리오 등의 어문저작물을 기초로 하여 제작되는 경우가 통상적이다. 따라서 영화제작자는 영화제작 이전에 소설 등의 원저작자로부터 허락을 받아야 한다. 그뿐만 아니라 영화 제작단계에서부터 많은 인적 구성

---

5 서울지방법원 2002. 7. 9. 선고 2001가단1247 판결.
6 대법원 1997. 6. 10. 선고 96도2856 판결.

원들이 복잡한 권리 관계를 맺고 있으며, 원작의 영화화, 영화에 사용되는 개별 저작물 등과 관련하여 저작권 문제가 발생하기 쉽다. 영화와 같이 음악 등의 다양한 저작물이 복합적으로 모여 완성된 영상저작물은 각 저작물의 저작자가 개별적으로 권리행사를 하게 되면, 일부 권리자 권리행사로 인해 사실상 영상저작물 전체를 이용하지 못하는 결과를 초래할 수 있다. 이런 문제를 명확히 하고자 영상저작물 특례조항인 저작권법 제99조에서는 영화의 제작 및 이용의 편의를 위해 기존 저작물을 영화화해서 이용할 수 있는 범위를 정해주고 있다. 이에 근거하면 저작물의 영상화를 저작재산권자가 허락7한 경우, 특약이 없는 한 저작물을 각색할 수 있을 뿐만 아니라 완성된 영상물을 복제 및 배포, 상영, 방송, 전송할 수 있다. 예를 들어 영화제작자가 소설을 토대로 영화를 제작할 것을 소설 작가로부터 허락받았다면, 소설을 각색하여 영화를 제작할 수 있으며, 영화를 여러 극장에 복제·배포해서 상영할 수 있고, 다른 언어로 번역해서 자막을 깔거나 더빙한 영화로 만들어 상영할 수도 있다. 영화화되는 소재를 이용하는데 원저작물의 저작자로부터 허락을 받은 영화제작자가 할 수 있는 행위를 규정함으로써, 대부분 2차저적저작물로 제작되는 영화의 특성을 반영하고 영화의 제작과 이용의 편의를 도모하고 있는 것이다.

영화에서 음악의 사용은 작품의 완성도를 높여주는 효과가 있다. 2011년 제작되어 4백만 관객을 돌파했던 영화 〈건축학개론〉에 전람회가 부른 노래인 〈기억의 습작〉이 삽입되면서 영화 흥행을 크게 도왔고, 사람들의 기억에서 사라졌던 〈기억의 습작〉이 음원차트에 다시 오르기도 했다. 영화에 OST로 음악을 삽입하는 것은 복제에 해당하므로, 〈건축학개론〉의 영화제작사는 음악 복제 사용료를 지급하였다. 그런데 2012년 3월 한국음악저작권협회에 영화음악에 대한 공연사용료를 지급하도록 한 징수규정 개정안이 문화체육관광부의 승인을 받으면서, 영화업계와 음악저작권협회 간의 저작권 분쟁이 시작되었다. 한국음악저작권협회는 노래방 사업자로부터 공연사용료를 받는 사례를 들면서, 저작권법상 영화 상영이 공연에 해당하기 때문에 극장에서 영화를 상영할 때마다 영화음악에 대한 공연사

---

7 소설과 같이 2차적저작물작성권은 그대로 두고 영상화만을 허락하는 경우와 시나리오의 경우처럼 2차적저작물작성권 자체를 양도받는 경우가 있다(임상혁, 2004).

용료를 내야 한다고 주장하였다. 이에 대해 영화업계에서는 공연사용료 지급이 영화제작비를 상승시켜서 한국영화산업의 발전을 저해할 것을 우려했다.

이와 관련하여 저작물의 영상화에 관한 저작권법 제99조가 음악저작물에도 적용되는지를 다루었던 사건8에서, 서울고등법원은 저작물의 영상화에는 영화의 주제곡이나 배경음악과 같이 음악저작물을 특별한 변형 없이 사용하는 것도 포함된다고 해석하였다. 그리고 영화제작자들이 음악저작물의 저작권자로부터 받은 음악의 이용허락에는 음악을 영화에 삽입하는 것뿐 아니라 음악이 삽입된 영화를 공연하는 것도 포함된 것이므로, 영화를 상영할 때마다 음악저작물의 공연사용료를 별도로 지급할 의무가 없다는 결론을 내렸다. 대법원9도 영상저작물의 원활한 유통과 이용 등을 도모하기 위해서 저작권법 해당 조항의 규정 내용과 취지 등에 비춰보면, 영상화는 영화의 배경음악이나 주제곡과 같은 음악저작물을 특별한 변형 없이 사용하는 것도 포함되며, 별도의 특약이 없는 한 해당 음악을 영화에 사용하도록 허락한 것은 영화의 공연까지 허락한 것으로 인정되므로 공연권 침해가 아니라고 판결하였다.

또 동법 제99조 제2항에 따라, 저작물의 영화화를 허락한 지 5년이 지나면, 또 다른 영화제작자가 동일 저작물을 영화로 리메이크하는 것이 가능해진다. 소설 작가가 A라는 영화제작사에 자신의 소설을 토대로 영화제작을 허락한 지 5년이 지난 후에는 다른 영화사에 영화, TV드라마 등의 영상저작물 제작을 허락할 수도 있다. 영화를 제작하기 위해서는 대개 시간적으로나 금전적으로나 막대한 투자가 필요하므로, 제작자에게 최소 5년 동안 영상화에 대한 독점권을 주고 투자 자본을 회수할 수 있는 기간을 확보할 기회를 주려는 취지로 볼 수 있다.

한편 동법 제100조 제2항에 따라 영화제작에 사용되는 소설, 각본은 물론이고 미술이나 음악저작물 등은 영상저작물인 영화의 저작권과는 별개의 권리로 보호받을 수 있다. 소설이나 시나리오는 어문저작물로, 음악에 삽입되는 OST는 음악저작물로 보호받을 수 있으며, 영화제작을 위해 영화의 주제나 줄거리를 요약한 시놉시스도 완성된 저작물은 아니지만, 그 자체로 창작성이 있다면 보호 대상

8 서울고등법원 2013. 12. 19. 선고 2013나2010916 판결.
9 대법원 2016. 1. 14. 선고 2014다202110 판결.

이 된다. 따라서 영화 제작단계에서는 음악이나 미술저작물과 같이 영화를 구성하는 개별 저작물의 저작권자로부터 권리를 양도받거나 이용허락을 받아야 한다. 또 영화를 리메이크하거나 속편을 제작하고자 할 경우에도 영화의 원저작물인 시나리오의 작가와 영화 원작의 저작권자인 영화제작사 등의 동의가 필요하다.

2) 영화의 다른 저작물의 저작권 침해 판단기준

영화의 내용이 이전에 창작된 다른 저작물의 저작권을 침해했는지의 판단은 주관적 요건인 의거관계와 객관적 요건인 두 저작물 사이의 실질적 유사성을 기준으로 해야 한다. 의거관계란 저작권이 있는 저작물에 의거하여 그것을 이용했음을 의미하는 것으로, 영화가 이미 상영되었거나 상영된 저작물에 대한 접근 또는 접근 가능성으로 추정한다. 실질적 유사성은 두 저작물 사이에 동일성이 인정되거나 침해저작물이 피침해저작물에 대해 종속적 관계에 있는 것을 말한다. 영화가 이전 저작물과 단순히 사상, 주제, 소재 등이 같은 것만으로는 부족하고 인물과 사건의 구체적인 표현방식을 가지고 실질적 유사성이 있는지를 판단해야 한다.

국내 영화 〈귀신이 산다〉가 소설의 저작권을 침해했다고 제기된 소송에서, 법원10은 영화가 소설에 의거해서 제작되었는지와 영화와 소설 사이에 실질적 유사성이 있는지를 기준으로 판단하였다. 소설과 영화에서 집을 똑같이 주 배경으로 하고 있지만, 소설에서는 집이 주인공 남녀 간 사랑의 상징인 반면 영화에서는 사랑보다는 집에 대한 집착이 더 강하다고 보았다. 또 원고가 실질적으로 유사하다고 주장하는 "폐허의 존재, 빙의, 교통사고의 등장 등의 장면들은 귀신영화에서 전형적으로 수반되는 사건이나 필수 표현인 보편적인 아이디어의 사용에 불과한 경우일 뿐 아니라 그 구체적인 표현형식에 있어서 상당한 차이가 있다"고 해석하였다. 즉 구체적인 에피소드에서 등장하는 유사한 요소들은 공통의 소재를 사용한 기존의 문학작품이나 영화에서 통상적으로 등장하는 사건이나 배경일 뿐이며, 오히려 두 작품은 그 주제, 인물의 성격, 전개과정과 결말 등이 확연히 다르므로

10 서울고등법원 2005. 2. 15.자 2004라362 결정.

저작권 침해가 아니라고 판단하였다. 소설이나 영화에서 동일 소재나 주제를 다룰 경우 전형적으로 수반되는 사건이나 배경, 장면묘사를 저작권 침해로 보지 않은 것이다. 저작물에 내재된 보호받지 못하는 아이디어를 표현하는데 있어 필수적으로 들어갈 수밖에 없는 장면은 설사 표현에 해당된다 하더라도 저작권 보호 대상으로 보지 않는 필수적 장면의 원칙을 적용했다고 볼 수 있다.

(4) 디지털 환경에서 영화의 유통 및 이용과 저작권

전통적으로 영화는 영화관이라는 정해진 장소와 시간에 볼 수 있었기 때문에 일방향적이고 동시간적인 이용방식이었다. 그러나 미디어 기술이 발달 되면서 영화를 감상하는 장소나 방식 등이 다양해지고 영화의 이용환경이 크게 변화하였다 (박익환, 2009). 영화관에서 상영이 끝난 영화를 집에서 방송을 통해 시청할 수 있게 되었고, VTR을 이용해서 영화가 수록된 비디오테이프를 감상하는 것이 가능해졌다. 그리고 점차 VTR이 DVR, DVD 플레이어로, 아날로그 비디오테이프가 디지털 영상 저장매체인 CD(Compact Disc), DVD로 대체되었고, 컴퓨터로 감상할 수 있는 디지털 파일이 등장하는 등 영화를 이용하는 방식이 다양해졌다. 그야말로 안방극장이 가능해졌으며, 시간과 공간에 구속되지 않고 영화를 감상할 수 있게 된 것이다. 그뿐만 아니라 영화의 저작권법상의 권리도 공연권에서 방송권, 전송권 등으로 확대되면서, 영화 이용환경의 변화에 따라 권리 내용도 달라졌다.

영화를 이용하는 방식이 다양해짐에 따라 영화를 불법으로 유통하고 이용하는 방식도 다양해졌다. 미국의 할리우드 영화사들이 VTR을 제작, 판매한 일본의 소니를 상대로 저작권 침해 소송을 제기했던 이유도 VTR을 이용하여 TV프로그램은 물론이고 영화를 녹화하거나 불법 비디오테이프를 유통함으로써, 영화산업에 경제적으로 타격을 줄 것을 우려했기 때문이다. 최근에는 DVD 형태로 불법 복제하는 방식이 줄어들면서 초고속 인터넷망을 통해 사용자들이 콘텐츠를 다운로드하거나 스트리밍 하는 방식으로 저작권 침해가 이루어지고 있다. 그리고 불법복제의 형태가 파일공유와 다운로드로부터 점차 스트리밍으로 전환되는 추세이다.

1) 영화 유통에서 저작권 침해

영화는 문화적, 경제적으로 파급효과가 큰 고부가가치 산업에 속하는 문화상품으로서, 원소스 멀티유스(one source multi use)[11]의 핵심 콘텐츠이다. 영화가 제작되어 극장에서 상영된 이후에는 비디오테이프, DVD, 지상파방송, 케이블방송, 인터넷 등의 후속창구로 순차적으로 유통되면서 부가수익을 올리는 창구화 전략을 사용하게 된다. 하지만 최근의 디지털 미디어 환경에서는 그와 같은 순차적인 창구화 효과만을 목표로 하지 않고 개봉과 동시에 유료방송 시장에 유통하는 등 변화된 영화 유통구조를 보여주고 있다.

한 편의 영화에서 발생하는 수익은 일반적으로 극장상영 매출과 부가판권 매출로 구성된다. 부가판권시장은 DVD 대여나 판매 중심이었으나 최근 초고속인터넷망과 IT기술의 발달로 온라인 다운로드 시장으로 최근 급변화하면서 영화 DVD 시장이 잠식, 몰락하였다(영화진흥위원회, 2011). 하지만 그동안 감소추세를 보였던 부가시장 매출이 2011년 IPTV, 온라인 VOD, 모바일 매체를 통한 매출이 증가하여 총매출 추정규모가 1,411억원으로 나타나면서 증가추세로 돌아섰다(영화진흥위원회, 2012). 이렇게 영화는 다양한 매체와 창구를 통해 이용되기 때문에 영화의 상영 및 유통단계에서 법적 분쟁이 발생할 가능성이 크다. 극장상영을 위한 공연권을 비롯해서 방송, 인터넷 등 부가시장에서 DVD, VOD, P2P 등의 2차적 이용과 관련한 저작권 문제가 발생한다.

디지털 기술과 정보통신 기술의 발전은 영화산업에 영향을 미쳐 제작단계에서부터 상영에 이르기까지 디지털화가 이루어지고 있다. 영화의 디지털화는 제작비가 절감되고 촬영이 쉬워짐으로써 영화산업의 발전과 경쟁력을 강화하는 동력으로 작용하였다. 그러나 2006년 이후 국내 홈비디오 시장이 붕괴했으며, 디지털 기술로 인해 영화에 대한 접근과 이용이 편리하고 영화 파일의 배포와 공유가 용이해지면서 광범위하게 발생하고 있는 저작권 침해는 영화산업에 위협이 되고 있다. 특히 도촬은 단속이 힘들고 사적 이용을 위한 촬영이라고 주장할 경우 저작권

---

11 하나의 소스(콘텐츠)를 서로 다른 장르로 다단계 유통해서 시너지 효과를 극대화하는 전략으로, 고부가가치를 만들어내려고 하는 비즈니스 구조.

법상의 책임추궁이 어렵다. 실제로 2014년 극장에서 상영 중인 영화 〈변호인〉을 캠코더로 촬영한 동영상이 일부 파일 공유사이트를 통해 불법 유출된 사례가 있었다. 또 극장에서 상영 중인 영화의 불법파일이 유출되기도 하였는데, 2009년 〈해운대〉와 2012년 〈건축학개론〉이 불법유출 되고 다운로드되는 현상으로 인해, 각각 배급사 추산 300억원대, 70억원대의 손해를 입기도 하였다.[12] 도촬과 불법유통이 영화산업의 수입에 큰 타격을 주었던 사례들로, 영화에서 저작권이 얼마나 중요한지를 보여준다. 영화콘텐츠는 인터넷상에서 음악콘텐츠와 더불어 불법다운로드가 가장 많이 이루어지고 있는 콘텐츠 유형이라는 점에서 영화 저작권은 영화산업의 보호와 진흥을 위해 중요한 과제이다.

2) 인터넷상의 불법 영화파일 다운로드

인터넷에서는 영화나 기타 동영상 콘텐츠를 다운로드나 스트리밍 방식으로 제공하는 무료 또는 유료 웹사이트가 존재하며, 이용자들은 초고속 인터넷망을 통해 이런 웹사이트가 제공하는 영화를 이용한다. 영화를 무료로 볼 수 있는 웹사이트는 수없이 많지만, 이들 웹사이트 중에는 불법인 경우도 많다. 기본적으로 저작권이 있는 영화를 저작권자의 허락을 받지 않고 스트리밍이나 다운로드 서비스로 제공하는 웹사이트는 불법 사이트로 간주한다. 그뿐만 아니라 이런 사이트에서 영화를 다운로드 받아 이용하는 것도 불법행위이다.

인터넷상의 불법 영화파일 다운로드와 사적복제에 관한 사건에서, 법원[13]은 웹스토리지에 공중이 다운로드하도록 업로드된 영화파일을 다운로드하여 개인용 하드디스크 또는 웹스토리지에 저장하는 행위에 대해, 유형물인 컴퓨터의 하드디스크에 고정하는 경우이므로 일단 복제권 침해를 인정하였다. 그리고 이와 같은 이용자의 복제행위가 사적복제의 항변에 해당하는지를 복제대상인 파일의 적법성 여부로 판단하였다.

---

12 http://news.khan.co.kr/kh_news/khan_art_view.html?artid=201401122204505&code=960401.
13 서울중앙지방법원 2008. 8. 5.자 2008카합968 결정.

먼저 웹스토리지에 공중이 다운로드하도록 업로드 된 영화 파일을 개인용 하드디스크나 비공개 웹스토리지에 저장하는 행위는 영리적 목적 없이 개인적으로 이용하는 경우 사적복제에 해당한다고 보았다. 인터넷에 공개된 적법한 파일을 다운로드한 다음 더 이상의 위법행위로 나아가지 않았다는 점에서 한정된 범위의 이용으로 보았고, 구입비용 절감효과는 있지만 타인에게 유상으로 제공할 의사나 그런 행위가 없었다는 점을 감안하여 영리 목적을 인정하지 않은 것이다. 반면 복제 대상인 업로드 된 영화 파일이 명백히 불법 파일임을 미필적으로 알고 다운로드한 경우 사적복제의 항변이 성립되지 않는다고 해석하였다. 그 이유는 저작권 침해파일을 원본으로 한 사적 이용을 위한 복제가 허용된다면, 저작권 침해 상태가 영구히 유지되는 부당한 결과를 초래하기 때문이라는 것이다.

또 개인용 하드디스크에 저장된 영화파일을 비공개상태로 업로드하여 웹스토리지에 저장하는 행위에 대해서는, 복제대상인 해당 파일이 DVD를 합법적으로 구매하여 이를 개인적인 이용목적에서 파일로 변환한 것과 같이 적법하다며, 사적복제라고 보았다. 그러나 해당 파일이 불법 파일임을 미필적으로나마 알고 웹스토리지에 저장할 경우, 비공개라 할지라도 사적복제에 해당하지 않는다고 판시하였다. 사적복제는 저작권 침해의 예외이므로 인정범위를 좁게 보는 것이 타당하고 사적복제 허용으로 인한 저작권자의 피해가 미미하다는 점에 근거한 것인데, 명백한 불법 파일의 사적복제까지 허용하면 저작권자에게 피해가 크기 때문이라는 것이다. 하지만 불법 파일일 경우 공개 여부를 고려하지 않는 것은 인터넷 상의 사적 이용 판단의 핵심 요소인 이용범위의 한정성보다는 복제대상의 성격을 보다 중요하게 본 것이다. 이처럼 개인적으로 이용하거나 한정된 범위의 이용이라 해도 복제대상의 불법성이 저작권자에게 피해를 초래할 가능성이 있다는 점만 가지고 사적복제의 예외를 인정하지 않는다면, 저작권자의 경제적 이익을 크게 손상하지 않는다는 점과 저작물 이용자의 사적 영역을 보호한다는 점을 근거로 사적 이용에 대해 저작권을 제한하는 입법취지를 제대로 반영하지 않은 판단으로 볼 수 있다. 한편 이 판결에서는 인터넷 이용자들이 저작권자로부터 이용허락을 받지 않은 영화 파일을 웹스토리지에 업로드한 다음 이를 공중이 다운로드하도록 설정해 놓는 행위에 대해서도 공중의 구성원이 개별적으로 선택한 시간과 장소에서 접근할 수 있도록 이용에 제공한 경우이므로, 저작권자의 공중송신권 중 전송권 침해라고 판단하였다.

이 판결의 함의는 그동안 인터넷상의 사적복제 논의에서 복제의 비영리적 목적과 복제물 이용범위의 한정성 기준에 초점이 맞추어졌지만, 사적복제 요건으로 복제대상 파일의 적법성이 새로운 쟁점이 되었으며, 불법 파일의 복제를 사적 이용의 허용범주에서 제외하려 했다는 점에서 찾을 수 있다. 하지만 이에 대해서는 여러 가지 법적 비판이 가해졌다. 개인적인 정보사용을 보장한 저작권법 제30조의 취지와 어긋날 뿐 아니라 저작권 침해로 추정되는 이용자가 불법 파일을 미리 알고 있었는지 파악해야 한다는 점에서 판정기준이 애매하다(한지영, 2013)는 것이다. 또 원본의 적법성 여부에 따라 사적복제를 허용한다는 명문의 규정이 없고, 불법 파일임을 아는 경우와 그렇지 않은 경우 영리 목적 없이 한정된 범위에서 이용하는 것에 차이가 없으며, 불법 파일이라는 이유로 영리적 목적 없는 개인적 이용을 위한 복제까지 저작권 침해로 인정하는 것은 저작권 침해자 양산과 고소의 남발사태를 야기할 수 있다는 점에서 타당하지 않다는 지적도 있다(이종석, 2009). 심지어는 불법 복제물임을 알면서 다운로드 받는 행위를 사적복제의 면책 대상에서 제외하는 저작권법 개정 움직임도 있었다. 이와 같은 저작권 정책과 판결은 결국 이용자의 자율성과 프라이버시권 침해는 물론이고 저작물의 사적 이용의 위축, 더 나아가서 사적복제의 범위축소 등의 법적 이슈를 초래할 수 있다는 점에서 논란의 여지가 있다.

11^장 광고와 저작권

광고는 설득을 목표로 한 가장 대표적인 미디어 콘텐츠이다. 광고는 짧은 시간에 상품이나 서비스에 관한 상업적인 정보를 여러 가지 미디어를 통해 효과적으로 전달해서 광고주가 원하는 구매효과를 불러일으키는 것이 목적이다. 영화와 마찬가지로 기본적으로 음악, 미술, 사진, 영상 등을 구성요소로 하므로 광고 그 자체뿐 아니라 이용되는 저작물 개개의 저작권도 문제가 될 수 있다. 상업성이라는 속성 때문에 저작물성이 논쟁의 대상이 되기도 했지만, 창작성 요건을 갖추면 광고도 역시 저작권법의 보호를 받을 수 있다. 광고시장의 규모가 커지고 매체환경이 바뀌면서 소비자의 미디어 선택권이 강화됨에 따라 광고에서 저작권을 포함한 지식소유권에 대한 중요성이 강조됨에도 불구하고, 1990년대 이전에는 이에 관한 연구를 찾아볼 수 없으며 1990년대 와서야 학문적, 실무적 차원의 관심이 증가하였다. 광고의 특성과 저작물성, 저작권 귀속, 광고제작단계에서 저작권 침해 문제, 그리고 특별히 광고효과를 높이거나 흥미를 위해 제작되는 패러디 광고의 저작권 쟁점을 중심으로 살펴본다.

① 저작물로서의 광고의 특성

광고는 미디어가 생산하는 콘텐츠이자 미디어를 이용하여 유통된다는 점에서 미디어 콘텐츠의 한 유형이다. 커뮤니케이션 관점에서 광고는 상품이나 서비스 정보를 다양한 미디어를 이용하여 소비자에게 널리 알리는 의도적인 활동이다. 그리고 광고주가 상품 및 서비스를 판매하기 위해 수용자의 태도를 변화시키는 것을 목표로 한 마케팅 커뮤니케이션이다. 반면 저작권법 관점에서 광고를 정의하면, 독특한 아이디어, 스토리, 문구, 시·청각적 표현, 다양한 기법·기술 등이 총합된 표현물이다(조성광·신내경, 2014). 광고에서 사용되는 요소의 선택과 배열에 창작성이 있으면 편집저작물로, 영상 구성에 창작성이 있으면 영상저작물로 인정을 받을 수 있다. 따라서 광고는 그 자체로서 저작물의 성격을 가진다. 또 광고는 언어, 그림, 소리, 영상, 기호 등 여러 소재를 사용하므로 이들 소재의 저작권 문제를 고려해야 하는 것이 특징이다.

저작물로서의 광고는 다음과 같은 특성을 가진다. 첫째, 광고는 언어, 음악, 사진, 동영상 등 기본적으로 여러 가지 표현이 복합적으로 사용되는 창작물이다. 그러므로 타인의 저작물을 이용하는 경우가 많으므로 저작권을 논하는 것이 그리 간단하지 않다. 둘째, 광고는 소비자의 이목을 집중시키기 위해 짧고 강한 표현이나 문구를 사용한다. 표현의 길이가 짧아서 창작성을 인정하기 어려우며 저작물성을 판정하기 쉽지 않다. 셋째, 이전의 광고에서 아이디어를 차용하여 다른 방법으로 표현해서 광고를 제작할 경우, 아이디어와 표현의 구별이 어려워서 저작권 침해 여부를 판단하기 어렵다. 마지막으로 광고는 비록 표현의 길이가 짧지만, 영화와 마찬가지로 제작에 다수의 사람이 참여하므로 저작권 문제가 복잡하다.

우리나라에서 1980년대만 하더라도 국내 광고산업의 규모가 그다지 크지 않았고, 광고와 관련한 저작권 분쟁도 많지 않았다. 실무적으로나 학문적인 관심도 많지 않아서 1990년대 이전까지 광고 저작권에 관한 연구도 거의 존재하지 않는다. 그러다가 1990년대 들어와서 광고산업의 규모가 커지고 광고개방 시장으로 국제 교류가 활발해지면서 광고 저작권에 관한 관심이 증가하였다(김봉철·조영기, 2009). 광고와 관련된 저작권의 주요 쟁점은 첫째, 광고도 저작권의 보호 대상인가, 둘째, 광고의 저작권자는 누구인가, 셋째, 광고제작에 소재로 이용되는 타인의 저작물의 저작권 보호는 어떠한가 등이다(이규완, 2006). 즉 상업성이란 속성 때문에 광고도 저작권법으로 보호할 수 있는지, 광고제작에 참여하거나 관여하는 주체가 많으므로 과연 누구를 저작권자로 볼 수 있는지, 그리고 광고에 사용되는 다양한 저작물의 저작권 문제를 어떻게 논할 것인가 등이다.

② 광고의 저작물성 논란

광고가 상업적 표현이라는 점에서 미국에서는 초기에 저작물로서 인정하지 않으려는 경향이 있었으나, 1903년 이후 광고의 저작물성이 처음 인정되었다. 1903년 서커스 포스터가 저작권 보호를 받는지가 문제가 되었던 사건에서, 연방 대법원[1]은 비록 광고가 상업적 목적이라 해도 사용된 표현이 독창성과 예술성을 가진다면 저작권 보호를 받는다고 판결하였다. 이 판결 이후, 미국에서 상업적 광고의 저작물성이 인정되기 시작하였다. 그리고 이제는 학계나 판례에서 광고가 하나의 저작물로 인정받을 수 있다는 의견이 지배적이다(한승헌, 1988).

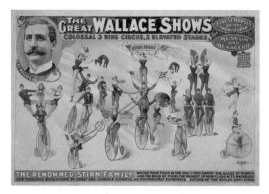

그림 11-1 ∣ Bleistein 판결(1903)에서 문제 된 서커스 포스터[2]

광고가 저작권 보호를 받기 위해서는 저작권법상의 저작물이어야 한다. 저작권법에서는 저작물 유형에 광고를 명시적으로 포함하지 않고 있으며, 광고와 관련한 조항이 부재하다. 하지만 광고에서 사용된 표현에 창작성이 있으며 독립적인 저작물로서 보호받을 수 있다. 방송광고는 국내외의 다른 광고를 표절하여서는 아니 된다고 규정한 '방송광고심의에 관한 규정' 제12조에 근거하면 광고는 분

---

1 Bleistein v. Donaldson Lithographing Co., 188 U.S. 239(1903).

2 https://en.wikipedia.org/wiki/Bleistein_v._Donaldson_Lithographing_Co.#/media/File:
  The_Great_Wallace_Shows_circus_poster.jpg

명 저작권 보호 대상이다. 예를 들어 광고의 표현수단으로 흔히 사용되는 사진도 피사체 선정, 구도 설정, 빛의 방향과 조절 등에서 촬영자의 개성과 창의성이 있으면 저작물로 보호받을 수 있다. 하나의 전단지에 실린 두 컷의 광고사진에 관한 사건에서 대법원[3]은 광고사진을 저작물로 판단할 수 있는 기준을 제시하였다. 음식점의 내부 공간을 촬영한 사진은 단순히 깨끗하게 정리된 음식점의 내부만을 충실히 촬영한 것으로서, 누가 찍어도 비슷한 결과가 나올 수밖에 없는 사진이기 때문에 촬영자의 개성과 창조성이 있는 사진저작물로 보기 어렵다고 판시하였다. 반면 찜질방 내부 전경을 촬영한 또 다른 광고사진은 업소만의 장점을 부각하기 위해 촬영 시간대와 각도의 선택, 사진 배치 등에 있어 촬영자의 창작적인 고려가 나타나 있음을 인정하였다. 이에 기초하면 단순히 제품을 충실하게 재현하는데 그친 광고사진은 저작권의 보호를 받는 창작물로 보기 어렵다. 따라서 광고사진의 창작성을 판단하는 기준은 피사체의 충실한 구현에 불과한지, 특정한 의도에 따라 연출한 것인지 등이 될 수 있으며, 특정한 의도로 연출된 사진이더라도 연출이 기존의 연출이나 표현방법을 모방하지 않은 독창적인 것인지를 고려해야 한다 (조성광·신내경, 2014).

한편 광고에서 사용된 문장을 의미하는 카피(copy)가 저작물로서 보호를 받을 수 있는지도 생각해 볼 필요가 있다. 침대 광고에서 사용된 '침대는 가구가 아닙니다, 과학입니다', 감기약 광고에서 사용된 '감기 조심하세요', 아이스크림 광고에서 사용된 '골라 먹는 재미가 있다', 라면 광고에서 사용된 '국물이 끝내줘요' 등은 소비자들의 마음을 움직여서 기억에 오래 남았던 카피로 유명하다. 광고카피는 전달하고자 하는 메시지의 효과를 높이기 위해 간결하고도 표현 길이가 아주 짧은 것이 특징이다. 소비자에게 상품이나 서비스에 관한 정보를 한 번에 각인시켜 광고효과를 높일 수 있다는 점에서 광고에서 카피가 차지하는 비중이 크다. 그뿐만 아니라 소비자들에게 상품이나 서비스를 각인시키기 위해 독창적인 카피를 만드는데 상당한 노력과 시간이 요구된다. 그럼에도 불구하고 일반적으로 광고에서 사용된 사진이나 음악이 저작권을 인정받는 데 비해, 카피로 사용되는 슬로건이나 캐치프레이즈는 저작권 보호 대상이 아니다.

---

3 대법원 2006. 12. 8. 선고 2005도3130 판결.

'눈으로 확인하세요'라는 광고카피의 저작물성이 문제가 되었던 하이트맥주 광고 사건에서, 1심[4]에서는 광고카피도 저작물로 인정될 여지가 있다고 보았다. 하지만 항소심[5]에서는 광고문구가 모두 맛있는 온도를 눈으로 알 수 있다는 단순한 내용을 표현한 것으로서, 문구도 짧고 의미도 단순한 것이어서 보호할 만한 독창적인 표현형식이 포함된 것으로 볼 수 없다고 판시하였다. 이 판결은 비록 카피의 저작물성을 부인했지만, 문구가 어느 정도 길고 보호할 만한 독창적인 표현형식이 발견된다면 저작권 보호를 받을 가능성이 있는 것으로 풀이할 수 있다.

또 한 대학원생이 패션 디자이너로서 지향하는 패션과 인생에 대한 가치관을 표현하는 수업과제로 제출했던 문구 'make it break'[6]를 한 카드회사 광고에서 'make break make'[7]로 사용해서 문제가 되었던 사건에서, 서울중앙지방법원 (2016)은 광고카피에서 사용된 문구가 관용어구라면 저작권이 인정되지 않는다고 판시하였다. 대학원생의 문구는 영미권에서 일반적으로 사용되는 관용어구를 그대로 사용한 것이므로 독창적인 표현형식이라고 볼 수 없으며, '기존의 형식을 파괴한다'는 의미도 독자적인 사상이나 감정을 표현한 것이라고 보기 어렵다는 것이었다.[8]

③ 광고의 저작권 귀속

광고제작에 이용되는 구성요소들이 다양하고, 광고제작에 광고주, 광고회사, 광고제작사 및 독립적인 광고전문인들이 참여하는 경우가 많아서 광고는 공동저작물일 가능성이 크다. 따라서 광고 저작권은 창작자 원칙에 따라 광고를 제작한 회사나 전문가에게 귀속되지만, 광고의 경우 판단이 그리 쉽지 않다. 광고의 저작

---

4 서울지방법원 1997. 2. 14. 선고 96가합7170 판결.
5 서울고등법원 1998. 7. 7. 선고 97나15229 판결.
6 기존의 틀이나 형식을 파괴하고, 다시 새로운 것을 만든다는 의미.
7 창조, 파괴, 재창조의 의미.
8 http://www.fnnews.com/news/201605081708071573

권 귀속은 결국 계약에 따라 결정된다고 볼 수 있는데, 광고주 또는 광고회사가 될 수도 있고 광고전문가가 될 수도 있다. 만약 광고주가 광고제작물 대행사에 의뢰한 경우라면, 대개는 대행사에 보수를 지급함과 동시에 저작권은 광고주에게로 이전된다. 또 광고회사나 광고주 회사의 직원이 광고제작에 참여한 경우, 광고는 업무상저작물이 되어 회사에 저작권이 귀속된다.

광고를 위해 새롭게 창작된 음악의 경우 저작권이 누구에게 있는지 명쾌하게 답하기 어렵다. 광고음악의 작사, 작곡가, 광고주, 광고제작사 등 다양한 이해당사자들이 존재하기 때문이다. 이 역시 광고음악의 저작재산권은 특약에 따라 광고주나 광고제작사, 광고대행사가 가질 수도 있고, 작사자, 작곡가가 가질 수도 있다. 보통 상업광고에 사용하기 위해 만들어진 음악의 저작재산권은 대부분 광고주나 광고대행사가 가지지만, 계약을 통해 유명 작곡가들에게 저작권이 귀속될 때도 있는데 광고음악 때문에 발생하는 음원수익은 저작권자가 가지게 된다. 하지만 설사 광고주나 대행사가 광고음악의 저작재산권을 가지고 있다고 해도, 저작인격권은 일신전속적인 권리로서 양도나 상속을 할 수 없으므로 광고음악을 작사, 작곡한 사람에게 있다고 보아야 한다.

④ 광고제작에서 저작물 이용과 저작권

광고는 언어, 영상, 소리, 기호 등 여러 소재가 조합되어 있어 그 구성요소가 복잡하다. 광고를 제작하기 위해서는 카피, 사진, 음악, 일러스트 등의 이용이 수반되는데, 광고를 구성하는 요소들은 저작물에 해당하며 각각 저작권으로 보호된다. 따라서 광고제작에서 저작권 문제가 필연적으로 발생하며, 광고를 기획하는 단계에서부터 광고에 들어갈 내용에 대해 철저하게 법률적인 검토를 해야 한다. 광고에 이용하려는 저작물이 저작권 보호를 받는 대상인지, 저작권 보호 대상인 경우 저작권 보호기간이 언제까지인지, 저작권자가 가지고 있는 권리의 내용은 무엇인지 등을 확인하고 저작권 이용계약을 체결하는 것이 좋다. 예를 들어 광고에서 음악을 사용하고자 할 경우, 저작권 보호기간은 물론이고 작사자, 작곡가와 같은 사용될 음악의 저작권자 그리고 실연자, 음반제작자와의 저작권 문제를 해결해서 저작권 분쟁을 사전에 방지하고 줄여야 한다. 김봉철·조영기의 연구(2011)에 따르면, 광고에서 저작권을 비롯한 지식소유권 분쟁은 대부분 의도적이거나 악의적이라기보다는 과정상의 실수 등에 기인하는 것으로 나타났다. 저작권 제도에 대한 지식과 인식의 부족에서 비롯된 것이라고 볼 수 있는데, 고의성이 없다고 해서 저작권 침해책임이 면책되는 것이 아니므로 법적 분쟁 발생의 요소들을 사전에 차단하는 것이 중요하다.

광고제작자는 자신이 창작한 광고에 대한 권리를 가질 뿐 아니라 동시에 다른 저작물을 이용하기도 하므로, 저작권 권리자와 이용자라는 양면성을 가진다. 그러므로 광고제작에 타인의 저작물을 소재로 이용하기 위해서는 기본적으로 허락을 받아야 하는 문제가 뒤따를 뿐 아니라, 광고에 사용하는 저작물에 등장하는 인물의 초상권이나 소유권 등도 반드시 함께 검토해야 한다. 예를 들어 광고에 유명 화가의 인물화를 사용할 경우, 그림의 소유권과 저작권, 그림에 들어간 인물의 초상권 등은 서로 다른 권리이므로, 별도로 처리할 필요가 있다(이규완, 2006). 광고에 사용된 인물화의 저작권은 화가에게 있지만, 그림을 판매했다면 소유권은 소유자에게 있다. 인물의 초상권은 특정인임을 식별할 수 있는 신체적 특징을 허락받지 않고 촬영하여 공표하거나 광고 등에 영리적으로 사용하는 것을 방지함으로써 초상에 대한 인격적 가치를 보호하는 것이므로, 저작권법상의 보호 대상은 아니지만 초상권 분쟁을 야기할 수 있다. 2008년 러시아의 격투기 선수의 초상을 무단으로 모바일 콘텐츠 제작에 사용하여 문제가 되었던 사건[9]에서는 초상권이 문제가 되었다. 만약 그림에 등장하는 인물이 유명인이라면 광고에서 자신의 초상을 상업적으로 이용하는 것이 대한 퍼블리시티권을 주장할 수 있다. 2016년 영화배우 송혜교가 출연했던 드라마에 간접광고 협찬을 했던 쥬얼리 회사가 계약이 종료된 이후에도 드라마 장면의 인물사진을 무단으로 자사 제품의 홍보용으로 활용했다면서 소송을 제기했던 사건[10]은 퍼블리시티권이 문제가 되었던 사건이다.

---

9 서울신문 2008년 11월 1일, 8면.
  http://www.seoul.co.kr/news/newsView.php?id=20081101008014.
10 JTBC 2016년 4월 28일 방송.
  http://news.jtbc.joins.com/article/article.aspx?news_id=NB11223618.

따라서 광고에 인물화를 사용하고자 할 경우, 저작권자는 물론이고 소유권자, 초상권자 또는 퍼블리시티권자에게 각각 동의를 구해야 한다.

　광고에서 사용되는 음악은 광고 전체의 분위기를 완성하는 동시에, 중독성이 강한 반복 멜로디와 리듬을 가지고 소비자의 귀에 익숙해져서 그 자체로 뛰어난 광고효과를 가진다. 때로는 광고하는 상품보다도 배경음악이 더 주목받을 수도 있어, 단순히 상품을 알리는 광고의 한 요소의 역할에서 벗어나 하나의 유행을 만들어내는 적극적인 기능도 한다. 하지만 2008년 국내 작곡가 정풍송이 SK텔레콤의 광고음악 〈티링(T Ring)〉이 자신이 작곡한 〈사랑의 눈물〉의 도입부와 멜로디가 비슷해 저작권을 침해했다며 음원 침해금지 가처분 소송을 제기했던 사건[11]에서 볼 수 있듯이, 광고에서 음악을 사용하는 문제도 저작권 침해 분쟁에서 예외일 수 없다.

　광고에 음악을 사용할 경우 라이브러리 음악, 통상음악, 카피곡, 창작곡과 같이 광고음악의 음원의 출처에 따라 각기 다른 방식으로 저작권에 대한 보상금을 내야 한다. 뮤직 라이브러리 업체에서 보유한 라이브러리 음악을 사용하려면 뮤직 라이브러리 업체가 이미 저작권 문제를 해결하고 음원을 확보하였으므로 일정한 금액만 내면 된다. 카피곡은 사용자가 곡을 다시 연주, 녹음해서 광고에 사용하는 것이므로 원곡에 대한 사용승인을 받는 것이 필요하며, 저작인접권은 문제가 되지 않는다. 그리고 기존의 음악을 의미하는 통상음악은 원곡의 저작권과 저작인접권에 대한 저작권료를 내야 한다. 광고에 맞추어 광고주가 직접 음악을 만든 창작곡은 계약에 따라 광고주가 저작권을 소유하는 경우가 대부분이므로, 따로 저작권에 대한 보상금 지급 문제가 발생하지 않는다(김원석, 2010). 이렇게 광고음악은 저작권과 관련하여 권리자가 많은 것이 특징이며, 광고에 사용하는 음원의 출처에 따라 각기 다른 방식으로 저작권 문제를 해결해야 한다.

　앞에서 언급했던 유명가수가 불러서 이미 유명해진 곡을 다른 사람이 부른 것을 광고에 사용해서 문제 되었던 사건[12]의 경우, 통상음악이 아닌 카피곡을 사

---

11 SK텔레콤의 티링, '저작권 침해 아니다!' 한국경제 2008년 8월 7일, http://news.hankyung.com/article/2008080793047?nv=o.

12 서울지방법원 1997. 2. 20. 선고 96가단188973 판결.

용한 것이므로 원곡에 대한 사용승인만 필요하며, 실연자, 음반제작자와 같은 저작인접권자의 동의가 불필요하다. 이와 유사한 사건으로, 미국에서 1980년대 후반 포드자동차가 광고음악으로 사용하기 위해 가수 베트 미들러(Batt Middler)에게 1970년대 히트곡 녹음을 부탁했으나 거절당하자, 작곡가와 작사자에게 광고음악 이용허락을 받은 뒤 그녀의 음성을 흉내 낼 수 있는 여자가 부른 노래를 사용해서 광고를 제작했다. 이 사건에서 법원은 베트 미들러의 실연자로서의 저작인접권을 인정하기 보다는 목소리에 재산적 가치가 있음을 인정하였다.[13] 즉 목소리에 대한 퍼블리시티권을 인정한 것이다.

광고는 광고를 게재하고 전달하는 매체에 따라 인쇄광고, 방송광고, 인터넷광고, 모바일광고 등으로 분류된다. 여러 유형의 광고 중에서도 방송광고는 저작물로 별도로 분류되고 있지는 않지만 영상저작물에 속한다. 시청각매체로서 수많은 사람에게 도달하며 광고 메시지를 반복해서 전달할 수 있다는 점에서 광고효과가 크지만, 영상, 음악, 사진, 언어 등 다양한 예술적 장르의 요소들이 복합적으로 어우러져 작용하는 것이므로 저작권 문제가 더욱 복잡하다. 특히 방송광고는 음악을 배경으로 하거나 음악이 주요 요소가 됨으로써 매우 중요한 비중을 차지하고 있음에도, 그에 관한 저작권 보호가 잘 실현되지 않고 있는 것으로 나타나고 있다 (조재영·조태선, 2014).

한편 광고에서 사용하는 문구도 저작권 문제를 야기한다. 나가사끼 짬뽕이란 상품을 출시한 특정 식품이 '내가 제일 잘 나가사끼 짬뽕'이라는 문구를 사용하여 광고하자, 인기 걸그룹 2NE1의 노래인 〈내가 제일 잘 나가〉의 저작권자가 저작권 침해라는 이유로 광고사용게재금지 가처분 신청을 하였다. 이에 대해 법원[14]은 저작권 침해를 인정하지 않았다. 판결의 근거는 "2NE1의 '내가 제일 잘 나가'라는 문구는 인기를 많이 얻거나 사회적으로 성공했다는 단순한 내용을 표현한 것으로, 보호할만한 독창적인 표현형식이 포함되어 있다고 보기 어렵다"는 것이다. 그리고 "음악저작물인 대중가요의 제목 자체는 저작물의 표지에 불과하고 독립된 사상이나 감정을 창작적으로 표현한 저작물로 보기 어려워 보호받을 수 없다"는

---

13 최정환 변호사의 연예법이야기(1) 너훈아와 나훈아, 매일경제 1996년 10월 19일 34면.
14 서울중앙지방법원 2012. 7. 23.자 2012카합996 결정.

것이다. 즉 노래의 제목과 같이 단순한 단어 몇 개를 조합해서 만들어진 문장은 창작성이 있는 표현으로 인정되기 어렵다는 것이 법원의 해석이었다. 또 법원은 "문구가 일반인이 일상에서 흔히 사용하는 문구여서 식별력이 강하지 않고 노래와 라면이란 두 상품이 유사하거나 고객층이 중복되지 않아 서로 혼동을 일으킬 우려가 있다고 보기 어렵다"고 설명함으로써, 두 저작물의 시장 대체효과가 없음을 강조하였다.

　　2011년 강원도의 솔섬 사진을 배경으로 사용한 대한항공 광고가 TV와 인터넷을 통해 배포되자, 영국의 사진작가 케냐가 2007년 같은 장소를 촬영한 사진저작물의 저작권을 침해했다고 주장하였다. 이에 대한 손해배상청구소송에서, 1심 법원15은 자연경관을 담은 예술작품은 만인에게 공유되는 창작 소재로 전체적인 콘셉트나 느낌만으로 저작물로서 창작성을 인정하는 것은 예술가의 창작 기회나 자유를 박탈하므로 엄격히 판단해야 한다면서, 저작권 침해를 인정하지 않았다. 2심 판결에서도 서울고등법원16은 자연풍경을 찍는 장소와 시간, 카메라 앵글의 선택은 일종의 아이디어이므로, 저작권 보호범위 밖이라고 보고 저작권 침해를 인정하지 않았다. 케냐 측은 두 사진이 흑백과 칼라는 차이가 있을 뿐 촬영지점과 각도가 같고 나무를 검은 실루엣으로 처리한 부분이 동일하다고 주장하였다. 이에 대해 법원은 "촬영대상이 자연물이라는 특성을 고려하면 피사체의 선정, 구도와 카메라 각도 등에 창작성이 없으며, 케냐가 선택한 촬영장소가 독창적인 노력으로 발견한 장소라고 보기 어렵다"고 판단하였다. 그리고 케냐의 사진은 수묵화와 같은 정적인 느낌을 주는 반면, 대한항공 광고사진은 일출 시 역동적인 느낌을 준다는 점에서 실질적 유사성이 없다고 판시하였다. 법원은 이미 존재하는 자연물이나 풍경의 촬영방식은 아이디어일 뿐 저작권 보호 대상이 아니라는 점을 분명히 했을 뿐 아니라, 전체적인 콘셉트의 유사성만으로 실질적 유사성을 판단할 수 없다고 본 것이다.

　　한편 이 판결을 놓고 촬영자의 창작성보다는 카메라라는 기계적 작용에 의존하는 부분이 많은 사진저작물의 특성을 고려하여, 이미지 프레임(frame)의 선택에

---

15 서울중앙지방법원 2014. 3. 27. 선고 2013가합527718 판결.
16 서울고등법원 2014. 12. 4. 선고 2014나2011480 판결.

서부터 창조성이 인정되어야 한다는 견해에도 주목할 필요가 있다. 거대한 자연 속에서 촬영자가 선택한 풍경이나 장소는 작가의 독자적 사상이나 감정의 표현이 가장 많이 드러난 부분이기 때문에, 시간과 노동을 투자하여 촬영대상과 장소를 발견해서 최초 촬영한 자의 사진작품에 대해서는 좀 더 관대하게 창작성을 인정함으로써, 그 이후에 촬영한 자와는 다른 기준을 적용하여 저작물성을 인정하고 법적 보호를 받아야 한다는 것이다. 반면 저작권법의 추구목표에 기초할 때, 최초 촬영자가 풍경사진의 독점권을 행사해서 지나치게 많은 저작권료를 요구하는 것도 바람직하다고는 볼 수 없다. 결국은 저작권자의 권리 보호와 공중의 접근을 균형 있게 유지하기 위해 이해관계자 모두 공정성과 형평성을 추구하는 인식 변화가 필요하다(장정애, 2014). 이 사건에 대한 판결은 최초 촬영한 자가 풍경사진에 대해 지나치게 독점권을 행사하는 문제를 생각할 기회를 주었다. 그뿐만 아니라 광고에서 기존의 사진저작물과 동일 피사체를 이용한 경우에 대한 저작권 침해의 판단기준을 제시함으로써, 상업적 표현의 자유의 허용범위가 넓어졌다는 점에서도 의미가 크다.

⑤ 패러디 광고와 저작권 쟁점

패러디는 일반인에게 잘 알려진 원저작물을 재미있게 변형시키거나 풍자적으로 비평, 비판해서 다른 내용으로 재구성한 표현물이다. 대개 풍자나 비평의 대상이 된 원저작물을 명시적으로 드러내어, 보는 사람이 이를 쉽게 인식하기를 의도하는 것이 특징이며, 원저작물과 별개의 다른 내용으로 재구성된다. 이것은 원저작물에 대한 새로운 시각을 제공하는 기능을 하기도 한다. 기본적으로 패러디의 저작자는 원저작물의 저작권을 침해할 의도가 없으며, 저작권법은 저작자의 권리 보호뿐 아니라 저작물의 사회적 이용확대를 목적으로 한다. 그러므로 일반적으로 패러디를 저작권 침해로 판단하지 않는다. 하지만 이 경우에는 원저작물을 상업적으로 이용하지 않고 원저작물의 사회적 가치와 다른 사회적 가치를 가지고 있어야 한다(이규완, 2006).

패러디의 특징은 첫째, 기존의 작품에 비평, 논평, 풍자 등 새로운 창작을 가미함으로써 인류의 문화유산을 풍부하게 하고, 따라서 문화의 향상발전이란 저작권법의 목적달성에 기여할 뿐만 아니라 표현의 자유로서 보호할 필요가 있다. 둘째, 패러디는 원저작물에 대한 풍자, 비평 등에서 시작하므로 원저작자가 자신의 저작물에 대해 패러디를 작성하도록 허락해줄 가능성이 작다. 셋째, 패러디는 원저작물의 시장적 가치를 침해할 가능성이 거의 없다(오승종, 2016; 임덕기, 2011). 즉 원저작물과 패러디는 전혀 다른 효용가치를 가진다는 점에서 시장 대체효과가 없다. 예를 들면 아이패드 광고를 패러디 한 학원 광고의 경우 아이패드와 학원은 서로 제품시장이 다르므로 대체효과가 없으며, 그런 점에서 저작권 침해의 가능성이 적다고 볼 수 있다.

반면 패러디는 원저작물에 대한 수정이나 개변을 필연적으로 수반하므로, 2차적저작물작성권이나 동일성유지권의 침해문제를 야기할 가능성이 있다. 일반적으로 원저작물을 토대로 패러디를 만들려고 할 때 2차적저작물작성권이나 동일성유지권 침해가 되지 않으려면 저작재산권자의 동의가 필요하다. 하지만 기존 저작물에 대한 비평이나 논평, 오락 등 새로운 창작을 가미하는 패러디의 성격상 원저작자가 사용을 허락할 가능성이 작다. 이렇게 되면 패러디라는 저작물 자체가 생산될 수 없으므로, 패러디에 대해서는 자유이용의 한 형태로 인정하거나 공정이용의 원칙을 적용하여 저작권 침해책임에서 면제해주는 형태로 보호하는 추세이다.

한편 패러디는 원저작물에 익숙한 사람들에게 친숙하고 거부감을 주지 않아 광고에서 자주 사용된다. 패러디 형식을 사용한 광고는 광고제작자가 효과를 높이기 위해 소비자에게 잘 알려진 장면을 이용한 광고형태이다. 즉 기존에 소비자들이 보편적으로 인식된 스키마를 활용하므로 소비자에게 더 효과적으로, 더 친근하게 다가갈 수 있고, 광고 창작자의 아이디어 영역을 확장하며 비교적 손쉬운 방법으로 광고 메시지를 소비자들에게 인식시킬 수 있다는 점에서 경제적인 광고 창작방법이다(김규철·김인철, 2003). 대표적인 예로 1990년대 국내에서 선보였던 바퀴벌레약 광고를 지적할 수 있다. 이 광고에서는 영화 〈빠삐용〉에서 주인공이 벌레를 잡아먹는 장면을 일부 이용하면서 컴퓨터그래픽을 사용하여 패러디했다. 이 경우 해당 광고주는 영화사와 등장배우의 유족들과 사전 협의를 통해 저작권료와 초상 사용료를 지급한 것으로 알려져 있다. 하지만 원저작물인 영화 자체를 비평하거나 풍자한 직접 패러디가 아니라 영화를 이용하여 상업적인 효과를 얻는 매개 패러디라는 점에서 만약 정당한 사용료를 지급하지 않았다면 저작권 침해가 될 가능성이 크리라고 본다. 이에 비해 원저작물을 다른 시각으로 바라보도록 만든 직접 패러디는 원저작자에게 허락을 받지 않고 제작했다 할지라도 공정이용으로 보아야 할 할 가치가 있다(조성광·신내경, 2014). 패러디 광고의 증가추세에도 불구하고 이에 대한 저작권 침해기준이 부재하므로, 적정한 가이드라인을 제정하는 것이 필요하다.

12^장 인터넷 콘텐츠 유통과 저작권

인터넷은 누구나 쉽게 접근할 수 있는 자유로운 공간이다. 중앙통제가 없을 뿐 아니라 지식과 정보에 대한 공유가 실현되는 공간이다. 즉 보편적 서비스로서 인터넷에서는 누구나 자신의 의견을 표시하고 자유로운 정보활동을 보장받을 수 있으며, 다양한 논의가 이루어질 수 있다. 이처럼 표현의 자유와 정보 공유를 실현할 수 있는 인터넷 공간에서도 콘텐츠를 전달하고 유통하고 이용하는 과정에서 저작권이 문제가 된다. 다음에서는 인터넷상의 저작권 쟁점에 해당하는 온라인서비스제공자의 침해책임, 검색엔진, 링크 등을 중심으로 살펴본다.

① 온라인서비스제공자의 저작권 침해책임

1) 온라인서비스제공자의 법적 책임

인터넷에서 디지털 콘텐츠의 유통구조는 정보제공자, 정보전달자, 정보사용자의 가치사슬로 이루어진다. 이 중에서 정보전달자의 역할을 하는 온라인서비스제공자(Online Service Provider, OSP)는 이용자가 인터넷에 접근하는 것을 제공하거나 접근한 서비스 이용자에게 송신 등 일정한 기계적, 기술적 서비스를 제공하는 자이다. 자신이 운영하는 포털사이트를 통해 다양한 콘텐츠의 내용을 서비스이용자에게 검색·다운로드·업로드·전송하는 정보통신서비스를 매개하는 역할을 한다. OSP의 대표적인 예로 네이버, 다음, 네이트, 구글, KT 등이 있다. 이는 다시 KT와 같은 전기통신사업자, 네이버나 구글과 같은 검색서비스 제공자, 그리고 인터넷쇼핑몰사업자, 웹하드서비스사업자, 카카오와 같은 부가통신사업자로 분류된다. 좀 더 넓은 의미에서의 OSP는 모뎀이나 랜을 통해서 인터넷과 연결된 컴퓨터 또는 컴퓨터 네트워크에 접속시켜주는 인터넷서비스제공자(Internet Service Provider; ISP)[1]와 인터넷상에서 텍스트, 데이터, 프로그램, 이미지 등의 콘텐츠를 송신하고 서비스이용자가 이를 이용할 수 있도록 해주는 콘텐츠제공자(Content Provider; CP)를 포함하는 개념으로 이해할 수 있다(이동훈, 2003, 2008). 저작권법상의 OSP 개념은 "이용자가 선택한 저작물 등을 그 내용의 수정 없이 이용자가 지정한 지점 사이에서 정보통신망을 통하여 전달하기 위하여 송신하거나 경로를 지정하거나 연결을 제공하는 자와 이용자들이 정보통신망에 접속하거나 정보통신망을 통하여 저작물 등을 복제·전송할 수 있도록 서비스를 제공하거나 그를 위한 설비를 제공 또는 운영하는 자"로 정의된다. 미국의 저작권법에서 정의하는 OSP 개념은 시스템에 자료를 저장하고 있거나 사용자의 지시에 따라 정보를 저장하여 주거나 정보검색도구를 제공하는 자로서, 온라인 서비스나 온라인 네트워크를 제공하거나 운영하는 자[2]를 말한다.

오늘날 정보통신기술의 발전은 저작권자들에게 상당한 위협을 가하고 있다. 발전된 디지털 환경에서는 인터넷 등을 통해 누구나 손쉽게 불법 복제물을 배포하는 것이 가능해졌기 때문이다. 특히 P2P기술을 이용한 콘텐츠의 업로드와 다운로드는 저작권법상 전송과 복제에 해당하여, 저작권자로부터 이용허락을 받지 않는다면 원칙상 불법이다. 세계 각국이 통신 네트워크를 통하여 빈번하게 이루어지는 저작권 침해 현상을 법으로 규율하고 법적 분쟁을 해결하기 위해 노력하고 있다. 그중에는 저작물의 생산 및 유통 플랫폼을 제공하면서 저작권자와 이용자의 중간에서 저작권 보호의 협력자로서의 위치를 점하고 있는 OSP의 법적 책임에 관한 논의도 포함된다. OSP는 정보통신설비를 이용하여 정보제공자와 정보사용자가 서로 사이버공간에서 교류할 수 있는 환경을 제공하면서 서비스를 제공한다. 따라서 저작권 침해와는 직접 관련이 없어 보인다. 하지만 저작권 침해행위가

---

1 일반적으로 OSP보다 다소 좁은 개념으로 사용되는데, 인터넷을 통해 이용자에게 인터넷 접속, 웹사이트 호스팅, 검색엔진, 전자게시판 시스템 제공 등 각종 서비스를 제공하는 자를 지칭한다(오승종, 2016).

2 17 U.S.C.A. §512.

발생한 경우 정보전달자인 서비스제공자의 설비를 이용하여 만들어진 사이버공간이 그 토대가 되기 때문에 저작권 침해책임에서 완전히 자유로울 수 없는 입장이다(도준호, 2001). 그런 점에서 인터넷에서의 광범위한 저작권 침해행위에 대한 법적 대응에서 OSP는 중요한 책임의 주체라고 할 수 있다.

OSP는 정보공유의 중개자라는 순기능적 역할을 하지만 다른 한편으로는 저작권 침해행위의 장이나 설비제공을 하는 역기능적 역할도 한다. 따라서 OSP에게 저작권 침해책임을 물을 수 있는지, 책임을 묻는다면 그 근거는 무엇인가가 논의의 대상이 될 수 있다. 즉 인터넷 이용자의 저작권 침해에 대해 이를 매개하는 OSP에게 책임을 부과할 수 있는가의 문제가 OSP책임론이다. 이런 책임론의 근거는 공정의 원리와 효율의 원리에서 찾을 수 있다. 공정의 원리는 온라인상에서 저작물의 불법 복제는 인터넷의 익명성, 불특정다수성 등으로 인해 불법행위에 대한 책임을 질 대상이 없으며, 저작권 침해의 발생으로 OSP가 직, 간접적으로 일정한 이익을 얻기 때문에 불법행위 책임을 일정 부분 부담하는 것이 공평하다는 논리이다. 효율의 원리는 불특정다수에게 저작권 침해책임을 지우는 것보다 특정하기 쉽고, 통제와 손해배상 능력이 있는 OSP에게 책임을 부과하는 것이 효과적이라는 점이다(김용섭, 2012b; 문일환, 2012). 일반적으로 인터넷상의 게시판 등에 저작권자의 허락 없이 저작물을 올리는 등 직접적인 침해행위를 한 자는 고액의 손해배상을 감당할 수 있는 경제적 능력이 없는 개인인 경우가 많다. 그러므로 저작권 침해를 당한 자가 무수한 직접 침해자가 아닌 배상능력이 있는 서비스제공자를 상대로 손해배상청구를 하는 것이 합리적이라는 것이다.

미국에서 OSP에게 저작권 침해에 대한 손해배상책임을 지우는 형태는 직접침해와 간접침해로 나뉘고 간접침해는 다시 기여침해, 대위침해의 형태로 분류되는데, 이와 같은 침해책임이론은 판례법을 통해 형성되었다. 직접침해책임은 다른 사람의 저작물을 무단으로 복제하거나 배포하는 등의 저작권 침해행위를 직접 한 행위에 대한 책임을 의미한다. 간접침해 책임은 직접적인 침해행위를 하지 않았어도 법률상 주어지는 일정한 침해책임을 말한다. 간접침해책임 중에서도 기여침해책임은 다른 사람의 행위가 저작권을 침해한다는 사실을 인식하고 침해행위를 유인, 야기하거나 침해행위에 실질적으로 기여한 경우에 인정되는 책임이다. 대위침해책임은 다른 사람의 침해행위를 중지하거나 통제할 권리와 능력이 있으면서도 이를 행사하는 것을 거부하고 그와 같은 저작권 침해행위로부터 경제적인 이득을 취한 자에게 물을 수 있는 책임이다. 초기에는 직접침해를 인정하여 엄격하게 책임을 부과했으나, 기여침해나 대위침해책임의 유무를 신중하게 가리는 경향을 보인다.

2) 온라인서비스제공자의 저작권 침해책임 제한에 관한 입법

저작권을 실질적으로 보호하고 사전적으로 저작권 침해예방과 사후적인 책임추궁을 하는 저작권 제도의 실효성을 확보하기 위해, 저작권법에서는 직접 저작권 침해를 하지 않아도 간접침해의 주체가 될 수 있는 OSP에게 일정한 의무를 부과해서, 그 의무를 다하는 경우 저작권 침해책임을 면제해주는 방식의 입법을 취하고 있다. 미국은 1998년 디지털 환경을 반영하기 위해 개정한 DMCA에 OSP가 제공하는 서비스의 종류별로 일정한 조건에서 저작권 침해책임을 제한하는 소위 면책조항(Safe Harbor Rule)을 포함하였다. 이것의 입법취지는 OSP가 인터넷에서의 저작권 침해를 최소화하는데 협력자가 될 수 있도록 유도하고, 한편으로는 법적 안정성과 예측 가능성을 누릴 수 있도록 하는 것이다(임호, 2007; 이해완, 2015). 즉 인터넷상의 저작권 침해행위를 방지하는 과정에서 침해행위에 대한 인식이 없이 OSP가 제공하는 온라인 서비스 시스템을 통해 자동으로 이루어진 이용자의 침해행위에 대해 수동적 입장인 OSP를 저작권 침해책임에서 면책해 주기 위함이라고 볼 수 있다.

우리나라도 2003년 5월 개정된 저작권법에서 OSP의 책임제한 규정을 처음 도입하였다. OSP의 책임제한 규정을 신설한 취지는 디지털 네트워크 환경에서 인터넷을 통한 제3자의 저작권 침해시 OSP가 일정한 요건을 갖춘다면 면책받을 수 있는 범위를 명확히 하여 OSP가 안정적인 영업활동을 할 수 있는 제도적 기반을 마련하기 위함이다. 한마디로 이미 성립한 저작권 침해책임을 일정한 조건에서 감면해 주기 위한 것이다. 미국의 DMCA와 유사하게 요구 및 삭제 절차 규정을 도입하였으나, 그와 관련하여 다소 불명확한 요건의 책임감면조항만 두고 모든 유형의 OSP에게 일률적으로 규정하면서 서비스 유형별 면책요건이나 범위가 불분명했다. 결과적으로 OSP의 법적 안정성을 높이는 것이 상대적으로 미약한 편이었는데, 2006년 12월 저작권법을 개정하여 특수한 유형의 OSP의 의무조항을 신설하였다.

2011년 6월과 12월에는 한·미 FTA 이행을 위해 저작권법을 일부 개정하였다. 먼저 6월 개정에서는 OSP의 면책범위를 유형별로 세분화하기 위해 OSP를 단순도관, 캐싱, 호스팅, 정보검색과 같이 네 가지 유형으로 나누고 유형별 면책조건을 명확히 규정하였다. 그뿐만 아니라 OSP에게 저작권 침해에 해당하는 복제·전송에 대한 중단과 그에 관한 통지의무를 부과하였다. 12월 개정에서는 '반복적 저작권 침해자 계정 해지 정책실시'와 '표준적인 기술조치 수용' 요건을 추가적인 공통 면책요건으로 추가하였다.

표 12-1 ┃ OSP의 서비스 유형별 특징

유형	특징	예
단순도관 (인터넷 접속)	네트워크와 네트워크 간 통신을 하기 위해 서버까지 경로를 설정하고 이를 연결해주는 서비스로, 콘텐츠 내용의 수정 없이 자동적·중개적·일시적으로 저장하는 서비스	KT, SK브로드밴드, LG유플러스 등
캐싱	OSP가 중앙 서버에 별도로 구축된 캐시서버에 일정한 콘텐츠를 자동적으로 임시 저장해서, 이용자들이 효율적으로 접근해서 캐시서버를 통해 해당 콘텐츠를 이용하도록 하는 서비스	
호스팅 (저장)	카페, 블로그, 웹하드 등 일정한 콘텐츠를 OSP의 컴퓨터의 하드디스크나 서버에 저장해서 사용할 수 있게 하는 서비스	인터넷 게시판 등
정보검색	정보검색도구를 통하여 인터넷에서 정보를 검색해서 제공해주는 서비스	네이버, 구글 등

출처: 김용섭, 2012b; 오승종, 2016

OSP의 저작권 침해책임을 제한하는 규정 중에서 저작권법 제102조에서 규정하는 OSP의 서비스 유형별 면책요건을 살펴보면, 캐싱 서비스를 하는 OSP의 면책요건이 가장 많은 것을 볼 수 있다. 먼저 단순도관으로 부르는 인터넷접속서비스는 OSP가 저작물의 송신을 시작하지 않거나, 저작물과 수신자를 선택하지 않거나, 반복 침해자의 계정해지 방침을 채택해서 이행하거나, 표준적 기술조치를 수용하고 방해하지 않았다면 저작권 침해책임을 지지 않아도 된다. 캐싱 서비스를 하는 OSP는 단순도관 서비스의 면책요건을 모두 갖추거나, 저작물 등을 수정하지 않거나, 저작물 접근조건을 준수한 이용자에게만 임시 저장된 저작물에 접근을 허용하거나, 복제·전송자가 명시한 저작물 등의 현행화에 관한 규칙을 지키거나, 저작물 이용정보를 얻기 위해 업계에서 인정한 기술사용을 방해하지 않거나, 본래의 사이트에서 삭제되었거나 접근할 수 없게 된 저작물 등을 즉시 삭제하거나 접근할 수 없게 한다면, 저작권 침해책임을 면할 수 있다.

표 12-2 ┃ OSP의 서비스 유형별 면책요건

유형	면책요건
단순도관 (인터넷접속)	• 저작물의 송신을 시작하지 않을 것 • 저작물과 수신자를 선택하지 않을 것 • 반복 침해자의 계정해지를 채택, 이행할 것 • 표준적 기술조치를 수용, 방해하지 않을 것
캐싱	• 위의 단순도관 서비스의 요건을 모두 갖출 것 • 저작물 접근조건을 충족한 이용자에게만 캐싱 저작물 접근을 허용할 것 • 저작물 등의 현행화에 관한 규칙을 준수할 것 • 저작물 이용정보를 얻기 위해 업계에서 인정되는 기술사용을 방해하지 않을 것 • 본래의 사이트에 접근할 수 없는 저작물에 접근할 수 없도록 조치를 취할 것
호스팅 (저장)	• 위의 단순도관 서비스의 요건을 모두 갖출 것 • 침해행위를 통제할 권한 및 능력이 있는 경우 그 침해행위로부터 직접적인 금전적 이익을 얻지 않을 것 • 침해행위를 인식한 경우 해당 저작물의 복제·전송을 중단시킬 것 • 복제·전송 중단 요구 대상자를 지정하여 공지할 것
검색도구	• 저작물의 송신을 시작하지 않을 것 • 침해행위를 통제할 권한 및 능력이 있는 경우 그 침해행위로부터 직접적인 금전적 이익을 얻지 않을 것 • 침해행위를 인식한 경우 해당 저작물의 복제·전송을 중단시킬 것 • 복제·전송 중단 요구 대상자를 지정하여 공지할 것

출처: 오승종, 2016; 이해완, 2015

호스팅 서비스를 하는 OSP는 단순도관 서비스의 면책요건을 모두 갖추거나, 저작권 침해행위를 통제할 권한과 능력이 있는 경우 그 침해행위로부터 직접적인 금전적 이익을 얻지 않거나, 침해행위를 인식한 경우 해당 저작물의 복제·전송을 중단시키거나, 복제·전송 중단 요구 대상자를 지정하여 공지한 경우 저작권 침해 책임을 지지 않는다. 마지막으로 검색도구 서비스를 하는 OSP는 저작물의 송신을 시작하지 않거나, 저작권 침해행위를 통제할 권한과 능력이 있는 경우 그 침해 행위로부터 직접적인 금전적 이익을 얻지 않거나, 침해행위를 인식한 경우 해당 저작물의 복제·전송을 중단시키거나, 복제·전송 중단 요구 대상자를 지정하여 공지한 경우 저작권 침해책임을 면제받는다. 이와 같은 OSP의 서비스 유형별 면 책요건은 인터넷에서의 저작권 침해를 최소화하거나 방지하고 서비스를 보다 안 정적으로 제공할 수 있다는 점에서 의미가 크다.

그 외의 침해책임 면책조건으로는 OSP가 저작물이나 실연·음반·방송 또는 데이터베이스의 복제·전송과 관련된 서비스의 제공과 관련하여 다른 사람의 저 작권 침해사실을 알고 복제·전송을 중단시키거나 그와 같은 불법행위를 차단하 려고 노력했으나 기술적으로 불가능한 경우 그 책임을 면제받을 수 있다.

OSP의 의무조항과 관련해서는 저작물의 복제·전송으로 인해 저작권 침해를 주장하는 자가 OSP에게 복제·전송의 중단을 요구받은 경우, OSP는 그와 같은 복제·전송을 즉시 중단시키고 권리침해 주장자와 복제·전송자에게 중단을 통지 할 의무가 있다. 하지만 저작권 침해행위가 발생했는지를 모니터링하거나 적극적 으로 조사할 의무는 없다. 서비스 유형별로 중단사실 통지의무에서 차이가 나는 데, 인터넷 접속만을 제공하므로 침해주장의 통지를 받아 처리할 수 없는 단순도 관 서비스사업자는 권리주장자와 복제·전송자 모두에게 통보할 의무가 없다. 이 에 비해 캐싱 서비스사업자는 지워진 자료가 캐시서버에 그대로 있는 것을 삭제 해달라는 것이므로 권리주장자에게만 통보하면 되고, 해당 자료를 삭제하거나 접 근을 금지할 수 있는 호스팅과 정보검색 서비스사업자는 권리주장자와 복제·전 송자 모두에게 통보할 의무가 있다.

또 특수한 유형의 OSP의 의무조항에 따라, 이용자 상호 간에 컴퓨터 등을 이 용하여 저작물 등을 전송하는 것을 주목적으로 하는 P2P나 웹하드 서비스 등의 특수한 유형의 서비스를 하는 OSP는 권리자가 요청할 경우 해당 저작물의 불법 전송을 차단하는 기술보호 조치를 이행할 의무가 있다. 특수한 유형의 OSP는 다 른 사람들 상호 간에 컴퓨터를 이용하여 저작물 등을 전송하도록 하는 것을 주목적으로 하므로 저작권 침해행위가 상대적으로 많이 발생할 가능성이 있으므로 일종의 가중된 의무를 부과하기 위한 취지로 풀이할 수 있다. 그런가 하면 3회 이상 반복적으로 침해행위를 한 이용자의 인터넷 계정을 정지시켜야 하며, 저작물 등을 식별하고 보호하기 위해 OSP와 권리자가 협의해서 정한 표준적인 기술조치를 수용하고 방해하지 않아야 한다. 하지만 불법복제물을 전송한 자가 경고를 3회 이상 받은 경우 해당 복제·전송자의 계정을 문화체육관광부장관이 명할 수 있도록 하는 소위 삼진아웃제는 인터넷 계정을 행정기관이 임의로 제한함으로써 인터넷 이용에 대한 감시와 통제가 심해질 수 있고, 프라이버시 침해가 될 수 있다는 점 등을 이유로 비판을 받기도 했다.

② 인터넷 검색엔진 서비스의 공공성과 저작권

디지털 도구들이 정보사회에 편재됨에 따라 누구든지 컴퓨터를 사용하여 저작물을 재사용, 재창작하고, 이렇게 변형된 저작물을 인터넷으로 배포해서 또 다른 이용과 창작을 하는 것이 가능해졌다. 이런 현상은 전통적인 커뮤니케이션과 창작의 형식을 변화시킬 뿐 아니라 저작권법의 의미까지 변화시키고 있다(Wong, 2009). 디지털 기술로 인해 등장한 인터넷 검색엔진 역시 색인을 붙이는 웹 페이지에 적어도 데이터 일부분을 복제해야 하는 서비스의 성격상 중요한 저작권 이슈를 야기한다.

1) 검색엔진의 개념과 특성

인터넷 이용자가 필요하고 유익한 정보를 선별해서 구분하는 도구인 검색엔진 서비스는 일상생활에서 이미 필수 불가결한 서비스로 자리 잡았다. 국내의 대표적인 검색엔진으로는 네이버, 다음, 네이트 등이 있고 외국 검색엔진으로는 구글, 빙(bing), 야후 등이 있다. 인터넷 검색엔진이란 웹상의 다양한 정보와 관련하여 이용자가 입력한 일정한 조건에 따라 정보를 검색해서 표시하는 시스템 또는 서비스를 가리킨다. 한마디로 인터넷상의 방대한 자료 중에서 필요로 하는 적절한 정보를 순식간에 쉽게 찾을 수 있도록 도와주는 소프트웨어를 의미한다. 이것은 인터넷에 저장된 정보를 찾는 것을 돕기 위해 설계된 정보검색 시스템으로, 정보를 찾는 시간을 최소화시켜주는 기능을 한다. 좀 더 전문적으로는 특정 데이터 세트에 대한 일정한 조건을 부여하고 그 속에서 적절한 데이터 세트를 골라내는 알고리즘을 설치한 프로그램을 말한다. 하지만 일반적으로 인터넷에 존재하는 정보를 검색하는 기능을 제공하는 서버나 시스템을 총칭하는 의미로 사용된다(김정완, 2011).

검색엔진은 주기적으로 웹 공간에 존재하는 문서를 수집하여 인덱싱할 수 있도록 도와주는 검색로봇(search robot), 검색로봇이 모아준 문서를 데이터베이스에 저장하는 작업을 하는 인덱스(index), 사용자가 질문한 검색어를 입력으로 받아서 인덱스를 참조하여 검색결과를 출력해 주는 질의 서버(query server)의 요소로 구성된다(최중민, 2000). 검색엔진의 능력은 검색어와 데이터 간의 관련성을 기준으로 결정된다. 검색된 수많은 웹페이지 중 더 많은 연관성이 있는 페이지가 존재하는데, 검색엔진은 가장 연관성이 높은 결과를 우선순위로 둔다. 검색방법으로는 사용자가 검색어를 직접 입력하는 검색과 검색엔진이 제시한 몇 가지 항목들 가운데 사용자가 원하는 항목을 선택하는 방식으로 범위를 좁혀가는 카테고리 검색이 있다. 검색엔진의 사용결과는 색출된 정보 내용을 요약해서 간단하게 표시한 목록의 형태로 제시되므로, 여러 검색결과에서 이용자에게 적절한 정보를 선택할 수 있어서 이용자의 편리성이 증대되고 있다. 검색된 정보의 유형은 문서는 물론이고 웹페이지, 이미지, 동영상, 뉴스, 지도 등의 형태로 제공된다.

대부분 인터넷 이용자는 네이버나 다음, 구글과 같은 포털 사업자의 홈페이지를 통해 검색서비스를 이용한다. 그런데 이와 같은 포털 사업자가 제공하는 검색엔진은 인터넷에 올라있는 전 세계 웹페이지들을 대상으로 검색을 수행하므로, 그 과정에서 검색되는 웹페이지의 저작권자로부터 일일이 허락을 받는 것이 사실상 불가능하다. 따라서 포털 사업자와 검색 대상이 되는 웹페이지나 웹페이지에 게재된 콘텐츠의 저작권자 사이의 이해관계를 어떻게 조절할 것인지가 문제이다(오승종, 2016). 즉 검색엔진은 인터넷 이용자에게는 정보검색 및 정보획득의 도구로 사용되지만, 검색서비스를 제공하고 사용하는 과정에서도 역시 저작권이 중요한 이슈이다.

2) 검색엔진 서비스 관련 판결성향

이용자가 인터넷에 비체계적으로 산재한 방대하고 다양한 정보 중에서 자신이 원하는 정보를 쉽고 빠르게 찾아가기 위해서는 반드시 검색도구가 필요하다. 그러므로 정보 이용자의 편의성을 높여주고 공중이 정보에 접근하는 기회를 증대시킨다는 점에서 검색서비스의 공공성이 인정된다. 이와 같은 공공성은 검색엔진 서비스의 저작권 침해를 판단할 때 중요하게 고려될 수 있다.

(1) 국내 검색엔진 서비스 판결 사례

국내 포털사이트가 제공하는 검색서비스를 이용한 이미지 검색서비스와 이미지 상세보기 서비스의 저작권 침해가 문제가 되었던 사건에서, 하급심과 대법원의 판결이 서로 엇갈렸다. 이 사건은 2005년 사진작가가 프리챌, 야후코리아, NHN 등 포털사이트가 인터넷상에 올려놓은 자신의 사진작품들을 이미지 검색서비스를 통해 불특정다수가 볼 수 있도록 무단 제공하여 저작권을 침해했다며 소송을 제기한 사건이다. 1심에서는 포털사이트가 제공한 썸네일(축소) 사진이 이용자의 검색을 용이하게 해주는 공적 기능을 지니고 있고 원본과는 차이가 큰 점 등을 고려할 때, 직접적인 저작권 침해로 보기 어렵다고 판시하였다. 그러나 2심3은 포털사이트 회원이 게시판에 올린 이미지가 저작권을 침해한 것인지 조사하지 않고, 네티즌이 사진을 검색해서 소형 이미지를 선택하면 상세사진을 볼 수 있도록 한 포털사이트의 서비스 행위가 복제권, 전시권, 공중송신권을 침해하였다는 판결을 내렸다.

이에 대해 대법원4은 저작권 침해를 인정하지 않았다. 판결의 근거는 포털 사업자가 불법행위 책임을 부담하기 위해서는 원래의 사진 이미지나 상세보기 이미지 크기로 축소, 변환한 이미지를 회원들에게 할당한 공간과 별도로 포털 사업

3 서울고등법원 2009. 8. 27. 선고 2009나21043 판결.
4 대법원 2010. 3. 11. 선고 2009다76256 판결.

자가 직접 관리하는 서버 등의 유형물에 저장하고 있었다는 증거가 있어야 하지
만, 이를 인정할만한 직접적인 증거가 없다는 점이다. 또 썸네일 이미지 목록과
함께 원본 이미지가 저장된 웹페이지를 연결하는 방식으로 이미지 검색서비스를
제공했다는 사실만으로는 저작권 침해로 볼 수 없다고 판단하였다. 해상도가 높
은 이미지를 제공하는 '상세보기' 서비스에 대해서도 피고가 상세보기 크기로 변
환한 이미지를 직접 저장, 관리하고 있음을 전제로 저작권 침해를 인정한 원심이
위법이라면서, 저작권 침해를 인정하지 않았다. 포털사이트가 이미지를 별도로 저
장, 관리하고 있기 때문이 아니라, 웹브라우저의 기능상 특정 웹페이지의 이미지
를 미리 볼 수 있도록 한 서비스의 편의성과 정보에 대한 접근을 가능하게 해주
는 공공성을 근거로, 포털사이트에 저작권 침해책임을 묻지 않은 것이다.

(2) 미국의 검색엔진 서비스 판결성향[5]

미국에서 검색엔진 서비스와 저작권의 충돌 사례로 Kelly 판결(2003)[6]과
Perfect10 판결(2007)[7]이 있다. 인터넷 검색서비스가 수많은 정보에 대한 이용자의
접근력 향상이란 이용목적을 가진다는 점에서 변형적 이용이라고 판단한 Kelly
판결과 Perfect10 판결은 인터넷 검색엔진을 통해 이미지를 썸네일로 축소복제하
고 전시한 행위를 다루었다는 점에서 공통점을 가진다. Perfect10 판결 시기가
Kelly 판결이 있었던 시기에 비해 인터넷 검색엔진의 보급과 정교화에 상당한 변
화가 있음에도 불구하고, 두 판결에서 연방항소법원은 같은 입장이었다. 검색엔진
의 썸네일 이용목적이 원저작물과 완전히 다른 인터넷상의 정보에 대한 접근성
향상이란 기능을 한다는 점에서 원저작물의 목표를 대체하지 않기 때문에 변형적
이용이며, 따라서 공정이용이라고 판시한 것이다.[8] 이것은 혁신기술을 사용하여

---

5 일부 내용은 조연하의 연구(2010) "디지털 미디어 저작권 판례에서의 변형적 기준의 적
   용: 미국 연방항소법원의 기능론적 접근 사례를 중심으로"에서 발췌하여 재정리하였음.
6 Kelly v. Arriba Soft Corp. 336 F.3d 811 (9th Cir. 2003).
7 Perfect 10 v. Amazon.com, Inc., 508 F. 3d 1146 (9th Cir. 2007).
8 이것은 소니사건의 항소심에서 연방항소법원이 저작권법상의 공정이용 범위에 편의성,
   엔터테인먼트, 그리고 접근력 향상이란 이용목적이 포함되어 있지 않다고 강조한 것과
   상반된 주장이라고 풀이할 수 있다.

저작물을 자유롭게 이용하는 것이 정보와 창의적 표현에 대한 공중의 접근성을 향상함으로써 저작권 본래의 목적에 부합된다는 논리를 토대로 한다. 즉 정보 확산이란 공익적 목적에 기여하는 정도에 초점을 둔 것이다. 이와 같은 판결은 2차적 이용의 목적이 원저작물의 목적과 다른지를 분석하는 기능론적 접근의 결과이다. 하지만 이런 판결 논리는 새로운 것의 추가를 통한 사회적 혜택이란 레벌 판사의 변형적 이용 판단기준을 엄격하게 적용하지 않았음은 물론이고, Campbell 판결9에서 연방대법원이 정교화시킨 변형적 이용 개념을 그대로 수용하지 않았음을 의미한다.

Campbell 판결에서는 원곡의 2차적 이용이 새로운 표현, 의미 또는 메시지를 추가하기 때문에 원저작물의 목표를 대신하지 않는다는 논리로 변형적 이용이라는 결론을 내렸다. 이러한 Campbell 판결 논리에 따르면 새로운 표현과 의미를 추가한 창작을 포함하지 않는 2차적 이용은 변형적 이용이 아니다. 따라서 기능성을 위해 고안된 웹페이지에서 저작물의 축소복제를 단순히 재포장하는 검색엔진 서비스는 공중의 이해를 증진하는 새로운 논평을 제공하지 않으므로, 연방대법원이 설명하고 있는 변형적 이용에 포함되지 않는다. 결국은 변형적 이용 개념이 Campbell 판결에서는 변형적 저작물의 창작을 의미하는 것이지만, 검색엔진 서비스 판결에서는 이용목적의 변형성을 의미함으로써, 변형적 이용 기준을 적용하는데 두 판결과 Campbell 판결 간에 큰 차이를 보였다.

한편 Kelly 판결과 Perfect10 판결은 이용의 목적 및 성격 요인에서 변형적 이용을 중요시 한 점 외에도, 다른 공정이용 판단요인의 분석에 크게 비중을 두지 않았다는 점에서도 공통점을 보인다. 일단 2차적 이용이 변형적이라고 판단되면 나머지 요인의 분석에서도 공정이용 쪽으로 판단하는 경향을 보였다. 또 이용의 목적 및 성격 분석에서도 새로운 저작물이 변형적일수록 상업성과 같은 다른 요인의 중요도가 떨어진다는 Campbell 판결 논리에 기초하여, 상업성을 결정적인 요인으로 보지 않았다. 이에 대해 연방항소법원이 변형적 이용이란 색유리를 통해서 공정이용을 분석하고 있다는 비판(Williams, 2007)도 있다. 이것은 전통적인 공정이용 분석에서 벗어난 접근으로 변형적 이용과 공정이용 판결을 위해 한 단

---

9 Campbell v. Acuff−Rose Music, Inc., 114 S.Ct 1164(1994).

계 퇴보한 것이라는 해석도 있다. 하지만 한편으로는 이러한 이탈이 중요한 법리
상의 전환을 마련하는 계기가 될 수도 있다는 점에서 주목할 필요가 있다.

변형적 이용 기준은 비록 미국 저작권법의 공정이용 조항에 명시되지 않고
있으나, Campbell 판결 이후 공정이용 분석에서 첫 번째 판단요인인 이용의 목적
및 성격 측면에서 중요하게 취급되었으며, 입법 그 자체만큼 근본적인 것이 되고
있다(Heymann, 2008; Lape, 1995). Kelly 판결과 Perfect10 판결은 변형적 이용의
판단에서 기존의 Campbell 판결 논리에서 벗어나 이용목적의 차이에 주목한 기
능론적인 접근을 했다는 점에서 차별성을 띤다. 이러한 접근은 인터넷상의 정보
에 대한 접근향상이란 이용목적이 저작권법 본래의 목적에 부합된다고 보고, 그
런 기능수행에 필요한 것을 적극적으로 수용하고 장려한다는 점에서 의의를 지닌
다. 그뿐만 아니라 Campbell 판결에서 주장한 변형적 이용 기준과 비교할 때, 변
형적 이용으로 보호받을 수 있는 범위를 확대하고 궁극적으로는 공정이용의 범위
를 확대하는 효과가 있다는 점에서 긍정적으로 평가된다.

반대로 기능론적인 접근에 대해 비판적인 시각에서는, 연방항소법원이 검색
엔진 판결에서 창의적인 변형보다 공익을 강조한 것은 Sony 판결(1984) 이전으로
돌아간 것으로서, 공정이용 분석에서 결정적인 요인으로 '변형적 이용' 기준보다
는 공익을 강조한 초기의 '생산적 이용' 기준에 의존한 것이라고 주장하였다
(Olson, 2009). 또 이런 접근은 공중에게 이익을 주는 저작물의 2차적 이용은 모두
변형적 이용이고, 따라서 공정이용의 보호를 받을 수 있는 우려를 낳을 수 있다는
것이다. 레벌 판사가 Texaco 판결(1992)[10]에서 '생산적'이란 용어가 사회적으로
유용한 복제를 모두 포함하는 인상을 줄 우려가 있다는 점에서 바람직한 용어가
아니라고 설명하였던 것도 같은 맥락에서 이해할 수 있다. 또 Kelly 판결과
Perfect10 판결에서 변형적 이용을 적용한 방식에 대해서도 비판적으로 보는 시각
이 있다. 올슨(Olson, 2009)은 원하는 결과를 도출하기 위해 이용목적의 차이를 변
형적 이용과 같다고 본 점을 지적했으며, 윌리엄즈(Williams, 2007)는 판결을 정당
화시키기 위해 변형적이란 용어를 공정이란 용어와 동의어로 변형시켜 사용함으
로써 용어 본래의 의미를 왜곡시켰다고 비판하였다.

---

10 American Geophysical Union v. Texaco, 802 F. Supp. 1, 11 (S.D.N.Y. 1992).

정리하면, 두 판결은 변형적 이용 개념을 넓게 해석해서 공정이용의 보호범
위를 확대한다는 점에서 함의를 찾을 수 있다. 특히 저작물의 자유로운 유통에 이
바지하는 디지털 기술의 혁신을 장려하고 디지털 기술을 제한해서 발생하는 위축
효과를 방지했다는 점에서 긍정적인 측면을 가진다. 반면 단지 기존의 저작물에
대한 접근향상을 목적으로 저작권자의 허락을 받지 않고 복제하기 위해 기술혁신
을 이용하는 것은 저작권의 핵심 전제에 도전하는 것이며, 저작권 보호영역이 축
소되는 결과를 초래하는데, 이런 점이 기능론적 접근의 한계라고 할 수 있다.

한편 Kelly 판결과 Perfect10 판결과 달리, Bill Graham Archives 판결(200
6)[11]에서는 Campbell 판결처럼 새로운 저작물의 창작에 비중을 두었다. 유명한
그룹에 대한 전기물에 유명 그룹의 콘서트 포스터 이미지를 축소 복제해서 그림
에 이용한 행위에 대해, 제2 연방항소법원은 축소된 이미지가 역사적 사건에 대
한 전기적 논평의 가치와 효과를 높이고 이미지를 창의적으로 배치했다는 점을
근거로 변형적 이용이라고 판단하였다. 즉 원저작물의 이미지 축소라는 동일 행
위에 대해 Kelly 판결은 이용목적의 차이를 강조했던 반면, Bill Graham Archives
판결은 내용상의 변형을 통해 저작물의 표현적 목적이 달라졌다는 점을 강조했
다. 또 유명 화가가 패션 사진작가의 사진을 컴퓨터로 스캔하여 자신의 콜라쥬 작
품에 이용한 사건을 다룬 Blanch 판결(2006)[12]에서도 제2 연방항소법원은 원저작
물을 단순히 재포장하기보다는 매스미디어의 사회적, 미적 영향력에 대한 화가의
논평을 위한 소재로 사용하였다는 점에서 변형적 이용이라고 보았다. 동 판결은
공중의 인식을 넓히는 견해나 해석을 전달하는 새 저작물을 창작하기 위해 원저
작물을 재료로 사용할 수 있는 예술의 자유를 강조했다는 점에서 의미를 찾을 수
있다.

이처럼 제2 연방항소법원은 원저작물과 다른 목적으로 새로운 무엇인가를 추
가해서 새로운 표현과 의미를 지닌 저작물로 개변시키는 개념인 Campbell 판결
의 변형적 이용 기준을 적용한 반면, Kelly 판결이나 Perfect10 판결에서 제9 연
방항소법원은 변형적 이용의 의미를 광범위하게 확대해석하지 않았다. 두 연방항

---

11 Bill Graham Archives v. Dorling Kindersley Ltd., 448 F.3d 605 (2d Cir. 2006).
12 Blanch v. Koons, 467 F.3d 244 (2d Cir. 2006).

소법원이 변형적 이용의 판단에서 서로 다른 관점을 취했던 경향을 보인다.

▶ Kelly 판결(2003)

사실관계

웹사이트상의 이미지 색인 서비스를 제공하는 검색엔진 아리바 소프트(Arriba Soft)가 사진작가 켈리의 사진저작물을 복제하여 소형 이미지인 썸네일로 제공한 행위가 공정이용인지가 문제가 되었던 사건이다.

판시사항

1심(1999)[13]에서는 원저작물인 켈리의 사진저작물의 목적과 썸네일 제공행위인 2차적 이용목적이 다르다는 점에서 아리바 소프트의 복제가 변형적 이용이라고 보았다. 2심(2003)에서 제9 연방항소법원[14]도 썸네일 제공행위를 공정이용으로 판단하였다.

판결논리

공정이용 판단에서 제9 연방항소법원은 이용의 목적 및 성격을 중점적으로 분석하였는데, 상업성과 변형성으로 나누어 분석하였다. 먼저 아리바 소프트가 웹사이트 판촉이나 수익창출을 의도로 켈리의 사진을 사용하지 않았기 때문에 상업성의 정도가 미미하다고 판단하였다. 변형적 이용 판단에서는 사진저작물 이용이 원저작물의 목적을 단순히 대신했는지 아니면 다른 이용목적을 추가했는지에 초점을 맞추었다. 우선 아리바 소프트가 사진 이미지를 복제했어도, 썸네일은 원본 사진 이미지보다 훨씬 크기가 작고 해상도도 떨어지므로 기능 자체가 완전히 다르다고 보았다. 그리고 켈리의 사진은 정보와 미적 경험의 제공을 의도로 한 예술저작물로서 예술적 표현의 기능을 하는데 비해, 아리바 소프트의 썸네일은 미적인 목적과 관련성이 없을 뿐 아니라 검색엔진은 색인 작업을 도와주고 인터넷상의 이미지와 관련 웹사이트의 이미지에 대한 접근성을 향상시키는 기능을 한다고 보고, 새로운 이용목적을 부가했다는 점에서 변형적 이용이라고 해석하였다.

---

13 Kelly v. Arriba Soft Corp. 77 F. Supp. 2d 1116 (C.D. Cal. 1999).
14 Kelly v. Arriba Soft Corp. 336 F.3d 811 (9th Cir. 2003).

　나머지 공정이용 판단 요인에 대해서는 연방항소법원이 상당히 적은 비중을 두었다. 저작물 성격의 경우, 사진저작물이 검색엔진에서 사용되기 이전에 이미 인터넷에서 공표된 저작물이기는 해도 공정이용 보호의 정도가 더 큰 예술창작물이라는 점을 동시에 고려할 때, 켈리 쪽이 조금 더 유리하다고 보았다. 하지만 이용된 부분의 양과 질의 경우, 비록 사진 이미지 전체를 복제했다 해도 검색 목적의 썸네일을 만드는데 필요한 복제라는 점에 주목하였다. 마지막으로 경제적 효과에 대해서는 Campbell 판결(1994)에 근거하여 썸네일 형태의 이미지 이용은 켈리의 원 사진저작물 시장에 실질적인 경제적 피해를 주지 않고 오히려 켈리 웹사이트의 이용을 유도하는 효과가 있다는 점과 썸네일이 확대되면 해상도가 떨어지므로 전체 크기의 이미지를 대체하지 않는다고 설명하였다. 즉 대체효과가 없다는 것이다. 연방항소법원은 이렇게 네 가지 요인의 전체적인 균형을 고려해서, 사진저작물을 복제하여 썸네일로 제공한 행위가 공정이용이라고 판시하였다.

　판결의 함의

　Kelly 판결은 인터넷 검색엔진이라는 새로운 기술이 등장하기 시작했던 초기의 판례(Olson, 2009)로, Campbell 판결의 변형적 이용에 관한 정의와 의미를 그대로 수용하지 않았던 것이 특징이다. Campbell 판결에서는 패러디와 원곡이 오락적 목적의 예술저작물이기는 해도, 패러디의 주목적이 논평과 비평이므로 원저작물과 목적이 다르지만, 그와 같은 이용목적의 변형이 변형적 이용의 결정요인이 되었던 것은 아니었다. 대신 원저작물을 "재료"로 사용하여 변형시킴으로써 패러디라는 새로운 저작물을 만들었고, 패러디가 공정이용의 첫 번째 요인을 통과하는 논평, 비평에 해당한다는 점에 주목하였다. 그리고 이와 같은 변형적 저작물 창작이 과학과 예술 발전이란 저작권법 본래의 목적을 증진한다는 것이 연방대법원의 판결논리였다. 따라서 Kelly 사건과 같이 기능적으로 고안된 웹페이지에서의 저작물 복제를 단순히 재포장하는 것은 공중의 이해를 향상시키는 새로운 논평을 제공하지 않으므로, 변형적 저작물에 대한 연방대법원의 정의 범위에 포함되지 않는다.

　Kelly 판결에서는 변형적 이용에 대해 원저작물에 새로운 의미, 가치를 추가할 것을 강조한 Campbell 판결의 논리보다는 이용목적의 차별성에 의존하여 변형적 이용 개념을 해석하였다. 소위 "기능 차별성(functionality distinction)"에 기초한 접근방식을 취한 것이다. 이처럼 Kelly 판결에서 연방항소법원이 변형적 이용을 기능 중심으로 판단한 것은 변형적 이용과 이용목적의 변형이 동일하다고 본 것이며, 이것이 공정이용 다른 판단요인들을 덜 중요하게 고려하도록 만들었다(Olson, 2009). 실제로 동 판결에서는 변형적 이용 분석에 이어 다른 세 가지 요인의 분석에 크게 비중을 두지 않았다. 즉 이미 출판된 저작물은 출판되지 않은 저작물에 비해 저작권 보호를 받는 정도가 약하며, 사진 전체를 복제하는 것은 이용목적을 고려할 때 불가피하며, 검색엔진이 사진작가의 웹 페이지로 소비자들을 안내할 수 있으므로 사진 시장이 오히려 이익을 볼 수 있다는 정도로만 판단하는 것에 그쳤다. 그러나 Campbell 판결에서처럼 저작권자의 창작 인센티브를 빼앗아서 저작권의 전제를 위태롭게 하는지를 판단하기 위해 나머지 공정이용 요인들도 신중하게 고려할 필요가 있다.

그럼에도 불구하고 Kelly 판결은 비록 변형적 이용을 중요시했던 Campbell 판결의 논리에 전적으로 의존하지 않았지만, 온라인 저작물에 대한 접근성 향상이라는 검색엔진의 기능도 저작권법의 목적에 부합된다는 점에서 의미가 있다. 아리바 소프트의 썸네일은 인터넷상의 정보수집 기술을 향상함으로써 공중에게 혜택을 주고 저작권법의 목표를 증진시킨다는 점에서 공정이용이라는 것이다. 또 검색엔진과 같은 새로운 기술에 순응하려던 시기에 발생한 판결이므로, 공정이용이 아니라고 판시했을 경우 온라인 기술혁신에 위축 효과를 줄 수 있다는 점을 고려할 때, 새로운 기술발전을 장려하는 역할을 했다는 점에서 의의를 찾을 수 있다.

▶ Perfect10 판결(2007)

<u>사실관계</u>

Kelly 판결과 마찬가지로 썸네일 이미지가 문제가 되었던 사건으로, 구글이 성인 웹사이트인 퍼펙트10의 이미지를 썸네일로 축소해서 자신의 검색엔진에 전시한 행위가 저작권 침해인지가 주요 법적 이슈였다. Kelly 사건과 차이점이 있다면, 퍼펙트10은 가입이 필요한 웹사이트이고 구글 검색엔진이 썸네일로 복제한 이미지는 퍼펙트10이 아닌 제3의 웹사이트 이미지라는 점이다. 또 퍼펙트10은 자체적인 이미지의 썸네일 버전 시장을 가지고 있으며, 구글은 아리바 소프트보다 상업적인 속성이 더 강한 검색엔진을 만들 수 있는 광고 프로그램을 개발하였다는 점에서 차이를 보였다. 구글은 퍼펙트10의 전면 크기 이미지를 전시하지 않고 썸네일 버전만을 전시하였고, 출처 사이트와 링크를 제공하였다.

판시사항

1심(2006)[15]에서는 아리바 소프트에 비해 상업성의 정도가 더 크고 구글의 퍼펙트10의 썸네일 이미지 사용이 이중적인 이용목적이라는 점에 비중을 더 두면서, 공정이용이 아닌 쪽에 가깝다는 판결을 내렸다. 하지만 2심[16]에서는 구글 검색엔진이 퍼펙트10의 이미지를 다른 목적으로 "새롭게 다른 상황"에서 사용한다는 점에서 변형적 이용이라는 점에 주목하고 공정이용으로 판시하였다.

판결의 근거 및 함의

1심(2006)에서 법원은 Kelly 판결과 마찬가지로 구글의 2차적 이용의 상업성에 먼저 주목하였다. 구글이 자사 후원의 광고로 상업적 이익을 얻고 있으므로, 저작물의 썸네일 버전 이용은 Kelly사건의 아리바 소프트에 비해 상업성의 정도가 훨씬 크다고 보았다. 구글의 썸네일이 구글에 수익을 발생시켜주는 사이트로 이용자들을 유도하고 있으므로, 제3의 사이트에 가능하면 많이 링크시키려는 인센티브를 가진다는 것이 법원의 해석이었다. 이어서 변형적 이용에 관한 판단에서 법원은 구글의 이미지 검색이 공중에게 커다란 가치를 제공한다고 보면서 2차적 이용의 공익성 여부에 부분적으로 의존하였다. 그리고 2차적 이용이 단순히 원저작물의 목적을 대신하는 "소비적" 이용과 대비시키면서 설명하였다. 즉 퍼펙트10의 사진은 이용목적이 오락과 일부 미적 경험의 제공인 반면, 구글은 정보에 대한 접근성을 높여주는 것이라고 보았다. 이에 근거하여 법원은 구글의 썸네일 이용이 퍼펙트10의 전면 크기 이미지를 대체하지 않으며, 공중에게 커다란 가치를 제공한다는 점에서 변형적 이용이라고 해석하였다. 반면 퍼펙트10 자체의 썸네일 이미지는 정보에 대한 접근성 향상과 엔터테인먼트라는 "소비적인" 목적을 동시에 가진다고 보고, 이용자들이 썸네일을 무료로 휴대전화로 다운로드 해서 저장함으로써 퍼펙트10의 이미지 이용을 대신할 수 있다는 점에서 변형적 이용이 아니라고 해석하였다.

그러나 2심에서 제9 연방항소법원은 1심 판결을 부분적 인정, 부분적으로 반대하였다. 공정이용 분석에서 연방항소법원은 변형적 이용에 대해 레벌 판사나 Campbell 판결의 개념을 인용하기는 했지만, 실제 분석에서는 이용목적에 기초한 분석에 의

---

15 Perfect 10 v. Google, Inc., 416 F. Supp. 2d 828 (C.D.Cal. 2006).
16 Perfect 10 v. Amazon.com, Inc., 508 F. 3d 1146 (9th Cir. 2007).

존하였다. 즉 퍼펙트10의 성인 콘텐츠 이미지가 엔터테인먼트, 미적 경험, 정보적 기능의 목적으로 만들어졌다 해도, 검색엔진은 그런 이미지를 이용자에 대한 정보원 안내 표시로 변형시킨다고 보았다. 그리고 Campbell 판결에서 패러디가 기존 저작물을 기초로 새로운 저작물을 창작함으로써 사회적 이익을 제공하므로 변형적 가치가 있다고 본 것과 마찬가지로, 검색엔진도 원저작물을 새로운 저작물, 즉 전자 지시도구(reference tool)와 통합함으로써 사회적 이익을 제공하며, 패러디가 원저작물과 같은 목적을 가질 수 있는 반면 검색엔진은 원저작물과 완전히 새로운 이용을 제공하기 때문에 더 변형적일 수 있다고 해석하였다. 하지만 연방항소법원은 저작권과 공정이용의 관점에서 볼 때, 이미지를 새로운 창작물의 부분으로 변형시키는 것과 이미지를 검색엔진과 같은 기계적인 색인도구로 통합시키는 것이 서로 다르다는 점을 인식하지 못했다.

이 사건에서 퍼펙트10의 사진 저작권자는 휴대전화 사용을 목적으로 사진 이미지의 썸네일 버전을 판매하였다. 휴대폰 다운로드 용도의 퍼펙트10 자체의 썸네일 이용에 대해 연방항소법원은 검색엔진 이용자들이 퍼펙트10 자체의 썸네일 이미지를 다운로드 했다는 증거가 없다는 점, 구글 검색엔진의 공익적 기능이 상업적 이용에 비해 중요하다는 점 등을 근거로 중요하게 고려할 사안이 아니라면서, 1심과 입장을 달리했다. 새로운 저작물의 변형성이 클수록 공정이용 판단에서 상업성과 같은 다른 요인의 중요도가 떨어진다는 Campbell 판결의 논리를 강조하면서, 이용의 목적 및 성격 요인의 분석에서 구글의 2차적 이용을 변형적 이용으로 해석하였다.

나머지 공정이용 판단 요인과 관련해서는 Kelly 사건의 연방항소법원과 입장을 같이 했다. 다만 Kelly 판결에서 다루지 않았던 퍼펙트10 자체의 썸네일 이미지 시장에 대해서는 구글의 썸네일 이용은 퍼펙트10의 썸네일 이미지의 휴대전화 다운로드의 잠재적 시장에 유해효과를 줄 수 있지만, 구글 이용자들이 휴대전화 이용 용도로 썸네일 이미지를 다운로드 했다는 증거가 없다는 점에서 시장효과가 가설적이라고 보고 중립적인 입장을 표명하였다. 결국 연방항소법원은 공정이용 판단에서 구글 검색엔진의 공익적 기능에 많은 비중을 두었다고 볼 수 있다.

③ 인터넷 링크와 저작권

1) 인터넷 링크의 특성과 법적 성격

인터넷에서 정보를 검색하다 보면 링크를 통해 다양한 정보를 찾을 수 있다. 링크는 인터넷 이용자가 일정한 웹사이트에 접속하는 방법의 하나이다. 링크의 사전적 의미는 '인터넷 홈페이지에서 지정하는 파일이나 문자열로 이동할 수 있도록 걸어 놓은 홈페이지 간의 관련'이다. 한마디로 인터넷에서 이용자들이 접속하려는 웹페이지로 이동하는 것을 쉽게 해준다는 점에서 이용자의 편의성을 도모해주는 기술이다. 이와 같은 링크의 속성은 쉽게 정보를 이전해주는 기능을 하지만, 불법 정보로 이전하는 것을 돕는 역할을 하기도 한다.

링크의 법적 성격을 좀 더 구체적으로 파악하기 위해 유형별로 살펴볼 필요가 있다. 링크의 유형은 기술적으로 링크가 작동하는 방식이나 링크가 대상 웹사이트 홈페이지에 연결되는지 또는 직접 대상이 되는 정보에 연결되는지 등 연결되는 깊이를 기준으로 단순 링크(simple link), 직접 링크(deep link), 그리고 특수한 형태의 링크인 프레임 링크(frame link)와 인라인 링크(inline link)로 분류된다.[17] 단순 링크는 링크가 설정된 웹사이트의 초기 메인화면(홈페이지)으로 연결하는 링크로, 단순히 웹사이트의 이름과 주소인 URL을 알려주는 방식이다. 심층링크라고도 부르는 직접링크는 링크가 설정된 웹사이트 홈페이지가 아닌 해당 정보가 있는 페이지로 연결하는 링크로, 정보와 함께 저작물이 있는 페이지에 연결하는 방식이다. 온라인 뉴스나 블로그 등에서 흔히 볼 수 있는 형태이다. 이것은 웹사이트 상에 해당 이미지나 동영상 등의 주소만을 링크해 놓으면 이용자가 인터넷 주소를 클릭함으로써 해당 웹사이트 서버에 저장된 저작물을 직접 보거나 듣는 방법이다. 이에 비해 프레임 링크는 링크가 설정된 해당 정보를 스스로 설정한 프레임 안에 표시되도록 하는 링크로, 자신의 홈페이지를 그대로 유지하면서 화면의 다

---

17 외부 링크(surface link), 심층 링크(deep link), 프레임 링크(frame link), 이미지 링크 (image link)로 분류하기도 한다(오승종, 2016).

른 영역에 다른 웹페이지의 자료를 보여주는 방식이다. 인터넷 홈페이지 제작에서 프레임 기능을 사용하면 자신의 홈페이지 화면을 둘 이상의 영역으로 구획하여 표시할 수 있는 방식을 사용한 링크이다. 즉 내 홈페이지에 '다운로드' 항목을 누르면, 내가 제작한 다운로드 게시판이 아닌 다른 홈페이지의 다운로드 게시판이 뜨도록 연결한 형태이다. 마지막으로 임베디드 링크(embedded link)라고 부르는 인라인 링크(inline link)는 웹사이트 이용자가 링크 제공자의 웹페이지를 방문했을 때 링크된 내용이 자동으로 실행되게 하는 링크이다. 이것은 다른 사이트의 저작물을 본인의 블로그나 웹페이지의 내용처럼 보이도록 연결하거나 웹페이지 내부에서 음악이나 동영상 등을 직접 보고 들을 수 있도록 링크를 걸어 두는 방법이다(임원선, 2017; 이해완, 2015).

이와 같은 링크 유형 중에서 단순 링크와 직접 링크는 저작권법상의 복제나 전송에 해당하지 않으므로 저작권 침해가 아니라는 견해가 지배적이다. 반면 특수한 형태에 해당하는 프레임 링크는 저작권 침해는 아니지만, 영리적인 사이트 운영자가 이 방식을 사용할 경우 링크된 사이트의 광고수입 감소 등의 피해를 줄 수도 있다. 프레임 링크에 대해서는 동일성유지권 침해, 2차적저작물작성권 침해, 성명표시권의 침해라는 견해도 있지만, 아직 그 법적 성격이 명확히 구분되지 않는다(이해완, 2012). 또 인라인 링크에 대해서는 전송에 해당하므로, 게시자가 저작권자의 허락을 받지 않는다면 저작권 침해의 소지가 있다.

링크는 인터넷의 가장 기본 속성이자 중심적인 기능이다. HTML로 이루어진 WWW는 링크를 통해 다양한 정보로 건너갈 수 있게 되었다. 다양한 논리적 공간으로 이동하기도 하고 서버의 소재지에 따른 물리적 공간이동이 가능한데, 이 과정에서 일시적인 서버로 복제가 가능할 수도 있다. 따라서 저작권 침해 행위로 연결될 수 있다는 점에서 이에 대한 규제를 논의하기도 한다. 하지만 링크는 단순한 인터넷 기술이란 점에서 그 자체가 중립성을 가진다. 모든 기술이 그러하듯이 기술을 활용하는 사람의 의식에 따라 유용한 도구가 되기도 하고 부정하게 활용되기도 하기 때문이다. 따라서 링크는 링크하고자 하는 웹페이지에서 보이는 저작물을 직접 보여주지 않고 특정한 정보의 위치를 알려주는 역할로 한정될 뿐 아니라 저작권자의 경제적 이익을 해할 가능성이 크지 않기 때문에 저작권 위반으로 보기 어렵다. 다만 일부에서는 음란물과 같은 불법 저작물에 대해서까지 저작권 침해 책임을 부정하는 것은 문제가 있다는 지적을 제기하기도 한다(김윤명·이민영, 2015).

링크에 대해 법원은 저작권 침해가 성립하지 않는다고 보며, 저작권법에서는 링크로 인해 가능할 수 있는 일시적 복제에 대해 저작재산권을 제한할 수 있는 규정을 두고 있다. 이에 근거할 때, 이용자의 편의성을 높여주는 인터넷의 주요 기능인 링크를 저작권 침해로 보지 않는 것이 타당할 것이다. 그러나 저작물이 불법임을 알고 링크해 놓거나 불법적으로 업로드된 저작물에 링크하거나 수익을 목적으로 링크를 설정하는 행위 등에 대해서는 저작권 침해 문제를 계속 논의할 필요가 있다.

2) 인터넷 링크에 대한 판결경향

인터넷 링크가 저작권법상으로 문제가 될 수 있는 것은 과연 복제와 전송에 해당하는가이다. 이에 대해 대법원[18]은 복제와 전송에 해당하지 않으며, 따라서 타인의 저작물을 허락 없이 직접 링크하는 행위가 저작권 침해가 아니라고 판시하였다. 이 사건에서 법원은 이용자들이 접속하려는 웹페이지로 쉽게 이용하도록 해주는 인터넷 링크 가운데 심층 링크 또는 직접 링크에 대해 '웹사이트의 서버에 저장된 저작물의 인터넷 주소(URL)와 하이퍼텍스트 태그(tag) 정보를 복사하여 이용자가 이를 자신의 블로그 게시물 등에 붙여두고 여기를 클릭함으로써 웹사이트 서버에 저장된 저작물을 직접 보거나 들을 수 있게 하는 것으로서, 인터넷 링크는 링크하고자 하는 저작물의 웹 위치 정보 내지 경로를 나타난 것에 불과하다'고 설명하였다. 그리고 그런 직접 링크는 복제의 개념인 유형물에 고정하거나 유형물로 다시 제작하는 것에 해당하지 않고, 전송의 개념인 송신하거나 이용에 제공하는 것에 해당하지도 않는다고 판시하였다. 즉 저작권 침해가 아니라는 해석이었다.

이후의 대법원 판결[19]에서도 직접 링크에 대해 저작권 침해가 아님을 분명히

---

18 대법원 2009. 11. 26. 선고 2008다77405 판결.
19 대법원 2015. 3. 12. 선고 2012도13748 판결.

하였다. 링크하는 행위 자체는 링크하고자 하는 웹페이지나 웹사이트 등의 서버에 저장된 개개의 저작물 등의 웹 위치 정보나 경로를 나타낸 것에 불과하여, 비록 이용자가 링크 부분을 클릭함으로써 링크된 웹페이지나 개개의 저작물에 직접 연결된다 할지라도, 일단 이용자들이 링크하는 행위는 저작권법이 규정하는 복제 및 전송에 해당하지 않는다고 보았다. 그리고 형법상 방조행위는 정범의 실행을 용이하게 하는 직접, 간접의 모든 행위를 가리키는데, 인터넷 이용자가 링크 부분을 클릭함으로써 저작권자에게 이용허락을 받지 않은 저작물을 게시하거나 인터넷 이용자에게 그런 저작물을 송신하는 등의 방법으로 저작권자의 복제권이나 공중송신권을 침해하는 웹페이지 등에 직접 연결된다 하더라도, 침해행위의 실행 자체를 용이하게 한다고 할 수 없으므로 링크 행위만으로 저작재산권 침해행위의 방조 행위에 해당하지 않는다고 보았다.

인터넷의 특성은 인터넷 서비스의 통유성, 공유성 및 관계성이다. 그러므로 인터넷상의 정보는 그 생성부터 이용하는 단계까지 다양한 절차를 거치게 된다. 유통과정에서 정보는 공유되고, 상호관계성을 지니게 된다. 이러한 관계성은 웹을 통한 링크라는 메커니즘을 통하여 가능하며, 이를 통해 정보 공유와 알 권리를 통해 정보격차를 해소할 수 있다(김윤명·이민영, 2015)는 점에서, 링크의 저작권 침해 성립을 부정한 본 대법원 판결의 의미는 크다고 볼 수 있다.

또 인터넷 링크를 하는 행위가 저작권법상 복제, 전시 또는 2차적저작물 작성에 해당하는지에 관한 판결에서 대법원[20]은 저작권 침해를 인정하지 않았다. 링크는 유형물에 고정하거나 유형물로 다시 제작하는 것을 의미하는 복제에 해당하지 않으며, 유형물을 진열하거나 게시하는 개념인 전시에도 해당하지 않는다고 해석하였다. 또 링크는 링크된 웹페이지나 개개의 저작물에 새로운 창작성을 인정할 수 있을 정도로 수정·증감을 가하는 것에 해당하지 않으므로 2차적저작물 작성에도 해당하지 않는다고 설명하였다. 이런 법리는 모바일 애플리케이션에서 인터넷 링크와 유사하게 제3자가 관리·운영하는 모바일 웹페이지로 이동하도록 연결하는 경우에도 똑같이 적용된다고 보았다.

한편 미국의 경우 심층 링크는 복제권 침해가 아니라는 법원의 해석에 따라

---

20 대법원 2016. 5. 26. 선고 2015도16701 판결.

합법이다.[21] 하지만 우리나라에서는 2017년 3월 30일 대법원이 링크에 대해 공중송신권의 방조 침해를 인정[22]함으로써 저작물이 불법임을 알고 링크를 설정하는 경우에 대해 방조책임을 물으려는 경향을 보이며, 유럽의 주요국들은 일부 판례를 통해 링크를 통한 저작권 침해에 대한 규제 움직임을 보여주고 있다(김인철, 2017).

---

21 Ticketmaster Corp. v. Ticket.com, Inc. (U.S. District Court, Central District of California, 2000)판결에서 법원은 심층 링크에 대해 링크 자체는 복제를 수반하지 않으며 이용자는 링크에 의해 원저작자의 웹페이지로 옮겨질 뿐이라고 설명하면서, 저작권법 침해가 아니라고 판시하였다.

22 서울중앙지방법원 2016. 11. 18. 선고 2016가합506330 판결; 서울고등법원 2015. 3. 12. 선고 2012도13748 판결.

3부

디지털 환경에서 미디어 저작권 패러다임의 변화

　기술발전 중에서도 디지털 기술은 정보의 복제와 배포를 용이하게 해주고 완벽한 양질의 복제를 가능하도록 해주었다. 미디어 콘텐츠의 복제 및 배포의 용이성과 신속성, 복제의 질적 향상과 동질성, 조작과 편집의 용이성 등과 같은 디지털 기술의 특성으로 인해, 콘텐츠의 생산과 유통 방법이 다양해지고 편리해졌다. 게다가 디지털화된 정보는 유형물로 고정되지 않은 상태로 유통될 수 있을 뿐 아니라 복제와 유통의 범위와 내용도 이전과는 비교할 수 없을 정도로 확장되었다. 이로 인해 저작권법상의 복제, 전송, 저작인접권, 공정이용의 범위 등 기존의 개념에 대한 재논의는 물론이고 디지털 콘텐츠의 공유 등 새로운 논점을 던져주고 있다. 그뿐만 아니라 디지털 저작물의 무단복제를 막기 위해 암호화기법, 디지털 워터마크와 같은 기술적 보호조치의 개발과 이를 무력화시키는 행위에 대한 법적 금지는 전통적인 저작권과는 별도로 저작물에 대한 접근을 통제할 수 있는 새로운 권리를 창조하기까지 하였다(손승우, 2006).

　디지털 기술의 특성으로 인해 저작물의 생산과 유통 방법이 다양해지고 편리해진 동시에 저작권 침해의 가능성도 커졌다. 예를 들어 종이책을 읽는 행위는 복제가 수반되지 않으므로 저작권법상으로 문제의 소지가 작지만, 인터넷에서 전자책을 읽는 것은 복제를 수반하므로 법적인 문제가 발생할 가능성이 크다. 인터넷과 디지털 매체들이 곳곳에 편재하면서 새로운 정보기술과 서비스, 기기들이 저작물의 창작과 이용에 크게 이바지했지만, 한편으로는 이전에는 상상도 못했던 양상으로 저작권자들을 위협하게 된 것이다(조연하, 2006). 따라서 디지털 미디어 환경에서는 아날로그 미디어 시대의 저작권 현상에 대한 법적 해석을 그대로 적용할 수 없게 되었다. 예를 들어 미국에서 1998년 디지털 환경을 수용할 목적으로「디지털 밀레니엄 저작권법(DMCA)」이 제정되면서, 의회와 방송통신규제기구인 FCC가 이 법과 규제정책이 기존의 저작권법에 영향을 미치지 않을 것이라고 밝힌 바 있다. 그러나 DMCA와 기타 제도에서는 저작물의 이용 시기, 장소, 방법 등에 관한 결정권을 저작권자에게 전적으로 부여할 뿐 아니라, 디지털 복제방지 기술 때문에 미디어 이용자가 저작물을 자유롭게 사용하거나 공정이용의 항변을 사용할 수 없게 되었다(Fernandez, 2005). 저작권법이 저작권 보호를 더욱 강화했을 뿐 아니라 저작물을 공정하게 이용할 수 있는 범위가 축소된 것이다. 같은 맥락에서 국내에서 2005년 1월부터 저작인접권자인 실연자와 음반제작자에게 전송권을 부여하기 시작한 것도 디지털 기술환경을 반영한 저작권 보호의 강화조치로 풀이할 수 있다. 이렇게 디지털 기술혁명과 컴퓨터의 등장은 기존의 전통적인 저작권 개념을 끊임없이 수정할 필요성을 제기하면서 근본적인 변화를 가져왔으며, 인쇄매체를 중심으로 발전해 온 저작권의 법 제도적 패러다임의 전환을 요구하고 있다.

13^장 디지털 콘텐츠의 복제와 법적 쟁점

디지털 환경에서는 미디어 이용자가 저작물을 복제하고 배포할 수 있는 기술적 능력을 갖추고 있으므로 일상생활에서 많은 복제행위가 발생한다. 그러므로 디지털 콘텐츠의 복제는 아날로그 환경과 다른 논의가 필요하다. 디지털 네트워크에서 콘텐츠 이용행위는 기본적으로 저장을 수반하는데, 그와 같은 일시적 저장에 대해 법적으로 어떻게 규율해야 할 것인지에 관한 고민이 필요해졌다. 또 개인이 비상업적인 용도로 개별적으로 이용하기 위해 복제하는 개념인 사적복제는 저작권자의 정당한 권리를 침해하지 않는다는 점에서 합법적이라고 해석되었으나, 기술의 발달로 상업적 이용의 경계가 불분명해졌으며, 아날로그 시대의 해석을 그대로 적용하기 어려워졌다. 먼저 네트워크 환경에서의 콘텐츠의 일시적 복제의 법적 해석에 대해 검토해 보고, 특별히 디지털 콘텐츠의 사적복제에 관한 쟁점을 살펴보기 위해 미디어 콘텐츠의 사적복제에 관한 사법부의 판단기준과 디지털 VTR이란 디지털 기술을 이용한 방송콘텐츠의 사적녹화의 법적 성격에 대해 공정이용의 관점에서 설명해 본다.

① 디지털 환경에서 일시적 복제

1) 디지털 네트워크에서 일시적 저장

디지털 사회가 되면서 디지털 네트워크에서 모든 행위는 복제를 수반한다. 디지털 환경에서 컴퓨터프로그램을 포함한 저작물의 이용은 기본적으로 저장을 전제로 하기 때문이다. 다만 그 복제의 형태나 방식이 유형적인가 무형적인가 또는 영구적인가 일시적인가의 차이가 있을 뿐이다. 이렇게 만들어진 복제물은 저작권법의 적용을 받는다. 그러므로 오프라인에서는 복제의 범위가 인쇄매체로 한정되지만, 온라인상에서의 복제는 디지털 네트워크를 따라 엄청난 범위로 넓어진다(이동훈, 2008). 즉 디지털 콘텐츠를 이용하기 위해서는 컴퓨터나 다른 디지털 재생기가 필요하며, 콘텐츠의 유형적인 이동 없이 복제가 시·공간을 초월해서 이루어진다. 예를 들어 일상에서 책을 읽는 것은 복제를 수반하지 않기 때문에 저작권법의 규제대상이 아니다. 그러나 인터넷상에서 책을 읽거나 다른 사람이 올린 정보를 읽기 위해서는 일단 복제가 발생하기 때문에 동법의 규제대상이 될 수 있다. 따라서 디지털 네트워크에서의 복제는 아날로그 환경에서의 복제보다 그 허용범위가 매우 축소된다. 한마디로 저작물의 소유 시대에서 접속의 시대로의 패러다임 전환이 초래한 현상이다.

사실 디지털 기술과 온라인이라는 공간이 등장하기 이전에는 '일시적 복제'를 별도로 규제하지 않았다. 일시적 복제를 방임해도 저작자의 경제적 이해관계에 별다른 영향을 미치지 않았기 때문이다. 그러나 디지털 기술의 도입과 온라인 시대가 가속화되면서 일시적 복제를 통한 저작물 이용방식이 급증하였다. 그리고 기존의 저작권법으로는 이러한 이용방식을 효과적으로 규제할 수 없게 되자 컴퓨터와 온라인을 이용한 저작물의 일시적 복제를 협의의 복제권이나 새로운 권리로 통제할 것을 요구하기 시작하였다(정상기, 2005).

미국 연방항소법원[1]이 1993년 컴퓨터가 부팅되면서 프로그램이 컴퓨터의 주기억장치인 램(RAM; Random Access Memory)[2]에 적재(loading)되는 것도 저작권법상 저작권자의 통제가 미치는 복제에 해당한다고 판시한 이래, 일시적 저장에 대해 국내외적으로 많은 논란이 있었다. 먼저 컴퓨터상의 주기억장치인 램에 일시적으로 저장하는 것을 복제의 개념으로 보아야 하는지의 문제가 제기되었다. 일시적 저장은 컴퓨터를 활용하여 디지털 저작물을 이용하거나 네트워크에서 송신하는 과정에서 불가피하게 또는 부수적으로 일어나는 일시적 현상이다. 이런 현

---

1 MAI Systems Corp. v. Peak Computer, Inc., 991 F.2d 611 (9th Cir. 1993).
2 하드디스크보다 상당히 작은 용량을 가진 임시적 작업공간이다.

상은 저작물의 정상적인 이용과정에서 컴퓨터가 켜져 있는 동안만 순간적으로 저장기능을 발휘하고 전원 공급이 중단되면 사라져 버리는 등 기술적인 측면에서 기존의 복제와 차이가 있다. 만약 이것을 복제로 보지 않는다면 온라인상의 일시적 저장에 대해 저작권자의 권리가 미치지 않게 되어 디지털 네트워크에서의 저작물 유통에 대한 법적인 위험이 줄어든다. 이에 비해 일시적 저장을 복제라고 본다면 저작권자의 권리가 너무 광범위하고 강력하게 영향을 미쳐서 온라인상의 저작물 유통에 큰 제약을 준다. 게다가 일시적 저장을 법으로 보호할 경우 기존의 저작권 보호체계에서 저작권자에게 인정되지 않는 사용권이나 접근통제권을 부여할 수 있다는 우려가 제기되면서, 저작권법상 복제가 아니라는 견해가 다수를 이루었다(정윤형, 2015).

2) 디지털 콘텐츠의 일시적 복제의 법적 성격

디지털 네트워크에서의 일시적 저장에 관한 딜레마를 어떻게 해결할 수 있을 것인지는 결국 저작권 정책의 문제이다. 국내외적인 논란과 관계없이 한·미 FTA 협상에서 일시적 복제의 보호를 의무화하는 내용을 담게 되고, 이에 따라 2011년 12월 개정 저작권법에서 복제의 개념에 일시적 복제가 포함되었다. 하지만 이를 근거로 컴퓨터 이용과정에서 필연적으로 발생하는 현상을 복제권 침해라고 본다면, 일반적인 자료검색 행위 등 온라인상에서 정보에 대한 접근의 자유가 제한되고 저작물의 유통을 가로막는다는 문제가 생긴다. 이에 따라 통상적인 저작물 이용에서 발생하는 일시적 복제를 복제권 침해로부터 면제하는 제한규정이 필요해졌다.

이에 따라 2011년 12월 개정 저작권법에서 저작물 이용과정에서의 일시적 복제에 관한 조항[3]을 신설하였다.[4] 이를 근거로 하면 컴퓨터에서 저작물을 이용하는 경우에는 원활하고 효율적인 정보처리를 위하여 필요하다고 인정되는 범위 안

---

3 저작권법 제35조의2.
4 컴퓨터 유지·보수과정에서의 프로그램의 일시적 복제도 복제권이 미치지 않는다는 조항도 신설하였다.

에서 그 저작물을 컴퓨터에 일시적으로 복제할 수 있다. 다만 일시적 복제를 통한 저작물 이용이 저작권을 침해하는 경우에는 복제권 침해로부터 면제되지 않는다. 따라서 저작권법에 근거한 일시적 복제의 면책요건은 컴퓨터에서의 저작물의 주된 이용에 따른 부수적 이용, 원활하고 효율적인 정보처리를 위해 필요하다고 인정되는 범위 안에서의 이용, 일시적 복제, 그리고 주된 이용이 저작권 침해를 구성하지 않을 것 등이다. 일시적 복제에 관한 저작재산권 제한규정 신설의 의미는 일시적 저장을 적어도 일정한 범위에서는 '복제'라고 보고 복제권의 범위에 포함했지만, 정책적으로 일정한 경우 그 책임을 제한함으로써 그 예외를 비교적 광범위하게 인정하는 것이 가장 합리적인 해법이었다고 할 수 있다(김윤명·이민영, 2015; 이해완, 2015).

이처럼 하드디스크에 설치된 컴퓨터프로그램 실행과정에서 발생하는 램으로의 '일시적 복제'와 관련하여 2014년 우리 법원[5]은 복제권 침해에서 면책된다고 보았다. 프로그램 사용에 불가피하게 수반되는 램에서의 일시적 저장에도 복제권이 미친다고 해석되면, 원래 프로그램 저작권의 효력이 미치지 않는 프로그램 사용행위까지 저작권자가 통제하는 부당한 결과를 초래한다는 것이 판결의 근거였다. 이와 같은 논리는 램에서의 일시적 저장 외에도, 캐싱(caching) 기능에 의한 일시적 저장에도 적용할 수 있다. 캐싱이란, 사용자의 요청이 많은 콘텐츠를 별도 서버에 저장해 데이터를 전송하는 방식으로 네티즌에게 빠른 데이터 전송을 가능케 하는 기술을 의미한다.

---

5 서울고등법원 2014. 11. 20. 선고 2014나19891 판결.

② 디지털 콘텐츠의 사적복제[6]

1) 사적복제에 관한 법적 논의

(1) 사적복제의 개념 및 쟁점

인터넷과 디지털 기술의 발달에 따라 정보통신망을 통하여 전달되는 '디지털 저작물'의 등장 등 저작권 주변 환경이 크게 변화하였다. 그러한 변화를 수용하기 위해, 2007년 복제의 개념에 음반 및 복제물을 "유형물에 고정"하는 것을 포함하는 것으로 저작권법이 개정되었다. 이에 근거하면, 사적복제는 개인적인 이용이나 가정 및 이에 준하는 한정된 범위에서의 비영리적인 목적의 이용을 목적으로, 정보통신망을 통하여 송신되거나 검색된 디지털 저작물 등 정보를 디지털 형태로 다시 전자적 기록매체(플로피 디스켓, 컴퓨터의 하드디스크)에 저장하는 행위와 같은 디지털 복제를 포함하는 개념으로 확대되었다.

사적복제는 전통적으로 허용되었던 저작물 이용형태이다.[7] 허용의 근거를 살펴보면(김현철, 2004; 오승종, 2016; 이성우, 2011; 이해완, 2015; 조연하, 2006; 한지영, 2013; Goldstein, 2003), 첫째, 저작물을 개인적으로 또는 가정이나 이에 준하는 소수의 한정된 범위 안에서 이용하는 것은 대부분 저작권자의 경제적 이익을 크게 손상할 우려가 없으므로, 저작권 침해 소송으로 갈 가치가 거의 없다. 둘째, 개인적으로 저작물을 이용할 때마다 매번 저작권자에게 이용허락을 얻는 것 자체가 비현실적이다. 셋째, 개인적으로 이루어지는 복제행위를 권리자가 적발하기 어려우므로 사실상 규제가 불가능하고, 가능하다 해도 규제이익보다 규제비용이 더 크다. 법원이 개인적 이용목적의 TV프로그램 녹화행위에 대해 저작권 침해를 묻지 않았던 것도 저작권 행사를 위해 거래비용이 더 많이 든다는 경제적이면서 실

---

6 일부 내용은 조연하의 연구(2014b) "저작물의 사적복제에 관한 사법적 판단기준: 사적 이용을 중심으로"에서 발췌하여 재정리하였음.

7 역사적으로 볼 때 유럽에서는 개인적인 복제물들을 공중에게 전달하거나 배포하는 수단으로 간주하지 않았기 때문에, 사적복제가 저작권 영역에서 벗어나 있었다(Herberger & Hugenholtz, 2007).

용적인 이유 때문이었다(Fernandez, 2005). 하지만 저작권 관리가 용이해지고 손쉽게 개별적인 이용허락을 받을 수 있는 디지털 네트워크 환경에서는 사적 이용 허용의 두 번째와 세 번째 근거에 대한 검토의 필요성이 제기된다.

마지막으로, 사적복제는 저작물 이용행위의 기초이며, 이를 통제하는 것은 이용자의 다른 법익과의 충돌을 불러올 수 있다. 사적복제를 규제하기 위해서는 필연적으로 이용자의 개인 공간을 조사해야 하는데, 이를 위한 소비자 행동 추적이나 저작권 침해방지 기술들은 사생활 침해, 사유재산권 침해와 같은 법적 이슈를 야기한다. 특히 디지털 미디어 환경에서의 사적복제 규율은 저작권 체제에서 이용자의 저작물 자유이용의 기회를 축소함으로써, 저작권자의 경제적 이익을 침해하지 않는 범위에서 저작물의 자유로운 이용을 통해 문화 향상발전에 이바지해야 한다는 저작권법 본래의 취지를 훼손시킬 뿐 아니라 동시에 이용자의 다른 권리를 침해한다. 이런 점에서 사적복제의 예외는 적어도 부분적으로는 저작물 최종 이용자의 사적 영역을 보호하려는 생각에 기반한다(Herberger & Hugenholtz, 2007). 한편 김현철(2004)은 그동안 사적복제를 사회적으로 허용했던 것은 정보의 공익적인 기능을 발휘한다는 정책적 판단에 따른 것이라고 설명함으로써, 저작권을 정책적 차원에서 접근할 필요성을 시사한다.

반면 사적복제 허용을 반대하는 입장에서는 허용이 저작자 개인의 경제적 이익 침탈에 그치는 것이 아니라 경제, 사회 발전에도 악영향을 끼친다고 주장한다. 저작자의 경제적 이익이 확고하게 될 때 저작자의 창작의욕은 북돋워지고 저작물의 확대 창출이 이루어진다. 그런데 사적복제가 확산하면 저작자의 창작의욕을 떨어뜨리고 결과적으로 저작물의 확대 창출도 막아버린다는 것이다(이호흥, 2008).

정리하면, 사적복제의 법적 성격은 이해당사자들의 입장에 따라 달리 해석되고 있다. 저작권자는 사적 이용이 일부분 합법이라고 인정하면서도 자신의 독점권에 부정적인 영향을 준다고 주장한다. 반면 소비자, 소비자 보호주의자, 그리고 사적 이용을 용이하게 해주는 제3자들은 사적 이용과 그것을 가능하게 해주는 기술이 합법이라는 입장이다. 그리고 여론은 이용목적이 비상업적일 경우 소비자가 사적 이용을 목적으로 복제할 수 있다는 견해를 일반적으로 포용한다(Perzanowski & Schultz, 2012). 그런데 디지털 미디어 환경에서는 저작물의 사적복제가 점점 더 일상적으로 이루어지고 있고, 그런 행위가 합법적이라는 인식이 아직 만연한데도 불구하고, 사적복제의 개념을 새롭게 해석하기 위해 충분한 논의가 없었던 것이 사실이다.

(2) 사적복제에 관한 입법동향

저작자의 이익이 크게 문제 되지 않은 사적 영역에서는 저작물을 자유롭게 이용하도록 함으로써 문화발달을 꾀하도록 하는 것이 낫다는 저작권법 취지에 근거하여 대다수 국가가 저작재산권의 제한 사유의 하나로 "사적 이용을 위한 복제"를 인정하여 왔다(이호흥, 2008). 국내 저작권법에서도 저작재산권 제한사유를 개별적으로 나열하고 있는데, 사적복제도 저작재산권이 제한되는 경우의 하나로 개인적 목적을 위하여 저작권의 행사가 예외적으로 제한됨을 그 내용으로 한다 (이성우, 2011). 동법 제30조에서는 "공표된 저작물을 영리를 목적으로 하지 아니하고 개인적으로 이용하거나 가정 및 이에 준하는 한정된 범위 안에서 이용하는 경우에는 그 이용자는 이를 복제할 수 있다"라고 명시함으로써 사적 범위에서 이용하기 위한 복제에 대해 저작권 제한을 허용한다. 동 조항의 취지는 저작권법이 사적 영역 내에서의 복제까지 금지할 경우 인간 행동의 자유가 과도하게 저해될 수 있고, 반면에 사적복제를 저작권의 범위 내로 한다고 해도 실제 그 실효성을 기대하기 어렵다는 점에 있다. 하지만 저작재산권의 제한규정 중 사적복제 조항이 저작재산권자의 이익을 가장 포괄적으로 제한할 소지가 있다는 점에서, 입법론적인 신중한 검토와 아울러 제한 사유가 지나치게 확대 적용되지 않도록 해석과 운용에 있어 신중함이 요구된다(오승종, 2016; 이해완, 2015)는 지적도 있다.

사적복제는 각국의 법제에 따라 공정이용의 법리에 해당하거나 사적복제의 예외라는 저작권 제한의 한 모습으로 나타나고 있다는 점에서 차이가 있을 뿐, 기본적으로 저작권 침해책임에서 벗어난다는 법적 해석은 같다(조연하, 2006). 프랑스, 독일, 스페인과 같은 유럽의 대륙법 국가에서는 저작권법에 사적복제에 관한 예외 조항을 두고 있다(Ginsburg, 1997). 프랑스 저작권법에서는 오로지 가정의 영역에서만 행하여지는 사적 및 무료 공연과 복사하는 자의 사적 이용에 엄격하게 해당하는 복사 또는 복제행위로 집단적 사용을 의도하지 않는 것은 저작권이 제한되는 것으로 명시하고 있다. 즉 집단적 사용을 의도하지 않은 개인 또는 가정 내에서 행하는 복제행위는 사적복제에 속하게 되어 저작권을 제한할 수 있다(한지영,

2013). 독일의 저작권법도 사적복제 예외조항을 두고 있으나, 라디오와 TV프로그램을 단순히 소비하기 위한 "가정 내 복제"[8]보다는 변형적 이용(transformative use)에 해당하는 학술이나 연구목적의 사적복제에 더 관대하다(Helberger & Hugenboltz, 2007). 이탈리아의 경우 사적복제는 시청각 저작물 또는 녹음물과 관련해서만 허용되고, 핀란드는 적법하게 취득한 복제물에 대해서만 사적복제가 인정된다(이규호, 2010).

반면 영미법 국가에서는 사적복제에 대해 저작권 제한의 성격을 띠는 공정이용의 법리로 대신하고 있다. 공정이용은 저작자가 창작물에 대한 지나친 통제권을 행사하는 것을 방지하고 사회적 이익이 될 수 있는 저작물을 저작자 동의 없이 알리고 보급할 수 있는 여지를 준다는 점에서 그 정당성을 찾을 수 있다(Bunker, 2002). 미국은 저작권법에서 사적 이용에 관한 규정을 따로 두지 않고, 공정이용에 관한 제107조에서 허용 여부를 결정하고 있다. 동 조항에 따르면, 공정이용은 저작권 침해에 대한 항변으로서, 판단기준은 저작물 이용의 목적과 성격, 저작물의 성격, 저작물 이용의 양과 질, 저작물의 잠재적 시장에 미치는 효과이다. 그리고 비판, 논평, 뉴스보도, 교육(수업 목적의 다수의 복제 포함), 학술연구를 목적으로 한 저작물 이용은 공정이용에 해당한다.[9]

영국은 저작권법에서 공정이용에 관한 일반 규정 외에도, 특별히 제70조에서 시간이동을 목적으로 하는 사적 녹음과 녹화의 예외를 규정하고 있다. 즉 방송 또는 유선방송을 보다 편리한 시간에 시·청취할 목적으로 녹음, 녹화해서 개인적으로나 가정에서 이용할 경우 저작권 침해가 되지 않는다고 규정함으로써,[10] 방송의 녹음물이나 녹화물에 대한 시청자의 사적 이용의 범위를 폭넓게 인정하고 있다. 비상업적이고 개인적인 시간이동 시청 목적의 TV프로그램 녹화행위는 사적복제로서 공정이용이라고 판시한 Sony 판결[11]이 사적녹화에 대한 판례법 역할을 해

---

8 사적복제가 주로 가정과 같은 사적 공간에서 이루어진다는 점에서 가정 내 복제(home taping/copying)라고도 한다(이호홍, 2008).

9 17 U.S.C.A. §107.

10 Section 70, Copyright, Designs and Patents Act 1988(http://www.legislation.gov.uk/ukpga/1988/48/contents).

11 Sony Corporation of America v. Universal City Studios, Inc., 464 U.S.417(1984).

왔음에도 불구하고, 공정이용에 관한 포괄적인 조항을 근거로 사적 이용을 판단하고 있는 미국의 저작권법 체제와 비교된다. 최근 영국은 디지털 환경에 맞게 현행법상 사적복제의 예외 범위를 확대하는 개정 법안을 제정해서 2014년 10월부터 시행하고 있다. 이 법안에는 사적복제의 예외가 모든 형태의 저작물에 적용되며 기술 중립적이기 때문에 클라우드 저장소를 포함한 모든 형태의 저장소를 이용할 수 있다는 조항 등을 포함한다.[12] 이에 따라 개인이 합법적으로 취득한 저작물을 하나의 매체에서 다른 매체나 저장소로 옮겨 담기 위한 용도의 복제가 허용된다. 합법적으로 구매한 CD의 음악을 MP3 플레이어인 iPod으로 복제하는 저작물의 기기이동이나 공간이동 이용을 위한 사적복제가 저작권 침해가 아님을 명확히 규정하고 있다는 점에서 의미가 크다.

2) 미디어 콘텐츠의 사적 이용에 관한 논의

(1) 사적 이용의 개념

저작물 사적복제의 입법적 근거를 토대로 하면, 사적 이용은 사적복제로 허용되기 위한 전제 조건이다. 특히 디지털 환경에서는 저작물을 개인적으로 이용하는 과정에서 대부분 복제가 수반된다. 따라서 이러한 복제행위가 저작권법상의 저작재산권 제한의 대상이 되는지를 파악하기 위해서는 무엇보다도 사적복제의 기본 행위인 사적 이용에 관한 의미해석이 선행되어야 한다.

리트만(Litman, 2007)은 사적 이용을 "개인, 가족 혹은 친한 친구를 위한 이용"으로 비교적 단순하게 정의하였고, 앨킨-코렌(Elkin-Koren, 1996)은 영리를 추구하려는 동기 없이 학습하거나 단순히 즐기려는 목적에서 또는 친구나 동료와 공유하려는 목적의 개인적 이용으로 설명하였다. 터시(Tussey, 2001)는 개별 이용자들이 자신의 목적에 따라 지적소유물을 소비하거나 적응하는 것으로서, 보상 없이 다른 사람들과 저작물을 공유하는 것을 포함하는 개념으로 사적 이용을 좀 더 광범위하게 정의하였다. 또 패터슨과 토마스(Patterson & Thomas, 2003)는 사적 이

---

12 The Copyright and Rights in Performances(Personal Copies for Private Use) Regulation 2014.

용을 시장에 소개된 저작물(공표된 저작물)의 비상업적인 이용이자 저작권 독점에 대한 논리적 제한이라고 정의함으로써 기능적인 차원에서 접근하였다. 또 국제적으로 사적 이용은 일반적으로 발행된 저작물을 한 사람에 의한 개별 사용을 위한 것만이 아니라 특정인들의 모임에 의한 공통 목적을 위하여도 저작물을 1부 또는 몇 부13를 복제, 번역, 개작 및 그 밖의 변형을 하는 것(이호흥, 2008)으로 이해되고 있다. 이것은 저작물 이용목적에 초점을 맞춘 정의로, 사적 이용의 범주를 좀 더 넓게 보고 있다. 이상의 정의에 따르면, 사적 이용은 개인 차원의 비영리적 이용만 의미하는 것이 아니며 비영리적 목적에서 일정한 범위의 사람들과 공유하는 것도 포함하는 개념이며, 저작권 독점을 제한하는 기능을 하는 것으로 이해할 수 있다. 따라서 사적 이용은 저작권자의 권리를 침해하지 않으면서 저작물을 자유롭게 이용할 수 있는 영역에 속한다는 점에서 그 영역에 대한 해석이 중요하다.

사적복제에 관한 저작권법에 근거하면, 사적 이용의 입법적 요건은 "공표된 저작물의 복제" "비영리적 목적의 이용" "이용자에 의한 복제" "개인적 이용"과 "가정 및 이에 준하는 한정된 범위에서의 이용"이다. 첫째, "공표된 저작물" 요건은 사적복제로 허용되는 복제대상의 성격을 명시한 것이다. 미공표된 저작물의 사적 이용은 저작권 제한의 범주에서 벗어남을 의미하는데,14 아직 현행법에서 복제대상인 저작물의 불법성 여부에 따른 사적복제 금지 여부는 규정하고 있지 않다. 이에 대해서는 복제의 대상이 되는 저작물의 소유자가 저작권자로부터 정당하게 저작물 이용허락을 받는 경우에만 가능하다고 보는 '원본의 적법성을 요구하는' 견해와 불법 복제물을 다운 받는 경우라 하더라도 사적복제의 예외에 해당한다고 보는 견해로 나뉘고 있다(김희경·이재호, 2012). 둘째, "비영리적 목적" 요건은 영리적 목적이 없어야 함을 의미한다. 영리적 목적이란 복제(행위)의 목적으로서, 소극적으로 저작물의 구입비용을 절감한다는 의미가 아니라, 복제물을 타인에게 판매하거나 복제의 의뢰를 받아 유상으로 복제를 대행하는 등 복제행위를

---

13 독일 판례에 의하면 개인적 이용을 위해 허용되는 복제품의 최대 수량은 7개이다(최상필, 2005).

14 이에 대해 사적복제의 경우는 저작물 내용이 세상에 알려지게 되고 그것의 가치에 대해 사회적 평가를 받을 위험성이 없으므로 '공표'를 요건으로 하는 것은 불필요하다(최상필, 2005)는 주장도 있다.

통해 직접 이득을 취할 목적이다(오승종, 2016; 이해완, 2015). 이 요건은 저작자의 경제적 이익을 크게 해지치 않는다는 점을 근거로 한 사적복제 허용의 정당성에서 비롯된 것이라고 볼 수 있다. 셋째, "이용자에 의한 복제"요건은 복제행위의 주체를 의미하는 것이다. 이에 대해서는 복제물을 사적으로 이용하는 자 또는 그가 수족으로 사용하는 자가 복제해야 한다는 것이 일반적인 해석이다. 넷째, "개인적 이용"요건은 복제한 자 자신이 이용하는 것을 의미한다(이해완, 2015). 사적복제를 통해 획득한 복제품은 오로지 개인적 욕구를 충족시키기 위해서 이용되어야 할 뿐 다른 사람의 효용을 위하여 제공되어서는 안 된다는 것을 의미하는 것으로, 사적복제를 통해 제작된 복제품의 이용용도를 말하는 것이므로 이용장소는 문제가 되지 않는다(최상필, 2005).[15]

마지막으로 "가정 및 이에 준하는 한정된 범위" 요건에 대해서는 조금씩 다른 견해들이 존재한다. 인적 범위를 말하고 장소적 범위를 말하는 것은 아니라는 해석(서달주, 2007)이 있는가 하면, 가족 혹은 좁은 의미의 친구 등 자신 이외의 사람과 함께 이용하는 것을 의미하므로 엄격한 장소적 제한이 뒤따른다면서(최상필, 2005) 복제물의 이용장소 혹은 이용범위로 해석하는 입장도 있다. 반면 "개인적 이용"과 "가정 및 이에 준하는 한정된 범위"를 이용의 인적 범위로 함께 분류하거나(이성우, 2011), 복제물 이용의 인적 범위와 함께 양적 범위를 포함해서 분류하는 입장(오승종, 2016)도 있다. 또 복제행위를 개인적으로 하는 것 등을 의미하는 것이 아니라 복제 후의 이용행위가 이러한 범위 내에서의 이용이어야 한다는 것을 의미하는 것이라는 해석(이해완, 2015)도 있다. 따라서 저작물의 "개인적 이용"은 넓게 보면 "가정 및 이에 준하는 한정된 범위"와 함께 복제물 이용범위에 포함시켜 논의할 수 있으리라고 본다.

이렇게 볼 때 "가정 및 이에 준하는 한정된 범위"의 입법적 의미에 대해서는 사법적 해석이 요구되며, 디지털 기술발전에 따라 저작물이 손쉽게 복제될 수 있는 환경에서는 좀 더 엄격한 해석이 필요하다. 게다가 인터넷에서는 '친구 혹은 동일한 클럽 멤버'라 하더라도 아날로그에서의 의미와는 전혀 다른 양상과 인적 폭을 가지고 있고, 인적 관계가 오프라인의 경우와 달리 전반적으로 불리한 위치

---

15 집단적 차원의 이용과 대조된다는 점에서 복제물 이용 주체의 단위라고도 볼 수 있다.

에 있기 때문에(박준석, 2010; 이성우, 2011), "이에 준하는 범위"의 해석이나 운용에 큰 어려움을 주고 있다. 이른바 SNS 서비스에 접속한 친구 또는 지인을 "가정 및 이에 준하는 한정된" 범위로 해석할 것인지와 관련하여 사적복제의 해석에 모호함이 존재한다(김희경·이재호, 2012)고 볼 때, 사적 이용의 재개념화가 필요하다.

(2) 사적 이용의 정당성

저작물의 사적 이용은 저작권 시스템에서 중요하게 작용한다. 그 정당성의 근거는 첫째, 사적 이용이 저작권법의 핵심 목적인 저작물에 대한 공중의 접근, 향유, 보존을 증가시킨다는 점(Benkler, 2000; Netanel, 1996; Perzanowski & Schultz, 2012; Tushnet, 2004)에서 찾을 수 있다. 저작물을 이용할 수 없거나 저작권자의 허락이 가능하지 않을 때 저작물에 대한 접근과 저작물 보존이 더 필요하다(Reese, 2003)는 점에서 사적 이용이 정당하다는 것이다.

둘째, 사적 이용은 저작물 소비자의 프라이버시와 자율성을 보호할 수 있다. 저작권 침해가 아닌 사적 이용은 저작권자가 소비자 행위를 추적하는 힘과 인센티브를 감소시킴으로써 소비자의 프라이버시와 자율성을 증가시킬 수 있기 때문이다(Cohen, 1996; Liu, 2001; Perzanowski & Schultz, 2012). 소비자의 자율성은 구매한 소유물을 이용하거나 버릴 수 있다는 합리적인 기대로 강화되는데, 사적이용을 금지할 경우 자율성과 사적 소유를 저해한다. 또 저작권자는 공개적으로 배포된 저작물을 소비자가 이용하는 것을 간섭할 권리가 없을 뿐 아니라 간섭하지 않을 의무가 있다(Patterson, 1987). 그런 점에서 사적 이용은 사유재산에 대한 규범적 이해와 같은 맥락에서 이해할 수 있다. 저작권자들이 무형의 지식재산권을 통제하는 반면, 구매자들은 자신들이 구매한 특정 복제물에 대한 독점권을 통제한다. 따라서 사적 이용은 저작권자와 소비자의 권리 간 경계를 조정해주는 역할을 한다(Perzanowski & Schultz, 2012).

셋째, 사적 이용은 기술혁신을 촉진하고 거래비용의 감소를 통해 경제적 효율성을 증가시킴으로써 소비자 외에도 기술혁신자와 저작권자들에게 다양한 이익을 준다. 또 사적 이용은 소비자들이 합법적인 복제물을 구매하도록 유인하고 저작권자에게 경제적 보상을 함으로써 저작권의 기본 원리인 창의성을 증진하는데, 대개는 이 점이 간과되고 있다(Perzanowski & Schultz, 2012). 이에 사적 이용을 위한 복제는 기본적으로 저작권 시스템의 건전한 구성요소로서, 저작권 침해의 책임에서 벗어난다는 법적 해석에 따라 사회적으로 허용되는 저작물 이용형태로 인식된다.

마지막으로, 사적 이용은 공중의 학습에 필요한 저작물 이용에 해당하는데, 이런 이유에서 사적 이용은 헌법적 보호를 받을 가치가 있다(Patterson & Thomas, 2003). 사적 이용의 권리가 없다면 경제적 이익을 추구하는 저작권자의 권리가 학습에 대한 개인의 정치적 권리보다 우세하기 때문에, 헌법에 기초한 과학발전을 위한 학습증진이란 저작권법 목적에 위배된다. 그런 점에서 저작물 이용의 유형 중에서도 사적 이용은 중요하다고 볼 수 있는데, 그럼에도 불구하고 법리적 차원의 관심을 가장 적게 받았던 경향을 보인다(Patterson & Thomas, 2003).

최근에 올수록 저작물 사적 이용의 법적 성격에 대한 논쟁이 강화되는 현상을 보인다. 그 이유는 첫째, 저작권자들이 저작물의 사적 이용을 보다 쉽게 추적할 수 있기 때문이다. 더 많은 기기와 서비스가 네트워크 커뮤니케이션에 의존함으로써 소비자 행위 추적능력이 점점 커지고 특정 디지털 파일을 확인하는 비용이 감소하고 있다. 이것은 개인 상대의 저작권 침해소송뿐 아니라 소비자 감시에 대한 압력을 증가시킬 수 있다. 둘째, 감시의 용이성 증가는 사적 이용으로 발생하는 시장피해에 대한 인식의 증가와 병행하고 있기 때문이다. 이제 저작권자들은 대부분 사람이 구매한 CD를 아이튠즈(iTunes)에 굽는 것과 같이 허가받지 않은 사적 이용을 대체하는 것으로 주장되는 이용을 허용하고 있는데, 반면 그와 같은 사적 이용의 가능성은 소비자가 같은 노래의 디지털 복제물 정품을 구매하지 않도록 만들 수 있다. 셋째, 새로운 저작물 감상 수단이 사적 이용과 공적 이용의 경계를 불분명하게 만들고 있기 때문이다. 역사적으로 사적 이용은 "사적복제" 또는 "가정 내 복제"라는 확실한 개념으로 논의되었는데, 모바일 네트워크 정보 시대에는 순수한 개념 정의가 어렵게 되었다. 넷째, 사적 이용을 촉진하는 기술이 점점 더 만연해지고 있기 때문이다. 소비자의 즉각적인 소유에서 그치지 않고, 다양한 지리적, 상황적 위치까지 데이터를 이동하여 사용할 수 있는 클라우드 컴퓨팅 플랫폼 이용이 증가하고 이용자 행위에 의존하는 서비스가 많아졌다 (Perzanowski & Schultz, 2012).

3) 디지털 콘텐츠의 사적복제 판단기준

(1) 디지털 환경에서 사적복제

인터넷과 디지털 기술의 결합은 미디어 콘텐츠의 사적 이용의 성격은 물론이고 이용자, 저작권자, 그리고 저작물 자체 사이의 전통적인 관계에 극적인 변화를 가져왔다(Tussey, 2001). 먼저 네트워크 환경에서는 P2P, 소셜 네트워크, 클라우드 서비스 등으로 인해 사적복제의 범위가 확장되면서 사적 이용과 공적 이용의 경계가 불분명해졌다(Kretschmer, 2011; Tussey, 2001). 예를 들어 방송콘텐츠의 경우, DVR, PVR, P2P 등 단말과 네트워크 서버로 연결되는 방송녹화 기술의 발달로 콘텐츠의 개인적 이용과 상업적 이용의 경계가 희미해지고, 사적복제와 공적복제의 개념이 불분명해졌다(김희경·이재호, 2012). 이에 모든 사적복제가 합법적이라고 보기 어렵게 되었고, 결국 사적 이용을 포함한 저작물 이용에 대한 규율이 엄격해졌으며, 저작권자와 이용자 이익 간의 균형을 유지하는 문제가 점점 더 어려워지고 있다.

또 디지털 기술환경에서는 저작물 복제의 용이성, 질적 향상 및 동질성이 가능해졌을 뿐 아니라 임의적 가공과 편집의 용이성으로 인해 저작물의 동일성 유지가 어려워졌다(최영묵·이세용·이상훈, 2000). 이에 따라 그동안 정당화되어 왔던 사적복제가 남용됨으로써 이와 관련한 저작권 침해 논쟁의 가능성이 커졌다. 이처럼 저작권 침해의 가능성이 점점 더 증가하는 디지털 환경에서는 모든 사적복제가 합법적이라는 아날로그 시대의 해석을 그대로 적용하는 것이 위험하며, 저작권자의 정당한 권리 보호가 쉽지 않다(조연하, 2006). 이에 저작권 보호를 강화하기 위해 사적 이용을 포함한 저작물 이용에 대한 규율이 엄격해졌으며, 결국 저작권자와 이용자 이익 간의 균형을 유지하는 문제가 점점 더 어려워지고 있다.

디지털 기술은 정보의 복제를 용이하게 해주며 양질의 복제물을 생산할 수 있도록 한다. 압축기술의 발달로 방대한 정보를 순식간에 배포할 수 있으므로 디지털 정보의 이용은 정보를 배포하는 개인의 능력을 향상해줄 뿐 아니라 새로운 방식으로 정보의 부호화가 가능하도록 해준다(Hurowitz, 2003). 이에 디지털 저작물은 기존의 저작물과 달리 복제 및 저장의 용이성, 간편성, 신속성, 동일성이라는 특징을 가진다. 반면 디지털 저작물의 가장 큰 단점 중 하나는 이용하기 위해 반드시 컴퓨터나 다른 디지털 재생기 등이 필요하고 복제가 제품의 유형적인 이동 없이 시공을 초월하여 이루어지는데, 이로 인해 복제권 침해의 개연성이 커진다는 점이다. 그럼에도 불구하고 디지털 저작물은 기존 저작물과 똑같이 저작권법상의 보호와 제한을 받게 되는데, 제한규정 중 특히 문제가 되는 것은 아날로그 저작물에 적합한 사적복제의 허용에 관한 규정이다. 이 규정을 디지털 저작물에 폭넓게 적용할 경우 저작권자의 경제적 이익이 심각하게 손상하게 될 것이며, 반대로 적용하지 않으면 저작물의 비영리적인 사적 이용을 할 수 있는 이용자의 권리를 지나치게 제한한다(최상필, 2005).

(2) 소리바다 판결에서 사적복제 성립요건

국내에서 디지털미디어 콘텐츠의 사적복제 판단기준은 인터넷에서의 P2P서비스에 대해 국내 최초로 법적 평가를 내린 소리바다 사건을 통해 더 구체화되고 명확해졌다. 소리바다 서비스는 회원으로 가입한 인터넷 이용자들이 P2P방식을 이용하여 상호 간에 MP3파일을 다운로드 받거나 자신의 MP3파일을 다른 이용자들과 공유할 수 있도록 해주는 음악 공유·검색서비스이다. 이 서비스와 관련된 일련의 판결[16]에서 제시된 사적복제의 성립요건은 개인적으로 이용하거나 가정 및 이에 준하는 한정된 범위 안에서 이용해야 한다는 객관적 요건과 복제행위가 비영리적인 목적이어야 한다는 주관적 요건이다.

먼저 이용범위의 한정성 요건과 관련하여 법원[17]은 개인, 가정 또는 이에 준하는 한정된 범위 안에서의 이용이 되기 위해서는 복제를 하는 이용자들이 다수 집단이 아니어야 하고, 그 이용자들 서로 간에 어느 정도의 긴밀한 인적결합이 존재해야 한다고 보았다. 그런데 소리바다의 경우 서비스 등록회원이 다수라는 점,

---

16 수원지방법원 성남지원 2003. 2. 14. 선고 2002카합284 판결; 수원지방법원 성남지원 2003. 10. 24. 선고 2003가합857 판결; 서울중앙지방법원 2005. 1. 12. 선고 2003노4296 판결; 서울고등법원 2005. 1. 12. 선고 2003나21140 판결; 서울고등법원 2005. 1. 25. 선고 2003나80798 판결.

17 서울고등법원 2005. 1. 12. 선고 2003나21140 판결; 서울고등법원 2005. 1. 25. 선고 2003나80798 판결.

아이디와 비밀번호를 등록하면 별다른 절차 없이 이용자 간에 파일을 자유롭게 공유할 수 있는 점, 프로그램의 기본 설정에 의해 다운로드 폴더가 공유 폴더와 일치하도록 되어 있으므로 다운로드된 MP3파일을 다른 이용자들이 다운로드 받을 수 있는 점, 소리바다 서비스를 이용한 파일 공유라는 공통 목적 외엔 이용자들 사이에 별다른 인적 유대관계가 없는 점, 아이디 이외의 다른 개인정보가 공유되지 않는 점, 막대한 등록회원의 수와 접속 규모 등을 고려할 때, 한정된 범위에서의 이용이 아니라고 판단하였다. 특히 서버 접속 외에 아무런 인적결합 관계가 없는 불특정 다수인 동시접속자 5천명 사이에서 다운로드가 연쇄적이고 동시다발적으로 광범위하게 이루어진다는 점에서 이용범위의 한정성을 인정하지 않았다. 이것은 반대로 파일공유 절차가 있고, 특별한 인적 유대관계가 존재하며, 이용자 간에 개인정보를 공유한다면, 긴밀하고도 강한 인적결합이 존재한다는 것을 의미한다. 소리바다 판결에서 사적복제의 판단기준으로 제시한 이용범위의 한정성을 충족시키기 위해서는 복제를 하는 이용자들이 소수이어야 하고, 그들 간에 어느 정도의 긴밀하고도 강한 인적결합이 존재해야 한다는 것이다. "가정 및 이에 준하는 한정된 범위"라는 입법적 근거와 이에 대한 사법부의 해석을 토대로 하면, 가정이란 공간이 이용 인원 간에 긴밀하고도 강한 인적결합이 존재하는 가장 대표적인 영역이라고 볼 수 있다.

또 MP3파일 공유행위가 사적 이용인지에 관한 판단에서, 법원18은 인터넷상에서 MP3파일의 구입비용을 지급하거나 비용을 지급하고 구입한 음반이나 CD로부터 MP3파일을 추출하지 않고 소리바다 프로그램을 통해 무상으로 다른 사용자의 파일을 다운로드 받아 자신의 컴퓨터 내 공유폴더에 저장한 후, 소리바다 서버에 접속해서 서비스를 이용하는 동안 불특정다수의 회원들이 공유폴더에 접근해서 다운로드 받도록 한 행위에는 개인적인 음악 감상 목적 외에 다운로드 받은 MP3파일을 다른 소리바다 회원들과 공유하려는 의도가 있었다고 보았다. 즉 저작물 공유를 통한 집단적 이용에 대한 의도성을 인정한 것이다. 그리고 이와 같은 파일공유 행위가 소리바다 서버에 접속한 불특정 다수인 사이에서 광범위하게 이루어진다는 점에서 영리 목적 유무에 상관없이 사적 이용을 위한 복제에 해당하

18 서울중앙지방법원 2005. 1. 12. 선고 2003노4296 판결.

지 않는다고 판단하였다. 개인적 이용에 그치지 않고 불특정다수에 가까운 회원들 간의 공유라는 이용의 광범위성에 주목할 때, 영리성 목적의 판단은 사실상 의미가 없다고 본 것이다. 이처럼 저작물 사용의 용도가 중요한 열쇠로 작용한 프랑스 사례를 보면, 컴퓨터 간 파일이동이 사적복제인지에 관한 판단에서 법원은 복제가 개인적 용도였는지 단체적 사용이 목적인지에 주목하였다. 그리고 인터넷 사용자가 업로드를 통해 저작물을 다른 사람과 공유할 수 있는 상태에 놓아둔다면 공급자의 지위를 갖는 것이며 사적복제의 항변을 할 수 없다고 보았다(양대승, 2011). 즉 온라인상에서 공유 목적으로 파일을 업로드 한 자는 이용자에서 공급자로 바뀌는 것이어서, 사적 이용의 주체가 될 수 없다는 것이다.

둘째, 비영리성 요건과 관련해서 법원19은 이용자가 MP3파일을 구매하지 않고 다운로드 받는 행위는 다른 사람이 구매한 게임CD를 복제하는 것처럼 통상적으로 비용을 내고 구입해야 할 것을 무상으로 얻는 행위이므로, 영리적인 목적이 있다고 해석하였다. 또 법원20은 이용자 상호 간에 파일을 다운로드하는 행위도 CD 대체물로서의 영구적 복제물에 해당하는 MP3파일을 서로 주고받는 행위로서, 임시로 몇 회 정도 판매점포 등에 비치된 샘플 CD를 통해 구매하려는 음반을 미리 들어보는 것과 같다고 볼 수 없으므로, 영리 목적이라고 보았다. 이것은 직접적인 영리추구뿐 아니라 대가를 주고 구매해야 하는 저작물을 사적복제를 통해 이용함으로써 비용절감의 이익을 얻는 간접적 영리추구도 영리성에 포함된다고 풀이할 수 있다. 이와 같은 해석은 미국 Napster 판결(2001)21의 영향을 어느 정도 받은 것으로 추정된다. 동 판결에서는 정품 CD 구매를 결정하기 위해 음악을 미리 들어보는 행위도 결과적으로 무료로 음악 전체의 영속적인 복제물을 복제한 것이란 점에서 저작물 이용목적의 영리성을 인정하였다. Sony BMG Music Entertainment 판결(2009)22에서 디지털 음악콘텐츠를 합법적으로 구매할 수 있는 환경이 조성되었음에도 불구하고, 파일공유 소프트웨어를 사용하여 음악파일을 다운로드 한 행위가 영리 목적이 있다고 판시한 것도 같은 맥락에서 이해할 수

---

19 수원지방법원 성남지원 2003. 2. 14. 선고 2002카합284 판결.
20 서울고등법원 2005. 1. 12. 선고 2003나21140 판결.
21 A&M Records, Inc. v. Napster, Inc., 239 F.3d 1004, 9th Cir.(2001).
22 Sony BMG Music Entertainment v. Tenenbaum, 672 F.Supp.2d 217(2009).

있다. 따라서 사적 이용의 주관적 요건인 비영리성을 충족시키기 위해서는 반드시 대가를 주고 구입한 저작물을 사용해야 한다. 이것은 합법적인 복제물 구매 유인이 사적 이용을 정당화하는 근거라는 점을 고려할 때 타당하다. 반면 이처럼 대가를 지급하고 구매해야 할 콘텐츠를 무상으로 얻는 행위에 대해 영리 목적을 인정하는 것은 영리 목적에 대한 지나친 확대해석이라 볼 수도 있다.

③ 디지털 VTR을 이용한 TV프로그램의 사적 녹화[23]

1) VTR을 이용한 TV프로그램의 사적 녹화와 공정이용

미국에서 1970년대 중반 가정용 비디오녹화기인 VCR이 등장하기 이전까지는 불특정다수에 의한 동시적 수신이라는 전통적인 방송의 특성상, 시청자는 보고 싶은 프로그램의 방송시간을 놓치면 나중에 재방송되지 않는 한 시청할 수 없었다. 그러나 VCR이 등장하자, 본방송을 시청하기 어렵거나 선호 프로그램이 서로 다른 채널에서 동시에 방송될 경우, 보지 못하는 프로그램을 녹화했다가 편리한 시간에 재생해서 보는 시간이동 시청이 가능해졌다. 방송프로그램에 대한 시청자의 시청통제권을 적극적으로 행사할 수 있게 된 것이다(den Bulk, 1999; Levy, 1980, 1981; Levy & Fink, 1984; Lin, 1992). 한마디로 VCR은 TV 시청패턴을 바꿔 놓은 혁신적인 매체였다.

반면, 가정에서 VCR 이용은 중요한 경제적, 법적 이슈를 제기하였다. 첫째, 광고를 건너뛰면서 VCR에 프로그램을 녹화하거나 녹화한 프로그램을 광고 단가가 가장 높은 프라임타임에 재생해서 시청할 경우, 실시간 방송 시청률이 떨어지고 다시 광고 수입의 감소 현상으로 이어져서 결국 방송사 입장에서는 경제적으

---

23 일부 내용은 조연하의 연구(2006)인 "PVR(Personal Video Recorder)을 이용한 방송저작물 녹화의 법적 성격: 사적복제 및 공정 이용의 관점에서"와 조연하·김미라의 연구 (2006)인 "공정이용 관점에서의 개인용 비디오녹화기(PVR) 이용연구: 디지털 방송저작물의 복제 및 전송을 중심으로"에서 발췌하여 재정리하였음.

로 큰 타격을 받을 수 있다. 둘째, 가정에서 개인적인 이용을 목적으로 TV프로그램을 녹화하는 행위가 저작권을 침해하는 행위인지, 아니면 공정이용에 해당하는지와 같은 법적인 문제가 발생할 수 있다(Agostino, Terry & Johnson, 1980).

VCR 관련 저작권 분쟁은 방송프로그램의 녹화에 공정이용 원칙을 적용한 최초의 판례(Furtado, 2005)인 미국의 Sony 판결(1984)에서부터 시작되었다. 이 사건은 유니버설 스튜디오가 VCR을 이용하여 자사가 저작권을 소유한 TV프로그램을 녹화하는 것은 저작권을 침해하는 것이며, 기기 생산자이자 판매자인 소니가 그에 대한 기여책임을 져야 한다고 주장하면서 제기했던 저작권 침해소송이다. 이 사건의 핵심은 VCR을 사용해서 무료로 제공되는 지상파방송 프로그램을 녹화하는 행위가 공정이용인지 여부였다. 먼저 1심 판결24에서는 가정에서 비상업적인 목적으로 무료로 제공되는 지상파방송의 프로그램을 녹화하는 것은 저작권 침해가 아니며 소니에게 간접책임이 없다고 판시하였다. 그러나 2심 판결25에서는 1심을 뒤집고 소니에게 간접책임이 있다는 결론을 내렸다.

이에 대해 연방대법원 판결은 다수의견과 반대의견으로 입장이 나뉘었다. 먼저 공정이용을 판단하는 첫 번째 요인인 저작물 이용의 목적과 성격의 경우, 다수의견은 VCR을 사용해서 상업적인 이윤을 추구하지 않고 가정에서 이용할 목적인 사적복제는 공정하다는 1심 판결에 전적으로 동의하였다. 특히 이용목적 판단에서 VCR의 시간이동 기능에 주목하였는데, VCR의 주된 용도가 보다 편리한 시간대 시청이라는 조사결과를 증거로 채택하고, 그런 이용은 저작권 침해행위가 아니라고 판시하였다. 그리고 저작권을 침해하지 않는 이용을 금지하는 것은 이에 필적할 이익도 없이 공적인 정보에 대한 이용자의 접근을 제한하는 위험한 결과를 초래할 수 있다고 해석하였다. 그러나 반대의견에서는 가정에서 프로그램을 녹화해서 나중에 시청하는 행위가 저작물을 생산적으로 이용하는 것이 아니므로 저작권을 제한할 정당성이 없다고 주장하였다. 시간이동 시청은 소비성이 강한 일상적인 이용의 성격을 띠고 있고, 공익을 추구하기 위해 저작권을 제한하는 저

---

24 Universal City Studio Inc. v. Sony Corp. of America, 480 F. Supp. 429 (D.C. Cal. 1979).

25 Universal City Studio Inc. v. Sony Corp. of America, 659F.2d. 963(1981).

작권법 본래의 취지와도 맞지 않는다는 논리였다. 이러한 입장은 2심 판결논리와 일치한다. 연방항소법원은 일상적인 이용목적의 사적복제를 공정이용의 범주에 포함한 Williams & Wilkins 판결[26]의 문제점을 지적하였는데, 원저작물을 이용해서 새로운 저작물을 창작하는 경우에만 공정이용을 적용해야 하며 비디오 녹화나 사진 복사와 같이 일상적인 목적의 복제는 공정이용 원칙을 적용할 수 없다는 것이다.

둘째, 이용된 저작물의 성격 요인과 관련해서 1심 판결에서는 방송프로그램은 공중이 자유롭게 접근할 수 있는 성격을 띠고 있을 뿐 아니라 연예오락적인 특성이 강하다는 점, 광고수익으로 운영되는 방송사와 이용자로부터 직접 저작물 사용료를 받는 저작권자는 서로 성격이 다르다는 점을 근거로, 비록 허락을 받지 않은 저작물 이용이라 해도 저작권 침해가 아니라고 해석하였다. 연방대법원도 무료로 제공되는 지상파방송 프로그램의 성격상 개인적으로 이용하기 위한 녹화는 공정이용이라고 보았다. 연방대법원은 이런 논리를 케이블방송과 유료TV채널로 더 이상 확대해서 적용하지는 않았다. 그러나 지상파방송 프로그램은 공공재라는 재화의 속성상 소비의 비경합성, 비배제성을 띠고 있지만, 유료방송 프로그램은 비경합성, 배제성을 띠고 있다는 점에서 Sony 판결의 논리를 동일하게 적용할 수는 없을 것이다.

셋째, 이용된 부분의 양과 실질적 유사성에 대해 1심은 비록 가정에서의 사적 복제가 프로그램 전체를 녹화했다 해도 다른 세 가지 판단요소와의 균형을 고려할 때 저작권 침해가 아니라고 보았다. 연방대법원의 다수의견도 같은 입장이었는데, 공공재라는 방송프로그램의 특성 때문에 복제의 양은 문제가 되지 않는다는 것이다. 반면 반대의견에서는 프로그램 전체를 복제하는 것이 과연 합법적인지에 대해 의문을 제기함으로써 공정이용 판단을 좀 더 엄격하게 하려고 했다.

마지막으로, 사적복제가 방송프로그램의 잠재시장에 미치는 효과에 주목한 결과, 다수의견은 VCR로 인한 시청률 감소와 같이 방송시장에서 경제적 손실이 발생했다는 증거가 불충분하다는 점을 지적하면서, 오히려 시간이동 시청 기능을 십분 활용하여 시청자 수를 더 확보하고 저작권자의 경제적 수익을 높일 수 있다

---

26 Williams & Wilkins Co. v. U.S. 487F.2d 1345(1973).

고 보았다. 이에 대해 반대의견은 사적복제에 대한 저작권료로 저작권자가 얻는 경제적 이익을 다수의견이 간과했음을 지적하였다. 같은 맥락에서 2심 판결에서도 VCR을 이용한 방송프로그램의 대량복제가 미치는 누적 효과를 1심에서 간과했던 점을 지적하고, 그런 효과가 방송프로그램의 잠재시장에 부정적으로 작용할 것을 우려하였다.

이상의 Sony 판결을 토대로 할 때, 공정이용의 판단요인 중에서도 중요하게 적용했던 기준은 저작물 이용의 목적과 경제적 효과이다. 동 판결의 함의는 무엇보다도 공정이용에 대한 정의를 전례 없는 방식으로 확장했다는 점이다. 즉 1976년 저작권법의 공정이용 조항에서 명시한 정당한 목적의 범위에 비판, 논평, 시사보도, 교육, 연구 외에도 비상업적인 사적 이용을 포함함으로써, 공정이용에 해당하는 저작물 이용의 목적과 성격의 범위를 확장하는 역할을 한 것이다. 그뿐만 아니라 시간이동 시청 목적의 비상업적인 사적복제가 공정이용이라고 판결함으로써 "모든 적법하지 않은 저작물 이용이 반드시 저작권을 침해하는 행위가 아니다"라는 개념에 의존해서 시간이동 시청 원칙을 확고히 했다는 점에서도 의미가 크다. 또 이 판결은 단순히 기기를 생산해서 일반 공중에게 판매했다는 VCR제조사에게 저작권 침해의 간접책임을 물을 수 없다는 점을 분명히 해 주었다. 그리고 무엇보다도 Sony 판결의 논리가 이후의 공정이용 판결에서 기념비적인 판례법 형식으로 적용되었다는 점에서도 판결의 함의를 찾을 수 있다.

2) 디지털 VTR을 이용한 TV프로그램의 사적 녹화의 법적 성격

아날로그 환경에서 시작된 TV프로그램의 녹화와 관련된 저작권 침해논쟁은 디지털 시대로 넘어오면서 개인용 VTR인 PVR의 등장과 함께 다시 시작되었다. PVR은 가정용 하드디스크 녹화기에 전자프로그램가이드인 EPG 기능을 추가하여 개인화 및 시청의 편의성을 극대화한 기술이다. 이것은 DVR 또는 HDR(Hard Disk Recorder) 등 다양한 용어로 사용되기도 한다. DVR은 CCTV에 연결해서 녹화하는 보안용 장치를 가리키는 것이며, HDR은 가정용 하드디스크 녹화기를 의미한다(이규택, 2003).

미국에서는 2000년대 초를 전후로 TiVO, Replay TV와 같은 PVR이 시판되기 시작했다. 우리나라에서도 2005년 5월 LG전자가 국내 최초로 PVR 기능이 내장된 '타임머신 TV'를, 삼성전자가 2006년 5월 외장형 PVR '애니뷰'를 출시하였다.[27] PVR은 마그네틱테이프에 영상신호를 저장하는 VTR과 다르게 셋탑박스나 TV에 내장된 하드디스크에 정보를 기록해서 재생하는 기술이다(Wattles, 2004). 기존의 테이프 대신에 복잡한 소프트웨어가 내장된 컴퓨터 하드드라이브를 사용하는 디지털 VTR의 개념이다.

PVR에는 아날로그 VTR의 시간이동 기능 외에도 생방송 일시 정지, 선호 프로그램의 녹화 및 편집, 광고 건너뛰기, 녹화프로그램의 파일전송 등의 기능이 추가되었다. 기본적으로 장시간 녹화가 가능하고 일정 시간 자동으로 녹화된다. 그러므로 축구경기 중계방송을 보다가 잠깐 자리를 비우느라고 골인 장면을 놓쳤더라도, 즉각적으로 그 장면을 찾아볼 수 있고 반복적인 재생도 가능하다. 방송에 대한 실시간 통제가 가능한 것이다. 또 세계 최대 유료 동영상 서비스사업자인 미국의 넷플릭스(Netflix)가 알고리즘을 이용하여 사용자의 서비스 이용 패턴이나 취향을 정확히 파악해서 사용자에게 맞춤형 영상을 추천해주는 것과 마찬가지로, PVR은 시청자의 시청패턴을 계속 추적해서 취향이나 선호 프로그램 장르를 파악한 뒤 해당 선호 프로그램이 방송될 경우 알려주거나 자동으로 녹화되기도 한다. 녹화된 프로그램을 보다가 버튼을 누르면 광고를 보지 않아도 되며(QuickSkip), 아예 광고를 건너 뛴 녹화가 가능해서 시청자가 광고가 삭제된 녹화프로그램을 볼 수도 있다(Commercial Advance). 물론 아날로그 VTR에서도 사용자가 수동으로 광고 부분을 건너뛰고 녹화하는 것이 가능했지만, PVR은 기기 그 자체가 그 기능을 수행해 준다는 점에서 차이가 있다. 그리고 PVR에는 녹화프로그램 파일을 동일 기종의 PVR을 소유한 다른 이용자에게 보내주는 기능(Send Show)도 있다. 그 외에도 시청자가 장르별, 제목별로 녹화프로그램을 분류, 저장할 수도 있고(Show Organizer), 시청하다가 일시 정지시킨 화면을 다른 방의 수상기에서 이어서 볼 수도 있다(Abrams, 2004; Bower, 2002; Hilo, 2003; Hurowitz, 2003; Lemley, 2005; Snow,

---

27 삼성, 외장형 PVR '애니뷰' PDP·LCD TV 확대 적용. 디지털타임스 2006년 5월 18일자. http://news.naver.com/main/read.nhn?mode=LSD&mid=sec&sid1=105&oid=029&aid=0000137511

2005; Wattles, 2004). 이러한 PVR의 기술적 특성은 기존의 VTR에 비해 시청의 편의성을 높여주었을 뿐 아니라 방송통제 능력을 한 차원 높여주었다.

이와 같은 기술적인 특성 중에서 특별히 경제적으로나 법적으로 논란이 되었던 것은 광고 건너뛰기와 녹화프로그램 전송기능이다. 먼저 광고 건너뛰기 기능은 경제적인 측면에서 볼 때 광고 회피 현상을 초래하여 광고 노출도가 떨어지고 광고가 재원인 방송사업자에게는 광고수입의 감소로 재정적인 타격을 받을 수 있다. 법적인 차원에서는 방송프로그램 저작자의 동일성유지권을 침해할 소지가 있다. 광고가 삭제되고 녹화될 경우 방송프로그램의 편성시간대를 변경시키는 효과뿐 아니라 방송프로그램의 길이가 짧아지므로, 시청자가 보게 되는 프로그램의 형식과 내용이 달라졌다고 볼 수 있기 때문이다. 그리고 시청자가 광고를 삭제하고 녹화하는 것을 일종의 편집개념으로 본다면, 방송프로그램을 원저작물로 하는 편집저작물을 작성하여 이용할 권리인 2차적저작물작성권의 침해 문제도 제기될 수 있다. 또 녹화프로그램 전송기능도 한정된 수의 이용자에게만 전송되는 것으로 시작되었지만, 프로그램 저작권자와 저작인접권자인 방송사업자의 권리와 관련된 법적 이슈를 불러일으킬 수 있다. 게다가 시청자들이 시간이동 기능을 좀 더 적극적으로 활용할 경우, 방송편성시간이나 프라임타임의 의미가 사라질 수도 있다.

이상의 특성에 기초할 때, PVR을 이용한 방송콘텐츠의 녹화는 시간 압축, 선택적 시청을 가능하게 하는 광고 건너뛰기와 공간이동을 가능하게 하는 파일전송과 같은 특유의 기술적 특성으로 인해 저작물 이용목적이 사적 이용이나 비상업적인 이용에 그치지 않으며, 방송프로그램의 가치와 잠재시장에 부정적인 효과가 발생할 수 있다는 점에서 Sony 판결의 공정이용 항변을 사용하기 어렵다. Napster 판결이나 소리바다 판결 논리를 적용할 경우 더욱 명백해지는데, 돈을 내고 사용해야 하는 음악저작물을 무료로 이용하는 것은 상업적이라는 점, 익명의 사람들에 대한 파일배포는 사적 이용이라 할 수 없는 점, 또 음악파일 공유가 디지털 음악저작물의 잠재시장에 미칠 수 있는 효과 등을 근거로 법원은 네트워크상의 음악저작물 파일공유가 공정이용이 아님을 분명히 하였다. 이와 같은 판결의 근거가 PVR에 주는 함의는 크다. PVR이란 디지털 미디어의 기술적 특성은 물론이고 유료방송시장 확대 및 인터넷을 통한 네트워크 기능 강화 등의 요인 때문에 공정이용 논의에서 공간이동 개념이 더 중요해졌으며, 기존의 VTR에 비해 저작물의 경제적인 가치에 미치는 효과에 관한 논의가 좀 더 비중 있게 다루어질 필요가 있다는 점이다. 이렇게 되면 이용자 권리보다는 저작권자의 권리 보호가 더욱 강화되는 추세로 갈 것이며, 결과적으로 공정이용으로 인정받을 수 있는 영역이 축소될 것이다. 공정이용 원칙이 저작권자와 이용자의 권리 간의 균형을 추구하는 도구라는 점에서, PVR 이용과 관련한 공정이용 논의에서 저작권 보호와 함께 항상 이용자의 권리도 함께 강조되어야 하며, 이것이 디지털 미디어 시대의 저작권법에 충분히 반영될 필요가 있다.

14^장 저작권 침해 방지기술과 저작권자의 접근통제권

디지털 환경이 저작물 이용을 위해 주요한 환경이자 동시에 저작권 침해에 대해 취약한 공간이 되면서, 디지털 콘텐츠의 저작권 보호 체계를 마련하기 위해 기술적 보호조치와 관련된 기술과 법률의 정비가 필요해졌다. 기술적 보호조치 외에도 저작권 침해를 방지하기 위해 저작권자가 자신의 저작물 이용에 접근해서 이용하는 것을 통제할 수 있는 권리의 필요성도 제기되었다. 먼저 콘텐츠 저작권 보호를 위한 기술적 보호조치의 필요성을 검토하고, 저작권자의 접근통제권과 관련된 쟁점을 이해하기 위해 저작물 이용과 통제 차원의 접근권의 의미, 저작권자의 접근통제권의 인정 근거, 기술적 보호조치와 접근통제권에 관한 입법현황을 다룬다.

① 저작권 보호를 위한 기술적 보호조치

혁신기술은 저작물의 생산과 이용에 기여하는 동시에 저작권 침해의 수단이 되기도 한다. 일상생활에서 아주 편리하게 사용하고 있는 VCR, 복사기, 컴퓨터는 물론이고 심지어는 종이나 필기도구조차도 등장 초기에는 대단한 기술혁신으로 평가받으면서 저작물 생산에 크게 이바지했지만, 한편으로는 저작권 침해 도구로 사용되었다(Lemley, 2005). 특히 인터넷은 콘텐츠의 생산과 유통을 위해 필요한 기술이지만, 다른 사람이 만든 콘텐츠를 불법으로 다운로드 받아 다른 사람에게 영리적인 목적으로 전송함으로써 콘텐츠 저작자의 저작권을 침해하는 기술로도 활용된다. 그러므로 인쇄술의 발달로 저작권법이 탄생한 이후 저작권이라는 창의적 권리와 기술혁신 간의 균형 문제는 반복적으로 검토되면서 변화를 거듭하였고, 음악 재생 기기에서 최신 컴퓨터 네트워크에 이르기까지의 기술은 입법과 재판을 통해 저작권법의 발달에 영향을 미쳤다(Bartley, 2007). 이와 관련하여 리(Lee, 2010)는 정보시대가 되면서 저작물의 개별적 이용뿐 아니라 새로운 커뮤니케이션 기술의 이용과 관련된 새로운 유형의 공정이용인 '기술적 공정이용'이 탄생했으며, 새로운 기술의 합법성은 저작권은 물론이고 사람들의 일상생활과 기술 및 경제 발전에 심오한 영향을 미칠 수 있다는 점을 강조하였다.

저작물의 복제와 전달 기술의 발달은 저작물의 불법 이용을 초래해서 저작권자들에게 위협이 되고 있다. 초기의 저작권 보호는 인쇄술에 의한 복제물, 즉 출판물의 저작권 침해를 방지하는 것이 주목적이었다. 그러나 과학기술의 발전은 저작물을 수록하여 전달하는 미디어의 증가와 더불어, 저작권 침해의 대상을 인쇄매체에서 전자적 장치로까지 넓히는 결과를 가져왔다. 특히 인터넷을 비롯한 디지털 기술과 관련된 매체의 눈부신 발전은 저작물의 유통량 증가를 초래하였고, 이것이 저작권법에 미친 영향은 이전의 어떤 것과도 비교할 수 없을 만큼 충격적이다. 저작물의 이용조건을 위반하는 경우를 일일이 찾아낼 수 없을 뿐 아니라 개별적으로 책임을 묻는 것도 현실적으로 불가능해졌다. 저작권법이 통제하려는 것은 기본적으로 타인의 저작물을 함부로 복제하여 유통하는 행위인데, 디지털 환경에서는 저작물의 복제에 수반되는 한계비용이 영(zero)이 된 상태에서 복제의 질이 원본과 같은 수준에 이르고, 복제물의 유통도 추가비용 없이 매우 신속하고 광범위하게 이루어질 수 있어, 기존의 저작권법만으로 그러한 복제 및 유통을 적절히 통제하기 어려워졌다. 게다가 디지털 기술은 저작물 이용자를 직·간접적으로 저작권을 침해하는 잠재적 불법 행위자로 만들었다.

이렇게 저작물에 대한 불법적 접근과 이용을 막을 목적으로 저작권자들이 기술 속에서 찾은 대응방안 중 하나가 바로 기술적 보호조치(Technological Protection Measures; TPMs)이다. 이것은 하드웨어나 소프트웨어 또는 양자를 결합한 형태로 원하는 조건을 기술적으로 저작물에 부착하여, 이런 조건을 충족하지 못하면 저작물을 이용할 수 없게 하는 통제시스템으로, 소프트웨어 산업과 디지털 콘텐츠 산업에서 광범위하게 적용되고 있다. 한마디로 저작물에 대한 접근을 제한하거나 복제를 방지하기 위한 기술적 조치이다(배대헌, 2011; 이해완, 2015; 최진원·남형두,

2006). 접근통제를 위한 기술적 조치의 예로는 암호부호기법, 암호화 등이 있고 저작권 보호를 위한 기술적 조치는 복제 매수 제한, 다른 기기에서의 사용 불가 등을 예로 들 수 있다. 그러나 그런 기술적 보호조치를 무력화하는 기술까지 등장하게 되자, 이를 금지하는 규정까지 저작권법에 포함되었다. 이용자는 새로운 기술적 보호조치와 그에 따른 법률 때문에 불편함을 느끼면서 저작물을 이용할 수밖에 없게 된 것이다.

② 저작권자의 접근통제권

PC의 보급과 인터넷 관련 통신기술의 발달로 콘텐츠 이용환경이 변화함에 따라, 정보 생산자로부터 직접 최종 소비자에게 정보가 전달되면서 저작물 이용 형태가 사적 이용에 해당하는 경우가 대부분이다. 이로 인해 저작권법의 전통적인 구조를 수정할 필요성이 제기되었다. 아날로그 환경에서는 저작물의 원본이나 복제본을 물리적으로 소유하고 있는 경우에만 저작물 이용이 가능하였다. 하지만 디지털 환경에서는 저작물을 소유하지 않고 미디어에 접속만 해도 그 내용을 경험할 수 있게 되었다. 저작물 이용방식의 범위가 저작물의 소유에서 저작물에 대한 접속 개념을 포함하는 것으로 확대된 것이다. 이렇게 저작물에 대한 접근과 이용 방식이 변화함에 따라 저작자가 자신의 저작물에 대한 접근을 통제하는 힘이 더 중요해졌다(Ginsburg, 2003).

저작물에 대한 저작자의 접근통제권(access-right)은 미국의 DMCA(1998)에 저작권 침해를 방지하기 위한 기술적 보호조치 조항이 포함되면서 새롭게 부각하기 시작한 법적 개념이다. 즉 기술 보호조치와 관련하여 등장한 개념이며, 복제권 등과 같이 저작권자에게 일반적으로 인정되는 것이 아니라, 기술적 보호조치와 관련해서만 인정되는 권리라는 점에서 차별성을 가진다. 그러므로 저작권자가 기술적 보호조치를 사용하여 저작물에 대한 일반인의 접근을 통제할 수 있는 배타적인 권리 내지 배타적인 권리에 유사한 권리의 성격을 가진다(이대희, 2004).

1) 저작물 이용과 통제 차원의 접근권 의미

저작물에 대한 접근권 개념은 원래 저작권이 보호하는 저작물을 일반인이 이용할 수 있는 권리를 의미했다. 미국 헌법 제1조 제8항에서는 학문의 증진, 일반인의 공유 영역 보존, 저작자 보호라는 세 가지 목표를 추구하고 있다. 그리고 제4의 정책 목표로서 묵시적인 접근권(implied right of access)을 추구한다(Patterson & Lindberg, 1991). 이러한 묵시적인 접근권에 근거하여 저작자는 배타적인 권리를 부여받는 대가로 일반인이 자신의 저작물을 이용할 수 있도록 하는 것에 동의하고 학문의 증진은 이러한 접근권에 의존하게 된다는 것이다. 따라서 저작권에는 저작권자가 법적으로 독점적인 권리를 부여받음으로써 얻는 이익에 필수적인 조건으로서 일반인의 접근권(right of public access)이 수반된다(문화관광부, 2003). 저작권법에서의 공정한 이용이라는 저작물 이용 차원의 목표를 달성하기 위해 새로운 저작물에 대한 공중의 접근 가능성을 높여야 하며, 더 많은 이용자에게 저작물이 더 빠르게 배포되도록 혁신적인 매체를 활용하여 편리하고도 효율적인 이용을 도모해야 한다(Kreiss, 1995; Lemley, 2005)는 점에서 일반 공중의 저작물에 대한 접근권은 매우 중요하다. 이렇게 접근권이 저작물에 접근할 수 있는 권리로 해석될 경우, 저작권자가 저작물에 대한 접근을 통제할 수 있는 권리와는 다르다(Heide, 2001)고 볼 수 있다.

반면 접근통제권(right to control access; access-right)은 일반인이 저작물을 파악하는 방법을 통제할 권리 또는 보호되는 저작물에 대한 이용자의 접근을 통제할 수 있는 저작권자의 배타적인 권리로 정의된다(이대희, 2004). 저작권자의 접근통제 차원의 접근권에 대해 올스왕(Olswang, 1995)은 "창작자들이 콘텐츠에 대한 접근을 통제할 수 있는 수단"으로 정의하고, 이 권리의 주목적은 창작자에게 저작물 이용을 허가하거나 금지할 수 있는 독점권을 부여하는 것이라고 설명하였다. 또 하이드(Heide, 2001)는 "보호되는 저작물에 대한 이용자의 접근을 통제할 수 있는 저작권자의 배타적인 권리"로 정의하였다. 긴스버그(Ginsburg)와 에프로니(Efroni)는 이와 같은 접근통제 차원의 접근권을 콘텐츠 소비자 입장에서 접근할 수 있는 권리에 반대되는 개념으로 저작권자가 향유할 수 있는 독점적인 권리를 의미하는 것으로 사용하였다(Popernik, 2013). 즉 긴스버그(2003)는 접근권을 "공중

구성원들이 저작물을 이해하는 방식을 통제할 수 있는 권리"의 개념으로 정의하였으며, 에프로니(2011)는 저작자가 저작물의 복제 금지 또는 제한에 대해 독점권을 행사하는 것 자체가 공중의 저작물 접근에 대한 간접적인 통제라고 보고, 그와 같은 접근통제권을 저작권자의 새로운 독점권의 하나로 제안하였다. 이와 같은 정의를 토대로 하면, 저작권자의 접근권[1]은 이용자의 저작물 접근에 대해 저작권자가 가지는 통제권이 핵심이다. 그런 점에서 접근권보다는 접근통제권이란 표현을 사용하는 것이 더 적합하다고 생각한다.

이렇게 볼 때 이용자 차원의 접근권은 저작권자의 허락 없이 저작물 접근을 허용한다는 의미에서 일종의 배타적 저작권을 제한하는 기능을 한다. 반면 접근통제권은 저작물 접근을 통제한다는 점에서 배타적인 저작권과 유사하다. 특히 디지털 환경에서는 접근통제권이 강화되는 만큼 이용자의 접근권이 제한되기 때문에, 두 가지 권리는 서로 긴밀한 관련성을 가지면서 대립 관계에 놓일 수밖에 없다. 그럼에도 불구하고 접근통제권이 디지털 환경에서 저작권자를 적절하게 보호하기 위한 개념이라 해도, 일반인의 저작물에 대한 접근은 창조와 이에 기초한 진보에 바탕이 되는 것이므로, 저작권자의 접근통제권을 인정한다고 해서 그동안 일반 이용자가 향유했던 저작물에 대한 접근이 제한되어서는 안 될 것이다(문화관광부, 2003).

2) 저작물에 대한 접근통제권의 인정 근거 및 쟁점

사실 기술적 보호조치에 관한 입법이 이루어지기 전에는 접근권이라는 개념은 저작권에 의하여 보호되는 저작물을 일반인이 이용할 수 있다는 것을 의미했

---

1 독일 저작권법에서는 저작물 접근권을 규정하고 있는데, 저작자는 자신의 저작물의 원본 혹은 복제물의 점유자로부터 동인의 정당한 이익이 침해되지 아니하는 범위에서 복제물의 제작이나 저작물의 개작에 필요한 경우, 위 원본 혹은 복제물을 자신에게 접근시킬 것을 요구할 수 있도록 하는 내용으로, 접근통제권과 입법취지나 내용이 다른 개념이다. 저작물의 원본 또는 복제물의 소유자 또는 점유자에 대한 권리로서, 저작물의 점유가 달라짐으로써 발생할 수 있는 소유권과 저작권 사이의 긴장 관계와 이익을 조정하려는 취지를 가진다. 스위스, 오스트리아의 저작권법에서도 독일의 접근권과 비슷한 내용을 가진 저작자의 접근권을 보장하고 있다(계승균, 2010).

다. 공표된 저작물에 대한 일반인의 접근(public access) 보장은 저작권법의 전통적인 목적이었으며, 저작권자는 법적인 독점권을 부여받는 조건으로 일반인에게 접근권을 허락해주어야 한다는 논리가 존재했다. 그러나 디지털 환경으로 변화하면서 저작물의 이용행태도 소유보다는 접속을 통한 이용으로 변화하고 출판사나 저작자들이 경제적 이익을 지키기 위해 기술적 보호조치로 접근을 통제하게 되면서, 접근권은 저작권자가 '복제물의 접근을 통제하고 제한하는 권리'로 의미가 바뀌게 되었다.

최근 PC의 보급과 인터넷 관련 통신기술의 발달로 저작물 이용환경이 변화함에 따라, 정보 생산자로부터 최종 소비자에게 직접 정보가 전달되면서 대부분의 저작물 이용형태가 사적 이용에 해당할 수 있게 되었다. 이로 인해 저작권법의 전통적인 구조에 수정을 요구하게 되었는데, 최종 소비자의 저작물 이용행위에 대해서도 저작권법이 관여하기 시작했으며, 단지 저작물에 접근하는 행위까지 통제할 수 있는지에 대해서도 논란이 되기 시작한 것이다(신재호, 2009). 이에 따라 과거에는 복제나 배포 등의 이용행위만을 저작권법의 대상으로 삼았지만, 디지털 시대로 변화하면서 최종 소비자인 일반인이 저작물을 읽거나 듣고 보는 행위까지 통제하는 권리를 저작자에게 부여하자는 논의가 미국에서 시작되어 유럽연합 저작권지침에도 반영되는 등 확대일로에 있다(최진원·남형두, 2006). 즉 디지털 기술과 인터넷 이용환경에서는 누구든지 저작물의 완전한 복제물을 복제하여 광범위하게 배포할 수 있게 됨에 따라, 접근통제권이 더욱 설득력을 가지면서 법적 논의의 대상이 되고 있다.

저작물에 대한 접근통제권은 일반적으로 몇 가지 근거에서 필요성이 인정되고 있다. 첫째, 디지털 환경에서는 저작권 침해가 용이해서 저작권자를 보호할 필요성이 크며, 비밀번호나 암호화 등 이미 접근통제를 위한 기술적 보호조치가 사용되고 있다. 둘째, 접근통제권을 인정할 경우 기술발달로 인한 저작물 이용형태의 변화와 이로 인한 시장실패 등을 고려할 때, 디지털 경제하에서 여러 가지 혜택을 줄 수 있다. 셋째, 디지털 환경에서는 물리적 복제물보다 디지털 복제물이 더 중요한 역할을 한다. 넷째, 디지털 환경에서 접근통제를 위한 기술적 보호조치는 DRM, 자동화된 권리관리체계(automated rights system), 밀폐포장 이용허락(shrink-wrap license)[2] 등과 함께 사용되어 저작물의 효율적인 배포를 가능하게 한다. 다섯째, 저작물에 대한 접근을 권리로 보호하는 것은 디지털 저작물의 가장 중요한 권리가 될 것이며, 접근통제의 우회금지에 대한 인정이 불가피하다. 한편 저작권자의 접근통제권은 저작물 이용 차원에서도 중요한 의미를 지닌다. 불법 복제나 배포로부터 디지털 저작권자를 보호하고 일반인들이 영구적인 복제물을 가지지 못하게 할 수 있을 뿐 아니라, 사용허락과 결합된 접근통제 등의 기술적 보호조치로 인해 거래비용이 감소되므로 저작물 이용자가 더 편리하고 저렴하게 저작물을 이용할 수 있다는 것이다(문화관광부, 2003).

  그러나 저작권자의 접근통제권은 여러 가지 법적 쟁점을 불러일으키고 있다. 저작권자의 접근통제권에 대한 입법적 근거가 존재하는지, 기술적 보호조치 우회를 불법화하는 저작권법상의 조항을 접근통제권의 입법적 근거로 볼 수 있는지, 접근통제권에는 적법하게 저작물에 접근한 이용자의 저작물 이용방법까지 통제할 수 있는 권한까지 포함하고 있는지, 접근형 기술적 보호조치의 보호와 관련해서 저작권자의 저작물에 대한 접근통제권을 인정할 것인지, 그리고 접근통제권의 행사로 일반 공중의 저작물에 대한 접근권을 어떻게 제한하게 되는지, 접근통제권에 공정이용의 원칙 적용이 가능한지, 접근통제권을 또 다른 저작권자의 권리로 허용하는 것은 저작권 남용에 해당하는 것은 아닌지 등이다. 이에 디지털 저작물에 대한 접근통제권과 기존 저작권과의 관계설정에서부터 시작하여 저작권자의 권리로서의 접근통제권과 저작물 이용자의 권리 간의 균형을 이루는 문제에 이르기까지 접근통제권에 관한 입법적, 사법적 논의의 필요성이 제기된다.

  저작권자의 접근통제권이 저작권에 포함되는지는 2000년대 초 빠르게 무르익었던 이슈이다(Heide, 2001). 미 법원(2000)[3]은 저작권법이 저작권자에게 저작물에 대한 접근통제권을 부여한다고 시사한 바 있다. 일부 학자들(Ginsburg, 1999; Koelman, 2000)도 DMCA(1998)의 저작물 접근통제 우회기기의 배포금지조항을 사

---

2 일정한 범위에서 사용자에게 소프트웨어 사용권을 인정하는 이용계약의 일종이다. 예를 들어 CD로 제작된 소프트웨어는 겉면에 이용조건이 인쇄되거나 동봉되어 있고 비닐로 포장되어 있는데, 사용자가 포장된 비닐을 제거함으로써 소프트웨어 이용조건을 모두 받아들이는 것으로 보는 약관의 일종이다.

3 Los Angeles Times v. Free Republic, Civ. No. 98-7840, 2000 U.S. Dist LEXIS 5669 (C.D. Cal. Apr. 5, 2000).

실상 저작물에 대한 접근통제권이란 새로운 권리를 저작권법에 추가한 것으로 해석하였다. 이와 관련하여 긴스버그(2003)는 디지털 환경에서는 의회가 저작자를 보호하기 위해 인정했던 '독점권'에는 복제권뿐 아니라 접근통제권도 포함된다고 주장하였다. 또 포퍼니크(Popernik, 2013)는 전통적인 저작권법이 물리적 환경에서 저작물 보호를 위해 발전된 것이라면, 접근통제권은 소비자가 저작물을 경험하기 위해 효율적이고도 맞춤형 거래를 하는 새로운 콘텐츠 시장에 더 적합하다고 설명하였다.

저작권법상의 접근권에 대해서는 공정이용과 관련하여 서로 다른 견해가 존재한다. 피커(Picker, 2008)는 저작권법의 핵심은 접근의 합법성을 전제로 저작물이 어떻게 이용될 수 있는지를 명시하는 것으로, 접근권이 아닌 이용권을 정의하고 있음을 강조하고 저작권법상의 예외조항인 공정이용의 권리는 접근권이나 공정한 접근과 같지 않다고 설명하였다. 또 블리드(Blythe, 2006)는 공정이용 원칙이 저작권자의 접근통제권을 제한하는 효과가 있다는 점에서 저작물에 대한 정당한 접근과 이용을 허용한다고 보고, 복제 및 접근 방지기술 우회금지 장치가 보호하는 디지털 저작물에 정당한 이용자들이 일정 정도 접근할 수 있도록 DMCA를 개정할 것을 주장하였다. 이런 점에서 공정이용은 저작물 이용에 대한 접근성을 높여주는 안전장치로 작용할 수 있지만, DMCA의 우회금지조항은 공정이용 원칙에 따른 저작물 이용의 기회가 상실될 수 있다는 점에서 저작물 이용을 위한 접근권을 침해할 소지가 있다고 볼 수 있다.

3) 기술적 보호조치와 접근통제권에 관한 입법현황

접근통제권은 이용자가 저작자의 저작물에 접근하는 것을 기술적으로 통제하려는 취지를 가지므로, 기술적 보호조치와 깊은 관련이 있다. 기술적 보호조치는 보호 대상물에 대한 접근 자체를 통제하는 접근통제와 저작물에 대한 복제 등 이용을 통제하는 이용통제로 나뉜다. 이와 관련하여 저작권법에서는 기술적 보호조치에 대해 "저작권, 그 밖에 이 법에 따라 보호되는 권리의 행사와 관련하여 이 법에 따라 보호되는 저작물 등에 대한 접근을 효과적으로 방지하거나 억제하기 위하여 그 권리자나 권리자의 동의를 받은 자가 적용하는 기술적 조치"와 "저작권, 그 밖에 이 법에 따라 보호되는 권리에 대한 침해행위를 효과적으로 방지하거나 억제하기 위하여 그 권리자나 권리자의 동의를 받은 자가 적용하는 기술적 조치"로 정의하고 있다.

저작권자의 저작물을 보호하기 위해 기술적 보호조치가 나오게 되었으나, 이를 무력화하는 기술들이 개발됨에 따라 저작물의 효과적인 보호를 위해 기술적 보호조치를 보호할 필요성이 생겼다(정신, 2011). 이에 2003년 개정된 저작권법에 복제통제 기술적 보호조치 무력화를 주목적으로 한 기술, 서비스, 제품 등을 제공·제조·수입·양도·대여 또는 전송하는 행위를 저작권 침해행위로 간주하는 규정을 신설하였다. 그리고 2011년 EU와 FTA를 이행하기 위한 입법으로 동법 제6장(온라인서비스제공자의 책임 제한)에 기술적 보호조치의 무력화 금지 조항(제104조의 2)을 신설하고, 접근통제 기술적 보호조치를 포함하는 기술적 보호조치에 관한 규정을 신설하였다. 이에 따라 기술적 보호조치를 제거 변경하거나 우회하는 등의 방법으로 무력화해서는 안 되는데, 이 경우 암호 분야의 연구, 미성년자의 온라인 상의 유해 저작물에 대한 접근방지 등에 대한 예외조항을 두고 있다. 그 밖에도 저작권법에서는 영화상영관에서의 영상저작물 녹화나 공중송신 금지, 방송 전 신호의 송신 금지 등의 조항을 통해 저작권 침해를 방지하기 위해 이용을 통제하는 조항을 두고 있다.

접근통제권과 관련하여 미국의 DMCA의 제1201조나 유럽연합의 저작권지침 제6조에서는 사실상 접근권이 인정되고 있다. 따라서 저작권법에서 의미하는 접근권은 일반적인 배타적 저작권을 의미하는 것이 아니라 기술적 보호조치와 관련하여, 또는 기술적 보호조치에 한정하여 인정되는 권리이다. 그러나 기술적 보호조치에 의하여 간접적으로 인정되는 접근권은 첫째, 과연 디지털 경제의 성장을 위하여 정당한 것인가 아니면 저작물 이용자 내지 일반인의 저작물에 대한 접근을 부당하게 제한하는 것인가 둘째, 저작자가 행사하는 접근권이 저작권법상의 기술적 보호조치에 관한 규정 이외의 규정이나 다른 법으로 인정될 수 있지 않은가와 관련하여 논란이 될 수 있다(문화관광부, 2003).

일단 접근통제조치로 분류되는 기술적 보호조치는 디지털 환경에서 저작권자를 적절하게 보호하는 역할을 한다는 점에서 긍정적으로 인정된다. 반면 저작물 이용자들의 저작물 공정이용을 제한하고 저작권 보호기간이 경과한 후의 저작물도 보호하여 주는 등의 문제점 때문에 비판을 받고 있다(이규홍, 2007). 그럼에도 불구하고 디지털 환경에서 정당성을 인정받고 있는 저작권자의 저작물에 대한 접근통제권이 저작권법에서 보호하는 저작권의 또 다른 유형으로 추가된다면, 지금까지의 저작권 패러다임에 커다란 변화를 초래하게 될 것이다. 그러므로 저작권자의 저작물에 대한 접근통제권에 관한 입법적, 사법적, 정책적 차원의 논의에서는 디지털 환경에서 미디어 콘텐츠의 공정한 이용과 저작권 보호라는 이익 간의 균형을 모색하는 것을 목표로 접근하는 것이 절대적으로 요구된다.

15장 디지털 기술발전과 새로운 저작권 쟁점 전망

디지털 미디어 환경이 되면서 추가적인 저작권 논의가 필요한 새로운 현상들이 속속 생겨나고 있다. 이미 우리 생활에 깊숙이 자리 잡은 SNS(Social Network Service)에서부터 OTT(Over-the-Top), MCN(Multi Channel Network)과 같은 인터넷 기반의 새로운 온라인 동영상 콘텐츠 서비스 또는 사업자가 등장하였다. 또 제4차 산업혁명을 구현하는 기술인 빅데이터, 사물인터넷(Internet of things)은 물론이고 인공지능(Artificial Intelligence), 메타버스(Metaverse) 등이 화두가 되고 있다. 그중에서 인공지능은 이미 일상생활에서 새로운 디지털 미디어로 기능하고 있으므로 저작권 패러다임의 변화에도 적지 않은 영향을 미칠 것이라고 예상된다. 이러한 새로운 디지털 기술과 저작권에 대해서는 아직 충분한 학문적 논의나 관련 사례가 축적되지 않은 단계이지만, 앞으로 저작권 제도에 어떤 변화를 초래할 것인지 전망해 볼 수 있을 것이다.

① 새로운 디지털 미디어 서비스와 저작권

1) SNS(Social Network Service)와 저작권

(1) SNS의 특성

정보통신 기술과 멀티미디어 기술이 발달하면서 기존의 미디어 콘텐츠 생산자와 소비자의 경계가 허물어지고, 생산과 소비를 동시에 하는 생비자(prosumer)라는 개념이 새롭게 등장하였다. 그리고 신문, 방송, 통신 등의 멀티미디어 기능을 하는 인터넷에서 커뮤니티를 형성해서 정보공유 공간을 제공하는 소셜 미디어 가 탄생하였다. 소셜 미디어는 디지털 멀티미디어 기술에 기반을 두고 이용자들 이 서로 연결되어 적극적으로 콘텐츠를 생산하고 이를 유통하는 수단으로 사용되 는 미디어로서, 기술적 역량과 이동성에 의해 향상된 방식이다(김영석 외, 2016; 이 건호 외, 2013). 이것은 네트워크를 기반으로 하여 사회 구성원들이 자유롭게 참여 하여 정보를 제공하거나 교환함으로써, 자신의 취향과 활동을 다른 사람과 상호 공유하는 일종의 온라인 공동체의 역할을 하기도 한다. 그런 점에서 소셜 미디어 의 주요 기능은 정보교환과 사회적 관계 형성이다.

새로운 소셜 미디어와 이를 이용한 서비스가 끊임없이 개발되고 있고 새로운 카테고리가 생성되거나 내용에 변화가 나타나기 때문에, 소셜 미디어와 SNS의 분 류기준을 표준화하거나 공통된 정의가 확립되어 있지 않다. 지금까지의 논의를 토대로 구분하여 설명하면, 소셜 미디어는 이용자들이 상호 연결되어 콘텐츠를 생산하고 유통하고 공유하는 수단이다. 그리고 이런 소셜 미디어를 이용하여 사 용자 간의 자유로운 의사소통과 정보공유, 인맥확대 등을 통해 사회적 관계망 형 성에 중점을 둔 것이 SNS이다. 트위터, 페이스북, 카카오스토리, 미투데이, 라인 등을 예로 들 수 있다. SNS의 개념을 보이드와 엘리슨(Boyd & Ellison, 2007)은 "개 인이 프로필을 구성할 수 있고, 관계 형성을 하는 사람들과 리스트를 관찰할 수 있는 웹 기반 서비스"로 정의했고, 트로티와 퍼크스(Trottier & Fuchs, 2014)는 "다 른 미디어, 정보, 커뮤니케이션기술 등을 통합해 사용자의 정보를 공개하고 사용 자 간 관계 형성을 허용하고 그들 간에 커뮤니케이션을 가능하게 하는 웹 기반의 플랫폼"으로 정의하였다. 서두원(2015)은 이들의 정의에 기초하여 SNS를 '개인 프 로필을 기반으로 하고 사용자 간 관계를 형성할 수 있는 웹 기반의 플랫폼'으로 정의하였다. 이상의 정의에서 중요하게 활용되는 요소는 의사소통, 정보공유, 관 계 형성, 인맥 확대, 사회적 관계망 형성, 웹 기반 플랫폼 또는 서비스 등이다. 이 를 토대로 SNS는 "소셜 미디어를 이용하여 사용자가 개인 프로필을 구성하고 사 용자 간의 자유로운 의사소통, 정보공유, 인맥확대 등을 통해 사회적 관계망을 형 성할 수 있는 웹 기반의 플랫폼 또는 서비스"로 정의할 수 있다.

기존의 인터넷 공간이 정보제공을 위주로 했다면, SNS 공간은 사람과 사람과 의 관계에 중점을 두는 것이 특징이다. 또 인터넷 초기에는 포털과 같은 콘텐츠 제공사업자를 중심으로 정보의 생산과 유통이 이루어졌으나, SNS는 관계 형성이나 정보나 콘텐츠의 생산, 유통, 소비 과정에서 일반 개인이 핵심 주체가 된다는 점에서 차이를 보인다. 이전의 웹 공간에서는 콘텐츠의 일방향적인 수신에 그쳤으나, 웹2.0 이후의 환경에서는 응용프로그램과 데이터가 제공되기 때문에 이용자가 콘텐츠 소비에 머무르지 않고 스스로 생산한 콘텐츠를 관계망 서비스를 통해 공유할 수 있게 된 것이다. 이용자들에게 쌍방향의 정보교환 및 공유를 할 수 있는 업데이팅 공간이 제공된다는 것이 SNS가 기존의 인터넷 서비스와 크게 차별화되는 점이다. 이렇게 SNS는 웹2.0이라는 플랫폼이 제공되면서 등장하였는데, 스마트폰과 같은 모바일 미디어의 확산으로 더욱 활성화되었다.

SNS를 통해 생산되고 유통되는 콘텐츠는 주로 텍스트, 사진, 영상으로 구성된다. 특히 사진이나 영상은 스마트폰으로 촬영해서 SNS에 업로드 하는 것이 가능하므로, 생산과 공유가 수월할 뿐 아니라 무엇보다도 확산속도가 빠르다는 특성을 가진다. 또 SNS에서는 개개인이 소셜 미디어로 연결되어 콘텐츠를 쉽게 주고받을 수 있으며 웹2.0에 기반한 서비스이므로 원저작자의 허락을 받지 않고 쉽게 가공할 수 있어서 저작권 침해가 더욱 용이하다. 그뿐만 아니라 저작권을 침해한 콘텐츠가 SNS의 '공유'와 '리트윗' 기능 등을 통해 광범위하고 신속하게 확산할 수 있다. 하지만 SNS가 표방하는 개방, 참여, 공유라는 가치가 저작권과 공존하기 어렵게 만든다. 저작권을 엄격히 적용하면, 개방해도 참여하기 어렵고 참여해도 사상과 감정을 공유하기 어렵기 때문이다. 이런 딜레마를 해결하기 위해 SNS 운영사업자는 이용자가 게재한 콘텐츠를 포괄적으로 이용할 수 있는 약관을 두고 있다. 이에 따라 제3자인 SNS 회원은 다른 회원이 올린 콘텐츠를 약관에서 규정한 방식으로 리트윗하거나 퍼나르는 정도만 할 수 있다(박성민, 2014).

(2) SNS의 저작권 쟁점

SNS와 관련하여 제기할 수 있는 첫 번째 저작권 쟁점은 SNS에 올라온 글이 저작권 보호를 받을 수 있는지다. 특히 대표적인 SNS 중 하나인 트위터에서는 한 번에 쓸 수 있는 글자 수가 초기에는 알파벳 기준 140자 이내로 제한되었는데, 이처럼 트위터에 올라온 짧은 트윗이 저작물성을 인정받을 수 있는지가 문제가 될 수 있다. 이에 대해 임광섭(2012)은 연속된 트윗의 형태로 글을 쓰는 것이 가

능할 뿐 아니라 링크를 통해 장문의 글을 게시하는 효과를 만들 수 있다는 점을
고려할 때, 사상이나 감정을 창작적으로 표현한 글이라면 저작권 보호 대상이 된
다고 주장하였다. 국내에서 트위터에 올린 글의 저작권 침해가 문제가 된 사건으
로, 2012년 6월 이외수 작가가 자신의 트위터 글과 수필집의 글을 토대로 전자책
을 만들어 배포한 출판사 위즈덤하우스를 저작권 침해를 이유로 검찰에 고소한
사례가 있다. 결국은 출판사가 사과하고 해당 전자책 서비스를 중단하는 것으로
사건이 마무리되었지만, 트윗이 저작권 보호 대상인지가 쟁점이 되었던 첫 번째
국내 사례로 손꼽을 수 있다(한국저작권위원회, 2012). 이 사건에서 이외수 작가의
트윗 하나 안에 한 편의 창작시를 작성한 경우가 다수 있어 트윗의 저작물성에
대해서는 의문의 여지가 없다고 보는 것이 타당할 것이다.

SNS를 이용하여 개인의 일상을 공유하는 활동에서는 텍스트와 사진을 많이
활용하는데, 글이나 사진을 업로드 하고 타인의 글이나 사진을 스크랩하는 일이
매우 용이하다. 이와 같은 SNS의 특징이 제기하는 두 번째 저작권 쟁점은 SNS상
에서 공개되고 널리 전파될 의도로 작성된 글이나 사진은 작성자가 적어도 묵시
적으로 그 이용을 허락한 것으로 보아야 하는지다. 프랑스 사진작가 다니엘 모렐
(Daniel Morel) 사건(2013)은 법원이 SNS에 공유된 사진도 저작권을 주장할 수 있
음을 인정한 최초의 판결이라는 점에서 주목할 만하다. 모렐이 SNS에 게시한 아
이티 지진 참사 현장사진을 프랑스 통신사 AFP가 보도용으로 사용하였고, 이후
이미지 판매회사인 게티 이미지가 판매한 이 사진을 워싱턴포스트, CBS 등 다수
의 언론사가 구매해서 사용하였다. 이에 모렐은 저작권 침해를 주장하면서 AFP를
상대로 소송을 제기하였고, 2013년 뉴욕 남부지방법원[1]은 저작권 침해를 인정하
였다. 트위터의 이용약관은 사진의 게시와 리트윗만을 허용하고 있을 뿐, 언론사
가 촬영자의 허락을 받지 않고 트위터에 게재된 사진을 상업적으로 이용할 권리
를 가지고 있지 않다는 것이 판결의 근거였다. 즉 트위터에 올려진 사진을 리트윗
으로 공유하는 것이 이용약관에서 허용하고 있다 해도, 이것을 언론과 같은 제3
자가 상업적인 용도로 이용할 수 없음을 분명히 한 것이다.

국내 법원은 SNS에 게시된 사진의 무단 이용에 대해 아직 저작권보다는 초상

---

1 AFP v. Morel v. Getty Images, Inc., et al. 934_F.Supp.2d_547 (S.D.M.Y. 2013).

권 침해의 관점에서 접근하는 경향을 보인다. SNS에 올라온 골프 의상을 입고 찍은 사진을 골프 의상과 동일 상표의 골프업체 지점장이 무단으로 자신의 SNS에 게시한 사건에서, 2016년 서울중앙지방법원[2]은 상대방의 동의를 구하지 않고 영리 목적으로 이용하면 초상권 침해라고 판시하였다. 법원은 사진을 SNS에서 공유한 행위는 영업을 홍보하려는 의도가 보인다는 점에서 원고의 자기 정보에 대한 통제권과 초상권을 침해한 것이라고 해석하였다. 사진저작물의 저작권법상의 재산적 가치보다는 원고가 입은 정신적 고통에 초점을 맞추었다고 볼 수 있다.

한편 SNS 이용자가 급증하고 사회적으로 영향력을 행사하는 의견 지도자(opinion leader)의 SNS 참여가 늘어나면서, 언론사가 SNS에 올라온 의견을 뉴스에서 인용 보도하거나 연예오락 프로그램 제작에 직접 인용하는 경우가 많아지고 있다. 한 예로 2010년 추석 연휴에 서울에 내렸던 폭우와 관련한 보도에서, 한 언론사가 트위터에 게시된 물난리 사진을 무단도용하고 심지어 자사의 워터마크를 붙여 기사화하자 논란이 되었다. 이와 유사한 사례로 2013년 1월 미국에서 노아(Noah)라는 한 시민이 구글의 공동 창업자인 브린(Brin)을 지하철에서 우연히 만나 찍은 사진을 자신의 트위터 계정에 올렸는데, 주요 언론이 이 사진을 일제히 인용 보도하기 시작했다.[3] 해당 사진이 올라갔던 트위터에 언론이 사진 이용허락을 요구하는 게시글과 이를 허락하는 노아의 게시글이 올라와 있지만, 만약 언론이 트위터 게시자에게 허락을 받지 않고 사진을 무단으로 이용했다면 저작권 침해 논쟁으로 발전할 수 있었던 사건이었다.

콘텐츠의 생산과 공유가 용이하고 이를 유통하는 속도가 빠르며, 가공이 용이한 웹2.0에 기반한 서비스라는 SNS의 특성상, 저작권을 침해하는 행위가 무수히 발생하고 그것의 확산 속도도 빠르다. 게다가 폐쇄성, 익명성이란 속성으로 인해 저작권 침해행위에 대해 규율하는 것이 그리 수월하지만 않다. 아직 관련 사례나 판례가 충분히 축적되지는 않았지만, 소수의 판례나 사례를 토대로 할 때, 기본적으로 SNS 콘텐츠를 구성하는 글, 사진, 영상 등은 창작성 요건이 충족되면

---

2 서울중앙지방법원 2016. 7. 21. 선고 2015가단5324874 판결.

3 언론에 보도된 내 트위터 사진…저작권은 어디에?. 디지털데일리. 2013년 1월 22일.
  http://delighit.net/link.php?id=12339

저작물로서 보호를 받을 수 있다는 점은 분명하다. 그리고 개방, 참여, 공유가 특징인 SNS에 글이나 사진 등을 올렸다 해도, 모렐 사건(2013)에서 볼 수 있듯이 이에 대한 이용을 묵시적으로 허락한 것은 아니며, 저작권 침해인지를 판단하는데 이용목적의 상업성이 중요하게 고려될 것이란 점을 전망해 볼 수 있다. 한편 저작재산권을 제한하는 사적복제와 관련하여 SNS 서비스에 접속한 친구 또는 지인이 "가정 및 이에 준하는 한정된" 범위로 해석될 수 있는지의 문제도 앞으로 SNS 저작권과 관련하여 논의되어야 할 중요한 쟁점이다.

2) MCN(Multi Channel Network)과 저작권

(1) 인터넷 개인방송과 MCN의 개념 및 특성

1인 미디어는 개인이 직접 정보나 콘텐츠를 만들어서 유통하고 공유하는 형태이다. 참여, 개방, 공유를 특징으로 하는 웹2.0환경에서 콘텐츠 소비에 그쳤던 미디어 수용자가 콘텐츠 창작의 주체가 되면서, 1인 미디어는 하나의 콘텐츠 산업으로 성장하였다. 이것은 개인 미디어라고도 부르는데, 각 개인이 자신의 관심사에 따라 자유로운 인터넷 활동을 통하여 글 및 사진 등을 올리고 지인들과 커뮤니케이션을 하는 블로그나 개인용 홈페이지와 같은 개인 사이트에서 출발하여, UCC를 거쳐 이제는 개인방송의 형태로 진화하였다(김기윤, 2017).

인터넷 개인방송은 1인 미디어 창작자 또는 1인 크리에이터(creator)[4]가 직접 기획하고 제작한 콘텐츠를 인터넷을 통해 실시간 스트리밍이나 비실시간으로 제공하는 형태이다. 이것은 2000년대 전후로 인터넷이 대중화되고 스트리밍 기술이 발달하면서 실시간 생방송과 주문형 서비스가 가능해짐에 따라, 인터넷 플랫폼을 통해 개인이 창작의 주체가 되어 콘텐츠를 제작하고 이를 실시간 스트리밍 혹은 비실시간으로 공유하고 제공하는 서비스로서, 이용자들과 상호소통하고 이용자들의 후원으로 고소득과 명성까지 얻고 있다(김기윤, 2017; 이동후, 2016). 국내에서 대표적인 인터넷 개인방송국으로는 2006년 3월 공식 출범한 아프리카TV를 비롯

---

4 크리에이터는 개인방송의 진행자 BJ(Broadcasting Jockey)를 의미하는데, 개인방송을 기획, 제작하는 자를 뜻하기도 한다.

하여, 다음 TV팟, 유스트림 등이 있는데, 새로운 콘텐츠 유통 및 이용 경로로 주목받고 있다. 하지만 기존 콘텐츠의 복제와 변형, 편집에 그침으로써 저작권 침해 소지가 컸던 UCC에서 볼 수 있던 것처럼, 인터넷 개인방송 역시 콘텐츠를 생산하고 이용한다는 점에서 저작권 문제로부터 결코 자유로울 수 없으리라고 본다.

1인 크리에이터 전문방송과 웹 콘텐츠 등 인터넷 기반의 콘텐츠가 선을 보이면서, 인터넷 개인방송 등을 관리하는 MCN 사업자가 등장하였다. 다중채널네트워크로 불리는 MCN은 크리에이터라고 불리는 네트워크 이용자들이 동영상 등의 콘텐츠를 올려놓는 채널을 모아 놓고 콘텐츠 제작을 지원, 관리하는 네트워크를 말한다. 구글의 동영상 플랫폼인 유튜브 내에서 1인 콘텐츠 창작자들을 묶어 시너지 효과를 창출하기 위해 시작되었는데, 유튜브, 아프리카TV 등 다양한 플랫폼을 통하여 콘텐츠를 제공하는 채널들을 묶어주는 역할을 한다(김희경·노기영, 2016).

고문정·윤석민(2016)은 MCN 비즈니스를 창작자 중심의 디지털 콘텐츠 비즈니스로 정의하였다. 이 정의에 따르면 MCN은 유튜브와 같은 영상 플랫폼의 창작자들과 제휴하여 제작 지원, 홍보, 저작권 관리, 수익창출/판매 등의 지원을 하며 채널 수익의 일부를 공유하는 조직을 의미한다. 즉 1인 미디어 동영상 생태계를 중심으로 크리에이터들을 관리하고 육성하며, 콘텐츠 제작과 관련하여 수익을 창출하는 네트워크 비즈니스의 개념이다. 구체적으로 개인 동영상 콘텐츠 창작자와 연계하여 프로그램 기획, 유통, 마케팅 홍보, 시설 장비, 저작권 관리, 수익 관리, 파트너 관리 교육 등을 지원한다(최형우, 2016). 개인 창작자를 지원하고, 크리에이터의 인지도와 콘텐츠 제작과 관련된 노하우, 사회적 자본 등을 이용하고 다양한 마케팅 간섭을 통하여 수익을 창출하는 일종의 연예기획사와 같은 기능을 수행하기도 한다. 이런 점에서 MCN은 수많은 개인 창작자를 포섭하는 채널 기업으로서의 위상을 가진다.

개인방송은 BJ가 직접 콘텐츠를 기획해서 플랫폼을 통해 제공하는 1인 방송을 의미했으나, CJ E&M의 DIA TV,[5] 트레저 헌터와 같은 대기업 계열의 MCN이 직접 콘텐츠를 기획하고 방송하는 경우를 포함하는 개념으로 점차 확대되고 있

5 2013년 7월 Creator Group으로 창립된 후, 유명 창작자를 영입하여 빠르게 시장을 확대해 나갔다.

다. 개인방송의 법적 성격에 대해 김윤명(2016a)은 방송법상 방송의 영역에 포함
되기 어려우며, IPTV법상 실시간 방송프로그램6과 인터넷 통신망을 통해 전송되
므로 저작권법상 전송이라는 이중적 지위를 갖는다고 분석했다. 하지만 이와 같
은 논리를 적용하면 유튜브는 IPTV법에 따라 방송이 되어 버린다는 비판도 있다.
아직은 이에 대한 법적 논의의 부족으로 1인 개인방송이나 MCN의 법적 성격을
정확히 규명하지 못하는 단계이다.

(2) 인터넷 개인방송과 MCN의 저작권 쟁점

기업 전문가 시대의 조직적인 영상제작 모델과는 달리, UCC의 사업화를 통
한 비즈니스 환경에서는 개인이 창작의 주체로 부각한다(고문정·윤석민, 2016). 인
터넷 개인방송에서 콘텐츠 제공자는 기존의 미디어 기업을 중심으로 한 콘텐츠
제작자와는 다른 개인 창작자라는 점에서 차별성을 갖는다. 즉 개인방송의 콘텐
츠는 창작자가 조직이 아닌 개인이므로 신문기사나 방송프로그램과 같이 방송사
의 업무상저작물이 아니라 개인의 창작물이다. 따라서 저작권의 주체가 개인이다.
다만 개인방송 콘텐츠 창작자가 MCN에 소속되어 별도의 계약을 체결했다면 저
작권 귀속이 달라질 수도 있다.

인터넷에서 다양한 미디어가 발전하고 다양한 개인방송 플랫폼이 증가하면
서, 저작권 문제는 사적, 상업적 권리침해라는 관점에서 법체계가 마련되어 왔던
것을 볼 수 있다. UGC가 처음 등장했을 2008년 무렵부터 개인 창작자에 의한 1
인 방송에서 음악, 영화, 게임 등의 실연 및 중계로 인한 저작권 소송이 자주 발
생하자, 플랫폼 사업자들은 자체적으로 스크리닝 시스템을 개발, 운영하여 문제
사례들을 적발하여 이용자들에 경고하는 등 내부적으로 체계를 만들었다. 또
MCN 등 개인방송 진행자들을 지원하는 각종 비즈니스가 등장하면서 사업자 측
에서 콘텐츠 제작에 필요한 저작물의 저작권을 구입하는 등, 저작권 문제를 해결
하려고 하고 있다.

---

6 IPTV법에서는 실시간 방송프로그램을 "인터넷 멀티미디어 방송 콘텐츠사업자 또는 방송
  법 제2조 제3호에 따른 방송사업자가 편성하여 송신 또는 제공하는 방송프로그램으로서,
  그 내용과 편성에 변경을 가하지 아니하고 동시에 제공하는 것"으로 정하고 있다. 인터
  넷 멀티미디어 방송은 실시간 개인방송과 녹화된 형태로 제공되는 개인방송도 포함된다.

　인터넷 개인방송에서 콘텐츠 내용심의의 부재가 저작권 침해의 문제를 야기한다. 그와 같은 예로 미국에서는 가수 테일러 스위프트(Taylor Swift)가 자신의 콘서트를 앱으로 생방송하는 팬을 추적한 바 있다. 또 2016년 3월 9일 프랑스의 유료방송채널인 비인 스포츠(BeIn Sports)에서 첼시와 파리생제르맹의 축구경기를 방송하고 있었는데, 전 세계 누구나 손쉽게 영상 생중계를 할 수 있는 실시간 동영상 스트리밍 소셜 미디어 서비스인 페리스코프(Periscope)에서 라이브로 이 방송을 동시에 생중계하자 유료방송 채널들이 불만을 표출하기도 했다(이원, 2017). 특히 모바일 라이브 비디오 스트리밍 서비스가 개시되면서 큰 문제점으로 등장한 것이 바로 저작권 침해 문제이다.

　페리스코프 앱이 선보이자마자 몇몇 이용자들은 HBO 드라마인 〈왕좌의 게임〉 시즌 5를 앱을 통해 중계했다. 또 2015년 5월에는 페리스코프의 스트리밍 방송을 통해 90달러에 달하는 유료 방송인 프로권투경기 방송이 불법 유포되는 사건이 발생하였다. 이는 방송사업자의 저작인접권인 동시중계방송권을 침해한 행위이다. 페리스코프의 서비스 약관에 따르면, 저작권이 있는 콘텐츠를 재방송하는 것은 불법이어서, 해당 계정을 중단시키거나 폐쇄한다고 명시하고 있다. 그럼에도 불구하고 이용자들이 페리스코프와 같은 모바일 라이브 비디오 스트리밍 서비스를 이용하여 공연장이나 스포츠 경기의 장면을 찍고 공유하기 쉬워지면서 저작권 침해 사례가 많아졌다. 미국의 DMCA(1998)에 따라 인터넷 매개자가 소유권자의 요청에 따라 즉각 반응하고 저작권을 침해한 스트리밍을 제거하면 책임을 면할 수 있다. 하지만 저장되지 않은 짧은 라이브 스트리밍의 경우 저작권 침해 발생에 대해 미처 손을 쓰지 못할 수 있다. 이에 따라 '인터넷 매개자' '인터넷 중개자'의 역할이 더욱 중요해졌는데, 표현의 자유를 추구하는 동시에 저작권을 보호하는 매개자로서의 투명한 역할이 요구되고 있다(이동후, 2016).

　저작권법에서는 방송의 공익성을 고려하여 방송에서 비영리적 목적으로 공표된 저작물을 이용하거나 시사보도 과정에서 저작물을 정당한 범위 안에서 이용하는 것에 대해 저작재산권 제한규정을 두고 있다. 그러나 영리적인 목적이고 청중이나 관중, 제3자로부터 반대급부를 받거나 실연자가 통상의 보수를 받는 경우, 공표된 저작물을 자유롭게 이용할 수 없다. 따라서 개인방송에서 BJ가 시청자들에게 일종의 사이버머니인 별풍선을 받거나 MCN 또는 플랫폼 사업자로부터 별도의 대가를 받는다면 직접적인 수익이 발생한 것으로 보아야 하므로, 저작권법 상 제한규정을 적용할 수 없다. 결론적으로 독립적으로 제공되는 개인방송이 대 가를 받지 않고 공연 등을 하는 경우라면 비영리방송 규정을 통해 이용허락 없이 저작물을 사용할 수 있다(김윤명, 2016a)

한편 독일에서 유튜브를 통한 동영상 공유 시 가장 문제가 되는 것 중 하나 가 저작권 침해이다. 독일음악저작권협회(GEMA)는 저작권이 존재하는 음악이 공 연되거나 온라인에 업로드될 경우, 저작권자인 아티스트나 작곡가, 작사자에게 수 수료를 전달하는 중개 역할을 한다. 2009년 GEMA는 독일에서 벌어들이는 전체 광고수익 중 저작권이 있는 영상이 재생될 때마다 0.6센트의 사용료와 해당 영상 에 첨부되는 광고수익의 10.25%를 유튜브에 지급하라고 요구하였다. 유튜브가 이 를 거절하자 GEMA는 유튜브에서 저작권이 있는 영상이 재생되는 것을 차단함으 로써, 저작권법에 대해 원칙적인 입장을 고수하였다. 이에 대해 독일 법원은 2012 년 4월 20일, 유튜브에 사용자가 업로드 한 뮤직비디오 등 저작권을 침해한 콘텐 츠에 대해 회사가 책임을 져야 한다고 판결하였다. 더불어 저작권 침해가 재차 발 생하지 않도록 문자 기반 필터를 설치하는 등 유튜브가 기존 필터링 시스템을 강 화하도록 명령하였다(이동후, 2016).

3) OTT(Over-the-Top) 서비스와 저작권

(1) OTT 서비스의 이해

초고속 인터넷이 발달하고 모바일 단말기 보급이 확대되면서 TV수상기가 아닌 PC, 태블릿PC, 스마트폰 등 다양한 디바이스로 동영상 콘텐츠를 시청하는 사람들 이 많아졌다. 기존의 전송방식인 방송망 기반의 실시간 방송에서 인터넷 기반의 선택적 시청으로 전환되고 있다(김현숙·백승만, 2020, 269쪽). 콘텐츠 유통방식에도 많은 변화가 생겨서, 기존 방송사업자들도 인터넷망을 통해 콘텐츠를 전달할 뿐 아니라7 인터넷 동영상 콘텐츠를 전문적으로 제공하는 OTT 서비스가 등장하였

---

7 미국의 NBC, CNN, ABC, 영국의 BBC 등 해외 방송사업자들은 자체적으로 웹사이트와

다. OTT는 초기에는 셋톱박스와 같은 단말기를 통해 콘텐츠를 VOD 방식으로 제공하는 것을 의미했으나, 기술변화에 따라 유통이 스마트폰, 태블릿PC 등의 모바일로 확대되면서 실시간 제공을 포함한 인터넷 콘텐츠 서비스로 확대되었다(김치호, 2016). 기존의 유료방송 VOD는 망을 통해 콘텐츠를 전달하므로 네트워크에 의존할 수밖에 없지만, OTT는 개방망을 사용하고 다양한 단말기를 사용하므로, 가입자가 네트워크나 단말에 구속받지 않고 자유롭게 콘텐츠를 이용할 수 있다. 이에 따라 유료방송 가입을 해지하고 새로운 미디어 플랫폼으로 이동하는 코드 커팅(cord cutting)이나 TV 수상기가 아닌 스마트폰이나 PC 등을 이용해서 방송을 보는 제로(Zero) TV 현상이 등장하면서, OTT 서비스가 방송을 포함한 영상 콘텐츠 소비의 중심이 되었다. 이렇게 볼 때 OTT 서비스는 PC, 스마트폰, 태블릿PC 등을 단말기로 하여 인터넷망을 통해 실시간 또는 VOD로 제공되는 동영상 콘텐츠 서비스로 정의할 수 있다.

2008년 초 가장 먼저 OTT 서비스를 제공한 사업자는 미국의 컴캐스트(Comcast)로, 2009년 말 TV Everywhere 베타버전을 출시하였다. 국내에도 OTT 서비스를 제공하는 플랫폼이 등장하였는데, 미국의 온라인 동영상 스트리밍 서비스사업자인 넷플릭스(Netflix)가 2016년 1월 국내에서 본격적으로 서비스를 시작해서 VOD 플랫폼 경쟁을 이끌고 있다. 월정액 가입을 하면 TV, 컴퓨터, 스마트폰 등 다양한 기기에서 영화, 드라마, 다큐멘터리 등의 콘텐츠를 무제한 볼 수 있으므로, 인터넷으로 동영상 콘텐츠 서비스를 저렴하게 이용할 수 있다. 요금제에 따라 여러 대의 기계에서 동시 접속과 감상을 할 수도 있다. 국내 OTT 서비스 제공자로는 웨이브(Wavve), 티빙(Tving), 왓챠(Watcha), 시즌(Seezn) 등이 있다. 웨이브는 2019년 9월 지상파 3사와 SK텔레콤의 합작으로 기존의 푹과 옥수수가 합쳐져 탄생하게 된 OTT 서비스로서, 지상파 방송프로그램의 재전송 방식으로 서비스를 제공한다. 티빙은 종편과 케이블 채널의 콘텐츠를 주로 제공하며, 왓챠는 넷플릭스와 마찬가지로 VOD 방식의 서비스를 제공한다. 또 시즌은 스포츠, 드라마, 예

앱을 통해 실시간 방송 및 VOD 서비스를 제공하고 있다. 영국의 4개 지상파방송사들은 2012년 'YouView'를 시작하였다(최진원, 2015). 국내에서 제공되는 서비스로는 지상파 방송, 종편 등의 콘텐츠를 실시간 또는 VOD로 제공하는 온라인 동영상 서비스인 푹(Pooq)을 예로 들 수 있다.

능, 영화, 음악 등 종합적인 서비스를 제공하는 방식을 취하고 있어서, OTT 사업자별로 서비스되는 콘텐츠와 제공방식에 있어 차이를 보인다. 이들 OTT 사업자들은 경쟁력을 유지하기 위해 콘텐츠 유통에만 국한하지 않고 독자적으로 콘텐츠를 생산하기 시작했다. 넷플릭스는 자체 제작한 <House of Cards>가 많은 인기를 끌면서 콘텐츠 제작자로서의 기반을 다졌으며, 국내에서 자체 제작하여 영화관과 넷플릭스를 통해 동시에 개봉한 영화 <옥자>는 통상적으로 영화관에서 먼저 개봉되는 유통시스템을 파괴하고 오프라인과 온라인 동시 개봉이라는 새로운 전략을 꾀했다는 점에서도 주목을 받았다.

(2) OTT 서비스의 저작권 쟁점

OTT 서비스의 유료화와 효율적인 콘텐츠 유통환경을 구축하기 위해서는 무엇보다도 우수한 콘텐츠 확보가 중요하지만, 저작권 보호도 해결해야 할 중요한 과제이다. 생산과 유통을 함께 하는 새로운 유형의 콘텐츠 서비스라는 점에서 기존의 저작권 개념이나 저작권법에서 다루지 않았던 저작권 이슈가 발생할 가능성이 있으며, 동영상 콘텐츠 저작권자와 이용자 간에 해결해야 할 저작권 분쟁의 가능성도 간과할 수 없다. 국내에서는 2010년대 중반부터 OTT 서비스의 이용률이 급격히 증가하였고, 높은 이용률에 따른 콘텐츠 확산으로 저작권 침해가 서서히 증가하기 시작하였다. 예를 들면 아무런 대가를 치르지 않고 방송콘텐츠를 활용하는 OTT 서비스가 등장하는 등, OTT 서비스와 관련하여 새로운 저작권 이슈가 제기되고 있다. 이와 같은 현상은 방송이 이미 시청자들이 개별적으로 대가를 치르거나 무상이므로, 별도의 부담 없이 인터넷으로 제공할 수 있다는 생각에 따른 것이다(최진원, 2015). 또 다른 저작권 침해유형으로 콘텐츠 제작 시 타인의 저작물의 무단 이용, 정당한 권리자에 의하여 업로드된 콘텐츠의 영상제작에 참여한 저작권자 또는 저작인접권자와의 수익 분배 분쟁 등을 지적할 수 있다(최종모·박서윤, 2020).

2020년대로 들어와 국내에서 OTT 서비스가 더 활성화되면서 새로운 저작권 쟁점으로 영상 콘텐츠에 삽입된 음악저작물에 대한 사용료징수 문제가 떠올랐다. OTT 플랫폼을 통해 유통되는 영화나 드라마 등의 영상 콘텐츠에 부수적으로 사용된 음악의 전송사용료를 둘러싸고, 한국음악저작권협회와 OTT 플랫폼 간에 분쟁이 시작된 것이다. 2020년 7월 협회가 국내 OTT 사업자에게 동영상 전송서비스에 대한 음악사용료 협의를 촉구했는데, 양자 간 협상이 잘 이루어지지 않자 음악저작물 사용료 징수규정 개정안을 문화체육관광부에 제출하였다. 협회는 개정안에 '영상물 전송서비스'라는 개념을 도입하여 사용료 징수조항인 제24조를 신설하였고, 이를 기준으로 OTT 서비스에 대한 영상 콘텐츠 전송에 대한 대가지급을 요구하였다. 2020년 12월, 문화체육관광부는 내용을 일부 수정한 개정안을 승인하였다. 음악저작물이 부수적인 목적으로 이용되는 영상물을 전송할 때 음악저작물 사용료를 매출의 1.5%로 정한다는 것이 수정된 개정안의 핵심이었다. 이것은 협회가 주장했던 2.5%에서 양측 주장의 절반 수준으로 조정한 것인데, 문화체육관광부는 2026년까지 사용요율을 점진적으로 인상할 방침이라고 밝혔다.

하지만 OTT 사업자들은 다른 서비스와 달리 OTT에만 높은 요율과 인상률을 적용하는 것은 형평성에 맞지 않는다고 주장하면서, 영상물 서비스에 대해 음원 전송서비스를 기준으로 해석하는 것은 문제가 있다고 주장하였다. 결국 2021년 국내 OTT 사업자들이 참여하는 OTT 협의체가 문화체육관광부를 상대로 개정안 승인처분을 취소하라는 행정소송을 제기하였다. 1심 판결[8]에서 법원은 징수규정 개정 승인처분 과정에 필요한 절차가 모두 준수되었으며, 문제가 되었던 징수규정 제24조는 평등원칙에 반하거나 그 밖에 재량권을 일탈·남용하였다고 볼 수 없다고 판시하였다. 제24조에 대한 구체적인 판결의 근거를 보면, 법원은 동일 음악저작물을 이용하더라도 사용요율 책정에서 이용자나 서비스의 유형, 재생 매체, 소비자의 이용방식, 음악 의존도 등 다양한 요소가 고려될 수 있다고 보면서, 징수규정은 제공되는 서비스별로 각각 사용요율을 정하고 있다는 점을 강조하였다. 즉 OTT 서비스의 경우 사용자가 인터넷이 연결된 다양한 기기로 원하는 시간과 장소에서 시청할 수 있어 기존의 방송이나 인터넷 멀티미디어 방송(IPTV) 등과 차이가 있고, 자유롭게 다양한 매체로 여러 번 시청할 수 있는 OTT 서비스의 특성상 저작물 사용빈도가 높아지기 때문에 영상물 제작에 기여한 음악저작물 저작자에 대한 보상이 방송서비스보다 높은 것이 타당하다는 것이었다. 또한 OTT 사업자들은 방송사업자와 다르게 부가통신사업자 신고만으로 시장 진입이 가능하고

---

8 서울행정법원 2022. 12. 23 선고 2021구합54026 판결.

소유규제 대상이 아니며, 방송심의에 고유한 항목들이 대부분 적용되지 않거나 상당히 완화되어 있다는 점도 판결의 또 다른 근거였다.

이와 같은 징수규정 적용의 타당성을 놓고, 김경숙(2021)은 두 가지 문제점을 지적하였다. 첫째, 제작단계에서 사전에 음악저작권이 처리된 영상 콘텐츠가 OTT로 전송될 때 다시 사용료를 요구하게 되면, 이중징수의 문제가 발생한다는 점이다. 이와 같은 이중징수의 문제는 개정안에 저작권이 이미 해결된 음악저작물에 대한 사용료 예외 규정이 없는 점에서 기인한다. 둘째, 신설된 영상물 전송 서비스 규정에서 서비스의 유형을 구분하지 않고 일률적으로 사용요율을 적용하도록 하면서, 음악저작물 사용요율을 지나치게 높게 책정하였다는 점이다. 박민서(2022)도 계약을 통해 제작단계에서 포괄적인 이용허락이 진행됨에도 불구하고 추후 사용료를 요구하는 것은 이중징수에 해당한다고 주장하면서, 저작권법상의 방송, 전송의 개념만으로 OTT 서비스를 정의하기 어렵고 나라마다 저작권법이 달라 대처하기 어렵다는 문제점을 지적하였다. 이에 대한 해결책으로 그는 OTT 사업자들과의 협의 등 음악사용료 징수규정 개정 과정에서 절차적인 문제를 개선해야 하며, 신탁단체인 한국음악저작권협회의 투명한 시스템 구축, 저작권료에 관한 검증 방법과 절차 마련이 필요하다는 점을 강조하였다. 매출액의 1.5% 요율 책정에 대해서도 김혜은(2021)은 그 근거가 미약하다면서, 문화체육관광부가 연차계수에 따라 요율을 점차 상향시키는 것은 다른 매체의 경우와 비교할 때 과도하다고 주장하였다.

한편 OTT 유통 콘텐츠의 부가수익 배분의 문제도 또 다른 쟁점으로 제기되었다. 넷플릭스 오리지널 콘텐츠의 '오징어게임'의 유통과 그에 따른 부가수익 배분 논란이 그와 같은 사례이다. 넷플릭스가 모든 저작권을 갖는 조건으로 당사자 간 계약을 체결했으므로, 드라마의 해외 유통권은 물론이고 달고나 등의 굿즈와 같은 2차적저작물로 얻는 수입도 넷플릭스가 가져가는 구조이다. 넷플릭스는 제작에 약 250억 원을 투자해서 1조 원의 수익을 얻었음에도 불구하고, 제작사에는 총제작비의 10~30% 마진을 지급하는 데 그쳤다.9 이것은 추가보상청구가 안 되

9 정연호(2021) 오징어게임 흥행, 재주는 한국이 돈은 누가?. 『IT동아』 2021년 10월 29일. <https://it.donga.com/101046/>.

고 있다는 것을 의미한다. 물론 제작비를 투자한 넷플릭스는 영상물의 흥행 실패 위험을 감수하는 것이고 국내 제작자는 제작비 지원 덕분에 콘텐츠를 제작할 수 있다고 볼 수 있지만, 추가보상이 없다는 점은 불공정하다는 점에서 개선이 요구된다.

4) 메타버스(Metaverse)와 저작권

(1) 메타버스의 이해

메타버스는 현실과 가상이 결합한 확장된 3D 가상세계 네트워크를 의미한다. 이것은 기술융합에 기반하여 가상이 현실이 되고 현실을 초월하기도 하는 몰입형 가상세계로 설명할 수 있다. 즉 현실과 가상세계를 매개하는 인터페이스로서, 이전에 존재했던 사이버스페이스나 버추얼 스페이스보다 좀 더 구체화 된 가상공간에 조성된 일정한 공간이며, 현실과 가상의 공존을 촉진함으로써 물리적·기능적 제약을 벗어나 인간과 사회의 기능을 확장한다(유홍식, 2022; 정완, 2022; 정원준, 2021). 메타버스 개념에 대해서는 아직 학술적으로 통일된 정의가 없지만, 현실과 가상의 세계를 넘나드는 진화된 가상세계 플랫폼으로 정의할 수 있다.

메타버스라는 단어는 1992년 발표된 미국 작가 닐 스티븐슨(Neal Stephenson)의 SF소설 <스노우 크래쉬(Snow Crash)>에서 유래되었다. 이 소설에서는 메타버스를 3차원 공간에서 사람들이 다양한 소프트웨어를 사용하여 상호작용하는 허구의 가상세계로 묘사하고 있다(Zavian & Wain, 2022, p. 3). 초기에는 메타버스 서비스가 게임, 놀이, 소통의 일상과 사회활동 중심으로 전개되다가 점차 다양한 분야로 확대되어 활성화되고 있으며, 새로운 IT 기술과의 접목으로 기술이 개선되면서 현실과 가상이 자연스럽게 연결되고 현실감과 몰입감이 극대화되는 방식으로 발전되어 왔다. 이에 메타버스는 기술발전의 영향을 받아서 계속 진화하는 개념으로, 지금도 여전히 발전하고 있는 기술이자 서비스라고 볼 수 있다.

메타버스라는 공간에서는 참여자 모두가 공간을 구축하고 세계를 확장해나갈 수 있으며, 사상이나 감정을 표현한 콘텐츠를 무한히 창작해서 공유한다. 이런 점에서 메타버스는 개방적 창작 공동체라는 특성을 가진다. 이와 같은 특성은 메타버스 공간에서는 참여자가 콘텐츠 저작자이자 동시에 저작물 이용자도 된다는 점을 의미한다. 특히 메타버스에서는 가상현실(Virtual Reality), 증강현실(Augmented Reality), 인공지능, 블록체인(blockchain), NFT(Non-fungible Token) 등 다양한 기술이 활용되면서, 저작물의 창작과 소비 방식이 달라지고 있다. 이것은 현실 공간의 저작권 문제가 메타버스에서도 그대로 재현되면서도 더 복잡한 양상을 띨 것이라는 점을 암시한다. 즉 기존의 저작권 쟁점이 그대로 수용되면서 동시에 확대되고 심화될 것이다.

(2) 메타버스의 저작권 쟁점

메타버스는 공연, 전시와 같은 개념을 어떻게 정의할 수 있는지부터 시작하여 메타버스 내에서 창작되는 새로운 저작물의 저작권 보호, 창작과정에서 발생하는 기존 저작물의 저작권 침해 등과 같은 저작권 쟁점을 제기한다. 예를 들어 메타버스 내에서는 실시간으로 콘서트를 개최할 수 있다. 그런데 현행 저작권법상 '공연'은 동일 장소 또는 동일인의 점유에 속하는 연결된 물리적 장소를 전제하기 때문에 실시간 콘서트를 저작권법상의 공연으로 보기 어렵다. 유형물을 일반인이 자유롭게 관람할 수 있도록 진열하거나 게시하는 개념인 전시도 이와 유사한 쟁점을 가진다. 메타버스 플랫폼이 제공하는 툴을 이용하여 이용자가 만든 아바타와 같은 캐릭터, 가구, 옷, 헤어스타일 등에 대한 저작권법적 보호 가능성은 물론이고 저작자 판단, 이용자와 플랫폼 운영자 간의 권리관계도 저작권 쟁점에서 배제될 수 없다. 또한 현실세계에 존재하지 않는 3D 객체와 같은 새로운 객체가 창작될 수 있으므로 그것의 저작권 보호 여부를 결정하기 위한 저작물성 판단도 중요한 쟁점이 될 것이다. 뿐만 아니라 가구나 의류는 현실세계에서 저작권 보호의 정도가 낮지만, 장식적 표현의 측면이 강조된다면 메타버스에서는 저작권 보호 대상이 될 수 있다. 단 가구나 의류의 기능적 특성을 염두에 두고 창작성을 엄격하게 판단할 필요가 있다. 또 기존 저작물은 물론이고 메타버스가 제공한 창작 도구를 활용하여 만든 새로운 창작물의 무단 사용은 현실세계와 마찬가지로 저작권 침해에 해당한다. 이렇게 메타버스에서는 기존의 저작권 쟁점이 여전히 존재하면서도 이전에 미처 제기되지 않았던 문제가 새로운 쟁점으로 조명된다.

메타버스는 현실세계를 모방하여 조성된다는 것이 그 개념적 본질이기 때문에 현실세계의 저작물을 많이 사용할 수밖에 없다. 이에 그 구현과정에서 현실세계 저작물에 대한 저작권 침해가 발생한다. 예를 들어 현실에 존재하는 건축물이나 공간을 배경으로 메타버스를 구현하는 과정에서 현실환경을 복제하는 행위를 할 수 있다. 이런 저작물 이용이 저작권 침해에 해당하는지에 관한 판단에서는 복제된 대상물의 저작물성, 저작물 유형, 부수적 이용 등과 같은 요소들을 논의해야 할 것이다.

현실세계의 저작물 이용으로 인한 저작권 침해도 저작재산권 제한사유에 준하여 부정될 수 있다. 그에 관한 논의에서 등장하는 개념이 파노라마의 자유이다. 이것은 공공장소에 위치한 예술저작물을 사진 촬영하고 게시할 수 있는 자유 이용을 의미한다. 일반 공중의 저작물 향유를 통해 얻는 이익과 저작자 권리 간에 조화를 이루기 위해 전시권을 제한하는 개념으로, 저작물 이용의 허용 판단에서 이용 장소의 성격을 고려한 저작재산권 제한사유에 해당한다. 저작권법 제35조의 제2항에서는 파노라마의 자유를 명시하고 있는데, 미술저작물등의 원본의 소유자나 그의 동의를 얻어서 '개방된 장소에 항시 전시되어 있는 미술저작물 등은 어떠한 방법으로든지 이를 복제하여 이용할 수 있다'라고 규정하고 있다. 이에 따라 메타버스에서 파노라마의 자유를 적용하여 자유롭게 복제하여 이용할 수 있는 대상은 일반공중에 개방된 장소에 전시된 현실세계에 실재하는 미술저작물 등으로 한정된다. 저작권법에서 파노라마의 자유와 같이 저작재산권 제한규정을 두는 이유는 과도한 저작권 보호로 인해 저작물 이용이 저해되는 것을 방지하기 위함이다. 하지만 물리적 영역과 디지털 영역이 융합되는 새로운 가상환경에서는 법에서 열거하는 제한규정이 새롭게 나타나는 다양한 상황을 다 포섭하기 어렵다. 메타버스에서 이루어지는 다양한 저작물 창작과 이용방식을 반영하기 위해서라도 파노라마의 자유의 허용범위를 충분히 검토해야 한다.

메타버스에서는 콘텐츠가 새로운 방식으로 창작되고 활용되고 있으므로 예측하지 못했던 다양한 법적 쟁점이 예상된다. 특히 AR, VR 등의 기술산업에서는 기존 저작물을 활용하는 사례들이 이전보다 더 많을 것이므로, 기술적 특성상 과거의 저작권 침해양상과 다를 수 있다는 점도 저작권 침해 판단에서 고려해야 할 요소이다. 결국 메타버스라는 기술이 기존의 미디어와 차별화되는 고유의 특성을 잘 파악해서 기존의 저작권 체계를 그대로 적용할 것인지 아니면 새로운 법이나 규칙의 제정이 필요한지에 관한 논의가 요구된다.

 ## 인공지능(Artificial Intelligence: AI)과 저작권

우리 사회는 컴퓨터, 인터넷을 기반으로 한 지식정보 혁명인 제3차 산업혁명에서 한 단계 더 진화한 제4차 산업혁명을 향해 진행하고 있다. 제4차 산업혁명은 디지털 기술의 융합으로 사이버와 실물세계가 연계되는 시스템이 중심이 되는 차세대 산업혁명으로, 인공지능, 빅데이터, 사물인터넷 등과 같은 지능정보기술이 주도한다. 그중에서도 제4차 산업혁명을 구현하는 핵심기술인 인공지능은 과학적인 연구대상이거나 결과물에 그치지 않고 이미 일상생활에 침투해서 인간과 기계가 소통하는 디지털 미디어의 역할을 하고 있다. 이에 인공지능이 사회 각 분야에 어떤 영향을 미칠 것인지가 법적, 윤리적 관심사가 되고 있다. 비약적인 기술발전의 덕분으로 미디어 콘텐츠의 창작과 이용의 영역에서도 인공지능의 기능과 역할이 확대되고 있다. 인공지능이 학습을 통해 스스로 창작물을 생성함으로써 그동안 인간의 고유 영역으로 여겼던 콘텐츠 창작행위의 새로운 주체가 됨에 따라, 이로 인해 발생할 수 있는 저작권 쟁점이 학문적으로나 실무적으로 주요 관심사가 되었다.

1) 인공지능의 개념 및 특성

정보통신기술의 발달로 다양한 기술이 융합하면서 촉발된 제4차 산업혁명을 구현하는 핵심기술 중에서도 그 중심에 서 있는 기술이 바로 인공지능이다. 인공지능이란 용어의 유래는 1956년 영국에서 개최된 다트머스(Dartmouth) 컨퍼런스에서 미국의 컴퓨터 과학자인 존 맥카시(John McCarthy) 교수가 최초로 사용한 데서 찾을 수 있다. 초기에는 인간의 문제해결 논리를 컴퓨터 언어로 구현해냄으로써 컴퓨터를 보조 수단으로 사용하는 단순 도구에 불과한 개념이었다. 그러다가

1990년대 중반 이후 컴퓨터 기술이 발달하고 빅데이터가 등장하면서, 대량 데이터와 알고리즘을 통해 인간의 개입 없이 인공지능 스스로 학습하고 인지 추론을 하면서 작업수행 방법을 익히는 단계로까지 발전하였다.

인공지능은 인간과 유사하게 사고하는 컴퓨터 지능을 칭하는 포괄적인 개념(정정원, 2016)으로, 전통적으로 인간이 수행했던 정신적 일을 컴퓨터가 수행하는 것을 지칭한다(Chamberlain, 2016). 아직 인공지능의 개념에 대해 독자적으로 통일된 정의가 없으나, 국내에서는 인공지능과 저작권 연구가 시작된 2010년대 중반, 여러 학자가 개념 정의를 시도하였다. 먼저 인공지능의 자율성을 강조하는 개념 정의로는 "스스로 인식하고 자율적으로 행동하는 것"(김윤명, 2016b; 차상육, 2017), "컴퓨터가 스스로 인식하고 자율적으로 행동하는 것"(김윤명b, 2016; 차상육, 2017), "인간과 유사한 지능을 가진 컴퓨터 기기로서 스스로 생각하고 사물을 인식하고 그에 따라 자율적으로 행동하는 기기"(김승래, 2017) 등이 있다. 또 "인간성이나 지성, 이성적인 지능을 갖춘 존재, 혹은 시스템에 의하여 인공적으로 만들어지는 지능"(손승우, 2016)과 같이 철학적으로 접근한 정의도 있다. "인간의 지능, 즉 고도의 문제해결 능력을 가진 인공적 지능"(손영화, 2016), "사람으로부터 수집한 데이터를 분석·학습하여 인간의 판단 및 추론과 유사한 형태의 논리 구조를 구현하는 일련의 시스템"(정원준, 2019a) 등은 인간의 지적 능력과의 유사성을 중심으로 한 개념 정의이다. 기술적인 관점에서는 "컴퓨터가 인간에 의하여 작동될 때 지능이 필요한 일을 수행하는 과학"(최재원, 2017), 또는 "학습, 추론, 인식이란 3대 주요 기술을 기반으로 하여 인간의 학습, 추론 지각, 자연언어의 이해 능력 등을 컴퓨터프로그램으로 실현한 기술"(이주환, 2017)로 정의되기도 한다. 한편 위키피디아는 인간의 학습능력, 추론능력, 지각능력을 인공적으로 구현하려는 컴퓨터 과학의 세부 분야 중 하나로, 정보공학 분야에 있어 하나의 인프라 기술이기도 하며, 인간을 포함한 동물이 가지고 있는 지능, 즉 자연 지성(natural intelligence)과 다른 개념으로 인공지능을 설명하고 있다.[10] 이상의 정의를 기초로 하면, 인공지능은 "인간과 유사하게 사고하면서 자율적으로 인식하고 행동할 수 있는 고도의 문제해결 능력을 이용하여 인간 지능이 필요한 일을 수행하는 지성을 가진

---

10 URL:https://ko.wikipedia.org/wiki/%EC%9D%B8%EA%B3%B5%EC%A7%80%EB%8A%A5.

시스템"이다.

인공지능의 목적은 다루기 쉬운 정보처리의 문제점을 규명하고 해결하는 것이다(Marr, 1977). 일반적으로 인공지능은 정보처리 능력, 기술발전 정도, 인간의 관여 정도 등을 기준으로 '약한 인공지능'과 '강한 인공지능', 그리고 '초인공지능'으로 분류된다(김용주, 2016; 손승우, 2016; 최재원, 2017). 약한 인공지능은 주어진 조건에서 작동이 가능한 인공지능으로, 자체적인 판단능력이 없고 특정 분야로 활용이 제한되며 알고리즘, 데이터, 규칙 등을 입력하면 정해진 틀 안에서 한정된 문제를 해결한다. 강한 인공지능은 자의식을 가지고 사고가 가능한 인공지능으로, 스스로 사고하는 지각력이 있고, 스스로 인식하며 계속 진화한다. 자의식을 가지고 판단하는 초인공지능은 인간의 두뇌를 뛰어넘어 사고하고 판단할 것이라고 예상되어, 인류를 위협할 것이란 우려를 안고 있다. 기본적인 알고리즘을 통해 단순히 주어진 문제를 풀거나 인간이 입력한 명령에 충실한 정도(최재원, 2017)에 머물면서 그동안 답보 상태를 거듭했던 인공지능 연구가 2014년 무렵 뇌의 정보처리 방식을 인공적으로 재현하여 정보를 처리하는 딥러닝이 개발되면서 대도약을 하게 되었다(최은창, 2016). 인공지능 기술이 아직 약한 인공지능에 초점이 맞추어져서 개발이 진행되고 있기는 하지만, 강한 인공지능, 초인공지능으로 급격하게 발전될 것이 예상되며, 앞으로 인공지능의 유형 분류에도 변화가 있을 것이다.

2) 인공지능이 창작한 미디어 콘텐츠

2016년 3월 바둑에 특화된 인공지능 알파고(AlphaGo)와 이세돌 간의 첫 대국에서 알파고가 불계승함으로써 상당한 파장을 불러일으켰듯이, 인공지능은 저작권 영역에서도 중요한 논란을 불러일으킬 것으로 보인다. 인공지능 기술은 발전단계에 따라 창작성, 가용성, 다양성 등에서 차이가 있으나, 음악, 미술, 디자인, 소설 등 다양한 분야에서 인간이 아닌 주체로서 창작물을 만들어내고 있다(손승우, 2016). 저널리즘을 포함하여 방송, 영화, 게임 등의 다양한 미디어 콘텐츠 영역에서도 인공지능이 창작에 참여하고 있다.

세계의 많은 언론사가 빅데이터, 알고리즘을 활용하여 기사를 제작하고 있다. 수많은 기존 뉴스패턴을 분석해서 추출한 뉴스형식에 수집한 데이터를 분석해 입력하는 방식으로 기사를 작성하고 있는데, 이러한 방식을 로봇 저널리즘(Robot Journalism)이라고 칭한다(오세욱, 2017). 한마디로 인간의 지시에 따라 취재, 기사 작성, 편집 등을 인공지능이 하는 저널리즘을 말한다. 그 예로 2014년 LA Times 의 저널리스트가 개발한 알고리즘 "Quakebot"이 미국 지질연구소가 발표한 지진 경고를 수집해서 얻은 정보를 토대로 지진발생 뉴스기사를 자동으로 작성하였다 (Denicola, 2016). 국내에서는 2020년 4월 28일, 연합뉴스와 엔씨소프트가 머신러 닝으로 3년간 날씨 기사 학습과 기사 작성법 훈련과정을 거쳐 작성한 기사가 선 보인 바 있다.[11]

문화예술 분야에서도 인공지능이 참여, 제작한 콘텐츠가 주목을 받고 있다. 2016년 6월 인공지능 '벤자민(Benjamin)'이 수십 개의 공상과학영화 대본을 학습 해서 작성한 SF 단편영화 <Sunspring>의 시나리오가 공개되었고, 같은 해 8월 에는 IBM의 인공지능 왓슨(Watson)이 공상과학영화 <모건(Morgan)>의 예고편을 만들어서 영화 예고편 제작 시간을 크게 단축해 주었다. 그런가 하면 인공지능이 음악을 직접 작곡, 연주, 감상하는 기술 구현도 가능해졌다. 2016년 미국 예일대 에서 개발한 인공지능 라무스(Lamus)는 높은 수준의 곡을 작곡(손승우, 2016)하여 주목을 받았고, 2019년에는 구글이 개발한 인공지능 '두들(Doodle)'이 두 단락의 멜로디를 입력하면 바로크 시대의 대표적 작곡가 바흐(Bach) 스타일의 4성부 화 음을 자동으로 생성하였다.[12] 인공지능은 이미지나 그림의 창작에도 참여하고 있 다. 2015년 7월 구글이 공개한 인공지능 프로그램 '딥드림(Deep Dream)'은 그림이 나 사진 같은 이미지들을 저장해 특정 요소를 중심으로 추상적인 이미지를 재구 성함으로써 새로운 느낌을 주는데, 기존 창작품을 충분히 습득한 후 발견된 패턴 을 변주한 기계적 방식이라고 할 수 있다(오세욱, 2017). 또 마이크로소프트 (Microsoft)가 2016년 네덜란드 기술자들과 공동 개발한 인공지능 '넥스트 렘브란 트(The Next Rembrandt)'는 렘브란트 화풍을 그대로 재현해서 그림을 그린다.

다양한 인공지능 기술 중에서도 빠르게 발전하는 분야로 이미지 생성기술이

---

11 홍지인(2020), 엔씨-연합뉴스, 국내 첫 AI기사 선보여...알파고에 쓴 기술 적용. <연합 뉴스> 2020. 1. 28. URL: https://www.yna.co.kr/view/AKR20200428045800017.

12 박세정(2019). 음악 AI, 기술 핵심은 '딥러닝'...작곡·연주·감상 모든 영역 적용. < 헤럴드 경제> 2019. 7. 10.URL: http://mbiz.heraldcorp.com/view.php?ud=20190710000394>.

있다. 대표적인 예로 오픈 AI가 2021년 공개한 '달리(DALL·E)'가 있는데, 이것은 간단한 설명 텍스트를 입력하면 이미지를 제작하도록 지원하는 인공지능 이미지 생성기술이다. 텍스트로 '아보카도 모양의 의자'를 입력하면 '달리'가 순식간에 아보카도와 의자의 기본 특징이 포함된 아보카도 의자 이미지를 생성하며, 사용자들은 그 이미지를 다른 사용자와 공유할 수도 있다.[13] 최근에 와서는 대화형 인공지능 챗봇인 챗GPT(Chat Generative Pre-trained Transformer)가 빠르게 발전하면서 문장작성 역량이 인간 작가와 비교할 수 있는 수준에 이르렀고,[14] 문학작품, 연설물, 기사를 작성하거나 작사와 같은 창작에도 참여하고 있어 많은 관심을 끌고 있다.

한편 인공지능이 창작한 미디어 콘텐츠에도 여전히 한계가 있다. 로봇 저널리즘은 반복적으로 생성되는 데이터를 인간이 읽기 쉬운 기사의 형식으로 만들어 내 전달할 뿐, 수집해 분석할 데이터가 없으면 작동하지 않는다. 예를 들어 연예인 SNS 계정에 올라온 새로운 내용을 자동으로 추출해 기사 형식으로 작성할 수 있지만, 갑자기 등장하는 열애설 등을 작성할 수는 없다. 예측 가능한 어떤 사안이 발생할 때 빠르게 기사를 작성하고, 일정한 형식으로 반복되어 발생하는 사안을 대량으로 작성할 뿐이다(오세욱, 2017). 오세욱과 최순욱의 연구(2016)에서는 텍스트, 영상, 음악, 회화, 뉴스 등 미디어 창작의 자동화 사례를 연구한 결과, 새로운 것을 창작했다기보다는 기존 패턴을 분석한 결과를 토대로 새로운 형식을 만든 것이며, 기존 패턴의 구체적 맥락은 읽어내지 못하고 있음을 발견하였다.[15]

---

13 전창배(2022). AI에 의한 예술과 발명은 누구의 소유일까. <한국일보> 2022. 10. 13. URL: https://www.hankookilbo.com/News/Read/A2022101310270002847>.

14 기사 쓰는 AI 현실화...CNET, AI 작성 기사 73건, <IT World> 2023. 1. 13. URL: https://www.itworld.co.kr/news/273135.

15 이런 결과를 토대로 기계를 활용해 인간의 창의성을 어떻게 더 높일 수 있는가에 관한 논의를 위해 '휴머리즘(human+algorithm) 미디어'라는 개념을 제시하였다. 이것은 기계의 연산능력을 바탕으로 인간의 창조성을 확대하는 새로운 미디어 형식으로 인간은 기계의 도움을 받아 통찰의 능력을 확대하고 이렇게 확대된 통찰의 능력을 기계가 학습해서 새로운 가능성을 지속해서 열어가는 것이다.

3) 컴퓨터 창작물의 저작권 입법동향

컴퓨터와 저작권 관련 논의는 이미 오래전 1886년 베른협약에서부터 시작되었다. 협약에서는 보호받을 수 있는 저작물 유형의 예시로 '과학에 관한 3차 저작물과 같은'을 제시함으로써 컴퓨터프로그램의 저작물성 인정의 여지를 남겨두었다. 그 뒤 기술발달로 컴퓨터가 생성한 창작물의 저작권이 문제 되면서 비인간 창작물과 저작권 관련 입법의 필요성이 제기되었다. 그러나 미국, 프랑스, 독일, 일본 및 우리나라에서는 명시적 규정을 찾기 어렵고, 입법례는 영국이 유일한데(차상육, 2020, 27쪽), 일부 영연방국가들이 영국과 같은 입법 형태를 갖추고 있다. 관련 입법의 검토는 인공지능 창작물과 저작권 입법의 기초를 마련할 수 있다는 점에서 유용할 것이다.

영국은 컴퓨터 기술발전이 문화예술 창작에 영향을 미치기 시작하자 기술발전과 저작권 보호 대상의 확대에 대응하고자 1988년 개정된 저작권법(Copyright, Designs and Patents Act; 이하 CDPA)에서 컴퓨터 창작물의 저작권을 인정하였다. CDPA 제9조 제3항에서 "컴퓨터를 기반으로 하는 어문, 연극, 음악 또는 미술저작물의 경우에는 저작자는 창작에 필요한 조치를 한 자로 본다"로 규정함으로써, 컴퓨터에 의해 생산된 창작물의 저작자를 창작을 위해 필요한 조치를 한 인간으로 보았다. 이를 보완하기 위해 동법 제178조에서는 "컴퓨터를 기반으로 한 저작물"의 의미를 "인간 저작자가 없는 상황에서 컴퓨터에 의하여 저작물이 산출된 것"으로 설명하고 있다. 이에 따르면 컴퓨터 창작물이란 인간의 관여 없이 컴퓨터가 생성한 창작물이다. 또 동법 제12조 제7항에서는 컴퓨터 창작물의 보호기간을 창작된 해로부터 50년간으로 제한하고 있는데, 인간 창작물보다 보호범위를 좁게 제한하려는 취지로 볼 수 있다.

뉴질랜드도 저작권법(1994)에 컴퓨터 창작물에 관한 조항을 두고 있는 국가이다. 정의 조항인 제2조에서 컴퓨터 창작물을 인간 저작자가 없는 상태에서 저작물이 컴퓨터로 생성된 것으로 정의하였고, 저작자 의미에 관한 제5조에서 컴퓨터로 제작된 어문저작물, 연극저작물, 음악저작물, 또는 미술저작물은 창작을 위하여 필요한 준비를 한 사람이 저작자라고 규정하였다. 컴퓨터 창작물의 저작자를 인간으로 본 것이다. 그 밖에 아일랜드도 같은 내용의 입법을 두고 있다. 이상 살펴본 바와 같이 뉴질랜드, 인도, 홍콩 등, 영국에서 발생한 보통법 체계를 채택하고 있는 국가들이 컴퓨터 창작물에 대해 기본적으로 영국과 같은 접근방식을 취하고 있다(이양복, 2018; Bridy, 2016).

미국의 경우, 현행 저작권법에 저작자를 인간으로 제한하는 명문 규정은 없으나, 인간 창작물만이 저작권을 등록할 수 있는 체제를 유지하고 있다. 인간이 아닌 인공지능이 만든 저작물의 저작권 등록을 인정하지 않겠다는 의지를 보여주고 있다(차상육, 2020; 최재원, 2017). 1965년 저작권청은 연간보고서에서 컴퓨터가 부분적으로 창작한 편집음악, 추상화, 편집저작물의 저작권 등록을 처음으로 신청받은 사실을 밝힌 바 있는데(Denicola, 2016), 점차 기술이 발전하면서 컴퓨터 창작물과 같은 비인간 창작물이 저작권 보호 대상인지를 판단할 필요성이 제기되었다. 1985년에는 저작권청이 컴퓨터프로그램 'Racter'가 저술한 시의 등록을 승인하면서 프로그래머와 일러스트레이터를 저작권자로, 'Racter'를 저작자로 기재하였고(Ralston, 2005), 1993년에는 소설가의 작품들을 모방하도록 프로그램된 인공지능이 쓴 소설 <Just This Once>의 등록을 승인한 바 있다(Wu, 1997).

인공지능산업이 발달한 일본은 일찍부터 인공지능 관련 저작권법을 정비하고 인공지능 창작물의 저작권 보호 정책을 수립했던 선두주자이다. 1973년과 1993년, 문화청 저작권심의회가 컴퓨터에 의한 창작물의 저작권 제도상의 취급을 논의한 바 있으며, 2016년 4월 일본 지식재산전략본부가 보고서를 통해 인공지능 창작물의 저작권을 인정할 것을 제안했다(이승선, 2016). 구체적으로는 인간이 창작의 주체가 되고 인공지능이 도구로 활용되었을 때만 저작물성을 인정받을 수 있으며, 저작권 보호기간은 저작자 사후 50년보다 짧아야 한다고 보았다(최재원, 2017). 인공지능 창작물에 관한 권리의 내용이나 인정 범위를 제한함으로써, 인간 창작물의 저작권 보호 방식과 구분하려 했다고 볼 수 있다.

한편 컴퓨터 관련 저작물에 관한 국제적 차원의 논의는 1982년 세계지식재산권기구(World Intellectual Property Organization)와 UNESCO의 권고로 시작되었는데, 컴퓨터프로그램 개발자가 저작물 창작에 기여한 경우 저작자 또는 공동저작자로 인정받을 수 있다는 내용이었다. 이어서 1988년에는 유럽연합위원회가 컴퓨터를 도구로 하여 만든 저작물의 저작자는 컴퓨터를 사용하여 저작물을 창작한 이용자라고 해석하였다. 실질적인 창작에 기여한 인간을 저작자로 본 것이다. 또 유럽의

회는 2017년 2월 로봇과 인공지능 개발 관련 법안을 촉구하는 '로봇 시민법 결의 안'을 통과시켰다. 이 결의안에서는 자율적으로 결정하거나 제3자와 독립적으로 상호작용할 수 있는 로봇에 전자 인간(electronic persons)이란 법적 지위를 부여하여 자연인에 준하는 권리와 의무를 획득할 수 있도록 하는 내용을 포함하였다(차상육, 2020; 최재원, 2017). 기술발전을 고려하여 전자 인간에게 자연인, 법인과 다른 제3의 법인격을 상정한 것이다.

4) 인공지능 창작물의 개념 및 특징[16]

콘텐츠 창작의 영역에서 인공지능이 방대한 양의 데이터에 근거하여 새로운 창작물을 만들어냄으로써 대단한 창작 능력을 발휘하고 있다. 아직은 콘텐츠 분야별로 인공지능의 활용도나 인공지능 창작물의 완성도 면에서 차이가 있다는 게 관련 전문가들의 의견이지만(조연하, 2020), 기술산업과 같은 종래의 한정된 영역에서 벗어나 다양한 분야로 인공지능의 기능과 역할이 확대되어 인간의 관여 없이도 스스로 학습을 통해 인간 창작물과 비슷하거나 구별할 수 없을 정도의 결과물을 생성한다. 이와 같은 인공지능 창작콘텐츠의 등장으로 앞으로 지적인 창작물의 폭발적인 증가가 예상된다.

인공지능 창작물은 투입된 데이터를 학습해서 단기간에 산출해내는 소프트웨어적인 결과물이다. 즉 스스로 학습을 통해 성과를 보이는 인공지능의 기술적 특징이 잘 나타나 있다. 인공지능 창작물의 개념에 대해서는 '인간이 외부에서 인식 가능하게 된 인공지능 스스로 생성한 표현(윤선희·이승훈, 2017, 162쪽)' 또는 '인간의 직접적인 관여 없이 알고리즘 학습을 통해 창작 능력을 가진 컴퓨터 또는 컴퓨팅 기반의 기계장치로부터 생성된 창작물(정원준, 2019, 3쪽)'이라는 소수의 정의가 있을 뿐이다. 이에 기반하면 인공지능 창작물은 '인간의 관여 없이 인공지능이 학습을 통해 컴퓨터 장치 등으로부터 스스로 생성한 표현물'로 정의할 수 있다.

인공지능의 콘텐츠 창작은 초안 작업이나 2차 창작과 같은 인간의 창작활동

---

16 조연하의 연구(2023b) "AI 창작물과 저작인격권에 관한 탐색적 연구"에서 발췌하여 재 정리하였음.

에서 오픈소스처럼 과거 창작물이 다른 창작물의 재료로 사용될 수 있으므로 비교적 저렴한 비용으로 다양한 콘텐츠를 상대적으로 자유롭게 활용할 수 있다. 또한 시공간의 제약을 받지 않고 빠른 속도로 대량의 창작물을 생산할 수 있다. 반면 통상적으로 창작과정이 불투명하며, 창작기술이 정교해지면서 외관상 인간 창작물과 구분하기 어려우므로 저작자 판단과 저작재산권 귀속 주체의 결정이 어렵다(손승우, 2021; 조연하, 2023a). 이렇게 볼 때 인공지능 창작물은 콘텐츠 개발비용과 시간의 단축, 저작물의 대량생산, 반복적인 창작성과 등의 이점을 가지고 있으나, 창작과정에서 저작물 이용이나 창작물의 법적 성격의 측면에서 인간 창작물에 비해 복잡하고도 어려운 문제를 가지고 있는 것이 특징이다.

한편 창작의 주체나 기여도를 기준으로 할 때, 인공지능 창작물은 인간이 인공지능을 도구로 활용한 창작물, 인간과 인공지능이 협업한 창작물, 인공지능 스스로 창작한 창작물로 분류된다. 인간이 관여한 첫 번째와 두 번째 창작물 유형은 인간 창작물로 포섭할 수 있을 것이며, 따라서 저작권 문제가 비교적 명료하다. 그러나 인간의 관여 없이 인공지능이 학습을 통해 컴퓨터 장치 등으로부터 스스로 생성한 순수 인공지능 창작물은 그렇지 않다는 점에서 충분한 논의가 요구된다.

5) 인공지능 창작물의 저작권 쟁점

인공지능이 빅데이터, 딥러닝 등의 기술과 결합하여 예측하기 어려운 속도로 발전하면서, 미디어 콘텐츠의 생산과 이용에서 인공지능의 역할이 증가함에 따라 저작권과 관련한 법적 쟁점도 많아질 것이다. 인공지능의 법적 권리와 책임에서 시작하여 인공지능 창작콘텐츠의 저작물성과 저작자, 저작권 귀속, 저작권 침해 및 면책 등이 콘텐츠의 생산과 이용에서 인공지능과 관련하여 제기할 수 있는 저작권 쟁점들이다.[17]

첫째, 인공지능 창작물과 관련하여 가장 근본적인 질문은 인간 창작물과 마

---

17 카민스키(Kaminski, 2017)는 인공지능 창작물이 저작권뿐만 아니라 표현의 자유의 보호 문제도 제기한다면서 논의의 범위를 좀 더 확장할 것을 제안하였다.

찬가지로 현행 저작권법 체계에서 보호할 수 있는가이다. 인간 창작자를 전제로 하고 .인간 창작물을 보호하는 저작권 제도의 근본 취지에 기반하면, 인공지능이 자율적으로 창작한 저작물은 보호의 타당성이 없다. 반면, 일부에서는 인공지능이나 콘텐츠 창작의 발전을 위한 산업 정책의 관점에서 어느 형태로든 법으로 보호하는 것이 필요하다고 주장하기도 한다. 다만 보호할 경우, 저작물의 대량생산과 반복적인 창작의 가능성, 인간 창작물과 구분의 어려움 등과 같은 인공지능 창작물의 특성에 기반할 때, 인간 창작물과의 형평성을 고려하여 보호범위나 방식에 있어 차별적으로 접근하는 게 합리적이라는 의견이 지배적이다. 인공지능은 인간보다 월등히 많은 창작물을 만들 것이며 저작물 시장에서 인간과 경쟁하게 되어 인간과 인공지능 간에 저작권 침해 및 분쟁이 발생할 것이 예상되므로, 인공지능 창작물을 법으로 보호하더라도 인간의 저작권에 미칠 영향을 최소화하기 위해 인간 창작물과 보호 정도를 다르게 하는 약한 저작권 보호 논리를 적용해야 한다(손승우, 2016)는 것이다. 영국의 CDPA에서 컴퓨터 창작물 보호기간을 50년으로 단축한 것이 그와 같은 차별적 접근의 예라고 볼 수 있다.

둘째, 인공지능 창작물의 저작물성 판단 또는 저작물 성립요건도 고민이 필요한 또 다른 저작권 쟁점이다. 인공지능 연구개발이 가속도로 진행되면서 인공지능 창작물이 인간 창작물과 거의 유사해지고 있으며, 기술이 향상됨에 따라 인간의 지능을 능가하는 인공지능의 출현이 예상된다. 이에 따라 인공지능이 자율적으로 창작한 뉴스, 음악, 영화, 방송프로그램, 소설 등의 저작물성을 인정할 수 있는지, 그리고 저작물 성립요건인 창작성 요건을 어떻게 적용할 수 있는지의 문제가 제기된다. 현행법상 저작물은 인간이 사상이나 감정을 표현한 창작물이므로, 인공지능 창작물의 저작물성 판단에서는 인공지능이 창작의 소재가 되는 인간의 감정이나 사상을 표현할 수 있는지가 쟁점이 될 것이다. 한편 인공지능을 구성하는 중요한 요소인 컴퓨터 알고리즘과 딥러닝 기계는 창작성의 새로운 원천이며, 인공지능이 미디어 콘텐츠 생산에서 창작성을 추진하는 요인이 되고 있다(Hristov, 2017). 또 컴퓨터프로그램은 소프트웨어 개발자가 개발했지만, 정보처리능력을 가진 인공지능은 처리된 정보를 토대로 독립적으로 새로운 프로그램을 만들 수 있다(Chamberlain, 2016). 그런 점에서 인공지능 창작물에 저작물 성립요건인 창작성의 개념과 기준을 어떻게 적용할 것인가에 관한 신중한 검토가 요구된다.

셋째, 아주 오랫동안 창작물의 저작자가 누구인지가 뜨거운 감자였던 것처럼, 인공지능 창작물의 저작권 관련 쟁점 중에서도 가장 관심의 대상이 되는 것은 과연 누구를 저작자로 볼 수 있는지, 그리고 저작권을 누구에게 귀속할 것인지이다. 저작권법 체계에서는 인간이 아닌 동물이나 사물과 같은 다른 존재가 표현한 것은 저작권 보호 대상이 아니며, 인간만이 저작자 지위를 부여받을 수 있다는 견해를 일관되게 유지해왔다. 창작물은 저작자 개인의 창작적인 특성이나 개성이 반영된 무체물이므로, 인간이 아닌 저작권 주체는 생각하기 어려운 것이다. 이에 기초하여 대부분 국가에서 동물이나 사물 등은 저작자가 될 수 없다는 기본 원칙을 채택하고 있다. 이에 따라 인간을 보조하는 수준의 약한 인공지능이 만든 창작물은 창작에 이바지하거나 조정한 자인 인간을 저작자로 보아야 할 것이다. 그러나 스스로 데이터를 찾아 학습하고 정해진 규칙을 벗어나 능동성으로 학습하는 자율성이 강한 인공지능이 인간과 동일 수준의 창작물을 만든 경우에도 이 논리를 똑같이 적용할 수 있는지는 쉽지 않은 문제이다(이주환, 2017; 차상육, 2017).

강한 인공지능이 창작한 순수 인공지능 창작물의 저작자 논의는 인공지능이 과연 저작자로서 법적 지위를 가질 수 있는지에서 출발할 필요가 있다. 인공지능이 기존 컴퓨터 기술과 차별화되는 점은 딥러닝 기술을 기반으로 스스로 학습하고 인지 추론을 할 수 있다는 것이다. 즉 인간의 종속에서 벗어나 독립적인 사고의 주체가 될 수 있다. 이것은 객체(object)였던 컴퓨터 시스템이 인공지능이란 이름으로 행위의 주체(subject)로 새롭게 등장하였다는 것을 의미한다(손승우, 2016; 정진근, 2016). 이런 차이점은 인공지능이 과연 법적인 권리와 책임의 주체가 될 수 있는지에 관한 논의를 요구하는데, 저작권법뿐 아니라 다른 법률과도 연결 지어 검토할 필요성을 제기한다. 우선 민법 제3조와 제34조에 기초할 때 사람과 법인만이 권리와 의무의 주체가 될 수 있으므로, 인공지능은 기본적으로 권리와 책임의 주체가 될 수 없다. 또한 저작권법 제2조에서는 저작자를 저작물을 창작한 자로, 저작물을 인간의 사상과 감정을 표현한 창작물로 정의하고 있다. 일반적으로 법률 규정에서 자(者)는 사람을 의미하므로(이양복, 2018), 저작권법 체계에서도 인공지능은 권리와 책임의 주체가 될 수 없다. 이에 인공지능과 같은 기술이나 기계에 권리가 부여되려면 법인격의 주체로 인정받기 위한 법 개정이 요구되는데, 그보다 앞서 무엇보다도 이에 관한 사회적 합의가 이루어져야 할 것이다.

이처럼 현행법상 인공지능에 인공지능 창작물의 저작자 지위를 부여하는 데는 큰 제약이 따른다. 선진외국의 많은 연구에서도 현재의 인공지능 기술 수준과 인간중심 철학 사조를 근거로 인공지능에 대한 저작자 지위 부여를 부인한다(정상조, 2019, 14쪽). 결국 인공지능이 저작자가 될 수 없다면, 인간 중에서 실질적으로 누가 창의적 입력에 기여했는지를 종합적으로 판단하여 저작자를 판단해야 한다 (Miernicki & Ng, 2020, p. 324). 즉 창작물 생성을 주도한 자를 중심으로 접근해야 할 것이다. 지금까지 논의를 보면, 인공지능 창작물의 저작자 후보로 인공지능 개발자, 인공지능 사용자, 인공지능 소유자 또는 투자자, 인공지능 등이 제시되고 있으며, 사용자와 인공지능을 공동저작자로 불 수 있다는 견해도 존재한다. 다만 누구를 저작자로 확정할 것인지로 수렴되는 것이 아니라 저작자 지위 부여의 가능성 차원에서만 접근하는 경향을 보인다(조연하, 2023a, 308쪽). 대체로 최종적으로 창작물을 만들어낸 인공지능 사용자에 대한 저작자 지위 부여가 더 많은 창작을 유도하는 등 기존 법체계에서 벗어나지 않는다는 점에서 가장 적절하다는 견해가 지배적이다(정연덕·운박, 2021; 조연하, 2020).

저작권 귀속 주체는 창작물의 타당한 권리자가 누구인지를 기준으로 결정된다. 약한 인공지능 창작물은 인공지능이 업무의 효율화에 기여할 뿐 창작성을 발휘한다고 볼 수는 없으므로, 저작물에 대한 자연인의 권리 주체성을 보호하기 위해 저작권을 인간에게 귀속시키는 것이 타당하다. 강한 인공지능이 창작한 순수 인공지능 창작물도 설사 창작의 표현 주체를 인공지능으로 보더라도, 저작권법 체계의 혼란을 방지하기 위해 권리 귀속의 주체를 인간으로 보아야 할 것이다. 결국 인공지능이 계속 진화 중인 기술이란 점에서 저작권 귀속 주체를 명백히 정할 수는 없으나, 기본적으로 저작물 창작에서 인간의 기여도 등을 기준으로 개별 사안별로 판단하는 것이 가장 합리적이다. 하지만 이 역시 각국의 저작권법 정책에 따라 달라질 수 있는 문제라고 본다.

넷째, 인공지능 창작물의 저작권 인정뿐 아니라 창작과정에서 저작권 침해의 문제도 또 다른 검토대상이다. 창작과정에서 다른 저작물 이용으로 인해 주로 침해될 수 있는 저작권 유형으로 성명표시권, 동일성유지권, 복제권, 2차적저작물작성권, 그리고 데이터베이스제작자의 권리가 있다. 인공지능 창작을 위해서 필수적인 학습을 위해서는 엄청난 양의 데이터를 수집해야 하는데 데이터 중에는 저작물성이 인정되는 데이터가 포함되며, 학습 과정에서도 기존 저작물에 대한 수없이 많은 복제가 이루어지게 된다. 이것은 복제권과 데이터베이스제작자의 권리침해 여부가 문제 될 수 있다. 또 인공지능의 창작과정에서는 저작물 내용에 대한 변형이나 수정이 이루어질 수 있으며, 창작의 결과물이 학습한 저작물과 실질적으로 유사할 수 있다는 점을 배제할 수 없다. 따라서 동일성유지권과 2차적저작물작성권이 문제가 될 수 있는데, 특히 2차적저작물작성권은 인공지능 창작과 저작권 분쟁에서 가장 핵심적인 쟁점이 될 것으로 예상된다. 한편 인공지능의 창작물 생성과정에서 이용한 저작물의 출처를 일일이 표시하기 어렵다는 점에서 성명표시권도 문제가 될 수 있다.

마지막으로, 인공지능 창작물의 창작과정에서 다른 저작물 이용으로 인해 저작권 침해가 발생할 경우, 저작권 침해에 대한 항변의 기능을 하는 공정이용의 관점에서도 논의가 필요하다. 그림멀먼(Grimmerlmann, 2016)은 저작권법상의 변형적 이용 법리에 기초하여 로봇이 대량으로 저작물을 이용하는 것을 공정이용으로 보아야 한다고 주장하였다. 차상육(2017)도 인공지능의 딥러닝 기술의 시행과정에서 발행하는 복제행위가 새로운 창작을 위한 중간복제(intermediate copy)에 해당한다면 저작권법상 공정이용으로 볼 여지가 있다고 설명하였다. 이에 기초하면 빅데이터를 활용해서 딥러닝 과정에서 다양한 저작물을 활용하는 것이 저작권법상 이용으로 볼 수 있는지부터 시작하여, 인공지능 창작물 창작과정에서 다른 저작물 이용과 관련해서 발생 가능한 저작권 침해에 관한 논의가 필요하다. 만약 저작권 침해가 주장된다면, 창작과정에서 저작물 이용의 목적이나 성격, 이용된 저작물의 성격, 이용된 양과 질, 이용으로 인한 경제적 효과에 따라 공정이용인지가 결정되어야 할 것이다.

인공지능 창작물을 이용하는 차원에서도, 뉴스, 방송, 음악, 광고, 영화 등 콘텐츠 특성에 따라 공정이용 여부가 결정될 수 있다. 이에 관한 논의에 기초하여 사회에서 인공지능 창작물이 유해 목적으로 이용되는 것을 방지하는 방안을 기대해 볼 수도 있다. 한편 앞에서 설명했듯이, 인공지능 창작물에도 한계가 있다. 이러한 한계는 인공지능이 인간을 대체하여 창작할 수 없거나 인간만이 할 수 있는 창작 영역이 무엇인지로 관심을 집중시키며, 이것은 다시 공정이용 관점의 논의로 연결된다.

사진술, 복사기, VCR 등 새로운 창작기술이 등장할 때마다 저작권법은 그와 같은 기술발전을 수용하는 방향으로 적응해 왔다. 마찬가지로 현재 진행 중인 기술혁신 담론의 핵심인 인공지능 기술도 계속 진화 중인 기술이라는 점에서 예측하기 어렵지만, 결국 저작권법 제도에서 인간 창작물과 차별적으로 접근하는 방식으로 수용하게 될 것으로 전망된다. 미디어 콘텐츠의 생산과 이용의 영역에서 인공지능과 관련한 저작권 논의가 시작된 지도 얼마 되지 않았으나, 인공지능 기술이 저작권에 관한 근대적 입법을 새롭게 검토하고 새로운 패러다임으로 변화하도록 단초를 제공해준 것만은 분명하다. 제4차 산업혁명을 구현하는 중요한 기술인 인공지능이 창작한 콘텐츠의 저작권 쟁점을 충분히 파악하고 이에 대한 방안을 모색하는 것으로 논의를 계속 확대해나가야 할 것이다. 이를 통해 기술발전으로 인해 끊임없이 제기되는 저작권 쟁점에 관해 새로운 법적 논리를 찾을 수 있을 것으로 기대된다.

참고문헌 | REFERENCE

• 강명수(2013). 저작인격권에 대한 고찰. 『동아법학』 제58호, 725~759.

• 강상현·정걸진·서정우(1992). 출판산업과 저작권: 현안 문제와 대응방안을 중심으로. 『언론 사회 문화』 제2호, 9~29.

• 강호갑·조성환(2010). 전자출판물 저작권 보호기술 및 표준화 동향. 『정보과학회지』 v. 28, no. 10, 64~78.

• 계승균(2005). 보호받지 못하는 저작물. 『창작과 권리』 제38호, 86~107.

• 계승균(2010). 독일저작권법의 저작물 접근권. 『계간 저작권』 제23권 제4호, 61~73.

• 계승균(2012). 저작권법의 배타적발행권에 관한 소견. 『계간 저작권』 제25권 제2호, 45~61.

• 고문정·윤석민(2016). 온라인 플랫폼에서의 다중채널네트워크(MCN) 비즈니스 모델 탐색. 『정보통신정책연구』 제23권 제1호, 59~94.

• 곽동철(2000). 전자도서(eBook) 유통과 도서관의 역할. 『도서관』 55(2), 3~24.

• 권영준(2006). 2차적 음악저작물에 요구되는 창작성의 정도 및 이에 대한 저작권침해 판단. 『재판과 판례』, 제14집, 59~96.

• 권영준(2007). 『저작권 침해 판단론』. 박영사.

• 김경숙(2012). 공정이용조항과 3단계 테스트의 관계: 저작권법 35조의3의 이론적 고찰. 『창작과 권리』, no. 69, 130~166.

• 김경숙(2021). 영상물에서의 음악 이용과 사용료 이중징수의 문제 - "OTT에 대한 음악저작권 징수규정"의 비판적 검토 -. 『영상문화콘텐츠연구』 통권 제22집, 207~247.

• 김경일(2014). 전자책의 수용결정요인에 관한 연구: 전자책 이용동기, 지각된 용이성과 유용성을 중심으로. 『한국출판학연구』, 제40권 제3호, 5~28.

• 김규철·김인철(2003). 패러디 광고의 저작권 해석에 관한 고찰: 미국 저작권법의 판례를 중심으로. 『디자인학연구』, vol. 16 no. 3, 133~142.

• 김기윤(2017). 1인 미디어의 산업적 특성과 이용 현황에 대한 탐색적 연구: 기술 활용 진화의 관점에서 MCN사업자에 대한 심층인터뷰를 중심으로. 『스피치와 커뮤니케이션』 제16권 제1호, 213~248.

• 김기태(2001). 저작권법상 출판권의 문제점과 개선방향: '전자책 (e-book)'의 문제점을 중심으로. 『한국비블리아학회지』, 제12권 제2호, 85~103.

• 김기태(2005). 『디지털미디어시대의 저작권』. 이채.

- 김기태(2013a). 『출판 저작권』. 커뮤니케이션북스.
- 김기태(2013b). 종이책과 비종이책에 관한 법제 개선방안 연구. 『한국출판연구』, 제39권 제1호, 27~47.
- 김대규(2012). 방송프로그램 포맷의 저작권법상 보호방안. 『방송통신전파저널』, 제60권, 14~25.
- 김동욱·윤건(2010). 정보공유에 관한 연구. 『한국지역정보화학회지』 제13권 제4호, 53~74.
- 김병일(2009). 종합유선방송사업자의 지상파재송신과 저작권 쟁점에 관한 연구. 『창작과 권리』 제57호, 149~176.
- 김병일(2012). 2차적 저작물작성권의 양도추정에 관한 연구. 『산업재산권』 제37호, 215~250.
- 김봉철·조영기(2009). 광고에서의 저작권 분쟁 판례 분석. 한국광고홍보학회 2009 춘계학술대회 발표문. file:///C:/Users/user/Downloads/2569%20(2).pdf.
- 김봉철·조영기(2011). 지적소유권에 관한 광고인들의 인식: 심층인터뷰를 통한 탐색적 고찰. 『광고PR실학연구』 제4권 2호, 84~108.
- 김승래(2017). AI시대의 지식재산권 보호전략과 대책. 『지식재산연구』 제12권 제2호, 145~176.
- 김영석·권상희·김관규·김도연·나은영·문상현·문재완·송종길·양승찬·이상식·이상우·이준웅·전범수·조성호·황용성(2017). 『디지털시대의 미디어와 사회』. 나남.
- 김용섭(2012a). 저작물의 보호범위에 관한 고찰. 『산업재산권』 제38호, 225~259.
- 김용섭(2012b). 저작권법상 온라인서비스제공자의 책임에 대한 고찰. 『한양법학』 제23권 제4집, 211~236.
- 김용주(2016). 인공지능(AI; Artificial Intelligence) 창작물에 대한 저작물로서의 보호가능성. 『법학연구』(충남대학교 법학연구소), 제27권 제3호, 267~297.
- 김용주(2020). 텍스트 및 데이터마이닝을 위한 저작권법 개정 방향. 『법학연구』(부산대학교 법학연구소) 제61권 제1호, 283~314.
- 김원석(2010). 광고음악과 저작권, 알고 들으면 더 재미있다. 대홍 커뮤니케이션즈, 2010, May_Jun, URL; https://www.ad.co.kr/journal/column/show.do?ukey=96500
- 김윤명(2009). 표현의 자유를 위한 저작권법의 역할: OSP의 책임논의를 중심으로. 『법조』, 제58권 제12호, 402~461.
- 김윤명(2014). 『저작권법 커뮤니케이션』. 커뮤니케이션북스.

- 김윤명(2016a). MCN환경 하에서 실시간 개인방송의 법적 쟁점. 『한국통신학회지(정보와 통신)』 33(4), 79~84.
- 김윤명(2016b). 인공지능(로봇)의 법적 쟁점에 대한 시론적 고찰. 『정보법학』 제20권 제1호, 141~176.
- 김윤명·이민영(2015). 『포털을 바라보는 리걸 프레임, 10대 판결』. 커뮤니케이션북스. URL:http://terms.naver.com/entry.nhn?docId=3381110&cid=42171&categoryId=58292
- 김인철(2017). 하이퍼링크의 저작권법적 문제. 『한국콘텐츠학회 종합학술대회 논문집』, 175~176.
- 김재영(2003). 국내 외주제작 정책에 대한 평가와 반성. 『방송문화연구』 제15권 2호, 161~184.
- 김정완(2011). 저작권법상 인터넷 검색엔진 캐시 기능에 관한 고찰. 『법학논총』(전남대학교 법학연구소), 제31집 제1호, 485~517.
- 김진웅(2005). 지상파방송 외주제작정책의 가능성과 한계. 『방송문화연구』 17(1), 123~145.
- 김치호(2016). MCN 사업의 현황과 과제. 『인문콘텐츠』 제40호, 167~187.
- 김현경(2016). 구글(Google)의 뉴스저작물 정책에 대한 고찰. 『강원법학』 제49권, 869~909.
- 김현숙·백승만(2020). OTT의 음악저작권 사용료 분쟁의 쟁점과 시사점. 『안암법학』 제61호, 269~301.
- 김현철(2004). 『디지털환경하의 사적복제 문제에 관한 비교법적 고찰』. 저작권심의조정위원회.
- 김형렬(2009). 동일성유지권의 침해요건. 『창작과 권리』 제57호, 107~148.
- 김혜선·이규호(2015). 음악 산업에 있어서 배타적발행권에 관한 연구. 『정보법학』 제19권 제2호, 89~125.
- 김혜은(2021). OTT 플랫폼 대상 영상물 전송서비스 사용료 징수의 정당성 검토. 『계간 저작권』 제34권 제1호, 5~31.
- 김희경·노기영(2016). MCN 비즈니스에서 BJ와 동영상 플랫폼에 대한 현행법 적용 가능성 분석. 『방송통신연구』 통권 제95호, 9~34.
- 김희경·이재호(2012), "N-Screen 시대, 저작권 분쟁의 쟁점과 시각: 슬링박스의 공중송신권과의 문제를 중심으로", 『한국언론정보학보』 제59호, 211~232.
- 나강(2016). 언론출판사의 저작인접권 도입에 관한 소고. 『상사판례연구』 제29권 제1호,

111~152.

- 남형두(2008). 저작권의 역사와 철학. 『산업재산권』 제26권, 245~306.
- 남형두(2009). 표절과 저작권침해: 저작권 측면에서 본 표절에 관한 학제적 연구의 기초. 『창작과 권리』 제54호, 32~68.
- 남희섭(2003). '디지털 저작물과 이용자의 권리' 정책토론회 발표문. 57~72.
- 노현숙(2012). 디지털 저작물에 대한 최초판매원칙 적용에 관한 고찰. 『경희법학』 제47권 제4호, 729~766.
- 도준호(2001). 디지털 콘텐츠 유통과 저작권 보호문제에 관한 연구: 미국 인터넷서비스제 공자 책임한계와 공정이용 조항을 중심으로. 『방송연구』 통권 제52호, 223~246.
- 류규하·정영주(2017). 방송 외주제작 프로그램의 공동저작물 성립 요건에 관한 연구: 공 동저작권 관련 판례 분석을 중심으로. 『언론과 법』 제16권 제2호, 107~146.
- 류종현(2013). 『방송과 저작권: 뉴스·영화·드라마·생방송·광고』. 커뮤니케이션북스.
- 류종현(2015). 『뉴스저작권』. 커뮤니케이션북스.
- 문성철(2011). 외주제작 정책 20년의 성과 평가: 프로그램 제작 시장의 변동을 중심으로. 『방송과 커뮤니케이션』 제12권 3호, 154~206.
- 문일환(2012). 온라인서비스제공자(OSP)의 법적 의무와 책임: 개정 저작권법 중심. 『지식 재산연구』 제7권 제2호, 121~165.
- 문재완(2008). 『언론법: 한국의 현실과 이론』. 늘봄.
- 문화관광부(2003). 『저작물에 대한 사용권 및 접근권의 문제에 관한 연구』. 문화관광부.
- 민경재(2013). 서양에서의 저작권법 성립역사에 관한 연구. 『법학논총』(전남대학교 법학 연구소) 제33집 제2호, 285~317.
- 민대진·송영애(2012). 한국영화의 저작권 연구. 『영화연구』(54), 165~195.
- 박근수(2000). 전자책의 현황과 발전방향. 『디지털 시대의 전자책(eBook) 발전 방향』. 문 화관광부
- 박민서(2022). 국내 OTT 서비스의 음악 저작권 징수 규정 적용에 관한 연구: 전송사용요 율을 중심으로. 『한국엔터테인먼트산업학회논문지』 제16권 제8호, 439~449.
- 박민주·최신영·이대희(2019). 유럽연합 DSM 저작권지침상 간행물 발행자의 보호. 『경영 법률』 제29집 제4호, 241~279.
- 박성민(2014). SNS상의 저작권침해 유형과 경미한 저작권침해에 대한 형법의 자제. 『형사 법연구』 제26권 제3호, 149~177.
- 박성호(2009). 저작권과 표현의 자유-소위 '삼진아웃제'와 관련하여-. 『법학논총』 제29

집 제2호, 171~196.

• 박성호(2011). 음악저작권의 생성과 발전에 관한 역사적 고찰.『법학논총』(한양대학교 법
학연구소) 제28집 제3호, 33~56.

• 박익환(2004). 음악과 영상물 보호와 유통: 디지털 기술환경을 중심으로. 한국정보법학회
2004 학술심포지엄 B분과 발제문.

• 박익환(2009). 영화산업의 보호와 진흥을 위한 법적 과제: 저작권법적 쟁점을 중심으로.『
경희법학』제44권 제3호, 235~264.

• 박준석(2010). 인터넷상 불법원본을 다운로드 받는 행위는 불법인가?: 우리 저작권법상
사적 복제의 요건에 관하여.『법조』통권 640호, 241~299.

• 박준석(2012). 콘텐츠 산업에서의 저작권.『창작과 권리』제67호, 110~173.

• 박준석(2016). 음란물의 저작물성 및 저작권침해금지청구 등의 가능성 − 대법원 2015. 6.
11. 선고 2011도10872 판결.『지식재산권법』Vol. 720, 742~775.

• 박진식 · 김도연(2013). 텔레비전 포맷을 통해 본 콘텐츠의 글로벌화와 현지화.『방송통신
연구』통권 83호, 9~37.

• 박현경(2009). GSU사례를 통해서 본 디지털 저작물의 교육목적의 이용에 관한 연구.『경
성법학』제18집 제2호, 23~45.

• 박현경(2010). 업무상저작물의 저작자의 지위에 관한 연구.『영산법률논총』제7권 제2호,
139~163.

• 박희영(2019). 온라인 이용과 관련한 언론출판물의 보호(제15조) − 언론출판물제작자의 저
작인접권(복제권 및 공중이용제공권) −.『저작권 동향』제96호, 1~25.

• 방석호(2003). 한국에서의 外注제작 프로그램의 저작권 귀속 문제 연구.『방송과 커뮤니케
이션』2003. 12., 92~114.

• 방석호(2007), 글로벌 · 디지털 시대의 저작권 문제 − 한미 FTA를 중심으로.『방송연구』
2007년 겨울호, 7~25.

• 방석호(2012),『디지털시대의 미디어와 저작권』. 커뮤니케이션북스.

• 방송통신위원회(2013).『방송산업실태조사보고서』.

• 방송통신위원회(2016).『방송산업실태조사보고서』.

• 배대헌(2006). 현행 저작권법상 저작인격권의 법리에 관한 검토.『산업재산권』제21호,
147~191.

• 배대헌(2011). 역사적 관점에서 본 기술변화와 저작권 관계.『창작과 권리』제64호, 156~
194.

- 배대헌(2013). 『저작권의 발명과 발전』. 한국학술정보.
- 배진아(2008). 방송 프로그램 포맷의 저작권 문제. 저작권문화 Vol. 169, 14~15.
- 서계원(2010). 공정이용 법리(fair use)의 국내법 편입에 대한 실증적 연구. 『부산대학교 법학연구』 제51권 제4호, 159~192.
- 서달주(2007). 『한국저작권법』. 박문각.
- 서두원(2015). 『소셜 미디어와 SNS 마케팅』. 커뮤니케이션북스.
- 서천석(2004). 온라인 뉴스 저작권 침해실태와 대응방안. 『지적재산권』 2004. 4., 52~67.
- 설진아(2011). 방송콘텐츠 산업의 국제경쟁력 제고방안. 『언론과 법』 제10권 제1호, 1~27.
- 성대훈(2004). 디지털 혁명, 전자책. 이채.
- 손경한(2014). 방송산업의 현황과 방송저작권의 과제. 『강원법학』 42, 125~172.
- 손경한(편)(2016). 『방송 저작권』. 법문사.
- 손수호(2006), 디지털 환경과 저작권 패러다임의 변화에 관한 연구－레식의 카피레프트 이론을 중심으로. 『한국출판학연구』 통권 제51호, 203~240.
- 손승우(2006), 디지털 저작권보호의 확대경향과 공정한 경쟁. 『상사판례연구』 19(1), 29~76.
- 손승우(2016). 인공지능 창작물의 저작권 보호. 『정보법학』 제20권 제3호, 83~110.
- 손영화(2016). 인공지능(AI) 시대의 법적 과제. 『법과 정책연구』 제16집 제4호, 통권 제44호, 305~329.
- 손흥수(2005). 판례평석: 설계도면의 저작물성. 『저스티스』 통권 84호, 233~267.
- 송종길·오경수·김동준(2001). 『다매체·다채널시대 국내 재송신정책수립 방안에 관한 연구』. 한국방송진흥원.
- 송진·이승희(2014). 재난보도에 나타난 소셜 미디어와 방송 뉴스의 매체 간 의제설정: 세월호 관련 보도를 중심으로. 『한국언론학보』 제58권 제6호, 7~39.
- 신계하(2017). 방송 프로그램 포맷에 대한 저작권 보호. 문화 미디어 엔터테인먼트 법(구 문화산업과 법) 제11권 제1호, 175~200.
- 신재호(2009). 지적재산법과 기술의 긴장관계. 『창작과 권리』 제55호, 83~111.
- 양대승(2011). 21세기 디지털환경에 있어서의 TV방송영상물 보호와 자유로운 접근 간의 이익균형. 『창작과 권리』 제64호, 195~226.
- 영화진흥위원회(2011). 영화콘텐츠 온라인 다운로드 시장의 현황과 과제. KOFIC Issue Paper, 2011, Vol. 6.

- 영화진흥위원회(2012). 『2011년 한국 영화산업 결산보고서』. www.kofic.or.kr
- 오세욱(2017). 인공지능의 진격과 저널리즘의 역할. 『관훈저널』 통권 제143호, 66~73.
- 오세욱·최순욱(2016). 미디어 창작도 기계가 대체하는가?: '휴머리즘(human+algorithm)' 미디어의 가능성 혹은 한계. 『방송통신연구』 2016년 겨울호, 9~36.
- 오승종(2016). 『저작권법』. 박영사.
- 오승종·이해완(2006). 『저작권법』. 박영사.
- 우지숙(1998). 컴퓨터 프로그램에 관한 미국 저작권법 구조의 연속과 변화: 판례에 나타난 행위자들의 상호작용을 중심으로. 『언론과 사회』 통권 제19호, 81~119.
- 우지숙(2002). 디지털 저작물에 대한 정당한 사용(Fair Use) 원칙의 새로운 개념화를 위한 연구: 미 저작권 판례에서의 변형적 이용(tranformative use) 요인을 중심으로. 『방송연구』 2002년 겨울호, 229~256.
- 유의선(1995). 방송 저작물 소유 및 이용에 관한 법리 연구: 저작권법 해석을 중심으로. 『언론과 사회』 통권 제8호, 84~119.
- 유의선(2000). 전자출판 저작물의 적정보호 수준: 법적, 경제학적 분석을 중심으로. 『한국 언론학보』 제44권 제3호, 222~255.
- 육소영(2011). 지적재산권과 표현의 자유. 『공법학연구』 제12권 제4호, 231~254.
- 윤석민·장하용(2002). 외주정책을 둘러싼 논쟁의 특성과 그 성과에 관한 연구. 『한국방송학보』 통권 16-2, 242~274.
- 윤종수(2006). 저작물의 공유와 과제. 『정보법학』 제10권 제1호, 81~120.
- 윤종수(2008). UCC 저작권의 차별적 취급과 보상체제−UCC 시대의 저작권 패러다임의 변화와 대안적 논의들을 중심으로−. 『저스티스』 통권 제106호, 424~461.
- 이건호·최윤정·안순태·차희원·임소혜(2013). 『커뮤니케이션과 사회』. 이화출판.
- 이광석(2009). 카피라이트와 카피레프트. 최영묵(편). 『미디어 콘텐츠와 저작권』. 논형, 112~138.
- 이규완(2006). 광고 속 저작권은 존재하는가. *Cheil Communications* 2006, March, 12~15.
- 이규택(2003). PVR의 실제. 「방송과 기술」 통권 88호, 122~131.
- 이규호(2010). 『저작권법: 사례·해설』. 진원사.
- 이규홍(2007). 기술적 보호조치에 관한 소고. 『정보법학』 제11권 제1호, 145~203.
- 이대희(2004). 디지털환경에서의 접근권의 인정에 관한 연구. 『창작과 권리』 제34호, 106~127.

- 이대희(2005), 디지털환경과 관련된 최근 판례의 분석: 2005년 상반기 지적재산권법 관련 판례회고 『상사판례연구』 제18집 제3호, 351~385.
- 이동후(2016). 『스마트 미디어 시대 인터넷 개인방송 규제 체계 정비』. NARS 정책연구용역보고서. 국회입법조사처.
- 이동훈(2003). 사이버공간에서의 표현의 자유와 저작권 보호. 『헌법학연구』 제9집 제1호, 225~258.
- 이동훈(2008). 온라인서비스이용자의 저작권 침해와 표현의 자유. 『헌법학연구』 제14권 제2호, 225~258.
- 이병규(2012). 저작권법 제29조에 대한 재조명. 『창작과 권리』 제68호, 137~163.
- 이상정(1994). 저작물에 있어서 창작성 판단과 보호대상. 『계간 저작권』 제7권 제4호, 53~64.
- 이성우(2011). 최근 사적복제의 범위축소 경향에 대한 소고. 『경성법학』 제20집 제1호, 143~167.
- 이숙연(2009). 원격 방송프로그램 녹화서비스의 저작권 침해여부에 관한 사례연구 『정보법학』 제13권 제2호, 205~232.
- 이승선(2016). 인공지능 저작권 문제와 각국의 대응. 『관훈저널』 통권 제139호, 52~62.
- 이양복(2018). 인공지능 창작물에 대한 법적 쟁점. 『경영법률』 제29집 제1호, 369~401.
- 이영록(2009). 『출판과 저작권』. 한국저작권위원회.
- 이용석·김정현(2017). 텔레비전 드라마의 외주계약 형태 분석. 『한국방송학보』 제31권 제4호, 85~129.
- 이원(2017). 프랑스 인터넷 개인방송의 현황과 쟁점. 『방송통신심의동향』 vol. 14, 54~62.
- 이일호·김기홍(2009). 역사적 관점에서 본 표절과 저작권. 『법학연구』(연세대학교 법학연구원) 제19권 제1호, 309~344.
- 이재진·박성순(2012). 지상파방송사업자와 유료방송사업자 간 방송 분쟁에 대한 법적 판단 기준에 대한 연구: 지상파 재송신 분쟁을 중심으로. 『미디어 경제와 문화』 제10권 2호, 7~51.
- 이재진·이영희(2013). 음악 영상저작물의 동일성유지권 침해 판단에 관한 연구. 『미디어 경제와 문화』 제11권 3호, 121~174.
- 이정훈·박은희(2008). 외주제작정책 도입 이후 지상파 드라마 제작 시스템의 변화. 『방송문화연구』 제20권 2호, 31~58.
- 이종석(2009). 사적이용 복제의 허용범위. 『저작권문화』 제175호, 28~29.

- 이주환(2017). 인공지능 관련 지적재산권 법적 쟁점. 『창작과 권리』 제87호, 117~148.
- 이진태(2007). 슬링박스(Slingbox)와 저작권 관련 쟁점(1). 『SW 지적재산권동향』 제27호.
- 이치형(2013). 방송사와 외주제작사간 저작권 계약에 나타난 위험과 보상구조 연구. 『디지털 융복합연구』 제11권 제10호, 71~77.
- 이해완(2012). 『저작권법』. 박영사.
- 이해완(2015). 『저작권법』. 박영사.
- 이헌(2010). 아이디어의 보호에 관한 연구. 『*Law & Technology*』 제6권 제1호, 137~150.
- 이호흥(2008). 사적복제보상금제도: 디지털 환경에서의 주요 내용과 쟁점. 『비교법연구』 제8권 제2호, 139~157.
- 임광섭(2012). 트위터와 저작권에 관한 검토. 『저작권 동향』 제13호, 1~3.
- 임덕기(2011). 현행 저작권법상 패러디 항변의 문제점. 『콘텐츠재산연구』 제2권, 135~153.
- 임덕기(2012). 공정이용제도에 관한 연구. 『문화·미디어·엔터테인먼트법』 제6권 제2호, 3~33.
- 임상혁(2004). 『영화와 저작권』. 세창출판사.
- 임영덕(2011). 인터넷 표현의 자유와 저작권에 관한 고찰. 『동아법학』 제53호, 73~112.
- 임원선(2017). 저작권법상 링크와 링크사이트의 법적 성격에 관한 검토. 『계간 저작권』 제30권 제3호, 133~159.
- 임호(2007). 온라인상의 저작권침해에 대한 온라인서비스제공자의 책임. 『언론과 법』 제6권 제1호, 47~77.
- 장정애(2014). 풍경사진 광고물의 저작권 보호에 관한 고찰 ―서울중앙지방법원 2014. 3. 27. 선고 2013가합527718 판결을 중심으로. 『스포츠엔터테인먼트와 법』 제17권 제3호, 153~176.
- 장춘익(2001). 디지털 환경은 '공정이용(fair use)'을 무효화하는가―디지털 환경에서의 저작권. 『철학』 제69권, 255~280.
- 전성태(2008). 저작권 간접침해에 대한 금지청구. 『창작과 권리』 통권 53호, 194~217.
- 전휴재(2010). 엔터테인먼트 분쟁과 가처분: 영화, 음반 산업을 중심으로. 『민사판례연구』 제32호, 1101~1198.
- 정상기(2005). 소프트웨어의 일시적 복제와 전송권. 『산업재산권』 제17호, 257~282.
- 정상조(1992). 저작물의 창작성과 저작권법의 역할. 『계간 저작권』 1992 봄, 35~44.
- 정상조(2019). 『인공지능시대의 저작권법 과제』. AI산업발전을 위한 저작권 법령 개선 좌

담회 발제집, 3~70.

- 정상조(편)(2007). 『저작권법 주해』. 박영사.
- 정신(2011). 기술적 보호조치의 보호와 저작권 본질간의 균형. 『연세 의료·과학기술과 법』 제2권 제1호, 197~227.
- 정연덕(2007). 기술발전에 따른 전자책(e-book) 보급 활성화와 저작권 보호방안: 전자책 도서관을 중심으로. 『상사법연구』 제26권 제3호, 275~296.
- 정연덕·운박(2021). 인공지능 생성물의 저작자 판단. 『일감법학』 제48호, 243~269
- 정완(2022). 메타버스의 법적 이슈에 관한 고찰. 『경희법학』 제57권 제1호, 143~170.
- 정원준(2021). 메타버스(Metaverse)와 저작권법적 쟁점. 『C Story』 제29권, 4~9. URL; https://blog.naver.com/kcopastory/222520658012.
- 정윤형(2015). 컴퓨터에서의 저작물 이용에 따른 일시적 복제와 그에 대한 면책. 한국정보법학회 2015년 4월 사례연구회 발표자료, http://kafil.or.kr/?p=3363&cat=5
- 정인숙(2006). 지상파 재전송 정책의 변화 방향과 정책 목표에 대한 평가 연구. 『한국언론학보』 제50권 제2호, 174~197.
- 정인숙(2013). 『방송산업 구조』. 커뮤니케이션북스.
- 정정원(2016). 인공지능의 발달에 따른 형법적 논의. 『과학기술과 법』 제7권 제2호, 189~212.
- 정진근(2016). 에세이: 제4차 산업혁명과 지식재산권법학의 미래. 『성균관법학』 제28권 제3호, 157~183.
- 조성광·신내경(2014). 『광고와 지식재산권』. 커뮤니케이션북스.
- 조연하(2006), "PVR(Personal Video Recorder)을 이용한 방송저작물 녹화의 법적 성격: 사적복제 및 공정 이용의 관점에서", 『한국언론학보』 제50권 제4호, 328~352.
- 조연하·김미라(2006), "공정이용 관점에서의 개인용 비디오녹화기(PVR) 이용 연구: 디지털 방송저작물의 복제 및 전송을 중심으로", 『한국방송학보』 제20권 제4호, 302~335.
- 조연하(2010). 디지털 미디어 저작권 판례에서의 변형적 이용 기준의 적용: 미국 연방항소법원의 기능론적 접근 사례를 중심으로. 『한국방송학보』 제24권 제4호, 214~254.
- 조연하·유수정(2011). 저작물 성립 요건으로서의 창작성의 개념과 판단기준: 국내 법원의 판결 논리를 중심으로, 『방송과 커뮤니케이션』 제12권 제4호, 111~145.
- 조연하(2013). 슬링박스를 이용한 TV프로그램의 장소이동 시청의 저작권법상의 성격. 『한국콘텐츠학회 논문지』 제13권 제7호, 158~167.
- 조연하(2014a). 미디어 콘텐츠의 시간·공간이동 이용의 법적 성격: 저작물 이용자의 자율

성 이익의 관점에서. 『미디어 경제와 문화』 제12권 제2호, 44~88.

• 조연하(2014b). 저작물의 사적복제에 관한 사법적 판단기준: 사적 이용을 중심으로. 『한국 방송학보』 제28권 제4호, 240~279.

• 조연하(2016). 교육 목적의 저작물 이용의 공정이용 판단요소: 미국 판결의 성향 및 함의. 『한국언론학보』 제60권 제5호, 233~258.

• 조연하(2020). 인공지능 창작물의 저작권 쟁점: 저작물성과 저작자 판단기준을 중심으로. 『언론과 법』 제19권 제3호, 71~113.

• 조연하(2023a). 『인공지능 창작과 저작권』, 서울: 박영사.

• 조연하(2023b). AI 창작물과 저작인격권에 관한 탐색적 연구. 『미디어 인격권』 제9권 제 2호, 83~122.

• 조의진(2006). 방송 외주정책과 저작권 귀속 논쟁에 대한 연구: 주요 쟁점 및 개선 방향을 중심으로. 『한국방송학보』 제20권 제4호, 337~370.

• 조재영·조태선(2014). 방송광고의 음악저작권에 대한 탐색적 연구: 저작자의 인식을 중심 으로. 『광고연구』 2014년 겨울 제103호, 263~319.

• 차상육(2017). 인공지능(AI)과 지적재산권의 새로운 쟁점 – 저작권법을 중심으로. 『법조』 제66권 제3호, 법조협회, 183~235.

• 차상육(2020). 인공지능 창작물의 저작권법상 보호 쟁점에 대한 개정방안에 관한 연구. 『계간 저작권』 제33권 제1호, 5~69.

• 차찬영·박주연(2012). 오락 프로그램의 포맷 구성의 변화: 2000년대 지상파 방송 프로그 램을 중심으로. 『언론과학연구』 제12권 3호, 526~564.

• 채정화·이영주(2010). 방송 프로그램의 포맷에 대한 저작권 보호 및 실질적 유사성의 판 단기준에 관한 연구. 『언론과학연구』 제10권 제1호, 288~321.

• 최경진(2008). 웹2.0과 저작권. 『계간 저작권』 2008 가을호, 42~62.

• 최단비(2015). 음란물 저작권자의 손해배상청구권 행사에 대한 제한 가능성. 『아주법학』 제9권 제3호, 497~517.

• 최민재·문철수(2012). 『디지털 뉴스콘텐츠 시장과 저작권』. 한국언론진흥재단.

• 최상필(2005). 디지털 영역에서의 사적복제: 서울고법 2005. 1. 12. 선고 2003나21140 판 결을 참고하여. 『상사판례연구』 제18집 제2권, 3~47.

• 최상필(2014). 이차적 저작물의 성립요건과 범위에 관한 일고찰. 『동아법학』 제63호, 67~ 90.

• 최승재(2008). 미국에서의 디지털 콘텐츠의 공정이용의 적용과 한계: 유튜브(Youtube)를

둘러싼 일련이 소송을 중심으로. 『계간 저작권』 제21권 제4호, 42~61.

- 최승재(2013). 저작권법 제28조의 해석방법과 저작권법 제35조의3과의 관계. 대한법률신문 2013년 4월 15일. URL; http://www.lawnb.com.access.ewha.ac.kr/lawinfo/link_view.asp?CID=884DDD9B7CB843FBA456E10D1C298D7B

- 최영묵·이세용·이상훈(2000). 『디지털시대의 영상저작물과 저작권에 관한 연구』. 한국방송진흥원 연구보고서(00-12).

- 최은창(2016). 인공지능 시대의 법적·윤리적 쟁점. 『미래연구 포커스』 Spring, 2016, 18~21.

- 최재원(2017). 인공지능 창작물에 대한 저작권의 주체. 『문화 미디어 엔터테인먼트 법(구 문화산업과 법)』 제11권 제1호, 117~137.

- 최정열(2011). 지상파방송의 원격송신과 공중송신권 침해여부에 관한 사례연구. 『정보법학』 제15권 제1호, 131~152.

- 최종모·박서윤(2020). 링크의 저작인접권 도입에 관한 고찰-언론출판사를 중심으로. 『문화미디어엔터테인먼트법』 제13권 제1호, 159~190.

- 최중민(2000). 인터넷 정보 추출 에이전트. 『정보과학회지』 제18권 제5호, 48~53.

- 최진원(2008). 『방송콘텐츠의 보호와 공개재현』. 연세대학교 대학원 박사학위논문.

- 최진원(2009). 개인용 방송중계장치에 대한 법적 고찰: 지상파재송신과 방송콘텐츠 유통을 중심으로. 『계간 저작권』 제22권 제1호, 26~46.

- 최진원(2015). 방송 패러다임의 변화와 저작권법의 역할: 혁신과 불법의 경계: OTT를 중심으로. 『정보법학』 제19권 제1호, 1~28.

- 최진원·남형두(2006). 매체기술과 변화와 저작권법; 그 도전과 응전의 역사. 『커뮤니케이션 이론』 제2권 제2호, 150~191.

- 최형우(2016). 『국내외 MCN 산업 동향 및 기업 실태 조사』. 한국전파진흥협회.

- 하동철(2013). 『음악저작권』. 커뮤니케이션북스.

- 하동철(2015). 영상저작물의 저작권자 결정에 관한 연구: '소유' 모델의 타당성을 중심으로. 『미디어 경제와 문화』 제13권 1호, 7~53.

- 하윤금(2005). 왜 프로그램 포맷을 이야기 하는가. 『방송문화』 2005년 5월 호.

- 한국저작권위원회(2012). 트위터와 저작권에 관한 검토. 『저작권 동향』 제13호, 1~3.

- 한국콘텐츠진흥원(2012). 『방송 포맷의 권리보호 방안 연구』.

- 한국콘텐츠진흥원(2014). 『방송포맷 수출 활성화 및 현지화 연구』. KOCCA 연구보고서 14-1.

- 한국콘텐츠진흥원(2016). 『방송분야 표준계약서 실태조사보고서』.
- 한승헌(1988). 『저작권의 법제와 실무』. 삼민사.
- 한지영(2007). 뉴스에 대한 권리 귀속에 관한 소고. 『창작과 권리』 제48호, 155~179.
- 한지영(2013). 저작권법에서 사적이용을 위한 복제에 관한 소고. 『산업재산권』 제40호, 183~224.
- 허희성·이대희(2003). 『저작물에 대한 사용권 및 접근권의 문제에 관한 연구』. 문화관광부.
- 홍원식·성영준(2007). 방송 콘텐츠 포맷 유통에 관한 탐색적 연구: 포맷 유통 실무진 심층인터뷰를 중심으로. 『방송문화연구』 제19권 제2호, 151~179.
- 황세동(2009). 저작권에 있어서의 아이디어 표현의 이분법에 관한 판단 방법론에 대한 고찰: 한자 부수의 저작물성에 대한 사례를 중심으로. 『지적재산권』 제31호, 26~41.
- 황희철(1997). Medium과 저작권. 『정보법학』 제1권, 53~94.

- Abrams, D. E. (2004), Personal Video Recorders, Emerging Technology and the Threat to Antiquate the Fair Use Doctrine, *Albany Law Journal of Science and Technology*, 15, 127~151.
- Abromson, H. (2004). The Copyrightability of Sports Celebration Moves: Dance Fever or Just Plan Sick? 14 *Marquette Sports Law Review*, 571~601.
- Agostino, D. E., Terry, H. A. & Johnson, R. C.(1980), Home Video Recorders: Rights and Rations, *Journal of Communication*, Autumn, 1980, 28~35.
- Aufderheide, P. & Jaszi, P. (2010). Recut, Reframe, Recycle: The Shaping of Fair Use Best Practices for Online Video. 6 *A Journal of Law and Policy for the information Society*, 13~40.
- Bagley, A. W. (2007), Fair use right in a world of the Broadcast Flag and digital rights management: do consumers have a chance? *University of Florida Journal of Law and Public Policy* April, 2007, 115~135.
- Bartley, M.(2007). Slinging Television: A New Battleground for Technology and Content Holders?. *IDEA－The Intellectual Property Law Review*, Vol. 48, No. 4, 535~559.
- Bauer, J. P. (2010). Copyright and the First Amendment: Comrades, Combatants, or Uneasy Allies? 67 *Washington and Lee Law Review*, 831~914.
- Bechtold, S. (2013). The Fashion of TV Show Formats. *Michigan States Law Review*,

451~512.

- Benkler, Y. (2000). From Consumer to Users: Shifting the Deeper Structures of Regulation Towards Sustainable Commons and User Access, 52 *Federal Communication Law Journal*, 561~579.

- Bettig, E. (1992). Critical perspectives on the history and philosophy of copyright. 9 *Critical Studies in Mass Communication*, 131~155.

- Blythe, S. E. (2006). The U.S. Digital Millennium Copyright Act and the E.U. Copyright Directive: Comparative Impact on Fair Use Rights. 8 *Tulane Journal of Technology and Intellectual Property*, 111~131.

- Bodner, C. (2013). Master Copies, Unique Copies and Volitional Conduct: Cartoon Network's Implications for the Liability of Cyber Lockers. 36 *Columbia Journal of Law & the Arts*, 491~525.

- Bower, M. W. (2002), Replaying the Betamax Case for the New Digital VTRS Introducing TiVO to Fair Use, *20 Cardozo Arts and Entertainment Law Journal*, 417~459.

- Boyd, D. M., & Ellison, N. B. (2007.). Social network sites: Definition, history, and scholarship. *Journal of Computer—Mediated Communication*, 13(1), 210~230.

- Bridy, A. (2016). The evolution of authorship: work made by code. 39 *Columbia Journal of Law & the Arts*, 395~401.

- Bunker, M.D. (2002). Eroding Fair Use: The Transformative Use Doctrine, After Campbell. *Communication Law and Policy*, 7, 1~24.

- Butler, B. (2015). Transformative Teaching and Educational Fair Use After Georgia State. 48 *Connecticut Law Review*, 473~530.

- Challis, B. & Coad, J. (2004). Format Fortunes: Is there Legal Recognition for the Television Format Right? *MusicLaw Updates*. 〈www. musiclawupdates.com〉

- Chamberlain, D.E. (2016). Artificial Intelligence and the Practice of Law Or Can a Computer Think Like a Lawyer? 2016 *TXCLE Business Disputes* 25.

- Clifford, R. D. (2004). Random Numbers, Chaos Theory, and Cogitation: A Search for the Minimal Creativity Standard in Copyright Law. *Denver University Law Review*, 82, 259~299.

- Cohen, J. (1996). A Right to Read Anonymously: A Closer Look at "Copyright

Management" in Cyberspace. 28 *Connecticut Law Review*, 981~1039.

- Cohen, J. E. (2005). The Place of the User in Copyright Law. *Fordham Law Review*, Vol.74, 347~374.

- den Bulck, J. V. (1999). VTR−Use and Pattern of Time Shifting and Selectivity. *Journal of Broadcasting & Electronic Media*, 43(3), 316~326.

- Denicola, Robert C. (2016). Ex Macina: Copyright Protection for Computer−Generated Works. 69 *Rutgers University Law Review*, 251~287.

- Duhl, G. M. (2004). Ole Lyrics, Knock−off Videos and Copycat Comic Books: the Fourth Fair Use Factor in U.S. Copyright Law. *Syracuse Law Review*, 54, 665~738.

- Efroni, Z. (2011). *Access−right: the Future of Digital Copyright Law*, Oxford University Press.

- Elkin−Koren, N. (1996). Cyberlaw and Social Change: A Democratic Approach to Copyright in Cyberspace, 14 *Cardozo Arts & Entertainment Law Journal*. 215~295.

- Elkin−Koren, N. (2007). Making Room for Consumers under the DMCA. 22 *Berkeley Technology Law Journal*, 1119~1155.

- Fernandez, B. (2005). Digital Content Protection and Fair Use: What's the Use?. 3 *Journal of Telecommunications & High Technology Law*, 425~451.

- Furtado, D. Branch (2005), Television: Peer−To−Peer's Next Challenger, *Duke Law & Technology Review*, 7, 2005(March), 1~50.

- Garfield, A. E. (2001). The First Amendment: As A Check On Copyright Rights, 23 *Hastings Communications and Entertainment Law Journal*, 587~605.

- Ginsburg, J. (1997). Authors and Uses in Copyright, *Journal of the Copyright Society of the U.S.A.*, 45, 1~20.

- Ginsburg, J. C. (1999). Copyright Legislation for the "Digital Millennium". 23 *Columbia − VLA J. L. & the Art*, 137~179.

- Ginsburg, J. C. (2003). From Having Copies to Experiencing Works: the Development of an Access Right in U.S. Copyright Law, 50 *Journal of the Copyright Society of the U.S.A.*, 113~131.

- Goldstein, P. (2003). *Copyright's Highway: From Gutenberg to the Celestial Jukebox*. Stanford: Stanford University Press.

- Gregory, L. M. (2011). Hot off the Presses: How Traditional Newspaper Journalism can help reinvent the "Hot News" Misappropriation Tort in the Internet Age. 13 *Vanderbilt Journal of Entertainment and Technology Law*, 577~615.

• Grimmelmann, J. (2016). Copyright for Literate Robots. 101 Iowa Law Review, 657~681.

• Hamburger, B. (2010). Digital video recorders, advertisement avoidance, and fair use. 23 *Harvard Journal of Law & Technology*, 567~587.

• Heide, T. (2001). Copyright in the EU and U.S.: What "Access—Right"? 48 *Journal of Copyright Society of the U.S.A.*, 363~382.

• Helberger, N. & Hugenholtz, P. B. (2007). No Place Like Home For Making a Copy: Private Copying In European Copyright Law And Consumer Law 22 *Berkeley Technology Law Journal*, 1061~1098.

• Henke, L. & Donohue, R. (1989). Functional displacement of traditional TV viewing by VTR owners. *Journal of Advertising Research*, 29(2), 17~21.

• Heymann, L. A. (2008). Everything Is Transformative: Fair Use and Reader Response. *Columbia Journal of Law & the Arts*, 31: 4, 445~466.

• Hildebrandt, T. (2007). Unplugging the cable franchise: a regulatory framework to promote the IPTV cable alternative," *Georgia Law Review*, Fall, 2007, 227~269.

• Hilo, Maribel Rose (2003), TiVo and the Incentive/Dissemination Conflict: the of Extending Betamax to Personal Video Recorders, *Washington University Law Quarterly*, 81, 1043~1067.

• Hristov, Kalin (2017). Artificial Intelligence and the Copyright Dilemma, 57 IEDA: J. Franklin Pierce for Intellectual Property, 431~454.

• Hurowitz, Aaron A. (2003), Copyright in the New Millennium: Is the Case against ReplayTV a New Betamax for the Digital Age?, *CommLaw Conspectus*, 11, 145~163.

• Isoda, N. (2011). Copyright Infringement Liability of Placeshfiting Services in the United States and Japan," 7 *Washington Journal of Law, Technology & Arts*, 149~207.

• Kaminski, Margot E. (2017). Authorship, Disrupted: AI Authors in Copyright and First Amendment Law. 51 *U.C. Davis L. Review*, 549~616.

• Koelman, K. J. (2000). A Hard Nut to Crack: The Protection of Technological Measures, 22 *EIPR*, 274~275.

- Kreiss, R. A. (1995). Accessibility and Commercialization in Copyright Theory. 43 *UCLA Law Review*, 1~76.

- Kretschmer, M. (2011). Private Copying and Fair Compensation: An Empirical Study of Copyright Levies in Europe. U.K. Intellectual Property Office Report. URL: http://www.cippm.org.uk/pdfs/copyright−levy−kretschmer.pdf.

- Kudon, J. (2000). From over Function: Expanding the Transformative Use Test for Fair Use. 80 *Boston University Law Review* 579, 579~611.

- Lane, S. (1992). Format Rights in Television Shows: Law and the Legislative process, *Statute Law Review*, 13(1), 24~49.

- Lape, L. G. (1995). Transforming Fair Use: The Productive Use Factor in Fair Use Doctrine. *Albany Law Review*, 58, 677~723.

- Lee, E. (2010). Technological Fair Use. 20 *Southern California Law Review*, 797~874.

- Lemley, K. M. (2005). The Innovative Medium Defense: A Doctrine to Promote the Multiple Goals of Copyright in the Wake of Advancing Digital Technologies, 110 *Pennsylvania State Law Review*, 111~162.

- Leval, P. N. (1990). Toward a Fair Use Standard, 103 *Harvard Law Review*, 1105~1136.

- Levy, M. & Fink, E. (1984). Home Video Recorders and the Transience of Television Broadcasts, *Journal of Communication*, 34(2), 56~71.

- Levy, M. (1980). Home Video Recorders: A User Survey. *Journal of Communication*, 30(4), 23~27.

- Levy, M. (1981). Home Video Recorders and Time Shifting. *Journalism Quarterly*, 58(3), 401~405.

- Lin, C. A. (1992). The Functions of the VTR in the Home leisure Environment. *Journal of Broadcasting & Electronic Media*, 36(2), 345~351.

- Litman, J. (2007). Lawful Personal Use. 85 *Texas Law Review*, 1871~1920.

- Liu, J. (2001). Owning Digital Copies: Copyright Law and the Incidents of Copy Ownership 42 *William. & Mary Law Review*, 1245~1366.

- Liu, J. P. (2003). Copyright Law's Theory of the Consumer. *Boston College Law Review*, Vol. 44, 396~431.

- Madison, M. J. (2010). Beyond Creativity: Copyright as Knowledge Law. 12 *Vanderbilt*

Journal of Entertainment and Technology Law, 817~851.

- Marr, D. (1977). Artificial intelligence − A personal view, *Artificial Intelligence*, Vol. 9, Issue 1, 37~48.

- Menell, P. S. & Nimmer, D. N. (2007). Legal Realism in Action: Indirect Copyright Liability's Continuing Tort Framework and Sony's De Facto Demise. *UCLA Law Review*, 55, 143~204.

- Miernicki, M. & Ng, Irene(2020). Artificial intelligence and moral rights. 36 *AI & Society*, 319~329.

- Moran, A. (1998). *Copycat TV: Globalisation, program formats and cultural identity. Bedfordshire*, UK. University of Luton Press.

- Netanel, N. W. (1996). Copyright and a Democratic Civil Society, 106 *Yale Law Journal*, 283~387.

- Notkin, E. O. (2006). Television Remixed: the Controversy over Commercial − Skipping, *Fordham Intellectual Property, Media and Entertainment Law Journal, 16*, Spring 2006, 899~938.

- Olson, K. K. (2009). Transforming Fair Use Online: The Ninth Circuit's Productive − Use Analysis of Visual Search Engines. *Communication Law and Policy*, 14, 153~176.

- Olswang, S. (1995). Accessright: An Evolutionary Path for Copyright into the Digital Era?, 5 *European Intellectual Property Review*, 215~218.

- Parcher, T. (2006). The face and fiction of Grokster and Sony: Using factual com − parisons to uncover the legal rule. 54 *UCLA Law Review*, 509~546.

- Parchomovsky, G. & Stein, A. (2009). Originality. 95 *Virginia Law Review*, 1505~1550.

- Parchomovsky, G. & Weiser, P. (2010). Beyond Fair Use. 96 *Cornell Law Review*, 91~137.

- Patterson, L. & Lindberg, S. (1991). *The nature of copyright: A law of users' rights*. Athens and London: The University of Georgia Press.

- Patterson, L. R. & Thomas, C. M. (2003). Personal Use in Copyright Law: an Unrecognized Constitutional Right. 50 *Journal of the Copyright Society of the U.S.A.* 475~518.

- Patterson, L. R. (1987). Free Speech, Copyright, and Fair Use. 40 *Vanderbilt Law Review*, 1~66.

- Perzanowski, A. & Schultz, J. (2012). Copyright Exhaustion and the Personal Use Dilemma. 96 *Minnesota Law Review*, 2067~2143.

- Phalen, M. (1989). How much is enough? The Search for a Standard of Creativity in Works of Authorship under Section 102(A) of the Copyright Act of 1976. 68 *Nebraska Law Review*, 835~850.

- Picker, R. C. (2008). Fair Use v. Fair Access. 31 *Columbia Journal of Law and Arts*, 603~616.

- Ploman, E. W. & Hamilton, L. C. (1980). Copyright: Intellectual property in the in-formation age. Routledge: Thoemms Press.

- Popernik, S. B. (2013). The Creation of an "Access Right" in the Ninth Circuit's Digital Copyright Jurisprudence. 78 *Brooklyn Law Review*, 697~739.

- Ralston, W. T. (2005). Copyright in Computer-Composed Music: Hal Meets Handel. *Journal of the Copyright Society of the U.S.A.* Spring, 2005, 281~307.

- Reese, R. A. (2003). The First Sale Doctrine in the Era of Digital Networks, 44 *Boston College Law Review*, 577~652.

- Rivers, D. (2007). Paying for Cable in Boston, Watching It on a Laptop in L.A.: Does Slingbox Violate Federal Copyright Laws?. 41 *Suffolk University Law Review*, 159~192.

- Russell, A. (2008). "Placeshifting, the Slingbox and Cable Theft Statutes: Will Slingbox Use Land You in Prison?," 81 *Temple Law Review*, 1239~1275.

- Sanders, R. (2011). Music-Locker Services: In in the Cloud in the Cards?
  URL; http://www.aaronsanderslaw.com/blog/music-locker-services-is-in-the-cloud-in-the-cards-part-8-of-our-online-music-services-series.

- Sathyanarayana, S. (2007). Slingbox: Copyright, Fair Use, and Access to Your Television Programming Anywhere in the World. 25 *John Marshall Journal of Computer & Information Law*, 187~216.

- Schnaps, A. (2007). Do Consumers Have the Right to Space-shift, As They Do Time-Shift, Their Television Content?. 52 *Seton Hall Journal of Sports and Entertainment Law*, Vol.17, 51~92.

- Schwartz, E.J., & Williams, M. (2007). Recent Copyright Infringement Cases Reexamine the Distinction between Satire and Parody in Determining Fair Use. *Los Angeles*

Lawyer, 30(May), 33~39.

- Snow, N. (2005), The TiVO Question: Does Skipping Commercials Violate Copyright Law?, *Syracuse Law Review,* 56, 27~83.

- Stim, R. (2001). *Intellectual Property: Patents, Trademarks and Copyrights,* 2nd ed, West Thomson Learning.

- Talar, J. L. (2007). My Place or Yours: Copyright, Place—Shifting, & the Slingbox: A Legislative Proposal. 17 *Seton Hall Journal of Sports and Entertainment Law,* 25~50.

- Temin, M. K. (2006). The Irrelevance of Creativity: Feist Wrong Turn and the Scope of Copyright Production For Factual Works. 111 *Penn State Law Review,* 263~292.

- Trottier, D., & Fuchs, C. (2014.). Theorising social media, politics and the state: An introduction. In D. Trottier & C. Fuchs (Eds.), *Social media, politics and the state: Protests, revolutions, riots, crime and policing in the age of Facebook, Twitter and YouTube*(pp.3~38). New York, NY: Routledge.

- Tushnet, R. (2004). Copy This Essay: How Fair Use Doctrine Harms Free Speech and How Copying Serves It, 114 *Yale Law Journal,* 535~590.

- Tussey, D. (2001). From Fan Sites to Filesharing: Personal Use in Cyberspace, 35 *Georgia Law Review,* 1129~1193.

- Von Lohmann, F. (2008). Fair Use as Innovation Policy. 23 *Berkeley Technology Law Journal,* 829~865.

- Wang, E. T. (2011). The Line Between Copyright and the First Amendment and Why Its Vagueness May Further Free Speech Interests. 13 *University of Pennsylvania Journal of Constitutional Law,* 1471~1498.

- Wattles, J. S. (2004). Modernizing Sony—Betamax for the Digital Age: The Ninth Circuit Enable P2P. 34 *Southwestern University Law Review,* 233~245.

- Weinreb, L. L. (2004). Fair's Fair: A Comment on the Fair Use Doctrine, 103 *Harvard Law Review,* 1137~1161.

- Williams, M. (2007). Recent Second Circuit Opinions Indicate that Google's Library Project is not Transformative, 25 *Cardozo Arts & Entertainment Law Journal,* 303~332.

- Wong, M. W. S. (2009). "Transformative" User—Generated Content in Copyright Law: Infringing Derivative Works or Fair Use?. 11 *Vanderbilt Journal of Entertainment & Technology Law,* 1075~1139.

- Woo, Jisuk (2004) Redefining the Transformative use of copyrighted works: toward a fair use standard in the digital environment. 27 *Hastings Communications and Entertainment Law Journal*, 51~66.
- Wu, Andrew J. (1997). From Video Games to Artificial Intelligence: Assigning Copyright Ownership to Works Generated by Increasingly Sophisticated Computer Programs. 25 *AIPLA Quarterly Journal Winter*, 1997. 131~178.
- Zavian, E. M. & Wain, N.(2022). Welcome to the Metaverse—And the Virtual Pitfalls that Await. 6/27/2022 ACC Docket, 1~14. URL; https://docket.acc.com/welcome−metaverse−and−virtual−pitfalls−await.
- Zelezny, J. D. (2011)(6th ed.). *Communications law: liberties, restraints, and the modern media*, Wadsworth; Cengage Learning.
- Zimmerman, D. L. (1998). The More Things Change the Less They Seem 'Transformed': Some Reflections on Fair Use, 46. *Journal of Copyright Society U.S.A.* 251~269.

판례색인 | INDEX

사항색인 ㅣ INDEX

조연하

저자 약력

이화여자대학교 영어영문학과 졸업

이화여자대학교 대학원 신문방송학과 졸업(언론학 박사)

이화여자대학교 커뮤니케이션·미디어연구소 연구교수

이화여자대학교 정책과학대학원 정책과학과 초빙교수

現 이화여자대학교 커뮤니케이션·미디어연구소 책임연구위원

現 미디어미래연구소 객원 연구위원

주요 저서

- 메타버스와 저작권(박영사, 2023)
- 인공지능 창작과 저작권(박영사, 2023)
- 대학생을 위한 저작권 가이드북(한국언론학회, 2019) (공저)
- 미디어교육 선언(학이시습, 2019) (공역)
- 미디어와 법(커뮤니케이션북스, 2017) (공저)
- 텔레비전 프로그램과 시청자(한국학술정보, 2010) (공저)
- 가족과 디지털 미디어: 미디어가 만드는 새로운 가족관계와 문화(한울, 2010) (공저)

주요 논문

- AI 창작물과 저작인격권에 관한 탐색적 연구(2023)
- 인공지능의 콘텐츠 창작에서 저작물 이용의 법적 쟁점에 관한 고찰(2022)
- 인공지능 창작물의 저작권 쟁점–저작물성과 저작자 판단을 중심으로(2020)
- 방송보도의 객관성 심의결정 논리 연구: 가짜뉴스(fake news) 판단기준으로서의 객관성 요소를 중심으로(2019)
- 교육 목적의 저작물 이용의 공정이용 판단요소: 미국 판결의 성향 및 함의(2016)
- 미디어 콘텐츠의 시간·공간이용의 법적 성격: 저작물 이용자의 자율성 이익의 관점에서(2014)
- 저작물의 사적복제에 관한 사법적 판단기준: 사적 이용을 중심으로(2014)
- 슬링박스를 이용한 TV프로그램의 장소이동 시청의 저작권법상의 성격(2013)
- 방송내용 심의기준 관련 법·규정의 체계성: 위임입법의 관점에서(2012)
- 저작물 성립 요건으로서의 창작성의 개념과 판단기준: 국내 법원의 판결 논리를 중심으로 (2011) (공저)
- 디지털 미디어 저작권 판례에서의 변형적 이용 기준의 적용: 미국 연방항소법원의 기능론적

접근 사례를 중심으로(2010)
- 공정이용 관점에서의 개인용 비디오녹화기(PVR) 이용 연구: 디지털 방송저작물의 복제 및 전송을 중심으로(2006) (공저)
- PVR(Personal Video Recorder)을 이용한 방송저작물 녹화의 법적 성격: 사적복제 및 공정 이용의 관점에서(2006)

〈미디어 저작권〉 수상
- 2018년 한국언론법학회 제17회 철우언론법상
- 2019년 학술연구지원사업 교육부 우수성과 부총리겸 교육부장관상

개정판
미디어 저작권

초판발행	2018년 6월 25일
개정판발행	2023년 9월 12일
지은이	조연하
펴낸이	안종만 · 안상준
편 집	윤혜경
기획/마케팅	손준호
표지디자인	이솔비
제 작	고철민 · 조영환
펴낸곳	(주) **박영시**
	서울특별시 금천구 가산디지털2로 53, 210호(가산동, 한라시그마밸리)
	등록 1959. 3. 11. 제300-1959-1호(倫)
전 화	02)733-6771
f a x	02)736-4818
e-mail	pys@pybook.co.kr
homepage	www.pybook.co.kr
ISBN	979-11-303-4561-1 93360

정 가   26,000원